VW BUS
UND TRANSPORTER
VOM SAMBA-BUS ZU CALIFORNIA MULTIVAN UND I.D. BUZZ

Randolf Unruh

Impressum

Einbandgestaltung: Luis dos Santos unter Verwendung von Motiven aus dem Archiv der Volkswagen AG

Bildnachweis: Alle Abbildungen, soweit nicht anders vermerkt, stammen aus dem Archiv des des Autors sowie der Volkswagen AG

Eine Haftung des Autors oder des Verlages und seiner Beauftragten für Personen-, Sach- und Vermögensschäden ist ausgeschlossen.

ISBN 978-3-613-04201-8

Copyright © by Motorbuch Verlag, Postfach 103743, 70032 Stuttgart.
Ein Unternehmen der Paul Pietsch-Verlage GmbH & Co. KG

1. Auflage 2019

Überarbeitete und erweiterte Neuauflage der 2017 erschienen Auflage.

Sie finden uns im Internet unter www.motorbuch.de

Nachdruck, auch einzelner Teile, ist verboten. Das Urheberrecht und sämtliche weiteren Rechte sind dem Verlag vorbehalten. Übersetzung, Speicherung, Vervielfältigung und Verbreitung einschließlich Übernahme auf elektronische Datenträger wie DVD, CD-ROM usw. sowie Einspeicherung in elektronische Medien wie Internet usw. ist ohne vorherige Genehmigung des Verlages unzulässig und strafbar.

Innengestaltung: Anita Ament; tebitron gmbh, Gerlingen
Druck und Bindung: Conzella, 85609 Aschheim-Dornach
Printed in Germany

Inhalt

Vorwort 4

Vorgeschichte: 6
Ohne Käfer kein VW Transporter

Entwicklung: 10
Der ungewöhnliche Start – und weshalb
der Transporter nicht »Triumphator« heißt

Der Transporter T1: 24
Die erste Generation von 1950 bis 1967
Von einer Zeichnung zum Welterfolg

Der Transporter T2: 86
Die zweite Generation von 1967 bis 1978
Der erste Modellwechsel von VW

Der Transporter T3: 124
Die dritte Generation von 1979 bis 1990
Die Krönung der Heckmotor-Transporter

Der Transporter T4: 204
Die vierte Generation
Revolution statt Evolution

Der Transporter T5: 286
Die fünfte Generation
Die Transporter-Baureihe wird erwachsen

Der Transporter T6: 336
Die sechste Generation
Oder: Wie neu ist eigentlich neu?

Der Transporter T6.1 378
Die Weiterentwicklung der sechsten Generation
Technologieschub für den Transporter T6

Anhang 358

Vorwort

Einer für alle, alle für einen

Der Gemüsehändler um die Ecke fährt ihn und auch der Malermeister. Die große Familie sowieso, ebenso wie mancher Geschäftsmann. Die Camper sind mit ihm genauso unterwegs wie Surfer oder Mountainbiker. Der VW Transporter ist eben einer für alle. Und alle sind für einen, zurzeit rund 200 000 Käufer im Jahr, so viele, wie schon lange nicht mehr. Heute vorwiegend in Europa angesiedelt, fahren sie alle Bus, Transporter oder einfach Bulli. Das Alter spielt dabei keine Rolle, weder beim Fahrer noch beim Auto. Ältere Semester sind jeweils hoch anerkannt, junge gern gesehen, respektiert werden alle.

Seit Jahrzehnten versammelt sich am Steuer des VW Transporter eine klassenlose Gesellschaft. Neidfaktor? Unbekannt, ob der Bus nun als Gebrauchter 10 000 Euro oder als nagelneuer schnieker Multivan oder California mit einer Vollausstattung bald 100 000 Euro gekostet hat. Und dann sind da noch die hoch gehandelten Klassiker vor allem aus der ersten Generation. Längst teurer als jeder neue Bus, gelten sie als wahre Preziosen. Bei Oldtimerfahrten ernten sie mehr Sympathie als die hochgestylten Vertreter der Edelfabrikate. Schließlich verbindet jeder Zuschauer Erinnerungen mit dem Bus. Und wer ihn nicht gefahren hat, der sollte es schleunigst tun.

Im Jahr 2020 wird der VW Transporter 70 Jahre alt, ein Ende seiner Karriere ist nicht abzusehen. Aber er wandelt sich. Vom T1 bis zum T6 und zu dessen aktueller Variante T6.1 ist der Transporter mit jeder Generation vor allem größer, stärker, komfortabler und sicherer geworden. In den vergangenen Jahren auch sauberer, technisch hochwertiger und damit komplizierter.

In Zukunft werden sich die Prioritäten verändern. Strenge Emissionsvorgaben verlangen nach völlig neuen Lösungen. Die Antwort von VW heißt vor allem Elektromotor. VW platziert ihn im Heck, an jener Stelle, an der ihn die Transporter-Puristen ohnehin schon immer gesehen haben. Die Transporter-Generationen T1 bis T3 lassen dabei grüßen. Auch optisch: Der Bulli von morgen mit E-Motor im Heck heißt als Multivan VW ID Buzz und als Transporter ID Buzz Cargo. Das Duo nimmt deutliche optische Anleihen am Ur-Bulli der ersten Generation. Ein Schritt, der seinesgleichen sucht, denn hier fährt nicht einfach ein Retro-Bus vor. Neben dem ID Buzz – seit 2017 ein vielbewunderter Star auf diversen Automessen – steht ein schnittiger VW T7 kurz vor dem Stapellauf. Parallel dazu fährt der aktuelle T6.1 weiter in die nahe Zukunft und soll einen Nachfolger in Zusammenarbeit mit einem anderen Automobilkonzern bekommen. Aus einem Transporter werden also künftig drei. Sie decken dann mit unterschiedlichen Plattformen, Karosserien und Antrieben ein nochmals breiteres Spektrum ab. Was dies für die klassenlose Gesellschaft der T-Baureihe bedeutet, wird sich zeigen.

Das aber ist Zukunftsmusik. Die Gegenwart heißt T6.1, eine weitere Fortschreibung des T6 und des T5. Sie beweist erneut,

dass ein VW Transporter nicht altert, sondern reift. VW hat ihn abermals verfeinert und sorgfältig abgeschmeckt. Und wieder deckt er das ganze Spektrum ab, von der deftig-schmackhaften Erbsensuppe bis zur feinen Sterneküche.
Die Wege von der ersten flüchtigen Skizze aus der Nachkriegszeit bis zum High-Tech-Transporter von heute waren mitunter verschlungen. Sie nachzuzeichnen, bedeutet immer wieder ein Vergnügen. Ebenso wie die Ausblicke auf eine neuer Ära des Automobils und des VW Transporter. Und dieses Vergnügen haben hoffentlich auch die Leser dieses Buchs.

Randolf Unruh

Vorgeschichte

Ohne Käfer kein VW Transporter

Der Weg zum Käfer: Offiziell als »Porsche Typ 60« bezeichnet, gehört dieser Prototyp zur W30-Serie, die bis Frühjahr 1937 bei Daimler-Benz gebaut wurde.

1934-1945

Ein finanziell erschwingliches Auto für alle ist schon in der automobilen Urzeit das Ziel einiger Automobilhersteller. Ein Mann setzt diese Idee konsequent um: Henry Ford mit dem Model T. Billig soll sein Auto sein und gleichzeitig von guter Qualität. 1908 beginnt Ford mit der Produktion des Model T und dank rationeller Fließbandfertigung baut er insgesamt mehr als 15 Millionen Einheiten davon. Erst Jahrzehnte später löst der VW Käfer das Model T als meistproduziertes Auto der Welt ab.
In Deutschland findet die Idee der Volksmotorisierung in den zwanziger Jahren Anklang: Hanomag Kommissbrot, Opel Laubfrosch und BMW Dixie sind Beispiele für die Versuche, preisgünstige Autos für weite Kreise der Bevölkerung zu bauen. 1930 hat Ferdinand Porsche in Stuttgart sein Konstruktionsbüro gegründet. Porsche fasziniert die Idee eines einfachen, billigen Autos seit Jahren. Er konstruiert und baut für Zündapp und NSU Kleinwagen-Prototypen mit Heckmotor. Sie ähneln bereits dem späteren VW Käfer. Ein Jahr später fordert der kurz zuvor an die Macht gekommene Adolf Hitler auf der Automobilausstellung in Berlin ein Großserien-Automobil – eben einen Volkswagen. Zu dieser Zeit gibt es in Deutschland 1,5 Millionen Kraftfahrzeuge, eines auf 42 Einwohner. Hitler verspricht der Automobilindustrie Hilfen.
1934 erstellt Porsche ein »Exposé betreffend den Bau eines deutschen Volkswagens«. 1550 Mark soll sein Volkswagen kosten und vier Personen Platz bieten. Porsche schlägt eine »*Anpassung der Karosserieform an die ideale Stromlinienform*« vor. Für den Motor ist eine Leistung von 26 PS vorgesehen. Die Bauart: entweder ein Vierzylinder-Viertakt-Boxer oder ein Dreizylinder-Zweitakter in Stern-Anordnung. Beide Motoren sollen eine Luftkühlung erhalten. Porsche bekommt den Auftrag zur Entwicklung des Volkswagen. Als Hersteller für das Auto sind die renommierten Unternehmen Adler, Auto Union, Daimler-Benz und Opel im Gespräch.
Bereits 1935 liefert Daimler-Benz zwei Karosserien nach den Porsche-Vorgaben. Währenddessen kümmert sich der Konstrukteur um die Technik: Er entwirft einen Zweizylinder-Viertakt-Boxermotor mit 0,8 Liter Hubraum. Aber immer wieder hält er auch an der Idee fest, einen Zweitakter für seinen Volkswagen zu bauen. Der geniale Konstrukteur denkt außerdem über eine Benzineinspritzung mit einer Einspritzpumpe nach und hat bereits Ideen für ein Sperrdifferenzial einer Gelände-Variante des VW.
1936 kündigt Hitler den Volkswagen an. Im Herbst laufen drei Prototypen im Versuch. Ein Vierzylinder-Boxermotor treibt sie an, wie ihn ähnlich Porsches Ingenieur Josef Kales bereits Jahre zuvor für Zündapp gebaut hatte. Der Hubraum beträgt jetzt ein Liter, die Leistung 23,5 PS. Die drei Prototypen legen jeweils 50 000 Kilometer im Versuch zurück.
Ein Jahr später legt Daimler-Benz bereits 30 Volkswagen auf. Sie laufen in diesem Jahr zusammen 2,4 Millionen Kilometer.

Vorgeschichte 1934-1945

Zur Grundsteinlegung in Wolfsburg 1938 wurden drei KdF-Wagen – auch als »VW 38« bezeichnet – gezeigt, darunter auch ein Cabriolet.

Kübelwagen mit Holzvergaserantrieb auf Basis des Volkswagen.

Das Projekt Volkswagen kommt 1937 in andere Hände: Lief es bisher unter dem Dach des Reichsverbandes der Automobilindustrie (RDA), so ist es jetzt in Händen der Deutschen Arbeitsfront, dem Einheitsverband von Arbeitgebern und Gewerkschaften. Ein Sparmodell wird entwickelt: VW-Interessenten sollen jeden Monat fünf Mark einzahlen, um zu einem Volkswagen zu kommen. Das populäre Ziel ist ein Auto für 1000 Mark, 100 km/h schnell und mit zehn Liter Verbrauch. Die Idee kommt gut an: Mehr als 300 000 Sparer zahlen bis 1945 knapp 300 Millionen Mark ein – doch keiner von ihnen wird jemals ein Auto bekommen.

Die Fabrik für den Volkswagen muss neu errichtet werden, und dazu gleich eine ganze Stadt. Der Standort soll mitten in Deutschland liegen und verkehrsmäßig gut angebunden sein. Fallersleben heißt der Ort nordöstlich von Hannover, an dem Hitler am 26. Mai 1938, dem Himmelfahrtstag, den Grundstein zum VW-Werk legt - die Stadt Wolfsburg gibt es damals noch nicht. Direkt am Mittellandkanal entsteht ein Werk für eine Jahresfertigung von einer halben Million Autos. Und da das Auto inzwischen nach der Sozialorganisation der Deutschen Arbeitsfront KdF-Wagen heißt (»Kraft durch Freude«), erhält die künftige Volkswagen-Stadt den schauderhaften Kunstnamen »Stadt des KdF-Wagens«. Sie wird durch die Zusammenlegung einiger Dörfer gegründet. Inzwischen sind weitere Prototypen dieses KdF-Wagens hinzugekommen, die bereits als echte Vorläufer einer Serie gelten können.

1939 steht der VW erstmals auf der Automobilausstellung in Berlin, und das Richtfest des VW-Werks wird gefeiert. Doch mit Beginn des Zweiten Weltkriegs am 1. September rücken andere Dinge in den Vordergrund.

Die Wehrmacht, die bereits Jahre zuvor den Volkswagen auf seine militärische Verwendbarkeit prüfte, erhält als leichten Gelände-Pkw auf Basis des VW-Chassis 1940 den Kübelwagen. Zwei Jahre später beginnt das VW-Werk mit der Produktion des Schwimmwagens, eines schwimmfähigen Geländewagens mit zuschaltbarem Allradantrieb. Auch für ihn bildet der VW die Grundlage. Mehr Ähnlichkeit mit dem Volkswagen hat eine dritte Variante für die Wehrmacht, der Kommandeurswagen. Er ist eine Kombination aus VW-Karosserie mit dem Allradchassis des Schwimmwagens. Der Motor ist vergrößert worden: Der Hubraum beträgt nun 1,1 Liter, die Leistung 25 PS. Rund 70 000 Kübel-, Schwimm- und Kommandeurswagen baut das Werk bis 1945, dazu zahlreiche Motoren für den stationären Einsatz.

Am Ende des Zweiten Weltkriegs ist von den großen Plänen der Massenmotorisierung nicht viel übriggeblieben. Als am 10. April 1945 amerikanische Truppen in die Stadt einmarschieren, leben hier 17 000 Einwohner, und das Werk hat 9000 Beschäftigte. Sie leben und arbeiten in Trümmern: Zwei Drittel der Hallen sind durch Luftangriffe zerstört. Kaum zu glauben: Bald darauf geht es erst richtig los – erst mit dem Volkswagen und bald darauf mit dem davon abgeleiteten Transporter.

Entwicklung — **1947**

Der ungewöhnliche Start – und weshalb der Transporter nicht »Triumphator« heißt

Es ist Mittwoch, der 23. April 1947: Der niederländische Geschäftsmann Ben Pon aus Amersfoort ist in Minden zu Besprechungen. Dort residiert die Zentralstelle für Wirtschaft der britischen und amerikanischen Besatzungszone in Deutschland. Pon hat einige für die damalige Nachkriegszeit fast absurd klingende Einfälle. Der wichtigste: Pon will Volkswagen in die Niederlande importieren. Ausgerechnet der Angehörige eines bis vor zwei Jahren durch Deutschland im Krieg besetzten Landes hat vor, den ehemaligen KdF-Wagen der Nazis einzuführen. Doch Ben Pon glaubt an den Volkswagen. Er kommt 1947 auf eine Idee zurück, die er und sein Bruder Wijnand schon Ende der dreißiger Jahre umsetzen wollten. Bereits damals hatten die Niederländer über den Volkswagen-Konstrukteur Ferdinand Porsche Kontakt zu deutschen Behörden aufgenommen und nach mehreren Reisen in Verhandlungen erreicht, dass die Niederlande das erste Exportland für den Volkswagen werden sollten. Schließlich hatten die Pons durch den früheren Import von Opel sowie auch Büssing in die Niederlande gute Beziehungen nach Deutschland. Doch der Zweite Weltkrieg verhindert das Projekt mit dem Volkswagen.

Aber nun wollen die Pons die Geschäftsbeziehungen wieder aufnehmen. Verhandlungspartner sind jetzt britische Offiziere. Die Siegermächte USA, Großbritannien, Frankreich und UdSSR haben das Deutsche Reich in Zonen aufgeteilt. Die ehemalige »Stadt des KdF-Wagens«, 1945 in Wolfsburg umbenannt, zählt zum britischen Hoheitsgebiet. Zeitweilig erhält das VW-Werk von den Briten sogar die Bezeichnung »Wolfsburg Motor Works« (Wolfsburger Motoren-Werke).

Ob sich aus den Besatzungszonen wieder ein funktionierendes deutsches Staatswesen entwickelt, welche Gebiete dazu gehören könnten und wann die Deutschen womöglich eine begrenzte oder gar vollständige Souveränität erlangen, ist zu diesem Zeitpunkt, erst zwei Jahre nach Ende des Zweiten Weltkriegs, noch nicht endgültig geklärt. Auch wirtschaftlich geht es den Deutschen miserabel (und nicht nur ihnen): Die Lebensmittelzuteilung in der britischen Zone beträgt im März 1947 täglich nur 1050 Kalorien.

Doch es gibt bereits erste Ansätze für eine Aufwärtsentwicklung: Im Juni setzen die Amerikaner ein großes Hilfsprogramm für Europa in Gang, den Marshall-Plan. Er ist nach US-Außenminister George Marshall benannt. Und bereits im September 1946 haben Amerikaner und Briten ihre Besatzungszonen auf wirtschaftlichem Gebiet zur sogenannten »Bizone« zusammengeschlossen. Seit Dezember gibt es eine Erlaubnis für die deutschen Geschäftsleute dieser Doppel-Zone, Güter in die USA, Großbritannien und die Niederlande zu exportieren. Das ist die Chance für die Gebrüder Pon. Ben Pon reist mehrmals nach Deutschland, besucht das Volkswagenwerk, verhandelt mit den Besatzungsbehörden in Minden. Denn die Briten haben das VW-Firmenvermögen beschlagnahmt, und einen deutschen Firmenchef gibt es noch nicht.

Aber das Werk arbeitet bereits wieder. Zwar haben Luftangriffe es zu zwei Dritteln zerstört, doch schon im Mai 1945 ist die Arbeit wieder aufgenommen worden. VW führt Reparaturen an Armeefahrzeugen durch, baut aber auch schon 1785 Volkswagen, für die Briten und für die Post. Und im September 1945 erteilt die Militärregierung einen Auftrag über 20 000 Volkswagen. 1946 fertigt das Werk schon 10 020 VW.

Vor Beginn der Entwicklung des Transporter versuchte sich VW an Kastenaufbauten auf Basis des Käfer.

Auch politisch sind erste Grundzüge einer künftigen deutschen Selbständigkeit zu erkennen: Am Sonntag dem 20. April, drei Tage vor Ben Pons Fahrt nach Minden, wählt die Bevölkerung der britischen Zone eine demokratische Regierung. Im Gebiet des künftigen Bundeslandes Niedersachsen erhält die SPD die Mehrheit. Chef der CDU in der britischen Zone ist seinerzeit der ehemalige Kölner Oberbürgermeister Konrad Adenauer.

Es steht also gar nicht schlecht für den Volkswagen, und die Pons haben durchaus Grund zum Optimismus. Er bestätigt sich im Sommer: Am 8. August werden die Gebrüder Pon VW-Generalimporteure für die Niederlande, das damit gleichzeitig erstes Exportland für den Volkswagen ist. Von den 8987 im Jahr 1947 gebauten Volkswagen importieren die Pons 56 Fahrzeuge. Zurück zum 23. April. Ben Pon verhandelt an diesem Tag nicht nur über den Import des Volkswagen, sondern schlägt auch ein neues Fahrzeug vor. Die berühmt gewordene Skizze in seinem Notizbuch zeigt ein kastenförmiges Nutzfahrzeug, in Frontlenker-Bauweise und mit einem Heckmotor. 750 Kilogramm soll es leer wiegen, und die zulässigen Achslasten von jeweils ebenfalls 750 Kilo sollen sich zu einem Gesamtgewicht von 1,5 Tonnen addieren. Ben Pon ist damit der Erfinder des VW Transporter. Wie weit seine Idee in die Zukunft weist, zeigt, dass die Silhouette seiner flüchtigen Zeichnung bis 1990 mit der Grundform des Transporter übereinstimmen wird.

Beinahe allerdings wäre alles ganz anders gekommen, und ob sich der Transporter dann zu einem Millionenerfolg entwickelt hätte, darf bezweifelt werden. Denn Pons Idee eines kompakten Nutzfahrzeugs basiert auf dem »Plattenwagen«. Dieses Behelfsfahrzeug, hatten sich die VW-Konstrukteure 1946 für innerbetriebliche Transporte ausgedacht. Die Grundlage war ein Käfer-Chassis: Über der Hinterachse gab es ein einfaches Fahrerhaus, eine Plattform davor diente als Ladepritsche.

Plattenwagen 1947: Käfer-Fahrgestell mit einer großen Ladefläche bis vor die Hinterachse.

Primitiver Fahrerplatz des Plattenwagens über dem Heckmotor, im Hintergrund eine Käfer-Rohkarosserie.

1948

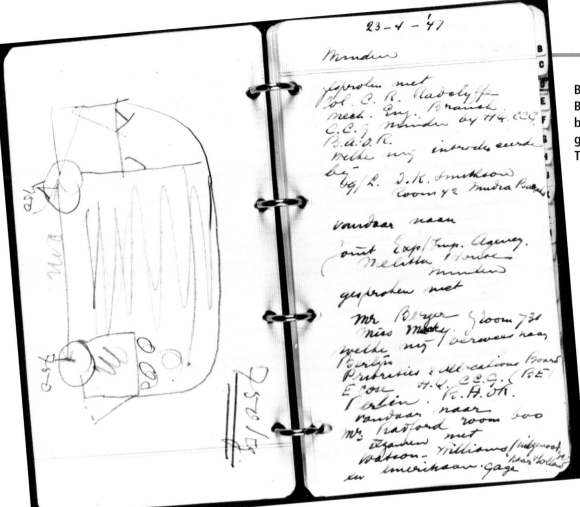

Berühmte Zeichnung: Ben Pons Skizze zeigt bereits die für Jahrzehnte gültige Silhouette des VW Transporter.

Und genau dieses Vehikel sah Pon Anfang 1947 bei einem seiner Besuche im Werk und wollte es zusätzlich zum Volkswagen in die Niederlande importieren. Die dortigen Zulassungsbehörden aber winkten ab: Ein Fahrerhaus am Heck lehnten sie ab. Und so musste sich Ben Pon ein neues Fahrzeug mit vorn angebrachter Kabine einfallen lassen – eben den VW Transporter. 1948 wird das Leben in Deutschland allmählich wieder in geregelte Bahnen gelenkt. Zu Beginn des Jahres setzen die britischen Besatzungsbehörden Heinrich Nordhoff als Generaldirektor des Werks ein. Der 48-jährige Nordhoff ist in der Automobilindustrie längst kein unbeschriebenes Blatt mehr, leitete er doch von 1942 bis zum Kriegsende 1945 das Opel-Werk in Brandenburg, damals das größte Lkw-Werk Europas.

Zu VW stößt außerdem Alfred Haesner. Der ehemalige Chefkonstrukteur der Phänomen-Werke, einem Automobilhersteller im sächsischen Zittau, soll als das Werk als Entwicklungsleiter auf zivile Produkte umstellen. Er bringt von Phänomen Erfahrung mit luftgekühlten Nutzfahrzeugen mit.

Unter Nordhoffs Leitung geht es mit VW schnell aufwärts: Das Werk baut in diesem Jahr 19 244 Volkswagen, kann bereits im Mai den 25 000. VW feiern. Am 29. Juli wird der Sitz der Gesellschaft von Berlin nach Wolfsburg verlegt.

Einen kräftigen Schub erhält die deutsche Wirtschaft durch die Währungsreform am 20. Juni 1948: Die D-Mark ersetzt die längst wertlos gewordene Reichsmark. In den drei Westzonen und dem westlichen Teil Berlins erhalten alle Bürger ein »Kopfgeld« von 40 Mark. Weitere 20 Mark erhalten sie im August. Das Geld auf den Sparkonten wird zu einem Kurs von 100 Reichsmark zu 6,50 D-Mark umgetauscht.

Nachdem der Volkswagen in Schwung gekommen ist, geht VW an die Umsetzung von Pons Idee eines Transporters von VW: Im Herbst 1948 beschließt Nordhoff während einer gemeinsamen Autofahrt mit Haesner, den Transporter zu bauen. Zwei interne Bezeichnungen kennzeichnen ab jetzt die weitere Entwicklung dieses Autos bis zum Serienbeginn: Der Transporter wird »Typ 29« genannt, und das Kürzel »EA-7« steht für »Entwicklungsauftrag Nummer sieben«, den Bau des Prototyps.

Vom 11. November 1948 stammt das älteste erhaltene Dokument von VW zur Geschichte des VW Transporter: Der Technische Leiter Alfred Haesner fordert bei der Personalleitung zusätzliche Konstrukteure an, unter anderem für die »*Sonderkonstruktion (Typ 29)*«. Haesners Argument: Vier verschiedene Groß-Projekte, darunter die Entwicklung des Typ 29, »*bedingen die Heranziehung einiger Konstrukteure,*

Entwicklung 1949

da der Bestand an Spezialfachkräften nicht ausreicht und die Betreuung mehrerer Aufgaben durch Parallelarbeit einzelner Konstrukteure unmöglich zum Ziel führt.«

Nordhoff erhält am 13. November einen Durchschlag des Schreibens und vermerkt darauf handschriftlich, dass er mit Haesner Rücksprache nehmen will. Nordhoff schreibt außerdem mit Ausrufungszeichen den Namen Porsche dazu, was darauf hindeutet, dass der VW-Generaldirektor Ferdinand Porsche in die Konstruktion des Transporter mit einbeziehen will. Dazu wird es aber nicht kommen.

Am 20. November erhält Nordhoff die ersten Konstruktionszeichnungen des Typ 29. Als Technischer Leiter von VW zeichnet Haesner dafür verantwortlich. Die Feinarbeit aber liefern drei seiner Abteilungen: Konstruktion Fahrwerk und Aggregate, Konstruktion Aufbau sowie der Versuch. Zwei Haesner-Mitarbeiter zeichnen sich besonders aus: Josef Kales als Konstruktionschef Fahrwerk und Aggregate und Rudolf Ringel, der Leiter des Versuchsbaus.

Beide sind ehemalige Mitarbeiter von Ferdinand Porsche. Kales hat in den dreißiger Jahren die berühmten Motoren der Auto-Union-Rennwagen gebaut und bei Porsche den luftgekühlten Vierzylinder-Boxermotor entwickelt, der dann millionenfach in Käfer und Transporter zum Einsatz kommt. Er, so Zeitzeugen, entwirft den Transporter nahezu komplett selbst. Und Rudolf Ringel ist für den Bau der Prototypen zuständig. Diese beiden sind *»die großen Motoren«* in der Entwicklung des Transporter, erinnert sich später Hans Bittmann, damals Mitarbeiter des Versuchsbaus und später dessen Leiter.

Haesner schlägt Nordhoff im November 1949 zwei unterschiedliche Formen der Frontpartie vor: Modell A zeichnet sich durch ein etwas vorstehendes Dach aus, bei Modell B geht die Windschutzscheibe ohne Vorsprung in das Dach über. Nach dem zweiten Vorschlag fertigt der Versuchsbau ein Ansichtsmodell. Gleichzeitig testet der Versuch bereits Teile wie Stoßdämpfer und Federstäbe für das neue Auto.

Nordhoff schaltet sich immer wieder in die Entwicklung des Typ 29 ein. Am 7. Februar zum Beispiel schlägt er vor, die bisher geplante durchgehende Sitzbank im Fahrerhaus gegen einen Einzelsitz für den Fahrer und rechts einen Beifahrer-Doppelsitz auszutauschen. Doch die Entwicklungsabteilung lehnt bereits zwei Tage später ab: Der durchgehende Sitzkasten über der Vorderachse gehört als Brücke zum Aufbau, er ist unverzichtbar. VW lässt zu dieser Zeit ein Holzmodell im Maßstab 1:10 des geplanten Fahrzeugs im Windkanal des Instituts für Strömungsmechanik der Technischen Hochschule Braunschweig prüfen (wie schon im Jahr zuvor ein Modell des Käfer). Die Wissenschaftler sollen auch die beiden verschiedenen Bugformen – einmal mit Dachvorsprung, einmal ohne – auf ihren Luftwiderstand messen. Am Modell lässt sich deshalb der Bug austauschen.

Das Institut vermerkt in der Einleitung des Abschlussberichts vom 9. März 1949: *»Bei dem vorgelegten Modell VW 29 han-*

Abnehmbare Fronten für Versuche im Windkanal, rechts die Idee des Mitarbeiters der TH Braunschweig.

Windkanal-Modell mit eckigem Bug – beinahe hätte VW den Transporter in dieser Form gebaut.

Das Modell für die zweiten Windkanal-Versuche entspricht bereits weitgehend der späteren Serie.

Entwicklung

delt es sich um einen solchen Körper, der im Hinblick auf einen geordneten Stromlinienverlauf als ausgesprochen ungünstig angesehen werden muss.« Ergebnis der Versuche: Das Modell mit Bug ohne Dachvorsprung erreicht einen c_w-Wert von 0,75; das Modell mit Dachvorsprung kommt sogar nur auf 0,77.

Die Ursache der schlechten Aerodynamik: Die VW-Konstrukteure um Haesner hatten aus produktionstechnischen Gründen eine eckige Frontpartie vorgesehen. Der Bug besteht aus einem planen Blech ohne jede Rundung, das aufgrund eines vertikalen Knicks in der Mitte leicht nach vorne gepfeilt ist. Auch an den Kanten geht der Bug ohne jede Rundung in die Seitenteile über. Zu diesem Zeitpunkt sieht der VW Transporter aus wie eine Faltschachtel – und wäre vermutlich auch so einfach und billig zu produzieren gewesen.

Doch der Bearbeiter des Windkanal-Versuchs erweitert den VW-Auftrag und entwickelt eine dritte Bugform. Sie ist stark gewölbt, damit die Luftströmung nicht bereits vorn am Fahrzeug, sondern erst am Heck abreißt. Zurecht vermerkt das Institut mit Stolz, dass *»dies in vollem Umfang gelungen ist«*. Und: *»Die Verbesserung gegenüber den angelieferten Bugformen ist auffallend. Gegenüber der Bugform 1 ergibt sich eine Widerstandsersparnis von über 40 % ... Aus dem vorstehenden Ergebnis wird damit deutlich, dass mit einer verhältnismäßig geringen Formänderung des Fahrzeugbugs eine bedeutende Verringerung des Widerstandes erzielt werden kann, die in einer beachtlichen Leistungsersparnis ihren Ausdruck finden wird.«* Kraftstoffverbrauch und CO_2-Emissionen sind damals kein Thema – aber die Größe des Motors, Downsizing durch Aerodynamik also. Die in Braunschweig ausgetüftelte neue Form des Bugs erreicht im Windkanal einen Luftwiderstandsbeiwert von $c_w = 0,43$.

Die sensationellen Messungen der Technischen Hochschule führen bei VW sofort zu Konsequenzen: Die Entwickler des Transporter gestalten die Bugform des Typs 29 völlig neu, angelehnt an den Vorschlag des Instituts. Auf dieser Basis entsteht in Wolfsburg auch ein neues Modell, dessen Form dem späteren Serienfahrzeug entspricht.

Die erneute Prüfung im Windkanal führt zu einem Luftwiderstandsbeiwert von $c_w = 0,44$. Dazu das Institut: *»Die geringfügige Steigerung des Widerstandsbeiwertes erklärt sich aus örtlichen Ablösungserscheinungen, hervorgerufen z.B. durch die Fensterübergänge ... Im Ganzen aber erkennt*

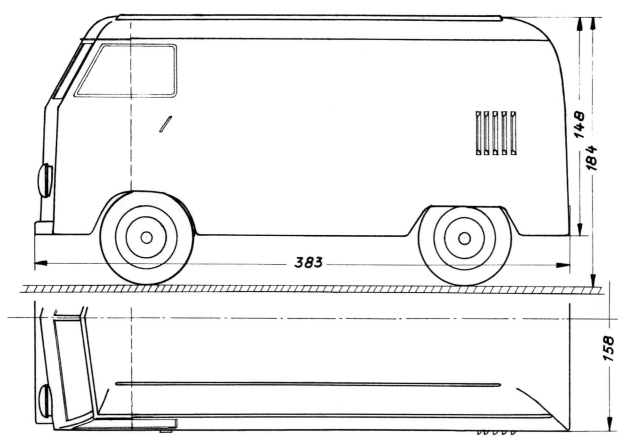

So hatte VW den Transporter geplant: plane, einfach zu produzierende Blechteile, schlichte Form.

1949

man, dass auch bei der neuen Form überall die Strömung gut anliegt und keine Beanstandungen gemacht werden können. Damit werden mit der vorgeschlagenen Bugform auch in der für die praktischen Belange etwas veränderten Gestaltung die gewünschten Leistungen erzielt.« Die rundliche Grundform des VW Transporter entsteht also im Wesentlichen nicht bei VW, sie beruht vielmehr auf einem Vorschlag der Technischen Hochschule Braunschweig.

Die Abteilung Versuchsbau in Wolfsburg hat inzwischen den ersten Prototyp des VW Transporter gebaut – noch in der kurz darauf geänderten, eckigen Form. Es geht dabei *»sehr handwerklich«* zu, und Improvisationskunst ist gefragt, wie Hans Bittmann sich erinnerte: *»Wir haben sehr vieles von Hand gemacht, zum Teil Bleche auf Sandsäcken und Formhölzern von Hand gedengelt.«*

Das Fahrzeug wird am 11. März fertig und am selben Tag an den Versuch übergeben, damit die Fahr-Erprobung beginnen kann.

Das Auto basiert ganz selbstverständlich auf einem Käfer-Fahrgestell. Dies ist auch für die spätere Serienfertigung geplant, um möglichst rationell produzieren zu können. Wie aus den Typennummern der Aggregate herauszulesen ist, besitzt dieser erste VW Transporter (*»Farbe grau, Radfarbe Zinnober«*) Hinterachse und Motor original vom Käfer.

In Tag- und Nachtschichten quälen die Mitarbeiter des Versuchs den neuen Lieferwagen auf öffentlichen Straßen. Damit niemand das neue VW-Projekt entlarvt, erhält der Prototyp auf den Seiten die Aufschrift »Felix Neuhaus Gemüsegroßhandel«. Der Ablauf einer Neukonstruktion ist Ende der vierziger Jahre noch sehr einfach: Das Auto wird gebaut und danach gefahren, um zu sehen, ob es hält.

Es hält nicht. Bereits am 5. April bricht der Versuch die Erprobung ab: Das unveränderte Käfer-Fahrgestell verkraftet die höheren Beanspruchungen an ein Nutzfahrzeug nicht. Haesner und seine Mitarbeiter beginnen daher mit der Konstruktion eines selbsttragenden Aufbaus. Nur die Aggregate sollen, soweit möglich, vom Käfer übernommen werden. Schon in diesem frühen Stadium beginnt also die Trennung von Käfer und Transporter, der Typ 29 wird zum eigenständigen Fahrzeug.

In die Neukonstruktion fließen die Vorschläge der Technischen Hochschule Braunschweig für eine günstigere Aerodynamik ein. Auch wird eine bessere Relation von Nutzlast zu Gesamt-

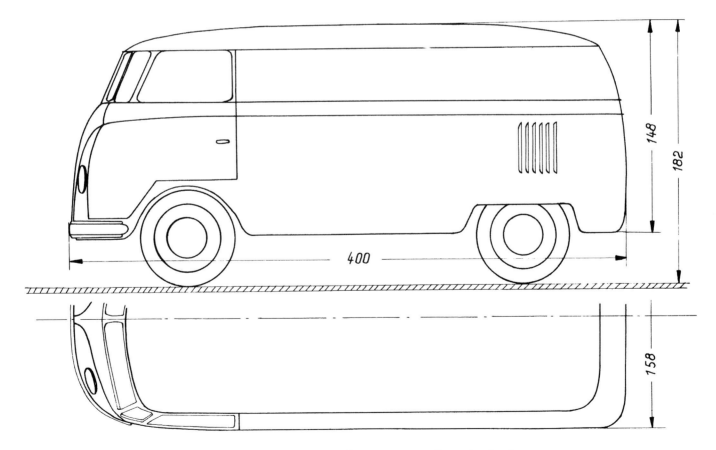

Zweites Modell für den Windkanal: Weiche Linien mit abgerundeten Kanten prägen das Design.

Entwicklung 1949

VW Auftrags-Nr. E A - 7	VR - 154
	Typ: 29

		Bemerkungen:
Rahmen Nr.	ohne	Lieferwagen.
Vorderachse Nr.	VA-1	Fertigungs-Datum : 11.3.49
Hinterachse Nr.	11/1233	Abgeliefert am : 11.3.49
Motor Nr.	1-0113088	an: Versuchs-Abteilung.
Karosserie Nr.	29/1	*Fahrgestell auf Träger umgebaut.*
Zündschlüssel Nr.	A - 64	
Türschlüssel Nr.	Y -179	
Haubenschlüssel Nr.	ohne	
Farbe	grau	
Radfarbe	Zinober	
Lackierung	Prod.	
Reifen	5.50-16	

Konstr. u. Vers. 8 4. 49 500

Historisches Dokument: Stammkarte des ersten Prototyps mit Vermerk »Fahrgestell auf Träger umgebaut«.

gewicht angestrebt. Damit die Fahrversuche trotzdem weitergehen können, überarbeitet der Versuchsbau den Prototyp auf selbsttragende Bauart. »Alles zusammen eine gewaltige Aufgabe und Herausforderung«, erinnerte sich Hans Bittmann. VW-Chef Nordhoff macht inzwischen Druck. Am 19. Mai schreibt er an Haesner: »Für verschiedene Dispositionen ist es notwendig, einen Termin für den Produktionsbeginn des Typs 29 festzulegen. Ich denke, dass es möglich sein sollte, dafür den 1. 11. oder spätestens 1. 12. des Jahres zu wählen, sodass wir mit dem Beginn des Jahres 1950 unter allen Umständen wirklich mit nennenswerten Stückzahlen in Produktion sind.« Haesner antwortet am 1. Juni und beschreibt dabei den Stand der Entwicklung: »Versuchsmäßig haben wir, um die Fahreigenschaften überhaupt weiter prüfen zu können, das erste Musterfahrzeug behelfsmäßig auf selbsttragende Bauart umgebaut und im Schichtbetrieb weiter erprobt. Die Fahreigenschaften, insbesondere Leistung, Beschleunigung, Geschwindigkeit, Straßenlage und Federung sind voll befriedigend. Es wurden vor dem Umbau 5673 km und nach dem Umbau weitere 6780 km auf der Versuchsstrecke Werk – Warmenau – Wittingen – Hankensbüttel – Luttern – Lachendorf – Gifhorn gefahren, und zwar in der Hauptsache Schlaglochstrecke. Die Beanspruchungen auf dieser Strecke sind besonders groß und haben auch nach dem Umbau zum Einreißen der Bodengruppe geführt. Lokale Änderungen innerhalb der Bodengruppe führten zur Abhilfe, doch musste die geplante Erprobung auf Gebirgsstrecken (Nürburgring) zur Feststellung der Bergsteig-Fähigkeit und der Bremswirkung noch aufgeschoben werden.«

Haesner nennt als Schwachpunkte Bremsen und Lenkung, berichtet aber nach den intensiven Tests, dass das erste Musterfahrzeug in neuer Bauform und mit verbesserten Aggregaten in zwei bis drei Wochen fertig sein soll. Sein Resümee: »Zusammenfassend ist zu sagen, dass der von Ihnen gewünschte November-Termin bei unveränderter Beschleunigung aller Arbeiten der Konstruktion und des Versuchs sowie bei Einsatz aller Mittel zur Schaffung der notwendigen Produktionseinrichtungen erreichbar sein dürfte.«

Kurioses Gespann: Transporter-Prototyp als Ladung eines speziell dafür gebauten Käfer-Sattelzugs.

In einer Besprechung am 15. August fordert Nordhoff bei Haesner vier Vorführwagen an, aufgeteilt in einen Kastenwagen, zwei Fahrzeuge für Sondereinbauten und einen Kleinbus. Sie sollen bis zum 15. Oktober fertig sein, damit VW sowohl den Händlern als auch der Presse den neuen Transporter vorstellen kann. Zwei weitere Handmuster – ein Krankenwagen, ein Fahrzeug für die Post – sind ebenfalls in Auftrag. »*Die Herstellung erfolgt seit dem 18. des Monats mit täglich zweistündiger Überstunden-Arbeit*«, schreibt Haesner am 24. August. Wie Prototypen neuer Transporter-Varianten im Versuchsbau entstehen, beschreibt Hans Bittmann anschaulich: »*Rudolf Ringel stand vor einem fertigen Auto und zeichnete an, danach haben wir dann gebaut.*«

Nur eine Woche später schaltet sich Nordhoff mit detaillierten Vorschlägen in die Konstruktion ein. Offensichtlich hat er sich den zweiten Prototyp sorgfältig angeschaut, denn seine Vorschläge sind präzise. Den VW-Chef stört vor allem das rechts im Motorraum stehende Reserverad: »*Trotz aller mir bekannten und verständlichen Abneigung gegen eine solche Änderung scheint mir doch am Typ 29 eine Verkleinerung des Motorenraumes noch möglich und notwendig. Es ist im ganzen gesehen doch wenig einleuchtend, dass nur dem Durchmesser des Reserverades zuliebe die jetzige Höhe beibehalten werden soll, zumal ich glaube, dass selbst dann, wenn man das Reserverad flach über den Motor legt, womit man zwanglos die Zwischenschicht bekäme, die den Wageninnenraum gegen die Motorwärme isoliert, noch ein Niedrigerlegen des jetzigen Motorenraumdaches möglich sein dürfte.*«

Nordhoff verlangt außerdem kräftigere Scharniere: »*Es ist mir nicht bekannt, ob die am letzten Musterwagen des Typ 29 vorgesehenen Scharniere, Gehänge usw. in ihrer Größe und Ausführung als endgültig anzusehen sind – die jetzt verwendeten Abmessungen sind bestimmt zu gering. Diese Wagen werden nicht mit Glacé-Handschuhen angefasst, sondern grob und rücksichtslos behandelt, und wir müssen uns auf diese Situation einstellen.*«

Der intensive interne Briefwechsel geht am 17. September weiter: Haesner schickt Nordhoff die Ergebnisse der Luftwiderstandsmessungen des neuen Modells sowie Werte aus dem Fahrversuch. Er schreibt unter anderem: »*Die neue Formgebung*

1949

Transporter-Front 1949: Von Hand gedengelter Bug, nur ein Scheibenwischer für den Fahrer.

Prototyp 1949 von hinten: Die Fahrertür will nicht recht passen, Außenbetankung am Heck.

für den Aufbau des Typ 29 erfolgte bekanntlich sowohl aus herstellungstechnischen Gründen in Zusammenhang mit dem Fortfall des Zentral-Rohr-Rahmens, als auch besonders aus fahrtechnischen Gründen, weil der Kraftstoffverbrauch und die Beschleunigung nicht befriedigten. Bei der im März 1949 begonnenen Neukonstruktion stützten wir uns auf die Ergebnisse des ersten Anblasversuchs im Windkanal ... Damit scheint am Typ 29 das für einen Lieferwagen mit äußerster Raumausnutzung erzielbare Optimum erreicht zu sein ... Der praktische Erfolg ist aus den beiden anliegenden Diagrammblättern zu erkennen ... man kann gegenüber der alten Bauform bestimmt mit einer sehr erheblichen Senkung der Verbrauchszahlen sowie mit doppelt so großen Beschleunigungswerten des bis zum zulässigen Gesamtgewicht belasteten Fahrzeuges rechnen.«

Haesner prognostiziert außerdem eine Drosselung des Motors, denn »...die praktisch erreichbare Höchstgeschwindigkeit ist beim belasteten Wagen bis auf 86 km/h und beim unbelasteten Wagen bis auf 92 km/h heraufgegangen. Bei der letztgenannten Geschwindigkeit liegt die Drehzahl des Motors zu hoch.« Doch darauf wird Haesner letztlich verzichten.

Bald aber läuft Haesner die Zeit davon. Am 26. September berichtet er Nordhoff: »*Die Einhaltung des Fertigstellungstermins der 4 im Versuchsbau zu fertigenden Vorführfahrzeuge für die zwischen dem 6. und 12. November angesetzte Pressekonferenz hat u. a. zur Voraussetzung, dass die Dächer für diese Wagen dem Versuchsbau bis zum 10. 10. 49 angeliefert werden. Es handelt sich dabei um insgesamt 5 Dächer, weil außerdem noch ein Versuchswagen herzustellen ist. Die von Hand gefertigten, zusammengesetzten Dächer sind allenfalls für Versuchswagen, dagegen nicht für Vorführwagen geeignet. Da sie von Hand nur in der flachen Form und nicht in der pressmäßig vorgesehenen gewölbten Form herstellbar sind, fehlt ihnen die nötige Spannung. Infolgedessen trommeln und flattern diese Dächer beim Fahren so stark, dass wir auf jeden Fall bei Vorführwagen bereits die gewölbten Dächer aus*

Einfache Ausstattung: Blechdach ohne jede Innenverkleidung, schmuckloser Fahrerplatz.

Dezent getarnter Transporter, die Aufschrift auf der Flanke des neuen VW aber ist durchaus wörtlich zunehmen.

Entwicklung   1949

dem Gesenk verwenden müssen. Bei der Arbeitsdisposition im Versuchsbau ist daher für die Dächer die Handfertigung von vornherein außerhalb der Arbeitseinteilung geblieben.«

Das Presswerk soll die Dächer liefern, VW-Produktionsleiter Steinmeier erklärt sich einverstanden, zieht aber dann seine Zusage von Überstunden zurück. Haesner kann zum vereinbarten Zeitpunkt womöglich nur Autos ohne Dächer abliefern, denn: *»Der Versuchsbau braucht für die Handfertigung von 5 Dächern ... zirka 4 Wochen.«*

Allmählich sickert durch, dass VW einen Transporter vorbereitet. Am 14. Oktober veranstaltet VW eine Pressekonferenz. Anlass ist der Übergang der Verfügungsgewalt über das VW-Werk von der britischen Militärregierung an den kurz zuvor gebildeten deutschen Weststaat, die Bundesrepublik Deutschland. Nordhoff verrät, dass VW bald einen Transporter vorstellt. Dazu das »Handelsblatt«: *»Die Serie eines 3/4-t-Lkws wird bereits aufgelegt. Er besteht aus den hauptsächlichsten Teilen des Volkswagens, besitzt eine geschlossene Form und stellt einen völlig neuen Typ dar.«*

Die Entwicklung dieses völlig neuen Typs nähert sich allmählich der Vollendung. Am 17. Oktober stellt Haesner die wichtigsten Daten und Eigenschaften des neuen Autos zusammen, denn die offizielle Vorstellung nähert sich. Haesner äußert sich vorsichtig in der Einleitung seines Schreibens an Kundendienst-Chef Feuereissen: *»In dieser Form ist die Zusammenstellung nur für den internen Gebrauch bestimmt, denn ich kann nicht wissen, welche meiner Angaben sich für Ihre bevorstehende Werbeaktion zur Auswertung nach reklametechn. Gesichtspunkten eignen.«*

Der Technische Leiter von VW erklärt zunächst die für Deutschland ungewohnte Frontlenker-Bauweise: *»In der Formgebung wurde dabei den modernen Konstruktionstendenzen gefolgt, die im Ausland für Lieferfahrzeuge jeder Größenordnung vorherrschen.«* Hauptmerkmal des neuen VW ist laut Haesner die *»vielseitige Verwendungsmöglichkeit«*. Neben zahlreichen Daten zählt der Techniker zahlreiche Einzelmerkmale des Typ 29 auf:

- flink und wendig im Stadtverkehr,
- ausdauernd und sparsam auf Fernstrecken,
- sicher und zuverlässig auch auf schlechter Fahrbahn,
- leistungsfähig im Gebirge,
- genügsam in Unterhaltung und Pflege,
- verhältnismäßig hohe Transportleistung,
- bequem zu beladen,
- billig im Betrieb und an Steuern,
- modern in der Bauweise,
- repräsentabel im Aussehen,
- zuverlässig in Sommer und Winter,
- reichhaltige Sonderausrüstung,
- nahe verwandt mit dem Volkswagen.

Alles in allem ist der neue Transporter laut Haesner: *»Ein Nutzfahrzeug von universellem Gebrauchswert für den Transport aller Waren an jeden Ort!«*

Nur eines ist VW immer noch nicht: fertig mit den neuen Autos. Die vier Vorführwagen, die längst Termin hatten, sind noch nicht einmal lackiert. Geradezu atemlos schreibt Haesner am 27. Oktober an Produktionsleiter Steinmeier mit Durchschlag an Generaldirektor Nordhoff: *»Der äußerste Termin, zu dem alle 4 Wagen fertig lackiert, jedoch noch unpoliert, dem Versuchsbau zur Verfügung stehen müssen, ist Dienstag, der 1. November morgens. Von diesem Zeitpunkt ab müssen die Einbauten, die diese Wagen bekommen einschl. der Verglasung usw. mit allem Hochdruck vom Versuchsbau vorgenommen werden, wobei zwischendurch oder gleich hinterher die Wagen von der Sonderlackiererei fertig poliert werden sollen. Am Donnerstag oder Freitag kommender Woche stehen die Fahrzeuge bereits der Geschäftsleitung zur Besichtigung zur Verfügung, damit sofort anschließend die Endarbeiten, deren Art und Umfang sich aus der Besichtigung ergeben werden, durchgeführt und termingemäß zum Abschluss gebracht werden können. Ich teile Ihnen dieses mit, damit Sie erforderlichenfalls die Lackierungsarbeiten auf den kommenden Sonntag und Montag mitverteilen können, denn sonst werden die Wagen wahrscheinlich bis zum Dienstag früh in der Lackierung nicht fertig.«*

Und eines gibt es zu diesem Zeitpunkt auch noch nicht: den Namen für den Typ 29. Neun Vorschläge waren bis dahin bei VW entstanden, die Patentabteilung hatte sie beim Patentamt in Berlin zur Prüfung vorgelegt. Am 4. November aber muss die Patentabteilung ein niederschmetterndes Ergebnis an Nordhoff weitergeben: Keiner der vorgeschlagenen Namen ist ohne Einschränkung für VW frei. Sie hießen:

- Bully,
- Duro,
- Felix,
- Fix,
- Swift,
- Mulix,
- Triumphator,
- Pilot,
- Juwel.

Am 23. November startet VW einen weiteren Anlauf: In einem Schreiben an das Deutsche Patentamt in München meldet jetzt nicht die Patentabteilung, sondern Haesner den Begriff »Bullybus« als Warenzeichen an. Die Patentabteilung warnt gleich am nächsten Tag vor der Erfolglosigkeit, da dieser Begriff wie auch schon der bereits abgelehnte Name »Bully« zu eng mit dem »Bulldog« des Mannheimer Traktorenherstellers Lanz verwandt sei. Die Spezialisten haben Recht: Auch der Bullybus hat keinen Erfolg – der VW trägt bei seiner Vorstellung keinen Namen. Und daran wird sich auch in der Zukunft des Autos nur wenig ändern: Über Jahrzehnte fand VW für das Auto mit der Nummer Typ 29, woraus dann Typ 2 wird, keine griffige Bezeichnung. Die Nutzfahrzeug-Varianten nennt VW dann einfach Transporter,

Bereits 1949 fertigte VW von Hand einen ersten Bus mit zweifarbiger Lackierung.

die Bus-Varianten tragen seit 1983 den wenig einprägsamen Namen Caravelle. Heute heißen die Modelle für Privatnutzer Multivan, abgeleitet von einem Freizeitfahrzeug.
Durchgesetzt haben sich die Gattungsbegriffe: Wer einen »Transporter« fährt, ist im Normalfall ebenso VW-Besitzer wie der, der einen »Bus« sein eigen nennt. Die Liebhaber des VW aber sagen »Bulli«, sie stören sich über lange Jahre überhaupt nicht daran, dass dieser Begriff zwar nicht mehr durch Lanz, dafür aber über Jahrzehnte vom damaligen Ulmer Fahrzeugbauer Kässbohrer für die Pistenpflegegeräte »Pisten-Bully« in allen Schreibweisen geschützt war.
Hingegen verwirren VW-interne Begriffe wie Typ 2 und T1 oder T6. Doch die Auflösung ist einfach: Nachdem der Käfer als erste VW-Reihe der Typ 1 ist, trägt der Transporter als zweites Modell logisch die Bezeichnung Typ 2. Die Kürzel T1 bis T6 hingegen stehen als Unterbegriffe für die vier Generationen von 1950 bis heute. Auch der aktuelle T6 ist also ein Typ 2 – nur eben in sechster Generation.
Doch zurück in das Jahr 1949. Im November stellt VW den namenlosen Transporter vor. Nach nur einem Jahr Entwicklungszeit. In der »Motor-Rundschau«, einer damals renommierten Autozeitschrift, schreibt Redakteur Joachim Fischer, wie VW-Chef Heinrich Nordhoff bei der Präsentation sogar mit dem fehlenden Namen kokettiert: »*Eigentlich sollte er Bully heißen, aber das haben die Eltern des Bulldog nicht zugelassen, und wir haben auch unseren Stolz* – so plauderte Generaldirektor Nordhoff – *und nun heißt er ganz nüchtern VW-Lieferwagen.*«
Fischer hatte anfangs offensichtlich nur wenig Interesse, der Einladung zur Vorstellung dieses »VW-Lieferwagen« nach Wolfsburg zu folgen. Die Fahrt aus seiner Frankfurter Redaktion ins entlegene Wolfsburg ist damals beschwerlich und scheint wenig attraktiv: »*Ehrlich gesagt, hatte ich mir von der Reise nach Wolfsburg zur Besichtigung und Probefahrt dieses neuen Lieferwagens wenig versprochen: vorn die bekannte Haube des VW, dann der Fahrersitz, hinten der Motor und dazwischen ein kleiner Lieferraum, so hatte ich gefürchtet. Und in Wirklichkeit …*«
In Wirklichkeit ist der Journalist begeistert, freut sich über den großen Laderaum, die ausgeglichene Gewichtsverteilung, den kompakten Antriebsblock – eben über alles, was sich zunächst Ben Pon und dann Haesner und seine Mitarbeiter haben einfallen lassen. Nur mit einer Nebenbemerkung liegt Fischer falsch: »*Ein Pritschenwagen kommt bei dieser Bauweise nicht in Frage.*« Das Schlusswort seines Artikels: »*Der VW-Lieferwagen ist wohl der schnittigste Kleinlastwagen mit vorgebautem Führerhaus, den ich kenne – und ich kenne viele, auch aus dem Ausland. Im Februar 1950 läuft die erste Serie mit 10 000 Stück an.*« Der Artikel in der »Motor-Rundschau« kommt für Nordhoff und seine Mitarbeiter zum richtigen Zeitpunkt: Das Blatt erscheint am 24. Dezember – fröhliche Weihnachten.

 # Der Transporter T1

Die erste Generation
von 1950 bis 1967

Der Transporter T1

1950

Zwischen der Vorstellung im November 1949 und dem Fertigungsbeginn im März 1950 entstehen im Versuchsbau noch rund 20 Transporter. Damit füllt VW für die Beschäftigten eine Lücke. Außerdem werden damit zahlreiche Mitarbeiter des Versuchsbaus geschult. Viele von ihnen werden nach diesen Erfahrungen mit den Prototypen als Vorarbeiter und Meister einen wichtigen Part in der Serienfertigung übernehmen. Am 8. März 1950 ist es dann so weit: Die Serienproduktion des Typ 2 im Werk Wolfsburg beginnt. Wobei die Formulierung einer »Serie« gewagt erscheint: Zunächst werden nur einzelne Fahrzeuge gebaut. Am 8. März sind es gerade zwei Transporter: Einer bleibt als Versuchswagen im Werk, der andere (*»Modell 29 grundiert Lieferwagen«*) wird noch am selben Tag an den Kölner VW-Betrieb Fleischhauer ausgeliefert. Erst im April steigt die Tagesproduktion auf zehn Autos pro Tag.

Zunächst gibt es nur den Kastenwagen, er kostet 5850 Mark, der Preis liegt damit nur 1050 Mark über dem Käfer. Die Fertigung von Kombi und Bus beginnt im Juni. Ihre Preise: Der Kombi ohne Sitze kommt auf 6350 Mark, mit Sitzen kostet er 300 Mark mehr. Und der neunsitzige Bus steht mit 6650 Mark in der Preisliste. Für den Bus gibt es auch schon die ersten Extras: Auf Wunsch liefert VW ihn mit Heckklappe und einem Rollverdeck. Für heutige Verhältnisse sind die Transporter primitiv ausgestattet: Mit Ausnahme des Busses rollen sie innen unverkleidet aus den Werkshallen. Die Nachrüstung mit zusätzlichen Details ist Aufgabe der Händler, denen VW dazu Ausführungszeichnungen liefert. So kommen die Transporter auf Wunsch zu Innenverkleidungen, einer Isolierung des Aufbaus, einem Rückfenster oder einer Dachgalerie.

Die einzig lieferbare Farbe aller Transporter ist blau. Wer seinen VW in einer anderen Farbe wünscht, kann ihn grundiert bestellen und vom Händler oder einer Karosseriewerkstatt im gewünschten Farbton lackieren lassen. Ein außerordentlich umständliches Verfahren aus heutiger Sicht. Doch die Farbe und Ausstattung ist in dieser Zeit weniger wichtig. Transportmittel müssen her für den Wiederaufbau des kriegszerstörten Deutschlands, für Existenzgründungen. Noch traut sich niemand, von einem Wirtschaftswunder zu sprechen, schließlich gibt es zwei Millionen Arbeitslose, und ihre Zahl steigt weiter.

Serienbeginn des Kastenwagens 1950: Schnell avanciert der neue VW zum Marktführer.

1950

Sonderausbauten gibt es bereits im ersten Produktionsjahr: Kastenwagen mit Regalen.

Wieder ein Prototyp vor dem Serienanlauf: Kastenwagen mit Laderaumtüren links und rechts sowie einer Heckklappe.

Der hohe Motor, die Hinterachse und die Radkästen kosten hinten im Laderaum viel Platz.

Der Transporter T1

1950

Aber die ersten kleinen, positiven Zeichen einer Aufwärtsentwicklung der im Vorjahr gegründeten Bundesrepublik Deutschland sind auszumachen. So gibt es seit Januar fast alle Lebensmittel ohne Marken, die wirtschaftliche Rosskur, die Wirtschaftsminister Ludwig Erhard dem Land verordnet hat, zeigt erste Erfolge. Beispiel bei Volkswagen: Vier Tage vor dem Start der Typ-2-Fertigung produziert das VW-Werk am 4. März den 100 000. Käfer seit Kriegsende.

Die Transporterfertigung kommt bald in Schwung: Bereits im Sommer beträgt die Tagesproduktion 60 Autos. Die Rekord-Monatszahl wird mit 1126 Autos im Oktober erreicht. Insgesamt kommt VW 1950 auf eine Produktion von 8059 Typ 2, davon 70 Prozent Kastenwagen. Mit 1579 Fahrzeugen gehen fast 20 Prozent der Jahresproduktion in den Export – der rührige Ben Pon verschifft sogar die ersten zwei Transporter in die USA. Später werden ihnen viele tausend Modelle folgen.

Nach dem Fertigungsbeginn des Kastenwagens startet VW im Frühsommer die Produktion von Kombi und Bus.

Einzig der Bus zeichnet sich durch eine Innenverkleidung für Boden, Seitenwände und Dach aus.

Zur schnellen Demontage sind die Sitzbänke des Kombis mit Flügelmuttern am Boden befestigt.

Der Transporter T1

Der Tank ist im Motorraum angeordnet, unter dem Tank ist der Kraftstoffhahn zu erkennen.

Aber auch in Deutschland können sich die Zahlen sehen lassen: Obwohl der neue Transporter erst seit dem Frühjahr gebaut wird, liegt er bei den Neuzulassungen bereits zusammen mit dem DKW F 89 L Schnelllaster an der Spitze der Zulassungsstatistik: Beide erreichen einen Marktanteil von 21,7 Prozent. Wie gut der neue VW ankommt, zeigt eine weitere Zahl: Am Ende 1950 liegen bereits rund 10 000 Bestellungen für 1951 vor – damit ist fast die gesamte Jahresproduktion bereits verkauft. Die ersten Änderungen fließen schon im Sommer und Herbst 1950 in die Fertigung ein. So erhält der Transporter unter anderem eine automatische Kühlluftregelung mit Thermostat. Auslassventile und Ventilsitzringe werden aus hitzebeständigerem und damit verschleißfesterem Material gefertigt. In den hinteren Seitenteilen des Laderaums gibt es Belüftungsschlitze. Und auch Fahrer- und Fahrgäste profitieren von den Weiterentwicklungen: Der Heizverteiler im Fahrerhaus erhält eine zweite Öffnung, der Bus bekommt Gummimatten auf dem Boden und hinten Haltegriffe, Kleiderhaken und Aschenbecher.

Die erste Betriebsanleitung des Transporter, gedruckt bereits im Februar 1950, charakterisiert den VW selbstbewusst: »*Der VW-Transporter ist eine genial durchdachte Konstruktion, welche sich in wesentlichen Teilen auf den bewährten Volkswagen stützt.*« Die Fahrer seines neuen Produkts hielt VW aber offensichtlich für weniger genial. So enthält die Betriebsanleitung eine ausführliche Beschreibung des Anfahrvorgangs. »*... Geben Sie etwas Gas und nehmen Sie gleichzeitig den Fuß

In den ersten fünf Jahren kommt der Transporter aus Wolfsburg. Doch die Kapazität stößt an Grenzen.

mit dem Kupplungshebel langsam zurück. Der Wagen bewegt sich. Nehmen Sie ruhig den Fuß vom Kupplungshebel, denn die Kupplung ist jetzt voll im Eingriff, und geben Sie allmählich mehr Gas. Sie fahren!*«

Strenge Vorschriften gibt es für das Einfahren. So limitiert VW die Höchstgeschwindigkeit auf den ersten 500 Kilometern auf 45 km/h. Danach ist eine erste Inspektion in der Werkstatt fällig. Auf den nächsten 500 Kilometern darf dann die Geschwindigkeit auf 50 km/h steigen und nach 2000 Kilometern rollt der VW wieder zum Ölwechsel in die Werkstatt. Danach sind bis Kilometerstand 4000 schon 65 km/h erlaubt; es folgt die letzte Inspektion der Einfahrzeit.

Dann rollen die Transporter nach Vorschrift alle 4000 Kilometer zum Service in die Werkstatt. Die stolzen Besitzer sollen ihr Auto pfleglich behandeln, denn sie fahren laut Betriebsanleitung ein ganz besonderes Auto: *»Sie verfügen im VW-Transporter über ein Fahrzeug mit unübertroffener Straßenlage, hoher Kurvenfestigkeit und außerordentlichem Beschleunigungsvermögen.«*

Heute gilt VW als Erfinder der ganzen Fahrzeuggattung Transporter. Doch dies stimmt nicht ganz, gibt es doch 1950 bereits leichte Nutzfahrzeuge in der Größe des VW. Die meisten von ihnen gleichen allerdings eher leichten Lastwagen, wie der Borgward B 1000/B 1250. Oder sie stammen von Personenwagen ab, wie zum Beispiel die Lieferwagen von Ford und Opel. Und dann gibt es auch noch kuriose Nutzfahrzeuge wie die Dreiräder von Tempo und Goliath.

Ein eigenständiges Transporter-Konzept hat bereits Gutbrod entwickelt: Wie der VW ist auch der Gutbrod ein Frontlenker. Sein Zweizylinder-Zweitaktmotor ist nach der Hinterachse, das Getriebe vor ihr montiert. Seit November 1949 gibt es außerdem den Tempo Matador, der mit 2,1 Tonnen Gesamtgewicht etwas oberhalb des VW angesiedelt ist. Der Motor treibt die Vorderräder an und ist hinter, das Getriebe wiederum vor der Vorderachse eingebaut. Sowohl Motor als auch Getriebe liefert bis 1952 ausgerechnet VW.

Der Transporter T1 — 1950

Die größte Konkurrenz für den Transporter aber kommt von DKW: Im Oktober 1949, also mit rund einem halben Jahr Vorsprung vor VW, beginnt hier die Fertigung des F 89 L, bald als DKW Schnelllaster bezeichnet. Sein Konzept weist, wie sich aber erst Jahrzehnte später herausstellt, sogar weiter als das des VW Transporter: Unter der schrägen Haube vorn hat DKW eine Einheit aus Motor und Getriebe quer eingebaut. Der Antrieb erfolgt auf die Vorderräder. Die Motorhaube geht in eine bereits einteilige Frontscheibe über. Der 3,9 Meter lange Transporter mit 2750 Millimeter Radstand hat modellabhängig rund 1,8 Tonnen Gesamtgewicht. Nachteil des DKW ist sein Zweitakt-Motor, der schon bald nicht mehr zeitgemäß sein wird.

Und das ist der neue VW Transporter: Mit Abmessungen von 4,10 x 1,70 x 1,90 Metern in Länge, Breite und Höhe fällt er durchaus kompakt aus. Der Radstand von genau 2,40 Meter entspricht dem Käfer; der Wendekreis beträgt zwölf Meter. Das Leergewicht des Kastenwagens kommt inklusive Fahrer auf 990 Kilogramm, die Nutzlast beläuft sich auf 760 und das zulässige Gesamtgewicht auf 1750 Kilogramm.

Die selbsttragende Karosserie aus Stahlblech sitzt auf einem Rahmen, der mit der Bodenanlage der Aufbauten verschweißt ist. Dieser Rahmen besteht aus zwei durchgehenden Längsträgern, die durch Querträger sowie den Sitzunterbau über der Vorderachse miteinander verbunden sind. Eine Wand trennt die Fahrerkabine vom Laderaum.

In den kastenförmigen Aufbau führt auf der rechten Seite eine zweiflügelige Tür. Der Hauptladeraum zwischen Trennwand und Motor fasst vier Kubikmeter. Über dem Motor bietet der Transporter weitere 0,6 Kubikmeter Volumen, dieser Platz dient beim Bus und dem Kombi mit Bestuhlung als Gepäckraum.

Die Frontscheibe ist durch einen Steg vertikal geteilt. Der Scheibenwischer hat jetzt zwei Arme – die ersten Prototypen mussten mit nur einem Wischarm auskommen. Fahrer und Beifahrer nehmen auf einer durchgehenden Sitzbank Platz.

Die Belüftung erfolgt durch Schiebefenster und Ausstellfenster. Zur Beheizung wird die erwärmte Kühlluft des Motors verwendet. Die Warmluft tritt über zwei Öffnungen im Fußraum sowie zwei Entfrosterdüsen unter der Scheibe ein. Der Bus hat außerdem zwei weitere Luftaustritte unter der hinteren Sitzbank. Ein Zugknopf unter der Sitzbank im Fahrerhaus dient zur Regulierung der Wärme.

Die Pedale und Hebel im Fahrerhaus kommen manchen Fahrern bekannt vor: Sie entsprechen dem Kübelwagen des Zweiten Weltkriegs.

Das kleine Armaturenbrett unterhalb des Lenkrad ist sparsam ausgerüstet: Tacho, Kilometerzähler, Zündschloss, ein paar Kontrolllampen, zwei Drehschalter für Scheibenwischer und Innenbeleuchtung sowie die Scheinwerfer – das ist alles. Das Fernlicht betätigt der Fahrer über einen Schalter im Fußraum. Außerhalb des Armatureneinsatzes gibt es dann noch einen Kippschalter für die Winker, eine Steckdose, eine Sicherungsdose sowie einen Druckknopf für den Anlasser.

Der Heckmotor stammt aus dem Käfer. Der luftgekühlte Vierzylinder-Viertakter in Boxer-Anordnung kommt auf einen Hubraum von 1131 cm³ und leistet 25 PS bei 3300/min. Über dem Motor ist der Tank angeordnet, dessen Füllmenge 40 Liter beträgt. Das Tanken erfolgt durch die Fahrzeugrückwand. Hinten ist auch der Kraftstoffhahn angeordnet. Er zeigt die drei Stellungen »Auf – Zu – Reserve«. Was in der Praxis bedeutet: Wer den Tank bis auf die letzten fünf Liter leer fährt, darf aussteigen und hinten umschalten, bevor es weitergehen kann.

Die Kraftübertragung erfolgt über eine Kupplung mit 180 Millimetern Durchmesser auf ein unsynchronisiertes Getriebe mit vier Vorwärtsgängen. Getriebe und Differenzial (Übersetzung 4,43:1) besitzen ein gemeinsames Gehäuse. Eine weitere Übersetzung (1,4:1) erfolgt in den Hinterrädern der Portalachse. Sie stammt ebenfalls aus dem Kübelwagen. VW gibt die Höchstgeschwindigkeit mit 80 km/h an.

Die Hinterachse ist eine Pendelachse mit Einzelradaufhängung an Längslenkern, Drehstabfedern und Hebelstoßdämpfern. Auch die Vorderräder sind einzeln aufgehängt, im Unterschied zur Hinterachse aber an Längslenkern, Drehstabfedern in parallel zueinander liegenden Rohren und doppelt wirkenden Teleskopstoßdämpfern. Der Bus erhält vorn eine weichere Federung als Kastenwagen und Kombi.

Von ZF stammt die Lenkung. Sie ist mit 15:1 sehr direkt übersetzt, von Anschlag zu Anschlag sind es nur 2,4 Umdrehungen. Eine sogenannte Flatterbremse aus Schraubenfedern an den Achsschenkeln dämpft die Lenkung. Das Dreispeichen-Lenkrad hat einen Durchmesser von 450 Millimetern.

Die Stahlscheibenräder haben eine Tiefbettfelge der Größe 3,5 D x 16 und sind mit jeweils fünf Schrauben befestigt. Das Format der Reifen mit Schlauch beträgt 5,50-16. Das Reserverad befindet sich liegend in einem Fach über dem Motor.

VW verwendet eine Ate-Simplex-Vierradbremse mit Bremstrommeln vorne und hinten. Der Durchmesser der Trommeln beträgt 230 Millimeter, die wirksame Belagsfläche erreicht 700 cm². Die Handbremse wirkt mechanisch auf die Hinterräder.

Letzter Punkt der Beschreibung: die Elektrik. Das Sechs-Volt-Bordnetz besteht aus einer Lichtmaschine mit 130 Watt Leistung und einem Durchmesser von 90 Millimetern. Die Kapazität der Batterie beträgt 84 Ah, der Akku ist im Motorraum befestigt. Die schräggestellten Scheinwerfer mit eingebautem Parklicht haben einen Durchmesser von 180 Millimetern. Winker in den B-Säulen links und rechts zeigen die Fahrrichtung an. In der Rückwand gibt es seitlich zwei Schlussleuchten und zwei Rückstrahler. Die einzige Bremsleuchte ist in der Mitte der Motorraumklappe angeordnet. Die Technik ist schlicht, die Ausstattung auf das Notwendigste reduziert.

1951

Luxusbus und Freizeitfahrzeug

Bundespräsident Theodor Heuss eröffnet am 19. April die erste Nachkriegs-IAA in Frankfurt. VW präsentiert dort das sogenannte Sondermodell, einen luxuriös ausgestatteten Bus, der den Spitznamen »Samba« erhält. Er zeichnet sich vor allem durch eine Rundumverglasung aus, für perfekte Aussicht erhält er sogar seitlich angebrachte, getönte Dachfenster. Sie bestehen wie die Eckfenster in den hinteren Säulen aus Plexiglas. Die noble Ausstattung besteht außen zudem aus einer zweifarbigen Lackierung, einem Faltschiebedach sowie zahlreichen Chromteilen. Innen besticht der Samba durch verkleidete Wände, einen Dachhimmel, Armlehnen und ein Armaturenbrett, das über die ganze Wagenbreite reicht.

Dass auch bereits wieder an Freizeit und Urlaub gedacht wird, beweist die »Camping-Box« von Westfalia, die den VW zum ersten Reisemobil entwickelt. Urheber ist ein britischer Offizier, ein ehemaliger Besatzungssoldat. Rechts im Mitteleinstieg montiert Westfalia einen Kasten mit Propan- oder Spirituskocher und zwei Schubladen. Zur Box gehören außerdem Auflagebretter, vier Polster des auseinandergeklappt 1,83 Meter langen Bettes und ein Klapptisch. Auf die Motorabdeckung setzt Westfalia einen Schrank. Clou ist ein Regal mit Waschschüssel in der hinteren Flügeltür. Italien, »das Land, wo die Zitronen blühen«, heißt das Traumziel der Deutschen nach harten und entbehrungsreichen Jahren.

Westfalia macht den individuellen Urlaub möglich, denn mit der Camping-Box »...reisen Sie unabhängig, die schöne Welt steht Ihnen offen, denn Ihr Landhaus auf Rädern begleitet Sie, wohin Sie auch wollen: ins Gebirge, an das Meer!« Zehn Jahre bleibt die Camping-Box im Programm.

So richtig in Schwung kommt das Geschäft mit den Reisemobilen aber erst Mitte der fünfziger Jahre, Nutzfahrzeug-Vertriebsmann Wilhelm Hauk musste damals Rückläufe zahlreicher gebrauchter Kastenwagen ausgleichen und kam auf die Idee, sie zu Reisemobilen ausbauen zulassen. Zunächst fand er dafür einen kleinen Hersteller in Hannover, kam aber bald auf Westfalia, daraus entwickelte sich eine intensive Zusammenarbeit auf Jahrzehnte.

Es geht wieder aufwärts in Deutschland, das Wirtschaftswunder beginnt. Das Bruttosozialprodukt wächst in diesem Jahr um 10,4 Prozent, die Arbeitslosigkeit sinkt. Im Januar gibt es einen handfesten Skandal: Hildegard Knef ist nackt im Film »Die Sünderin«

Der Krankenwagen erhält einen abgesenkten Motorraum und eine vergrößerte Heckklappe.

Der Transporter T1 — 1951

Einer der ersten Transporter-Prospekte: Der VW ist lang, wuchtig und doch elegant gezeichnet.

zu sehen. Ebenfalls im Januar stirbt der große Automobilkonstrukteur Ferdinand Porsche in Stuttgart im Alter von 75 Jahren. VW fertigt in diesem Jahr 12 003 Transporter, und es hätten wohl noch mehr sein können, gäbe es nicht aufgrund der Korea-Krise Materialmangel. Der Käfer kommt ans Laufen, sodass VW am 5. Oktober das Jubiläum des 250 000. Autos seit Kriegsende begehen kann. Mit 8657 Neuzulassungen in der Bundesrepublik und einem Marktanteil von 30 Prozent ist der VW bereits die klare Nummer eins unter den Transportern und Lieferwagen. Eine Position, die VW in den nächsten Jahrzehnten nicht mehr abgeben wird. Nordhoffs Konzept von gutem Service mit günstigen Ersatzteilpreisen, technischer Anspruchslosigkeit und gleichzeitig hoher Qualität geht auf.

Die Prospekte dieser Jahre strecken und runden den Transporter zu einem riesigen, aber dennoch eleganten Auto. Zwar stimmen die Proportionen auf den Bildern nicht, aber richtig schön sieht er aus, der VW. Die Prospekte verkaufen Wirtschaftlichkeit: »*Das Nutzfahrzeug ohne Kompromisse.*« Die Werber stellen den großen Laderaum zwischen den Achsen heraus, die gleichmäßige Gewichtsverteilung und immer wieder die Wirtschaftlichkeit. Nachteile werden hingegen zu Vorteilen umgemünzt: »*Der Motor ist mit Tank, Batterie und Reserverad im Heck untergebracht. Dort ist er am leichtesten zugänglich und beansprucht keinen Platz, der besser für die Ladung verwendet würde.*« Der Kleinbus wiederum »*...ist so recht ein echter VW: draufgängerisch und temperamentvoll, was er sich mit seinem starken Motor bei verhältnismäßig geringem Eigengewicht auch leisten kann.*« Zur Erinnerung: Der Motor leistet 25 PS. Erste Tests des Transporter erscheinen in der Fachpresse. Joachim Fischer lobt den Bus in der renommierten »Motor-Rundschau«: »*Moderner, wirtschaftlicher Klein-Omnibus wie er sein soll.*« Der VW erreicht im Test eine Höchstgeschwindigkeit von 92 km/h und verbraucht über eine Strecke von 2200 Kilometern zwischen neun und elf Liter/100 km.

VW sorgt mit viel Feinarbeit dafür, dass es bei den positiven Urteilen bleiben kann. Bereits im Januar 1951 wird die Einstellung der Federung überarbeitet, das Motorgehäuse besteht nun aus Gewichtsgründen aus Elektron. Ab März verläuft das Kupplungsseil geradlinig, und ein Nockenwellenrad aus Kunststoff verleiht dem Motor mehr Laufruhe. Weitere Änderungen betreffen Heizkörper, Heizklappenzug und die Verkleidung der Radkästen mit Filz. Im Juni beginnt die Fertigung des Achtsitzers mit Schiebedach als eigenständige Modellvariante. Und alle Transporter erhalten im Laufe des Jahres serienmäßig ein Heckfenster, die Kastenwagen folgerichtig außerdem ein Fenster in der Trennwand zum Laderaum.

1952
Die Pritsche kommt

Die Bundesrepublik Deutschland lernt allmählich, auf eigenen Füßen zu stehen. Sie muss es auch, da die Hilfe durch den Marshallplan ausläuft. Im Januar beginnt die erste Versuchssendung der Tagesschau.

VW erweitert zu Jahresbeginn das Modellprogramm durch einen Krankenwagen, der vorher schon als Sonderanfertigung zu haben war. Mitte Februar setzt das Werk eine saftige Preiserhöhung von rund sieben Prozent durch. Der Preis des Kastenwagens beträgt nun 6400 Mark. Auf dem anderen Ende der Skala liegt das Sondermodell mit 9250 Mark. Trotzdem steigt die Fertigung 1952 auf 21 665 Transporter.

Großen Anteil daran hat der erhebliche Ausbau des Programms. So beginnt im Frühjahr die Fertigung des Kastenwagens mit Flügeltüren auf beiden Seiten. Wichtiger noch ist der September mit dem Produktionsanlauf des Pritschenwagens.

Der will auf den ersten Blick nicht so recht zum Heckmotorkonzept passen, doch VW hat sich einiges einfallen lassen: Der Motorraum ist deutlich flacher, deshalb beträgt die Ladehöhe erträgliche 97 Zentimeter. Möglich ist dies durch die Verlegung des Reserverads, es ist beim Pritschenwagen stehend hinter dem Beifahrersitz montiert. Außerdem wird der Tank aus dem Motorraum in den Bereich rechts über der Hinterachse verlegt. Die Befüllung des Behälters erfolgt deshalb von der Seite. Zwischen den Achsen bleibt unter der Pritsche ein Laderaum von zwei Kubikmetern, der von rechts mittels einer Klappe erreichbar ist. Ihn bezeichnet VW später Jahren als Tresor. Die Ladefläche der Pritsche besteht aus gewelltem Stahlblech und ist 4,2 Quadratmeter groß. Aufgesetzte Holzleisten schützen den Boden; die Bordwände sind klappbar. Da Pritschenwagen besonders hoch beansprucht werden, erhöht VW die zulässige Last beider Achsen von 925 auf 1000 Kilogramm, das zulässige Gesamtgewicht beträgt wie bei den anderen Modellen 1,8 Tonnen. Der Pritschenwagen kostet 6100 Mark und ist damit der billigste Transporter von VW.

Für alle Modelle gelten kleine Änderungen: Die Lenkungsdämpfer erhalten eine verstärkte Feder, die Rückstrahler werden größer. Statt je einer inneren und äußeren Feder haben die Ventile der Boxermotoren jeweils nur noch eine Feder. Der Kombi ist jetzt ebenfalls mit Schiebedach lieferbar. Westfalia lässt sich ein rot-weiß gestreiftes Vorzelt einfallen. Der Campingbus wird munter und farbenfroh.

Die gut erhaltene Feuerwehr der Gemeinde Titisee von 1952 ist jetzt im VW-Museum zu bewundern.

Der Transporter T1 — 1952

Werbung 1952: Der Transporter kann schuften - die Arbeiter sind ebenfalls Anpacker im Stil der Zeit.

VW exportiert in diesem Jahr schon fast 500 Transporter in außereuropäische Länder, davon gehen immerhin 93 Fahrzeuge in die USA. In Deutschland gibt es für Großkunden bereits Rabatte: Wer 20 Transporter bestellt, erhält einen Nachlass von zwei Prozent. Den doppelten Rabatt gibt es ab einer Bestellung von 50 Autos.

Bestellt wird eifrig, kein Wunder bei so positiv ausfallenden Tests wie in »Last-Auto und Omnibus«: »Wer die jährlich anwachsende Zahl der Kleinomnibus-Typen Revue passieren lässt, dessen Auge bleibt mit besonderer Freude am VW-Kleinbus hängen.« Der Tester lobt die »gediegene« Ausstattung des Fahrerhauses«, ist von der »Wendigkeit überrascht« und empfindet das Fahren »alles andere als anstrengend«. Zu den Pluspunkten zählt, »dass die großartige VW-Kundendienstorganisation auch die Betreuung des VW-Bus übernimmt«. Fazit des Tests: »Topfit – dieses Prädikat darf man diesem schönen Fahrzeug getrosten Herzens geben.«

Dem müssen sich die Mitarbeiter des VW-Vertriebs wohl oder übel anpassen. Ihr Verkaufshandbuch enthält unter anderem ein »Kleines Mode-Brevier des korrekt angezogenen VW-Verkäufers« für mehr als zehn Gelegenheiten. Es empfiehlt für Straße und Geschäft eine ein- oder zweireihige Jacke in brauner oder grauer Farbe. Das Hemd sei »zart getönt«, die Krawatte sollte farbig sein, die Handschuhe bestehen aus grauem oder naturfarbenem Wildleder. Für private Festlichkeiten, Tanz oder Ball sind Smoking oder Frack in Verbindung mit schwarzen Lackschuhen und Seidensocken angesagt. Am Wochenende sind Sporthut und Schottensocken erlaubt. Für eine Trauerfeier ist der schwarze Zylinder Vorschrift. Die Vorgaben sind ebenso umfangreich wie streng.

1953

Wer alles Transporter fährt

»*Wer fährt VW Transporter?*«, fragt das Volkswagenwerk auf dem Titel einer Broschüre. Sie zählt mit zahlreichen Bildern nicht nur noble Kunden aus aller Herren Länder auf, sondern gibt damit auch Beispiele für die Beschriftung und Lackierung des Transporter.

Die Hitliste der prominenten VW-Kunden ist lang: Der Transporter fährt Bahlsen-Kekse und die Illustrierte »Quick«, er rollt für die Fluggesellschaft Swissair ebenso wie für den Suppenwürfel-Hersteller Knorr und Pralinen-Produzent Sarotti. Der VW transportiert Dujardin-Weinbrand, Coca-Cola, Odol-Mundwasser, Glühbirnen von Osram und das Duftwasser 4711. Und wer erinnert sich noch an »Collie«-Zigaretten, »Schweizers echte Bühler Stumpen« oder »Dux-Kaffeemittel«? Und farbenprächtige Früchte auf der Transporter-Flanke preisen »*Gesunde, volle Ernten durch E 605*« – Schwamm drüber.

Die Tagesproduktion des VW Transporter übersteigt im Jahresdurchschnitt zum ersten Mal die Hundertermarke, insgesamt rollen 1953 exakt 28 417 Kastenwagen, Kombis, Kleinbusse und Pritschen vom Band. Der Pritschenwagen hat daran bereits einen Anteil von 20 Prozent. VW kann die Preise über das ganze Jahr hinweg halten, der Samba wird am 17. März sogar um 275 Mark billiger und kostet damit knapp unter 9000 Mark. Wer sich damals einen zurückgelegt hätte, wäre heute wohlhabend: fein restaurierte Exemplare erreichen rund 60 Jahre später sechsstellige Euro-Preise, eine Verzinsung von weit mehr als 2000 Prozent.

Es ist ein politisch bewegtes Jahr, der Aufstand am 17. Juni in der damaligen DDR bewegt die Deutschen. In der Bundesrepublik sinkt die Arbeitslosigkeit, im VW-Werk Wolfsburg arbeiten knapp 20 000 Menschen. Zahlreiche Überstunden bringen Geld ins Portemonnaie. Nachdem der Wunsch vom eigenen Motorrad erfüllt ist, folgt der Traum vom Auto.

Der VW Käfer ist im Vergleich zu den meist skurrilen und primitiven Vehikeln der Mini-Fahrzeug-Branche ein richtiges Auto. 1953 verlässt der 500 000. der neuen Zeitrechnung (nach Kriegsende) die Werkshallen. VW-Chef Heinrich Nordhoff will nicht nur mit Exporten im Ausland Fuß fassen. VW gründet im März 1953 Volkswagen do Brasil in Sao Bernardo do Campo bei Sao Paulo.

Unter Volldampf entwickelt VW den Transporter weiter. Dies ist auch nötig, denn die Konkurrenz schläft nicht. Auf der IAA im

Fast jeder fährt VW Transporter. VW nennt besonders prominente Beispiele und gibt Lackierungs-Tipps.

Frühjahr taucht ein neuer Konkurrent auf, der Ford-Transporter FK 1000. Er erhielt seinen letzten Schliff ausgerechnet von Dr. Alfred Haesner, dem ehemaligen technischen Leiter von VW. Haesner hatte Wolfsburg Ende 1951 verlassen und war zu Ford gewechselt.

Der Ford FK 1000, später Taunus Transit und danach einfach Transit genannt, ist wie der VW ein Frontlenker mit selbsttragender Karosserie. Den Motor montiert Ford allerdings im Gegensatz zum VW vorne. Voreilig wäre aber der Schluss, Haesner hätte bei Ford alles anders – und womöglich besser – machen wollen als vorher bei VW: Beim Wechsel Haesners zu Ford war der FK 1000 bereits fast fertig konstruiert. Das berichtete Gustav Mayer, der spätere Nutzfahrzeug-Entwicklungschef von VW. Er ging fast parallel zu Haesners Wechsel den umgekehrten Weg von Ford zu VW.

VW hält mit gründlicher Modellpflege dagegen. Gleich zu Jahresbeginn 1953 gibt es ein ganzes Paket an Neuerungen. Der Motor erhält einen anderen Vergaser sowie ein geringeres Ventilspiel, die Achsübersetzung wird geändert. Eine verbesserte Lenkung kommt ebenso zum Einsatz wie eine überarbeitete Handbremse mit neuem Hebel. Die Vordertüren erhalten neue Ausstellfenster. Im März geht es weiter: Die Gänge zwei, drei und vier des Schaltgetriebes erhalten eine Synchronisierung. Pünktlich zur dunkleren Jahreszeit bekommt der Transporter im Oktober eine stärkere Lichtmaschine mit einer Leistung von 160 Watt.

 *Der Transporter T1* — **1953**

Produktion des VW Transporter 1953 im Werk Wolfsburg: Das Geschäft läuft gut, die Halle quillt fast über.

Eigentümliche Bus-Variante: Ausstellfenster nicht nur an der Seite, sondern auch vorne

Kastenwagen 1953: Überarbeitete Technik, Entlüftungsschlitze oben im Heck des Laderaums.

Vielfenstriger Samba-Bus als Flughafen-Zubringer des Hamburger Busunternehmens Jasper.

Der Transporter T1 — 1954

1954
Mehr Leistung

Am 4. Juli wird die deutsche Fußball-Nationalmannschaft unter Trainer Sepp Herberger durch einen 3:2-Sieg über den Favoriten Ungarn zum ersten Mal Weltmeister. Die Deutschen »sind wieder wer«. In Wolfsburg feiert Volkswagen das erste wichtige Transporter-Jubiläum: Am 9. Oktober rollt der 100 000. Typ 2 vom Band. Die Produktion im Wolfsburger Werk ist voll ausgelastet – insgesamt fertigt VW 40 199 Transporter.

Da auch der Käfer den Verkäufern geradezu aus den Händen gerissen wird, VW-Chef Nordhoff außerdem Wert auf den Export legt, sind Überstunden der Normalfall: 46 halbe Tage arbeitet die Belegschaft 1954 zusätzlich. Doch selbst mit diesen Anstrengungen kann VW die große Nachfrage nicht befriedigen: 153 Transporter werden im Jahresschnitt pro Arbeitstag fertig, mit Notmaßnahmen sind es in der Spitze 170 Autos pro Tag. Der Vertrieb aber kann pro Tag 300 Transporter verkaufen.

Im VW-Werk arbeiten inzwischen 24 000 Beschäftigte – bei 35 000 Einwohnern der Stadt Wolfsburg. Die vorliegenden Aufträge zeigen, dass es weiter vorwärtsgeht. Zur Entzerrung der Produktion bleibt nur eine Möglichkeit: ein neues Werk, speziell für den Transporter.

Rund 240 Gemeinden aus der ganzen Bundesrepublik bewerben sich als Standort für das künftige Transporter-Werk. Doch als VW die Vorgaben zusammenstellt, schrumpft die Auswahl schnell zusammen. Eigentlich bleibt von vornherein nur eine Stadt übrig: Hannover.

Denn die zweite VW-Produktionsstätte nach Wolfsburg soll in einer Großstadt angesiedelt sein, damit nicht wieder eine gegenseitige Abhängigkeit entsteht wie in Wolfsburg. Auch soll das neue Werk aus produktionstechnischen Gründen nicht allzu weit vom Stammwerk entfernt entstehen, sind doch diverse Aggregate in Käfer und Transporter immer noch baugleich. Hannover entspricht beiden Vorgaben wie keine andere Stadt, ein weiterer Vorteil ist die günstige Infrastruktur: Die Landeshauptstadt ist an die Autobahn angebunden, eine wichtige Bahnlinie läuft hindurch. Sie hat einen Flughafen und nicht zuletzt liegt Hannover am Mittellandkanal, die Wasserstraße führt auch an Wolfsburg entlang.

Was ein VW Transporter nicht alles mitmacht: Er dient selbst als Schweinetransporter mit Lattenrost in den Türen.

Schließlich arbeiten im Werk Wolfsburg bereits rund 3000 Mitarbeiter aus dem Raum Hannover. Sie müssen zurzeit jeden Tag lange und sehr mühselige Fahrten zum Arbeitsplatz auf sich nehmen. Mitarbeiter von damals erinnern sich noch heute an winterliche Fahrten durch Eis und Schnee mit dem Motorrad und in ungeheizten eiskalten Zügen. Künftig könnten sie als geschulte und erfahrene VW-Werker eine bereits bewährte Basis für die Belegschaft des neuen Werks bilden.

Doch so sehr aus Sicht von VW alles für den neuen Standort Hannover spricht, es gibt auch Gegner. Die in der niedersächsischen Landeshauptstadt ansässige Industrie wehrt sich gegen die VW-Ansiedlung, wie Heinrich Nordhoff während der Jubiläumsfeier des 100 000. Typ 2 anführt. Da VW überdurchschnittlich hohe Löhne bezahlt, fürchten die angestammten Betriebe das Wolfsburger Unternehmen als übermächtige Konkurrenz, die gut ausgebildete Facharbeiter abwirbt. Denn die Arbeitslosigkeit in Hannover beträgt 1954 nur 4,6 Prozent, in Niedersachsen insgesamt sind es dagegen 8,4 Prozent. Doch der VW-Entschluss ist bereits so gut wie sicher: Hannover soll der Standort des neuen Werks werden.

Daher die Bezeichnung Armaturenbrett: Das karge Cockpit der ersten Jahre ist rein auf Funktion getrimmt.

Abgespeckt: Feuerwehrwagen ohne Türen, Dach und nur noch Resten der Karosserie.

Der Transporter T1 — 1954

Anlass zum Feiern: Heinrich Nordhoff präsentiert im Herbst den 100 000. Transporter.

VW schaut sich in diesem Jahr nicht nur vor der Haustür um. Heinrich Nordhoff, aus seiner Zeit bei der General-Motors-Tochter Opel international orientiert, baut VW Schritt für Schritt zu einem weltweit agierenden Konzern um. Zur Tochter in Brasilien kommt 1954 ein Montagewerk in Australien hinzu. Ein Schritt, von dem auch der Transporter profitiert: Auf dem fünften Kontinent werden in diesem Jahr 299 Typ 2 verkauft. In den USA wird am 1. Januar 1954 Arthur Stanton offizieller VW-Importeur. Auch dies führt zu einem schnellen Erfolg für die Transporter: VW kann im selben Jahr die Exporte in die USA auf 827 Typ 2 steigern, eine Verzehnfachung der bisher noch unbefriedigenden Zahlen. 1954 feilt VW kräftig an Technik und Ausstattung des Transporter. Der Hubraum des Motors steigt auf 1192 cm³, die Leistung auf 30 PS bei 3400/min. Prompt muss VW die Anzeige des Tachos auf 100 km/h erweitern. Zur gleichen Zeit markiert VW auf dem Tacho die Gangreichweiten, um das Triebwerk vor dem Überdrehen zu schützen. Die Übersetzung der Gänge drei und vier wird geändert, das Fahrerhaus erhält ein kombiniertes Zünd-/Anlassschloss sowie eine besser gefederte Sitzbank. Später im Jahr ersetzt VW die bisher muldenförmigen Kolben durch Flachkolben, was die Verdichtung bei unveränderter Leistung von 6,1:1 auf 6,6:1 erhöht. Zum Jahresende erhalten zudem alle Transporter hinten serienmäßig eine Stoßstange. Westfalia entwickelt das Reisemobil weiter: Es gibt gegen Aufpreis eine Bordbar mit zehn Cocktailbechern, eine Chemie-Toilette kostet 112 Mark.

In seinen Transporter-Prospekten verspricht VW 1954 »Geschäftserfolg durch besseren Transport von Gütern und Personen«. Die VW-Werber haben erkannt: »*Zwischen dem gefräßigen Mammutlaster und dem Behelfs-Lieferwagen auf Pkw-Fahrgestell fehlte der Wirtschaft bis dahin der – nun eben: VW-Transporter, flink wie eine Limousine und dabei doch von erheblicher Tragfähigkeit, gefällig in den Konturen, im Windkanal strömungsgerecht geformt, von verkehrsgünstigen Dimensionen und dabei geräumig wie bisher wohl kaum ein Nutzfahrzeug dieser Größenordnung.*«

Zur viel gepriesenen Wirtschaftlichkeit des VW Transporter trägt in diesem Jahr eines ganz besonders bei: Am 10. März senkt VW zum ersten und einzigen Mal die Preise, und das gleich um rund 500 Mark. Die Spannweite reicht jetzt von 5725 Mark für die Pritsche, über den Kastenwagen für 5975 Mark, bis zum Sondermodell zum Preis von 8475 Mark.

Hier fehlen die Türen, dafür gibt es Ketten: VW Transporter im Einsatz unter Tage.

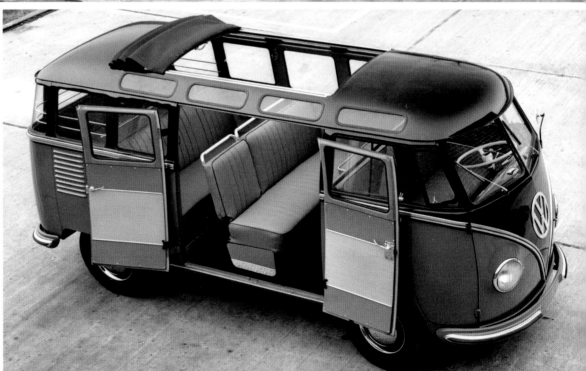

Der VW Samba: seinerzeit komfortabler Bus, heute eine extrem hoch gehandelte Rarität unter den Klassikern.

 *Der Transporter T1*

1955
Die ersten tiefgreifenden Änderungen

Im Frühjahr erfährt der Transporter die bisher tiefgreifendsten Änderungen. Äußerlich augenfällig ist vor allem die um 15 Millimeter höhere Frontscheibe. Über ihr ragt das Dach jetzt in Form einer Hutze einige Zentimeter vor. Ursache ist die neue Frischbelüftung mit Lufteintritt über der Frontscheibe. Die Luft wird durch einen Kasten unter dem Dach in Richtung Fahrerhaus und Laderaum verteilt. Die Klappen der Belüftung sind regulierbar.

Mehr als zwei Jahre hatte VW bis zu diesem Zeitpunkt die neue Belüftungs-Einrichtung erprobt, wie Fotos aus dem Januar 1953 beweisen: Die Abteilung Versuchsbau in der Entwicklung hatte damals schon unter der Bezeichnung EA 43 (»Entwicklungsauftrag 43«) einen Prototyp gebaut.

Erster Prototyp (EA 43) mit Hutze über dem Fahrerhaus zur Erprobung der Frischbelüftung 1953, Serienbeginn 1955.

1955

Transporter in Bus-Ausführung 1955: Frischbelüftung im Fahrerhaus, Reserverad hinter den Vordersitzen

Pritschenwagen 1955: Ebenfalls mit Frischbelüftung, Tank vor der Hinterachse, Tresor unter der Pritsche.

Der Transporter T1

Hinten ist der neue Transporter-Jahrgang 1955 an einem größeren Heckfenster und der größeren Heckklappe zu erkennen. Die Klappe ist auf 900 Millimeter Breite und 725 Millimeter Höhe gewachsen. Möglich ist dies durch Übernahme einiger Eigenheiten des Pritschenwagens auf alle Modelle: Der Tank wandert aus dem Motorraum nach vorn über die Hinterachse. Zwei Spannbänder halten ihn dort. Auf die rechte Seite verlegt VW deshalb auch den Tank-Einfüllstutzen. Er befindet sich hinter einer Klappe, die mittels eines Vierkantschlüssels zu öffnen ist. Da die Techniker außerdem das Kühlgebläse überarbeitet haben, einen seitlich hängenden Ölbad-Luftfilter einführen und das Reserverad nach vorn in eine Mulde der Fahrerhausrückwand stellen, kann der Boden des Laderaums über dem Motor um 30 Zentimeter nach unten verlegt werden. Dies erhöht das Volumen des Laderaums um 0,2 auf 4,8 Kubikmeter und verbessert den Zugang von hinten ganz erheblich.

Deutlich überarbeitet präsentiert VW auch das Fahrwerk; maßgeblich daran beteiligt ist Gustav Mayer, der später als Nutzfahrzeug-Entwicklungschef den Spitznamen »Transporter-Mayer« erhält. Der Durchmesser der Räder beträgt jetzt 15 statt bisher 16 Zoll, die Breite steigt von 3,5 auf 4,5 Zoll, die Reifengröße ändert sich von 5,50-16 in 6,40-15, die Spurweite wächst. VW verstärkt die Bremsen: Vorn gibt es Duplex-, hinten Simplex-Bremsen. Neu sind die Bremstrommeln, der Hauptbremszylinder, die breiteren Bremsbeläge. Weitere Änderungen am Fahrwerk: weichere Federung der seitlich anders befestigten Vorderachse, hinten Teleskopstoßdämpfer mit größerem Hub, hydraulischer Teleskop-Lenkungsdämpfer.

In der Fahrerkabine sind außer der Frischbelüftung weitere Details neu: Der Absperrhahn des Tanks wandert nach vorn unter den Fahrersitz, es gibt eine schwenkbare Sonnenblende für den Fahrer. Das Armaturenbrett reicht jetzt bei allen Transportern wie im Samba über die ganze Innenbreite; im größeren Tacho ist Platz für Kontrollleuchten. Gelenkt wird nun mit einem Zweispeichen-Lenkrad (bisher drei Speichen), das Gaspedal ist als Trittplatte ausgebildet, alle Pedale haben eine Abdichtung gegen Zugluft und Schmutz erhalten. Die Polsterung der Sitzbank vorn ist weicher und 190 statt 140 Millimeter dick. Die Achslast aller Transporter beträgt jetzt vorn 950 und hinten 1000 Kilogramm; das zulässige Gesamtgewicht erhöht sich auf 1,85 Tonnen. Mit den zahlreichen Verbesserungen gewinnt die zweite Generation des T1 deutlich an Format.

Für komfortables Reisen: Samba mit Verdeck, zweifarbiger Lackierung und viel Chrom-Zierrat.

1955

Gute Aussichten: zahlreiche Seiten- und Dachfenster sowie weit öffnendes Verdeck des Samba.

Zu den zahlreichen Änderungen des Jahres 1955 zählt auch eine größere Heckklappe.

Schienen-Bus: VW Transporter mit Eisenbahnrädern und hydraulischer Wendevorrichtung.

Der Transporter T1 — 1955

Die Konkurrenten sind längst abgehängt: Der VW ist Mitte der fünfziger Jahre klarer Bestseller unter den Transportern.

Eine technische Besonderheit wird ebenfalls 1955 geboren: Der VW Transporter rollt auf Schienen. Unter der unveränderten Karosserie setzt das Fahrzeugbauunternehmen Beilhack in Rosenheim einen tragenden Leiterrahmen mit halbelliptischen Blatt- statt Drehstabfedern. Anstelle der Räder mit Lufreifen kommen Eisenbahnräder zum Einsatz, das im Schienenbetrieb überflüssige Lenkrad fehlt. Eine eingebaute hydraulische Wendevorrichtung ermöglicht sogar das Umdrehen.

Die Lieferfristen des Transporter betragen 1955 trotz vieler Sonderschichten vier Monate, die Produktion steigt auf knapp 50 000 Einheiten. Davon exportiert VW mehr als 30 000 Fahrzeuge, allein 3189 Typ 2 werden in die USA verschifft. Ohnehin schlägt der Typ 2 eine internationale Karriere ein: VW nimmt die Montage in Südafrika auf. In der Bundesrepublik hat VW die Konkurrenz klar hinter sich gelassen. Der Transporter-Marktanteil beträgt 43,8 Prozent.

Allen Beteiligten bei VW ist 1955 längst klar, dass eine weitere Expansion des Typ 2 in Wolfsburg nicht mehr möglich ist. Im Januar fällt die endgültige Entscheidung für den Bau des zweiten deutschen VW-Werks in der Stadt Hannover, am 4. Februar wird der Kaufvertrag über das ein Quadratkilometer große Gelände im Ortsteil Hannover-Stöcken unterzeichnet. Die Lage ist ideal: Das Grundstück liegt direkt am Mittellandkanal, die Autobahn läuft in Sichtweite vorbei. VW verliert keine Zeit: Bereits am 1. März beginnt der Bau der neuen Produktionsstätte, seinerzeit das größte Werk für Transporter in Europa. Ende des Jahres arbeiten bereits 372 VW-Mitarbeiter in Hannover an der Vorbereitung der Transporter-Produktion.

Für VW ist 1955 ein besonderes Jahr: Am 14. Juli präsentiert das Unternehmen das hübsche Coupé Karmann Ghia, im Oktober wird Volkswagen of America gegründet. Die Karmann-Ghia-Produktion übertrifft im Jahresdurchschnitt erstmals die Marke von 1000 Autos pro Tag. Folge des Aufschwungs: Im Sommer ist das Jubiläum des 1 000 000. Käfer fällig.

In der Bundesrepublik geht es nicht nur mit VW aufwärts: 1955 ist ein Rekord-Anstieg des Bruttosozialprodukts von 12,7 Prozent zu verzeichnen; die Lufthansa eröffnet den innerdeutschen Linienverkehr. In der knappen Freizeit möchten sich die Deutschen unterhalten lassen. Im August findet die Uraufführung des Films »Wenn der Vater mit dem Sohne« mit Heinz Rühmann statt, im Dezember gibt es den ersten »Sissi«-Film mit Romy Schneider.

Beengt: VW hat lange Lieferzeiten, da das Werk in Wolfsburg mit der Produktion nicht nachkommt.

Der Transporter T1

1956
Ein eigenes Transporterwerk

Nach nur einem Jahr Bauzeit nimmt am 8. März das Werk Hannover seine Arbeit auf, exakt sechs Jahre nach dem Start der Serienfertigung des Typ 2 in Wolfsburg. Die Produktion beginnt in vollem Umfang allerdings erst am 20. April. 13 686 Transporter entstehen 1956 noch im Stammwerk, bereits 48 814 in Hannover. Damit fertigt VW im neuen Werk schon annähernd so viele Typ 2 wie im gesamten Jahr 1955 in Wolfsburg. In sechs Jahren entstanden in Wolfsburg zusammen rund 174 000 Transporter. Das neue Transporterwerk ist eine Besonderheit, in Deutschland die erste Produktionsstätte von VW außerhalb Wolfsburgs.

Neuer Anfang: Erstes deutsches Produktionswerk außerhalb Wolfsburgs ist das neue Transporterwerk in Hannover. Foto: Automedienportal.net

1956

Die Tagesproduktion des neuen Karosserie- und Montagewerks Hannover beträgt zunächst 250 Transporter. Doch dabei bleibt es nicht lange: VW-Chef Nordhoff hat das Werk auf eine Tagesfertigung von 500 Autos auslegen lassen. »*Ein Sprung, der manchen im Hause doch als sehr gewagt erschien und auf entsprechendes Unverständnis traf, und der dennoch schon bald nicht ausreichte, um die weltweite Nachfrage nach dem Typ 2 zu befriedigen*«, wird 34 Jahre später Bodo Dencker bei der Vorstellung eines ganz anderen VW Transporter feststellen, dann Leiter des Unternehmensbereichs Nutzfahrzeug.
Am Jahresende zählt die Belegschaft in Hannover schon 4954 Köpfe. Wie rasch die Expansion von VW fortschreitet zeigt, dass die Zahl der Mitarbeiter im Werk Wolfsburg gleichzeitig nur um gut 1100 Beschäftigte zurückgegangen ist. Wie nötig das neue Transporterwerk ist, beweist allein schon der US-Export: Er steigt 1956 um 130 Prozent auf 7375 Typ 2. Im September feiert VW im neuen Werk bereits ein Transporter-Jubiläum: Seit 1950 wurde das kompakte Nutzfahrzeug in 200 000 Exemplaren gebaut.

Nach den zahlreichen Änderungen im vergangenen Jahr und der aufwendigen Produktionsverlagerung im Frühjahr bewegt sich 1956 beim Typ 2 nur wenig. Der Außenspiegel rechts zählt jetzt zur Serienausstattung, der Anlasser wird kräftiger. Bus und Sondermodell sind jetzt auch als Siebensitzer zu haben.
Umso rühriger arbeitet der Transporter-Vertrieb unter dem ideenreichen Wilhelm Hauk. Schließlich soll das neue Transporterwerk Hannover im kommenden Jahr die Stückzahlen erheblich steigern. Hauk schickt die »Transporter-Karawane« los, eine Verkaufstournee mit diversen Autos durch zahlreiche bundesdeutsche Städte. Es gibt einfallsreiche Werbegeschenke wie das Sondermodell Samba als Bastelbogen zum Ausschneiden. Ernsthafte Interessenten erhalten einen »Ermächtigungsschein« für Probefahrten. Auch die VW-Händler sind aufgefordert, mit Sonderausstellungen die Verkaufsmaßnahmen zu unterstützen. International ist VW jetzt auch in Südafrika am Ball: Das Werk übernimmt die Anteile des südafrikanischen VW-Importeurs und gründet die Volkswagen of South Africa als Montagebetrieb – später auch für Transporter.

Wie VW-Chef Nordhoff früh erkennt, sind die großen Blechflächen des Transporter ideal für Werbezwecke.

Der Transporter T1 — 1956

Ab zum Gardasee 1956: Von Westfalia ausgebauter Campingwagen, davor ein großes Vorzelt.

Während VW sich damit immer stärker weltweit engagiert, stehen die politischen Zeichen auf Sturm: Der Aufstand in Ungarn wird blutig niedergeschlagen, Briten und Franzosen greifen während der Suez-Krise Ziele in Ägypten an. In der Bundesrepublik will die Bevölkerung hingegen vor alle dem möglichst wenig wissen. Zerstreuung bietet die Filmkultur mit Uraufführungen wie der »Hochzeit auf Immenhof«.

Auf den Straßen ändert sich das Bild: In der Bundesrepublik Deutschland werden Autokennzeichen mit schwarzer Schrift auf weißem Grund (vorher weiße auf schwarzem Grund) eingeführt. Deutete die Buchstabenkombination am Anfang der Schilder bisher auf die ehemaligen Besatzungszonen hin, so dient sie jetzt als Kürzel für den Ort oder Kreis, in dem das Auto zugelassen ist. Das Thema Urlaub wird in der Bundesrepublik immer wichtiger. Westfalia macht Appetit auf Ferien im VW-Reisemobil: »*Urlaub an sonnigen Gestaden oder im Schatten schweigender Wälder oder unter den Gipfeln majestätischer Berge; Camping- und Familienfahrten ins Wochenende – Autowandern mit eigenem Hotel!*« Etwas ganz anderes hat sich wiederum die italienische Karosseriefirma Ghia einfallen lassen: Sie präsentiert einen Kleinbus auf Basis des VW Transporter mit eigenwilliger Karosserie: Vorn ist eine kurze Haube angedeutet, rundum ist der Kleinbus mit großen Fenstern versehen und hinten schließt er sogar mit horizontal geteilter Heckklappe und Stummelflossen ab. Reichlich Chromzierrat verleiht der frühen Studie einer Großraumlimousine eine exklusive Anmutung. Der Ghia bleibt ein Einzelstück, denn er wäre viel zu schwer und zu teuer geworden, erinnert sich später Gustav Mayer.

Realistischer erscheint ein Kleinlieferwagen auf Basis des VW Käfer. Er soll die Lücke zwischen Käfer und Transporter schließen. Unter den internen Bezeichnung EA 48 und EA 50 (EA steht wieder für »Entwicklungsauftrag«) werden in der Abteilung Versuchsbau mehrere Prototypen gefertigt, die Karosserien stammen teils von Karmann.

In Arbeit ist einerseits ein Konzept mit dem bewährten Heckmotor; aber auch ein Fronttriebler mit einem kleinen, nur 600 cm³ großen Motor kommt für die Entwicklungsabteilung in Frage – ein früher Vorläufer des Caddy. Heinrich Nordhoff stoppt das Projekt: Einige Jahre später wird er seine Meinung zum Teil ändern.

Blieb ein Einzelstück: chrombeladene Ghia-Großraumlimousine auf Basis eines VW-Fahrgestells.

Ghia von hinten: Schrägheck mit großer Klappe, verchromten Stoßstangen und ausgeprägten Heckflossen.

1957
Transporter aus Brasilien

In der Bundesrepublik sind inzwischen eine Million Fernseher angemeldet. Im März unterzeichnet die Bundesregierung zusammen mit fünf weiteren europäischen Staaten den EWG-Vertrag – ein erster Schritt zur Europäischen Union. Das Saarland wird politisch in die Bundesrepublik eingegliedert.
VW baut: Der Grundstein einer zweiten Halle auf dem Werksgelände in Hannover wird gelegt, da die Motorenfertigung aus dem Werk Wolfsburg verlagert werden soll. Erstmals sinkt im Dezember die tarifliche Arbeitszeit: Die Wochenstundenzahl reduziert sich von 48 auf 45 Stunden. In Hannover sind in diesem Jahr zwei Jubiläen fällig: Im Mai produziert VW den 250 000. Transporter seit 1950; im Sommer verlässt der 100 000. Transporter aus dem Werk Hannover die Halle.
Der VW Typ 2 startet international durch: Der Export in die USA klettert um 160 Prozent auf rund 19 000 Fahrzeuge. Sie sind jetzt an einem Rammschutz auf den Stoßfängern zu erkennen. Ebenfalls in diesem Jahr werden die ersten Vorserienfahrzeuge des Typ 2 in Sao Paulo bei VW da Brasil montiert. Hier werden erstmals zahlreiche lokal hergestellte Teile verwendet. In den folgenden Jahren und Jahrzehnten wird sich die Entwicklung des Transporter zunehmend von den europäischen Varianten abkoppeln. Ende des Jahres gründet VW das Tochterunternehmen Volkswagen Australasia in Melbourne/Australien. In den sechziger Jahren werden auch hier Transporter vom Band rollen. Der Transporter entwickelt sich zum Weltauto.

Das neue Werk Hannover brummt von Beginn an, im Sommer hat VW schon 100 000 Transporter gebaut.

Großraum-Pritschenwagen mit üppigem Aufbau und klappbaren Bordwänden.

Mitte der fünfziger Jahre sieht die Arbeitswelt schon gepflegter und viel farbiger aus.

Der Transporter T1 — 1957

In Hannover produziert VW in diesem Jahr mehr als 90 000 Transporter. Das »Kleine Kursbuch« für VW-Verkäufer freut sich entsprechend: »*Endlich Schluss mit den Lieferbeklemmungen auf dem Transporter-Sektor.*« Zur Unterstützung des Vertriebs gibt es inzwischen sieben Transporter-Werbefilme und zehn Dias für die Kino-Werbung.

Dieser Transporter kommt auch in diesem Jahr mit geringen Änderungen aus. Die Kupplung wird leichtgängiger, der Motor erhält vergrößerte Ölkanäle. Die Öl-Ablassschraube ist magnetisch. VW montiert die Außenspiegel ein wenig tiefer, damit die ausgeklappten Winker die Sicht nach hinten nicht beeinträchtigen.

Es gibt inzwischen Transporter-Postkarten mit farbigen Motiven. Auf ihnen erklärt VW sogar technische Details wie die Drehstabfederung, die günstige Gewichtsverteilung oder die vergleichsweise aufwendige Be- und Entlüftung. Und, ganz klar: »*Luft gefriert nicht, Luft siedet nicht*«, verdeutlicht VW die Vorzüge des luftgekühlten Motors. »*Der VW-Transporter ist durchdacht bis ins letzte: ein echter Volkswagen.*«

Genauso durchdacht ist bei VW auch der Vertrieb. Auf der IAA zeigt VW Sonderfahrzeuge wie den Großraum-Pritschenwagen mit breitem Aufbau, die Doppelkabine, Kofferaufbauten und einen Pritschenwagen mit Nachläufer. Einige dieser Sonderaufbauten finden so viel Anklang, dass VW sie später in die Serienfertigung übernimmt. Vorreiter für die Aufnahme von Fremdprodukten in das VW-Vertriebsprogramm ist der Campingwagen. Das von Westfalia ausgebaute Reisemobil wird seit diesem Jahr offiziell als Volkswagen angeboten. Und das mit Erfolg: Rund 1000 Westfalia-Campingbusse werden verkauft. In die gleiche Richtung strebt die Doppelkabine: Bisher hatte Fahrzeugbauer Binz Dokas auf VW-Basis gefertigt, jetzt steigt VW selbst in das Geschäft ein.

Vielseitiger VW-Transporter: Kombi mit Einrichtung als Molkerei-Verkaufsfahrzeug.

1958
Doppelkabine und Unfallwagen

Zu den Erweiterungen der Modellpalette zählt bereits Ende 1958 die Doppelkabine. Ihre Ladefläche ist 2,8 Quadratmeter groß. Die Kombination aus Pritschenwagen und sechs Sitzplätzen in zwei Reihen findet vor allem bei Handwerkern, Kommunen und im Baugewerbe Akzeptanz. Für einen günstigen Einstieg auf die hinteren Plätze erhält die Doppelkabine auf der rechten Seite eine zusätzliche Tür. Der Tresor unter der Ladefläche entfällt allerdings. Ins Programm genommen wird auch der Großraum-Pritschenwagen mit überbreiter Ladefläche, die über die seitlichen Konturen des Fahrerhauses hinausragt. VW liefert die Pritsche wahlweise aus Holz oder Stahl.

Für die Polizei führt VW außerdem auf Basis des Kombi den Verkehrs-Unfallwagen ein. Er hat innen zwei Sitzbänke gegenüber mit einem Klapptisch dazwischen. Die Innenverkleidung besteht aus Sperrholz, Regale sind eingebaut. Auf dem Dach findet sich eine Plattform aus Sperrholz mit rutschfestem Gummibelag. Zusammen mit verschiedenen Aufbauern präsentiert VW außerdem Sonderausführungen auf Transporter-Basis wie Kühl- und Tiefkühlwagen oder Drehleitern.

Aber auch am normalen Transporter ändert sich in diesem Jahr wieder einiges. Er erhält neue, kräftigere Stoßstangen, die Unterseite der Karosserie wird lackiert. VW ändert die Rückleuchten, setzt eine Windschutzscheibe aus Sicherheitsglas ein. Die Innenausstattung steht in einer größeren Auswahl an Farben zur Verfügung. Die Fördermenge der Kraftstoffpumpe steigt um 60 Prozent; die Übersetzungen der Gänge drei und vier werden geändert.

1958 erhalten alle Transporter massivere Stoßstangen; die Frontscheiben bestehen aus Sicherheitsglas.

Der Transporter T1

Wichtig im Sommer: Der Transporter mit Tiefkühl-Einrichtung bringt frischen Eis-Nachschub.

Von Beginn an bis heute findet der Transporter großen Anklang bei Behörden. Hier als »grüne Minna« in der damaligen Polizeifarbe.

1958

Der Transporter ist ein echter Alleskönner, hier als Krankentransportfahrzeug.

Für das Werk Hannover ist 1958 ein bedeutsames Jahr: Im November beginnt hier die Fertigung der luftgekühlten Motoren für alle Fahrzeuge aus deutscher Produktion. In späteren Jahren ist Hannover nicht nur das größte Transporterwerk Europas, sondern auch das größte Motorenwerk des Kontinents. Zunächst aber durchbricht das Werk eine Schallmauer: 1958 produzieren die inzwischen knapp 7000 Mitarbeiter in Hannover mit 101 873 Fahrzeugen erstmals mehr als 100 000 Transporter in einem Jahr. Die durchschnittliche Tagesfertigung beträgt 429 Fahrzeuge. Auch in Brasilien geht es jetzt richtig los: Dort laufen in diesem Jahr immerhin schon 3689 Typ 2 vom Band. Zwei Jahre später werden es schon mehr als 10 000 Transporter sein.

Da VW-Chef Heinrich Nordhoff großen Wert auf qualitativ hochwertige und kostengünstige Ersatzteile legt, nimmt in diesem Jahr das dritte deutsche VW-Werk seinen Betrieb auf: In Kassel werden Aggregate aufbereitet und als preiswerte Tauschteile über die VW-Werkstätten angeboten. So kostet ein Tauschmotor für den Transporter zum Beispiel 495 Mark.

1958 ist auch das Jahr, in dem der Rock'n Roll Einzug in Deutschland hält, verkörpert durch Elvis Presley oder Bill Haley. Und in Flensburg wird die »Verkehrssünderkartei« eingerichtet.

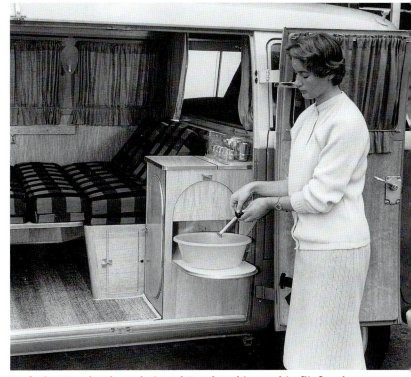

Einfache Waschgelegenheit: Schüssel und immerhin fließend kaltes Wasser. Auf dem Schrank: Cocktailbecher.

Der Transporter T1

1959
Endlich mit Synchronschaltung

Die Bundesrepublik Deutschland wird zehn Jahre alt. Die Wirtschaft brummt: Im Juli liegt die Zahl der Arbeitslosen mit 255 395 erstmals niedriger als die der offenen Stellen (319 455). Zur Entspannung schauen sich die Deutschen den Musik-Film »Freddy, die Gitarre und das Meer« mit Freddy Quinn an. Die junge Generation lässt den Hula-Hoop-Reifen um die Hüften kreisen. Bei VW sinkt ab Mitte Oktober die wöchentliche Arbeitszeit um eine auf 44 Stunden.

Karl Meier gehörte zu den VW-Konstrukteuren in den dreißiger Jahren. Als Kamei wurde er später zum Auto-Veredler.

1959

VW feiert am 25. August eine halbe Million Typ 2. In Wolfsburg beginnt der Bau eines Verwaltungshochhauses. VW-Mitarbeitern nennen es bis heute einfach nur »das Hochhaus«. Anfang dieses Jahres fällt eine wichtige Entscheidung: Zu den Modellen Typ 1 (Käfer) und Typ 2 (Transporter) soll sich 1961 ein Typ 3 gesellen – der VW 1500 mit Käfer-Radstand, aber einer eigenständigen, größeren und nicht zuletzt moderneren Stufenheck-Karosserie für Marken-Aufsteiger.

Wichtigste Neuerung für den Transporter ist im Mai 1959 ein vollsynchronisiertes Getriebe. Auch werden erneut die Übersetzungen geändert. Die Kurbelwelle des Motors wird verstärkt, das Kurbelgehäuse vergrößert. Die Ventile hängen jetzt schräg statt bisher parallel, eine neue Auspuffanlage gibt es ebenfalls. Ergebnis ist bei unveränderter Leistung ein etwas höheres Drehmoment. Um die Geräuschentwicklung zu reduzieren, läuft das Kühlluftgebläse mit niedrigerer Drehzahl.

Im Herbst erhält der Motor eine bessere Heißluft-Regulierung; die vorderen Querträger werden neu gelagert. Und da die belgischen Zulassungsbehörden einen ungehinderten Durchstieg von links nach rechts in der Fahrerkabine fordern, verlegt VW den Handbremshebel nach vorne.

Im Zeitschriftenhandel erscheint ein Heft namens »*Meine Erfahrungen mit dem VW-Transporter*«. Zum Ausdruck kommen darin Befragungsergebnisse von mehr als tausend Transporter-Besitzern. Die Redaktion stellt zunächst fest: »*Der VW-Transporter gehört mithin zum Straßenverkehr von heute wie der Schwanz zum Hund.*« 10,8 Liter Benzin / 100 km verbrauchen die Transporter der Befragten im Schnitt. Fast alle Besitzer zeigen sich mit der Zuverlässigkeit ihres VW sehr zufrieden. Größtes Problem ist das Getriebe, das 20,4 Prozent der Besitzer Kummer bereitet hatte.

Die Änderungswünsche betreffen vor allem Undichtigkeiten, die Frischbelüftung im Dach, labile Laderaumtüren, die Fahrersitzbank und ihre Polsterung sowie die Leistung der Heizung. Ungünstig schneidet auch die Sicht nach hinten ab. Am besten gefallen den VW-Besitzern die Wendigkeit des Transporter, sein großer Laderaum, die Zuverlässigkeit und Robustheit und auch die Wirtschaftlichkeit. Ausdrücklich gelobt wird der Kundendienst. Größtes Lob: 75,8 Prozent der Befragten würden sich wieder für einen VW Transporter entscheiden; nur 3,7 Prozent würden ihn nicht wieder kaufen. Und was hätte diese Minderheit schon für eine Alternative?

Großraum-Pritschenwagen mit überbreiter Ladefläche, Aufbau wahlweise aus Metall oder Holz.

1960
Blinker und mehr Leistung

Einige der kritisierten Punkte erledigt VW im nächsten Modelljahr – im Juni 1960 nimmt das Werk eine gründliche Überarbeitung vor. So erhält der Fahrer zwar keinen Einzelsitz, doch ist die durchgehende Sitzbank jetzt wenigstens dreifach in Längsrichtung verstellbar. Auch fallen die altertümlichen Winker weg: Warzenförmige Blinker oberhalb der nun asymmetrisch leuchtenden Scheinwerfer ersetzen sie. VW erneuert zudem den häufig kritisierten Handbremshebel. Die elektrischen Verbindungen erhalten Flachstecker.

Samba-Exportmodell mit kräftigem Rammschutz auf den Stoßstangen sowie bereits mit Blinkern.

1960

EA 114: Verworfener Prototyp eines Transporter-Nachfolgers mit Reserverad vorn hinter einer Klappe.

Auch an Motor und Fahrwerk gibt es wichtige Neuheiten. Die Motorenentwickler erhöhen die Verdichtung auf 7: 1, bauen einen neuen Vergaser mit Startautomatik ein. Der Luftfilter erhält eine Vorwärmung. Die Leistung des Motors steigt auf 34 PS, das Drehmoment wächst mit, VW ändert die Achsübersetzung. Die Anzeige des Tachometers reicht jetzt bis 120 km/h, für die neuen Blinker gibt es eine grüne Kontrollleuchte. Die Getriebe-Aufhängung erfolgt vorn jetzt durch Gummi-Metall-Lager. VW ertüchtigt die Bremsen: Hauptbremszylinder sowie Radbremszylinder haben größere Durchmesser. VW erhöht die zulässige Achslast hinten um fünfzehn auf 1015 Kilogramm; das zulässige Gesamtgewicht steigt um den gleichen Wert auf 1,865 Tonnen.

Der Transporter ist nun zehn Jahre alt, doch seine Produktion wächst unaufhörlich: Genau 139 919 Typ 2 produziert VW in Hannover, weitere 11 299 Fahrzeuge in Brasilien. Allein 35 697 Transporter exportiert VW aus deutscher Fertigung in die USA. Im Heimatland nähert sich der Typ 2 mit einem Marktanteil von 70,7 Prozent dem Zenit.

Gleichzeitig arbeitet VW intensiv an einem Nachfolger. EA 114 heißt die Formel, unter der VW 1960 einen sehr eigenwillig aussehenden Transporter bis zu einem fahrbereiten Prototyp entwickelt hat. Nach wie vor ist der Motor im Heck untergebracht, auch wenn eine Klappe in der stark gewölbten Frontpartie sowie Kühllufteinlässe im Haifischmaul-Look zunächst auf ein vorn montiertes Triebwerk schließen lassen.

Doch die Kühlluft strömt durch einen doppelten Boden im Prototyp nach hinten zum Motor. Und hinter der Klappe ist das Reserverad vorgesehen. Im Heck steckt bereits der Flachmotor mit 1,5 Liter Hubraum, der ein Jahr später beim neuen Pkw Typ 3/VW 1500 in Serie gehen wird. Es wird bei einem Einzelstück bleiben, der EA 114 geht nie in Serie.

Der Transporter T1 — 1960

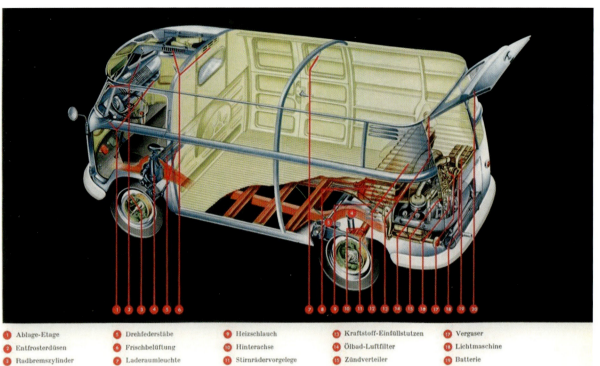

Technik im Detail: Sorgfältig präsentiert VW sein Erfolgsmodell in Katalogen in allen Einzelheiten.

1. Ablage-Etage
2. Entfrosterdüsen
3. Radbremszylinder
4. Teleskopstoßdämpfer
5. Drehfederstäbe
6. Frischbelüftung
7. Laderaumleuchte
8. Getriebe
9. Heizschlauch
10. Hinterachse
11. Stirnrädervorgelege
12. Kraftstoffbehälter
13. Kraftstoff-Einfüllstutzen
14. Ölbad-Luftfilter
15. Zündverteiler
16. Kraftstoffpumpe
17. Vergaser
18. Lichtmaschine
19. Batterie
20. Rückwand-Ladetür

1960 präsentiert VW den Transporter als Großraum-Kastenwagen mit Stahlblech-Hochdach, hier zwei 63er Modelle.

Strandleben im Fotostudio: Campingwagen mit Dachluke und Gepäckträger, Dame mit Hochfrisur.

Der runde Bug sorgt zusammen mit der großen einteiligen Frontscheibe im Stile einer Panoramascheibe für eine sehr günstige Aerodynamik. Doch es bleibt bei einem Prototyp. Heinrich Nordhoff mag keine spektakulären Modellwechsel, die erste Generation des Typ 2 liegt gut im Rennen, Priorität haben Pkw wie der gleichzeitig entstehende VW 1500. Nicht zuletzt wäre ein Transporter in dieser Bauweise zu teuer geworden. Konsequenz aus dem gescheiterten Projekt: 1964 wird die Transporter-Konstruktion komplett vom Pkw getrennt, um die zweite Transporter-Generation (T2) in eigener Regie entwickeln zu können.

Seit 1950 hat VW 678 000 Transporter gebaut. Sie teilen sich auf in 243 000 Kastenwagen, 152 000 Kombi, 148 000 Busse und Samba-Sondermodelle sowie 129 000 Pritschenwagen. Der Rest von 6000 Einheiten besteht aus Sonderfahrzeugen. Und VW will die dominierende Position weiter ausbauen. Das Unternehmen produziert unter der Bezeichnung »Großraum-Kastenwagen« einen ersten Transporter mit Stahlblech-Hochdach. Der Start der Serienfertigung wird in verschiedenen Quellen auf 1961 und auf 1962 datiert. Das neue Dach erhöht den Laderaum auf 175 Zentimeter; die Außenhöhe steigt auf knapp 2,3 Meter. VW verlängert die seitlichen Flügeltüren bis zur Unterkante des Hochdachs. Das Hochdach steigert das Volumen des Laderaums von 4,8 auf 6,0 Kubikmeter, kostet allerdings 40 Kilogramm Nutzlast.

Die wachsende Lust auf Freizeit drückt sich im ersten VW-Prospekt des Campers aus. Das Strandleben einer fröhlichen vierköpfigen Familie ziert die Titelseite. Wer genauer hinschaut entdeckt, dass die Ferien nur im Fotostudio stattfinden. Im Prospekt verspricht VW eine Kombination aus Freiheit und Sparsamkeit: »*Mit dem VW-Camper unterwegs, ohne Quartier-Vorbestellung, ohne ewiges Kofferpacken, ohne Trinkgeld! Gastgeber ist die Natur – wo sie uns am besten gefällt und wo die Sonne am schönsten scheint. Wohnzimmer, Schlafzimmer, Küche und Hausbar gehen mit auf die Fahrt.*«

Die Inneneinrichtung des Reisemobils ist variabel: Auf der linken Seite eine zum Bett umbaubare Längssitzbank, im Einstieg ein Klappstuhl. Kinder schlafen in einer Hängematte quer im Fahrerhaus. Hinten gibt es Schränke, eine Kühlbox für Nass- oder Trockeneis sowie die damals prestigeträchtige Hausbar mit Gläser- und Flaschenschrank sowie sechs Cocktailbechern. Der abnehmbare Tisch kann auch draußen benutzt werden, wenn die Reisenden ihn in ein Loch der Felge des abmontierten Reserverads stecken. Gegen Aufpreis liefert Westfalia einen zweiflammigen Benzinkocher.

1960 fallen wichtige politische Entscheidungen für die Zukunft von Volkswagen. Am 29. Juni stimmt der Bundestag mit großer Mehrheit der Privatisierung des Werks zu, das bis dahin voll zum öffentlichen Besitz zählt. Aus der Volkswagenwerk GmbH soll im gleichen Zug eine Aktiengesellschaft werden. 40 Prozent des Kapitals wollen der Bund sowie das Land Niedersachsen behalten. 60 Prozent der Anteile aber sollen zu einem Nominalbetrag von 100 Mark pro Aktie breit gestreut werden. Das Zauberwort der Privatisierung heißt »Volksaktie«. Am 22. August erfolgt die Eintragung der Volkswagenwerk AG ins Handelsregister beim Amtsgericht Wolfsburg.

Der Transporter T1

1961
Eine Preiserhöhung nach sieben Jahren

Nach so viel Neuheiten tut sich beim Transporter in diesem Jahr deutlich weniger. Wozu auch, läuft die Produktion in Hannover doch auf vollen Touren. VW baut 1961 zum ersten Mal mehr als 150 000 Typ 2 in Deutschland, genau sind es 152 285 Transporter. Zu denken gibt den Managern der Automobilindustrie allerdings, dass mitten im allgemeinen Aufwärtstrend mit Borgward ein renommiertes Unternehmen Vergleich anmelden muss. Schatten auf die gute Stimmung werfen in diesem Jahr auch politische Ereignisse:
Am 13. August wird Deutschland durch den Mauerbau für fast 30 Jahre durch eine mörderische Grenze geteilt.

Die Produktion in Hannover läuft auf vollen Touren: VW baut 1961 mehr als 150 000 Transporter.

1961

Ein wahres Schmuckstück: fein restaurierte Doka im roten Gewand der Feuerwehr.

Praktisch trotz hinderlichem Heckmotor: Durchlademöglichkeit dank Laderaumtüren links wie rechts.

Der Transporter T1 1961

Einer für alle und für alles: Die Doppelkabine transportiert sowohl Menschen als auch Material.

Wie man einen störenden Motor verschwinden lässt: Die optimistische VW-Werbung streckt den Transporter.

Für VW wird mit der Zementierung der Grenze zur DDR die Randlage des Unternehmens auf unabsehbare Zeit festgelegt. Wolfsburg ist weder politisch noch wirtschaftlich ein günstiger Standort, zudem fehlt der Stadt das Hinterland. Trotzdem stehen die Zeichen gut: Die Aktien der neuen AG sind am Jahresanfang innerhalb kürzester Frist verkauft – und zur ersten Hauptversammlung im Juli strömen 7000 Kleinaktionäre. Heinrich Nordhoff braucht vor den Aktionären nicht bange zu sein: Zum ersten Mal fertigt VW weltweit mehr als eine Million Fahrzeuge. Zudem produziert VW am 4. Dezember das fünfmillionste Auto seit Kriegsende. Und auch der seit elf Jahren andauernde Prozess mit den VW-Sparern aus der KdF-Zeit der dreißiger Jahre endet endlich mit einem Vergleich: Die 130 000 Sparer erhalten wahlweise einen Nachlass von 600 Mark beim Kauf eines Käfers oder eine Barabfindung von 100 Mark.

Im Herbst stellt VW den neuen 1500 vor. Die Stufenheck-Limousine soll Käfer-Besitzer im Konzern halten, denen ihr Auto zu eng wird. Mit dem 1500 beginnt VW konsequent, den Boxermotor so flach und damit platzsparend wie möglich zu bauen. Ist das Käfer-Triebwerk 647 Millimeter hoch, so kommt der Motor des 1500 auf nur 408 Millimeter. Ursache dafür ist unter anderem die neue Position des Gebläserades auf der Kurbelwelle und der Einsatz eines Flachstrom- anstelle des Fallstromvergasers. Von diesen Neuheiten wird später auch der Transporter profitieren.

Und was bewegt sich in diesem Jahr beim Typ 2? Wichtig ist vor allem das neue Getriebe, verbunden mit einem ebenfalls neuen Schaltgestänge. Auch der Beifahrer findet nun eine Sonnenblende vor sowie einen Haltegriff. Es gibt ein Lenkradschloss, und die Pedalerie sowie das Lenkgestänge sind wartungsfrei. Statt des umständlichen Kraftstoffhahns für das Umschalten auf Reserve bei leergefahrenem Tank spendiert VW eine Tankuhr. Kaum ins Gewicht fällt eine Preiserhöhung zum neuen Modelljahr Ende Juli von 20 Mark für alle Modelle. Bemerkenswert ist allerdings, dass es sich um die erste Preiskorrektur seit mehr als sieben Jahren handelt. Ein Kastenwagen kostet jetzt mit 5995 Mark nur 145 Mark mehr als bei Produktionsbeginn im Frühjahr 1950.

1962
Eine Millionen Transporter und viele Neuheiten

Wirtschaftsminister Ludwig Erhard mahnt die Deutschen zum „Maßhalten". Ursache des Aufrufs: Die Löhne und Gehälter klettern, die Arbeitszeit sinkt (bei VW von 44 auf 42,5 Stunden in der Woche), und der Tarifurlaub steigt. Doch der Zug des deutschen Wirtschaftswunders fährt nach wie vor unter Volldampf.

Im Werk Hannover arbeiten erstmals mehr als 20 000 Beschäftigte. VW hat auf dem Werksgelände eine Leichtmetallgießerei errichtet. Der deutsche Arbeitsmarkt ist leergefegt – die ersten knapp tausend »Gastarbeiter« kommen aus Italien zu VW. Für sie wird in Wolfsburg das »italienische Dorf« gebaut.

Blumen satt zum Jubiläum: Feierliche Reden und Blumen umkränzen den millionsten VW-Transporter.

Der Transporter T1

Das Jubiläumsmodell am Ablaufband zur Bahnverladung im Werk Hannover.

Nicht nur der Käfer läuft und läuft und läuft, auch der Transporter: Am 2. Oktober verlässt vielumjubelt in Hannover der millionste Typ 2 das Band, blumenbekränzt und wohlverpackt in gewichtige Jubiläumsansprachen.

VW macht sich auch wieder daran, die Lücke zwischen Pkw und Transporter zu schließen: Bereits im Januar beginnt die Produktion des Kombis VW 1500 Variant. Im Mai wiederum zeigt die Abteilung Entwicklung das Modell eines Lieferwagens. Denn nach wie vor sucht die Bundespost ein kompaktes Auto für die Leerung der Briefkästen. Das Modell gehört zu den Vorarbeiten einige Jahre später erscheinenden VW 147, genannt »Fridolin«. Die Reisemobile werden moderner: Unter der Bezeichnung »SO 34« (SO = Sonderfahrzeug) gibt es 1962 die erste Campingeinrichtung mit Möbeloberflächen in Kunststoff anstelle von Holzfurnier. Für die Liebhaber klassischer Dekore wird Westfalia die identische Reisemobil-Ausstattung ein Jahr später als SO 35 mit Möbeln in Holz-Dekor anbieten.

US-Exporte unterstützen den Fortschritt des Typ 2: Im Januar

1962

Transporter-Sondereinrichtung auf Basis des Kombi: mit zusätzlicher Sitzreihe besonders viele Plätze.

erhalten die Exportmodelle auf Wunsch Befestigungspunkte für Beckengurte. Ebenfalls für Nordamerika baut VW bereits den Motor aus dem VW 1500 mit einer Leistung von 42 PS in den Transporter ein. Das Gebläse ist im Unterschied zur Limousine aufgrund der besseren Platzverhältnisse noch stehend auf dem Triebwerk montiert. Die Höchstgeschwindigkeit steigt durch die höhere Leistung von 95 auf 105 km/h.

Im Sommer geht es dann für Europa richtig los. Der Fahrer erhält endlich einen Einzelsitz, die Lehne des Beifahrersitzes ist vorklappbar. Eine tiefer in den Laderaum hineinragende Mulde für das Reserverad schafft Platz für die Längsverstellung und die stufenlos regulierbare Neigung der Lehne auf der Fahrerseite. Flachere Scheinwerfermulden vergrößern den Fußraum. Bei den Pritschenwagen verlegt VW das Reserverad in den Tresor unter der Ladefläche. Außen ist der neue Transporter-Jahrgang an größeren Radausschnitten zu erkennen.

Auch um den Motor herum ändert sich einiges: Das Triebwerk erhält ein neues Saugrohr, Zylinderkopf und Ventilsitzringe werden geändert. VW überarbeitet Rad und Gehäuse des Kühlgebläses. Die Kupplung erhält einen größeren Durchmesser und ist damit dem höheren Drehmoment des 1,5-Liter-Motors gewachsen.

In Herbst und Winter geht es mit den Modifikationen munter weiter: Die Achsschenkel werden neu gelagert, ein anderer Riegel sichert die Flügeltüren des Laderaums. Pünktlich zur kalten Jahreszeit erhält der Typ 2 eine Vorwärmung der Ansaugluft durch die warme Abluft der Zylinderköpfe, einen Wärmetauscher mit Rippen sowie eine überarbeitete Heizung des Innenraums.

Wer selbst Hand anlegen will, kann seinen Kombi oder Kleinbus mit Hilfe der »Mosaik«-Ausbauteile von Westfalia in ein Reisemobil verwandeln. Sie sind seit einem Jahr auf dem

Der Transporter T1

1962

Markt und werden von VW vertrieben. Die Wohneinrichtung ist herausnehmbar und wird in vier Varianten geliefert. Die Grundausrüstung enthält eine Wohn- und Schlafeinrichtung aus Sitzbänken und Tisch, Bodenplatte, Teppich, Gardinen, Kissen und Vorhang zum Fahrerhaus. Motto: »*Ihre Erholung beginnt, wenn sie den Zündschlüssel herumdrehen.*« Auf dem Prospekt taucht allerdings der Begriff »Camper« nicht mehr auf: Den hat sich Wohnwagenhersteller Dethleffs schützen lassen. Die Vertragsstrafe für die widerrechtliche Benutzung beträgt pro Einzelfall tausend Mark.

Transporter-Sonderfahrzeug auf Basis des Kastenwagens mit Hochdach: Verkaufswagen.

Transporter-Sonderaufbau für besondere Fälle: verlängerter Kastenwagen als Bestattungsfahrzeug.

Viel Licht durch die Fenster, viel Luft durch das Faltschiebedach des Busses.

Der Transporter T1

1963
Ein größerer Motor und mehr Nutzlast

Das Jahr 1963 entwickelt sich positiv. Mit dem ZDF steht ein zweites Fernsehprogramm zur Auswahl. Der amerikanische Präsident John F. Kennedy behauptet »Ich bin ein Berliner«, im August läuft der erste Spieltag der neuen Fußball-Bundesliga. Kennedy allerdings wird noch im Herbst ermordet. Bundeskanzler Konrad Adenauer tritt mit 87 Jahren zurück.

Obwohl 13 Jahre in Produktion, steigert VW Fertigung und Zulassungen des Typ 2 auch in diesem Jahr. Die Presseabteilung des Unternehmens zeigt das daraus resultierende Selbstbewusstsein offen: »*Es gibt heute praktisch keinen Wirtschaftszweig mehr – und das gilt auch für den kommunalen wie für den staatlichen Bereich –, wo der Volkswagen-Transporter nicht angetroffen wird. Er bedeutet zugleich durch die Motorisierung zahlreicher Wirtschaftszweige eine Hilfe für die kommerzielle Entwicklung und den Wohlstand ganzer Länder.*« Nach gut einem Dutzend Jahren ist der Transporter der unangefochtener Star seiner Klasse.

Einer kam durch: Aufgrund seiner guten Traktion bewährt sich der Transporter auch abseits der Straßen.

1963

Im Frühjahr hat VW das Programm erweitert: Gegen einen Aufpreis von 350 Mark sind alle Modelle mit dem US-erprobten 1,5-Liter-Motor und 42 PS zu haben. Im Aufpreis ist ein ganzes Paket von Änderungen und Verstärkungen enthalten. Die Bremstrommeln von Vorder- und Hinterachse haben einen größeren Durchmesser, der Hauptbremszylinder erhält einen größeren Hub. VW verstärkt Vorderachse, Achsschenkel und Stoßdämpfer. Das Unternehmen liefert den 1,5-Liter-Motor in Verbindung mit einer stärkeren Lichtmaschine; die Achsübersetzung ist länger. Ebenfalls im Frühjahr offeriert VW den Transporter erstmals für 250 Mark Mehrpreis mit Schiebetür. Weitere Änderungen der Karosserie folgen im Sommer: VW modifiziert die Form der Blinker vorn von warzenförmig in flächig; alle Modelle erhalten eine Feder anstelle einer Stange zum Aufstellen der Heckklappe. Sie wächst in der Breite auf 1230 Millimeter und erhält ein größeres Heckfenster. Der großen Klappe fallen im Sondermodell die Fenster in den hinteren Fenstersäulen zum Opfer. Die Variante mit acht Sitzen entfällt – nur noch sieben oder neun Sitze stehen zur Wahl. Sämtliche Transporter erhalten sichere Drehfallenschlösser an den Türen der Fahrerkabine sowie neue Zündkabel. Als Sonderausstattung gibt es eine elektrische Anlage mit zwölf Volt und für US-Modelle eine Warnblinkanlage. Ebenfalls im Sommer dieses Jahres ergänzt VW das Transporter-Programm in Verbindung mit dem stärkeren Motor durch ein Modell mit einer Tonne Nutzlast. VW liefert das tragfähigere Modell zunächst ausschließlich für Kastenwagen, Kombi und Pritsche sowie Sonderfahrzeuge wie Feuerwehren. Für den Eintonner wird noch einmal die Vorderachse verstärkt; die Hinterachse erhält eine progressiv ausgelegte Zusatz-Gummifeder. Das Gesamtgewicht steigt auf 2,07 Tonnen.
Eine weitere Neuerung in Verbindung mit dem Eintonner betrifft Reifen und Räder: Die Felgenbreite steigt von 4,5 auf fünf Zoll, der Raddurchmesser beträgt nur noch 14 statt 15 Zoll. Zum Einsatz kommen schlauchlose Reifen der Größe 7,00-14.

Wichtigste Änderungen 1963: großflächige Blinker vorn für alle Transporter, geschlossene Varianten auf Wunsch mit Schiebetür.

Der Transporter T1

Der vielseitige Typ 2 ist ein echter Alleskönner für 365 Tage im Jahr und Einsätze in Alltag und Freizeit.

Vorgriff auf den feinen Multivan des nächsten Jahrhunderts: Der große Volkswagen für kleine Gesellschaften.

Gustav Mayer erinnert sich an die damals neuen Reifen: »*Sie boten die Chance für größere Federwege, hatten eine kleinere ungefederte Masse, und der Raum für die Bremsen reichte aus.*« Billiger sind die Reifen obendrein.
Im Herbst 1963 sieht das Transporter-Programm dann so aus: Bus und Samba sowie die Nutzfahrzeuge Kasten, Kombi und Pritsche mit 0,8 Tonnen Nutzlast, Motor wahlweise 1200 oder 1500. Kombi, Kasten und Pritsche gibt es außerdem als 1500 mit einer Tonne Nutzlast. Gewichts- und Motorvarianten werden der Einfachheit halber in der Preisliste als M-(Mehr-) Ausstattungen geführt. Auch bei den Reisemobil-Ausbauten bewegt sich einiges: Es gibt den Campingwagen auf VW-Basis jetzt für einen Aufpreis von 1675 Mark mit einem seitlich öffnenden Aufstelldach. Sein Balg besteht aus PVC. Zwei Hängematten lassen sich in dem aufgeklappten Dach als zusätzliche Schlafgelegenheiten nutzen.

1964
Ist es eine Jacht?

Die Arbeitszeit der VW-Mitarbeiter verringert sich noch einmal auf 42,5 Wochenstunden. Im Radio laufen die Songs der Beatles, sie belegen am 31. März in der US-Hitparade mit ihren Titeln die ersten fünf Plätze. In Europa verbessert im Sommer der Minirock die Aussicht, und die Autostrada del Sol zwischen Mailand und Neapel die Fahrt in die Ferien. Die Arbeitslosigkeit erreicht im September mit nur 102 800 Stellensuchenden den Tiefpunkt in der Geschichte der Bundesrepublik.

1964 ist auch das Rekordjahr des Typ 2 der ersten Generation: Das Werk in Hannover produziert mit rund 24 000 Mitarbeitern exakt 187 947 Fahrzeuge, 774 Autos pro Tag. Pro Arbeitstag fertigt VW außerdem in Brasilien weitere 53 Transporter sowie in Südafrika 25 Typ 2. Zudem nimmt VW die Montage des Transporter mit 13 Autos pro Tag in Australien auf. Nach 14 Jahren hat der Transporter damit auch weltweit seinen Zenit erreicht: 200 325 Typ 2 werden in diesem Jahr in allen Werken gebaut. Rund ein Fünftel davon, genau 41 051 Transporter, verschifft VW in die USA.

Der VW-Konzern bewegt sich weiter auf der Überholspur: In Emden nimmt ein neues Zweigwerk die Käfer-Fertigung auf: Exportfahrzeuge für die USA laufen in der Hafenstadt vom Band und gleich darauf aufs Schiff. VW übernimmt von Daimler-Benz die Hälfte der Anteile der Auto-Union. Und in Puebla gründet das Unternehmen VW de Mexico.

VW entwickelt den Transporter unentwegt weiter. Bereits ab Januar laufen alle Typ 2 auf den 14-Zoll-Rädern, die bislang dem Eintonner vorbehalten waren. Im März wird ein Unterbodenschutz eingeführt.

Der größte Innovationsschub findet im Sommer statt, wie inzwischen jedes Jahr. In den Werksferien bereiten Umstellungen der Produktion die geringsten Probleme. Die IAA, längst vom Frühjahr auf den September umgestellt, bietet die Gelegenheit, die Neuerungen gleich publikumswirksam zu präsentieren.

VW vereinheitlicht das Programm des Typ 2: Den Transporter mit 0,8 Tonnen Nutzlast und 34 PS Motorleistung gibt es nur noch als Minderausführung. Alle Transporter erhalten die kräfti-

Nein, kein Boot, aber im übertragenen Sinn ist der Campingbus ein Ausflugsdampfer.

Der Transporter T1

Beispiel für Sonderfahrzeuge: Tieflader mit Schwenktüren und verstärktem Rahmenunterbau.

So hätte man's gerne: piekfein ausstaffierter Bus für die ebenso fein gekleidete Abendgesellschaft.

1964

Es darf auch schlicht sein: funktioneller Pritschenwagen mit Export-Stoßfängern.

Typisch VW: Die Werbung dokumentiert die Weiterentwicklung der Langzeitmodelle.

 *Der Transporter T1* 1964

gere Bremsanlage des Eintonners. An der Vorderachse kommen jetzt identische Stoßdämpfer wie hinten zum Einsatz.
Weitere neue Details: Der Motor erhält einen Drehzahlbegrenzer und thermisch höher belastbare Zylinderköpfe. Nadellager für alle Losräder verringern Getriebegeräusche und erleichtern das Schalten. Die seitliche Schiebetür ist Standard für alle Personentransporter und als Mehrausstattung zusätzlich auf der linken Seite zu haben.
Die Busse erhalten den Kunststoff-Dachhimmel aus dem Samba. Zur Ausstattung sämtlicher Transporter zählen jetzt Innenspiegel sowie Scheibenwaschanlage. Parallel dazu verstärkt VW den Wischermotor und verlängert Wischerarme und -blätter. Ebenfalls bemerkenswert ist die neue Heizung mit einer überarbeiteten Bedienung und Warmluftverteilung.
Ein VW-Prospekt fragt im Juli dieses Jahres: »*Was ist das Besondere am VW-Transporter?*« Als Antwort führt VW zehn Vorzüge auf, von der Luftkühlung des Motors bis hin zum Argument, dass der Typ 2 der meistgefahrene Wagen seiner Klasse ist. Fazit: »*Das Besondere am VW-Transporter ist ..., dass nicht dieser oder jener Vorteil ihn zu etwas Besonderem macht. Dazu macht ihn die Summe all seiner Vorteile und Vorzüge.*«
Acht Grundmodelle vom Kastenwagen bis zum Samba bilden die Basis des VW-Erfolgs. Mit Hilfe von diversen Auf- und Ausbauern sind trotz des Heckmotors fast unzählige Sonderfahrzeuge möglich. Einzelprospekte weisen zum Beispiel hin auf Kipper, Pritschen mit Nachläufern, Drehleitern, Hebebühnen, Verkaufswagen und zahlreiche weitere Sonderaufbauten. Besonders ideenreich ist ein Tieflader konstruiert: Hier ist der Rahmen-Unterbau eines Pritschenwagens verstärkt, der Pritschenboden in der Mitte herausgeschnitten und die Seitenwände sind im Bereich des Tresors durch schwenkbare Türen ersetzt. Schienen mit einem Rollschlitten helfen beim Beladen. Ein anderer Prospekt mit Freizeitmotiven stellt dem Leser zu den entsprechenden Bildern von Seite zu Seite Fragen: »*Ist es eine Jacht? Ein Terrassen-Café? Ein Clubraum?*« Die Antwort fällt eindeutig aus: »*Es ist ein VW-Campingwagen...*« Die Reisemobile tragen seit einiger Zeit Nummern, heißen Campingwagen 22, 33, 34 oder 35.
Ende 1964 – die offizielle Vorstellung und der Beginn der Serienfertigung erfolgen im März des darauffolgenden Jahres – schließt ein Lieferwagen mit dem liebevollen Spitznamen »Fridolin« die Lücke zwischen VW Variant und Transporter. Er entsteht vor allem auf Drängen der Post. Im März 1962 hatte Heinrich Nordhoff die Zustimmung für das »Sonderfahrzeug Post« gegeben, es trägt die interne Codenummer Typ 147. Basis ist das Fahrgestell des Karmann Ghia mit Käfer-Motor; den Aufbau mit zwei seitlichen Schiebetüren sowie einer Heckklappe fertigt Westfalia. Die Nutzlast erreicht inklusive Fahrer knapp eine halbe Tonne. Auch der T1 ist beteiligt, von ihm stammt die Motorklappe. Bis 1974 bauen Westfalia und VW exakt 6139 Fridolin, die ausschließlich an die Deutsche und die Schweizer Bundespost geliefert werden.

Fridolin, wie er 1964 vorgestellt wurde und 1965 dann in Fertigung ging. Hauptkunde: die Post.

Fridolin-Vorläufer: Der VW EA 50 aus dem Dezember 1954, bereits mit einer Schiebetür für den Fahrer.

Eine weitere Ausgabe des VW EA 50 vom Februar 1956 mit erheblich modernisierter Karosserie.

Der Transporter T1

1965
Wieder einmal mehr PS

Erstmals seit dem Serienanlauf im Jahre 1950 ist die Produktion des VW Typ 2 rückläufig: 176 762 Transporter stellt das Werk 1965 her. Ursache ist der Export: Die Lieferungen in die USA gehen im Vergleich zum Vorjahr um 7000 Fahrzeuge zurück. In Deutschland hat der VW die Nase unangefochten vorn: Der Marktanteil beträgt 78,6 Prozent.

Obwohl sich die Karriere der ersten Generation des VW Typ 2 allmählich dem Ende zuneigt, entwickelt VW den Transporter in bewährter Manier weiter. Äußere Änderungen betreffen Pritschenwagen und Doppelkabine: Zur Absenkung des Unterdrucks im Motorraum werden die Belüftungsschlitze neu angeordnet. Zudem vergrößert VW das Heckfenster. In allen Varianten zeigen die Schlitze der Motorraumbelüftung jetzt nach innen.

Weitere Modifikationen für alle Modelle: Die Motorleistung steigt auf 44 PS. Ursache sind ein anderer Vergaser, ein größerer Saugrohrdurchmesser und größere Ventilteller. Die Verdichtung wird allerdings von 7,8:1 auf 7,5:1 reduziert. Der Motordeckel erhält den Druckknopfverschluss des Käfers.

Der inneren Sicherheit dienen Kleiderhaken aus Kunststoff anstelle von Metall. Der passiven Sicherheit betreffen auch die zweite Geschwindigkeit für den Scheibenwischer sowie der Abblendschalter für das Fernlicht am Lenkrad als Ersatz für den bisherigen Fuß-Abblendschalter. Neu ist die Lichthupe. Kurz vor Schluss des T1 legt VW nochmals kräftig Hand an.

1965 ist die Fertigung des VW-Transporter zum ersten Mal seit Beginn 1950 leicht rückläufig.

1965

VW modifiziert außerdem das Fahrwerk. Die Vorderachse erhält einen Stabilisator, die Stoßdämpfer an beiden Achsen sind im Durchmesser größer. Eine bessere Abdichtung der Vorderachse sowie der Antriebswellen an der Hinterachse sorgen für eine Verlängerung der Schmierintervalle auf 5000 Kilometer. Nicht zuletzt lässt sich das Getriebe wegen geänderter Hebelübersetzung und Lagerung der Schaltstange leichter schalten. Im Oktober nimmt VW den Typ 2 mit 0,8 Tonnen Nutzlast aus dem Programm, auch der 1,2-Liter-Motor mit 34 PS wird nicht mehr angeboten. Einheitsmodell ist jetzt der Eintonner mit 44 PS und einem Gesamtgewicht von 2070 Kilogramm – der Endspurt für den angejahrten T1 hat begonnen.

Transporter 1965: Wegfall der Eckfenster im Heck; bei allen Transportern zeigen die Lüftungsschlitze jetzt nach innen.

Für sein letztes Produktionsjahr erhält der VW-Transporter eine Elektrik mit zwölf Volt. Mehr Leistung, Ausstattung und Sicherheit sind ein Plus auch für Reisemobile.

Der Transporter T1

1966
Das Ende des Vierkants

Ein Jahr sportlicher Erfolge: Rudi Altig wird Weltmeister der Radprofis, Borussia Dortmund gewinnt als erste deutsche Mannschaft einen Fußball-Europapokal. In San Francisco treten die Beatles zum letzten Mal gemeinsam bei einem Konzert auf.

In der Bundesrepublik arbeiten 1,3 Millionen »Gastarbeiter«. Die Bundesrepublik steuert auf eine erste Wirtschaftskrise zu – obwohl das Bruttosozialprodukt um 2,5 Prozent steigt. Der neue Bundeskanzler Kurt Kiesinger bildet eine große Koalition aus CDU/CSU und SPD – Zeichen eines politischen Umschwungs.

Die Produktionszahlen des VW Transporter stagnieren. Auf einem Niveau von mehr als 175 000 Einheiten im Jahr, kein schlechtes Ergebnis für ein Auto, das konstruktiv aus den vierziger Jahren stammt. Doch die Zeichen stehen auf Sturm: Ford bringt den völlig neuen Transporter Transit auf den Markt.

Für VW gibt es 1966 trotz aller Stagnation einen Anlass zum Feiern: Das Unternehmen hat seit 1950 eine Million Transporter

Modelljahr 1967 von VW: letztes Produktionsjahr der ersten Transporter-Generation in Hannover. Transporter rechts aus mexikanischer Fertigung.

1966

für das Ausland gebaut. Damit hat VW zwei Drittel aller bisher gebauten Typ 2 exportiert. Für US-Kunden baut VW in diesem Jahr ein eigenes Auslieferungszentrum in Wolfsburg.
Obwohl hinter vorgehaltener Hand längst bekannt ist, dass VW im darauffolgenden Jahr einen Nachfolger für den Transporter vorstellen wird, fließen noch Änderungen in die Serie ein. Die Schiebetüren erhalten neue Schlösser und wartungsfreie Lager. Die Tankklappe bekommt einen Federverschluss, die Tresorklappe des Pritschenwagens ein Drehfallenschloss. Beide Klappen mussten bis zu diesem Zeitpunkt noch mit einem Vierkant entriegelt werden.
Fahrertür und Zündschloss bekommen identische Schlüssel; der Fahrersitz erhält Flachfederkerne. Elastische Schalterknöpfe erhöhen die Sicherheit, es gibt auch in den Modell-Ausführungen für Europa Schraubanschlüsse für Sicherheitsgurte.
Zusätzliche Neuheiten bringt die Technik: Der Vergaser erhält vorgewärmte Ansaugluft durch einen Anschluss an den rechten Wärmetauscher, zugunsten besserer Beschleunigung wird die Übersetzung des dritten Gangs verkürzt. Und nicht zuletzt erhält der Transporter eine Zwölf-Volt-Bordelektrik.
Das VW-Reisemobil heißt jetzt SO 42. 1850 Mark kostet die Einrichtung mit Vierer-Sitzgruppe, Isolierbox mit Wasseranlage im Bereich des seitlichen Einstiegs und Schränken auf der rechten Seite. Die Möbel bestehen aus Birke-Sperrholz mit einer Kunststoff-Oberfläche in Holzmaserung mit der fantasievollen Bezeichnung »Schweizer Birnbaum«.

Der Transporter T2

Die zweite Generation
von 1967 bis 1978

Der Transporter T2

Moderne Karosserie mit ungewöhnlich großen Fensterflächen: VW Transporter der zweiten Generation (T2) ab 1967.

1967

Im August 1967 ist es endlich so weit: »*Wie ein Personenwagen. Der neue Volkswagen-Transporter*«, so freut sich die VW-Presseabteilung bei der Vorstellung der zweiten Transporter-Generation, des T2 nach 1,8 Millionen Exemplaren und 17 Jahren T1. Ein Nachfolger, der den T1 im wahren Wortsinn alt aussehen lässt, zum Beispiel durch eine moderne Karosserie mit großen Fenstern.

Der neue Transporter bedeutet für VW viel mehr als nur ein neues Auto: Der Übergang von der ersten (T1) zur zweiten Transporter-Generation (T2) ist der erste Modellwechsel im Konzern überhaupt.

Entsprechend sorgfältig muss das Unternehmen diesen Schnitt angehen. So wird zum Beispiel Karl Nachbar, Mitarbeiter von Transporter-Konstruktionschef Gustav Mayer und später sein Nachfolger, ein ganzes Jahr von seinen eigentlichen Aufgaben in der Konstruktion freigestellt, um den Serienanlauf im Werk Hannover zu betreuen. Die Produktion des T1 läuft bereits im Frühjahr 1967 aus, die Ablösung durch den T2 erfolgt aber erst im August.

Und am Ende angelangt ist die Laufbahn des alten T1 mit dem einschneidenden Modellwechsel noch längst nicht: Im mexikanischen VW-Werk in Puebla wird VW die Fertigung des T1 wiederaufnehmen. Und ähnlich wie dem Käfer als »Mexiko-Käfer« wird auch dem Transporter ein langes Leben beschieden sein, später in Brasilien als Mixtur aus drei Transporter-Generationen inklusive des alten T1.

Zurück zum neuen T2 und seiner Entstehungsgeschichte. Nur drei Jahre hat VW-Chef Heinrich Nordhoff seinem Transporter-Konstrukteur Gustav Mayer Zeit gelassen, um den Transporter T2 zu entwickeln. Und selbst das war Nordhoff schon zu viel. Als 1964 die Transporter-Konstruktion unter Leitung von Mayer als eigene Abteilung von den Personenwagen abgetrennt wurde, sollte Mayer den Entwicklungsauftrag EA 141 (so das interne Kürzel für den neuen Transporter) in zwei Jahren zu Ende bringen. Doch Mayer weigerte sich, mussten doch er und seine Mitarbeiter aufgrund der ungewöhnlich langen Bauzeit des T1 ein komplett neues Fahrzeug konstruieren. Schon drei Jahre schienen den Konstrukteuren zu knapp.

Aber sie schafften es, wenn auch nicht ohne Risiko. Noch Jahrzehnte später zeigte Karl Nachbar großen Respekt vor dem Mut seines damaligen Vorgesetzten Mayer, die vergleichsweise großen Fenster durchzusetzen. »*Wir waren noch kurz vor Beginn*

1967

Verwandlungsfähiger Transporter Kombi: ideal für abwechselnden Transport von Ladung und Personen.

Der Transporter T2

Der Pritschenwagen der zweiten Generation bietet eine größere Ladefläche als bisher.

der Serie nicht sicher, ob das gut gehen würde.« Es ging gut: Trotz großer einteiliger Frontscheibe, großem Heckfenster und großflächigen Seitenscheiben: Der T2 kam mit nur vier Fenstersäulen auf jeder Seite aus. Der Aufbau hielt, war stabil. Dies lag unter anderem daran, dass Mayer für den neuen Transporter eine völlig andere Aufbautechnik verwendete. Zwar besaß schon der T1 eine selbsttragende Karosserie, doch sorgte bei ihm ein starker Bodenrahmen für Stabilität. Der Aufbau aber bestand nur aus einer einteiligen Blechhülle ohne versteifende Innenhaut. Die Wände waren nur durch Profile verstärkt und deshalb sehr leicht. Nachteil dieser Aufbauart, so Mayer: *»Mit der Zeit wurden alle Schweißpunkte sichtbar.«* Den T2 konstruiert der VW-Mann anders: völlig selbsttragend, ohne eigenständigen Bodenrahmen, aber mit einer zusätzlichen Blechhaut innen. Dieser doppelwandige Aufbau verleiht dem T2 eine viel höhere Steifigkeit als seinem Vorgänger.

Nachbar erinnert sich noch lebhaft an die Entstehung des T2. Es gab zum Beispiel für die neue Frontpartie des T2 einen Versuchsträger aus der T1-Serie. Da allerdings der Bug des neuen Transporters an diesem Auto 21 Millimeter höher ausfiel als der herkömmliche Aufbau, bot der Prototyp einen eher kuriosen Anblick. Die einfache Konsequenz aus den Maßunterschieden: Der neue Transporter wird insgesamt etwas höher als sein Vorgänger. Er wächst auch in der Länge, geht aber nur minimal in die Breite. Es können sogar einige Blechpressteile vom Vorgänger übernommen werden. Wichtige Details wie der Radstand und die Fallung im Rohbau entsprechen dem Vorgänger; aber auch Kleinigkeiten wie die Pedalerie.

Mit einer Gesamtlänge von 4,42 Metern hat der Transporter äußerlich um 16 Zentimeter zugelegt, jeweils zur Hälfte auf die Überhänge vorne und hinten verteilt. Die Rahmen- und Aufbaulängen wachsen vorn wie hinten um je zehn Zentimeter. Die Breite beträgt 1,77 Meter und die Höhe, je nach Modell, um 1,95 Meter.

Das Gewicht des Transporters hat um rund 100 Kilogramm zugenommen. Wie der Vorgänger trägt auch der neue Transporter eine Tonne Nutzlast, das zulässige Gesamtgewicht beläuft sich auf 2,175 Tonnen. Dank des längeren hinteren Überhangs vergrößert sich der Laderaum von 4,8 auf exakt fünf Kubikmeter. Zum größeren Volumen trägt auch der abgesenkte Laderaumboden bei, der auf eine geringere Bodenfreiheit zurückzuführen ist. Zur Serienausstattung zählt jetzt die Schiebetür auf der rechten Seite. Auf Wunsch gibt es zwei Einzelsitze vorn mit einem Durchgang dazwischen vom Fahrerhaus zum Laderaum. Hinter den Vordersitzen gibt es verschiedene Trennwände. Bei Einzelbestuhlung im Cockpit entfällt das Mittelteil der Trennwand.

Die Frontpartie wirkt beim T2 weniger gerundet, hervorgerufen vor allem durch eine nach vorn herausgezogene Blechfläche um die Scheinwerfer herum. Diese Scheinwerfer stehen jetzt senkrecht. In der Mitte oberhalb des Markenzeichens befindet sich nun der Einlass für die Belüftung des Fahrerhauses.

Die Frischluft tritt durch Düsen im Armaturenbrett in den Innenraum; beim Bus wird Luft auch nach hinten in den Fahrgastbereich geleitet. Die Stoßstangen vorn sind seitlich um die Karosserie herumgezogen und enden in Trittstufen mit Gummibelag. Zur Ausstattung der verglasten Varianten zählen links und rechts je ein Drehfenster im Bereich des Laderaums. Das Fahrerhaus hat an Großzügigkeit gewonnen, schon die üppigere Verglasung sorgt für einen lichten Eindruck. Armaturenbrett und Instrumente sind neu, zeigen enge Verwandtschaft mit den Pkw. Eine unter dem Armaturenbrett herausragende Stockhandbremse mit gepolstertem Griff löst den langen, aus dem Boden wachsenden Hebel des T1 ab. Das Reserverad, bisher stehend hinter den Vordersitzen untergebracht, verlegt VW: Ist eine durchgehende Trennwand vorhanden liegt es vorn unter den Sitzen. Gibt es hingegen einen Durchgang zwischen den Sitzen, wird es in den Laderaum an die linke Seite über den Motor gestellt.

Die Hinterachse hat keine Verwandtschaft mehr mit dem Vorgängermodell. Der zusätzliche Antriebssatz in den Rädern ist entfallen, daher rührt auch die geringere Bodenfreiheit von 185 Millimetern. Beim T1 mit Portalachse entsprach die Bodenfreiheit mit 240 Millimetern einem Geländewagen – Kunststück, stammte die Hinterachse doch aus dem Kübelwagen des Zweiten Weltkriegs.

Die Aufhängung des T2 mit Doppelgelenkachse und Dreieck-Längslenkern (Schräglenkern) erhielt eine eigene Entwicklungsnummer (EA 196) und ist die erste dieser Art im ganzen Konzern – worauf die Nutzfahrzeug-Techniker stolz sind. Henning Duckstein, später Leiter der Vorentwicklung und damals Mitarbeiter im Versuch: »*Wir hatten für Versuchsfahrten stärkere Motoren eingebaut, und waren deshalb mit der neuen Achse in Kurven schneller als die BMW.*«

Die Entscheidung für die neue Hinterachse fiel erst in letzter Minute. Karl Nachbar: »*Es gab Probleme, dauerhafte Gelenke zu finden.*« Die Spur der Achse ist 66 Millimeter breiter als im T1. Die Vorderachse bleibt prinzipiell unverändert. Die Spurweite vergrößert sich allerdings um 15 Millimeter. Vorn wie hinten verwendet VW Trommelbremsen, eine Zweikreisanlage ist serienmäßig. Vorne wie hinten setzt VW auf eine Drehstabfederung.

Der Hubraum des Motors – er stammt aus dem Typ 3 – beträgt nun 1,6 Liter, die Leistung steigt von 44 auf 47 PS. Am Prinzip des luftgekühlten Boxermotors im Heck ändert sich allerdings nichts. Für die US-Modelle ergänzt VW das Triebwerk mit einer »Abgasreinigungsanlage«. Mit einem Katalysator hat sie nichts zu tun, vielmehr erfolgt eine Nachverbrennung der Abgase in den Auslasskanälen zur Verminderung von Kohlendixid und Kohlenwasserstoffen.

Der Inhalt des Kraftstofftanks beträgt offiziell 60 Liter, die reale Füllmenge jedoch nur 57 Liter. Die Luftansaugung des Motors wird nach oben in die hintersten Säulen verlegt. Statt der Schlitze des T1 ähneln die Öffnungen beim neuen T2 fast Ohren. Trotz aller Neuheiten: Es gibt auch ein identisches Teil: Die Heckklappe stammt vom Vorgänger. Und als wesentliches konstruktives Element ist der Radstand unverändert geblieben, ähnlich sechs Jahre zuvor beim Schritt vom Käfer zum Typ 3.

Der erste Modellwechsel bei VW steht an: Begutachtung von Modellen.

Der Transporter T2 — 1967

Praktische Doppelkabine: Platz für Ladung und Fahrgäste. Nachteil gegenüber der Pritsche: kein Tresor unter der Ladefläche..

Zunächst sollte die Kleinbus-Variante der zweiten Transporter-Generation Clipper heißen.

Transporter in Bus-Ausstattung von innen: Belüftung für den Fahrgastraum in den Trennwänden.

Der Transporter T2

Die Modellpalette des T2 besteht erneut aus Kastenwagen, Pritsche, Doppelkabine und Kombi. Der Kastenwagen ist auf Wunsch auch wieder mit Hochdach lieferbar. Es besteht jetzt aus Kunststoff und ist zum Start der Serienproduktion des T2 noch nicht lieferbar.

Bus und Sondermodell werden von Modellen unter der Bezeichnung Clipper und in der Edel-Variante Clipper L abgelöst. Ein gegen Aufpreis lieferbares Stahl-Schiebedach ersetzt das bisherige Faltdach, und die Dachrandverglasung des Sondermodells ist passé, sie würde auch nicht zum modernen Bauhaus-Stil des Designs passen. Die Bezeichnung Clipper nimmt VW indes schnell wieder zurück, da die amerikanische Fluggesellschaft Pan Am Einsprüche androht, denn sie nennt ihre Flugzeuge ebenfalls Clipper. So heißen die VW-Transporter zur Personenbeförderung bald schlicht Sieben- oder Achtsitzer nach der Zahl ihrer Sitzplätze.

Aufwendige Technik: Der zweite Transporter zeichnet sich bereits durch eine Schräglenker-Achse aus.

Gut zu erkennen: Einzelradaufhängung vorn und hinten, kompakter Antriebsblock im Heck.

1967

Nach bekannter Art präsentiert VW auch gleich eine ganze Zahl von Sonderausführungen. Kipper, Drehleiter, Krankenwagen, Kühltransporter und weitere Auf- und Ausbauten zählen schon bald zum Angebot. Auch ein Reisemobil gehört dazu.

Die Preise des neuen Modells hat VW gegenüber dem Vorgänger zum Teil kräftig erhöht. Der Pritschenwagen als billigstes Modell kostet nun 6475 Mark und damit fast 500 Mark mehr. Der Kastenwagen kommt auf 6680 Mark, der Bus auf 7980 Mark. Ursache dafür ist neben dem hohen Aufwand für die Produktionsumstellung auch eine weitere Verringerung der Arbeitszeit: Sie beträgt bei VW nun 40 Stunden.

Genau 140 590 Transporter fertigt VW im Jahre 1967 in Hannover. Der Rückgang gegenüber dem Vorjahr um mehr als 35 000 Einheiten liegt in der Pause zwischen T1 und T2 begründet. Neben dem Nutzfahrzeug-Stammwerk Hannover beginnt im Dezember auch das Werk Emden mit der Fertigung von Transportern. Es reicht 1967 nur zu 979 Autos, in den kommenden Jahren aber klettert die Jahresproduktion auf mehr als 50 000 Fahrzeuge. Wie schon die Pkw, so sind auch die Transporter aus Emden für den Export in die USA bestimmt.

Unbeeindruckt vom Modellwechsel in Europa lebt der Transporter T1 in Brasilien noch viel länger, wird bis 1975 produziert. Und damit ist noch lange nicht Schluss: Auch das Nachfolgemodell ab 1975 wird lediglich Frontpartie und Fahrerhaus sowie Rückleuchten vom T2 übernehmen. Und überspringt dann den T3 und die erste Generation des VW T4. Bis 1997 läuft die Kreuzung aus T1 und T2 in Brasilien vom Band.

Stichwort Modellbezeichnung: Kenner bezeichnen die erste Generation des Transporter T2 später mit dem Kürzel T2a, zur Unterscheidung von den später modellgepflegten Ausführungen mit einschneidenden Änderungen,

Bei VW dreht sich in diesem Jahr sehr viel, aber nicht alles um den Transporter. In Ehra-Lessien, nahe bei Wolfsburg gelegen, baut der Konzern das größte Versuchsgelände der Auto-Industrie Westeuropas. Aber nicht alles ist 1967 eitel Sonnenschein: Die Autoproduktion von VW geht in diesem Jahr erstmals zurück. Ursache ist eine Rezession mit mehr als einer halben Million Arbeitslosen. Zum ersten Mal in der Geschichte der Bundesrepublik sinkt auch das Bruttosozialprodukt, wenn auch nur minimal um 0,1 Prozent.

Der Tod Konrad Adenauers ist ein weiterer Beleg für das Ende eines ganzen Kapitels der Geschichte der Bundesrepublik. Studentendemonstrationen während des Schah-Besuchs und die erste Ölpest nach einem Tankerunglück in Großbritannien sind weitere Zeichen großer Veränderungen auf vielen Gebieten des Lebens.

Größter Kunde des VW Transporter ist die Post, die den Transporter als Kastenwagen ordert.

 **Der Transporter T2** — **1967**

Kastenwagen-Laderaum: weniger verbaut als bei der ersten Generation, Reserverad stehend im Heck angeordnet.

Das Transporter-Werk von VW in Hannover erhält durch den neuen Transporter einen kräftigen Schub.

1968
250 000 Transporter aus vier Ländern

Am 12. April stirbt VW-Chef Heinrich Nordhoff im Alter von 69 Jahren. Für VW bedeutet dies eine Zäsur, leitete Nordhoff das Unternehmen doch 20 Jahre praktisch uneingeschränkt. Nachfolger Nordhoffs wird sein Stellvertreter Kurt Lotz, der erst im Juni des vorhergehenden Jahres vom Elektrokonzern BBC zu VW gestoßen war. Auch politisch ist 1968 kein gutes Jahr: Truppen des Warschauer Pakts beenden in der Tschechoslowakei den »Prager Frühling«, die kurze Zeit der Demokratisierung. Die Tschechoslowakei war ihrer Zeit um rund 20 Jahre voraus. Demonstrationen richten sich gegen die Einführung der Notstandsgesetze.

Krankheit und Tod Nordhoffs überschatten wichtige Ereignisse bei VW. Das neue Versuchsgelände in Ehra-Lessien (im VW-Jargon nur »*Ehra*« genannt) wird eingeweiht, am 29. November baut das Unternehmen das fünfzehnmillionste Auto der Nachkriegszeit. Im August präsentiert VW die große Limousine 411. Auch sie treibt ein Heckmotor an – Nordhoff ließ nichts Anderes zu. Der lange vordere Überhang bringt dem 411 den Spitznamen »Nasenbär« ein.

Feierstunde im Februar 1968: VW freut sich über zwei Millionen Transporter.

 **Der Transporter T2** 1968

Schaulaufen: Die breite Palette des jungen Transporter T2 bildet den passenden Rahmen für das Jubiläumsfahrzeug.

Die kurze Wirtschaftskrise des vergangenen Jahres ist bereits wieder vorbei – schon gibt es wieder mehr offene Stellen als Arbeitslose. Auch die Einführung der so genannten Mehrwertsteuer (sie löst die frühere Umsatzsteuer ab) in Höhe von zehn Prozent bremst den Aufschwung nicht. Verwirrend ist der Blick in die Preisliste: Kosten die Transporter plötzlich zwischen 500 und 600 Mark weniger? VW aber hat in seinen Listen nur die Mehrwertsteuer getrennt ausgewiesen, real sind die Transporter-Preise am Jahresbeginn sogar leicht gestiegen.

Preiserhöhungen bremsen die Nachfrage nach dem neuen Transporter nicht: In Hannover baut VW mit 191 185 T2 in diesem Jahr so viele Autos wie noch nie. Hinzu kommen 37 105 Transporter aus Emden. Macht zusammen 228 290 Transporter, entsprechend einer Tagesproduktion von 915 Einheiten. Mit 57 862 Fahrzeugen verschifft VW ein Viertel der deutschen Transporter-Jahresproduktion in die USA.

Noch eine Zahl ist beeindruckend: Wird die Fertigung in Deutschland, Brasilien, Südafrika und Australien zusammengerechnet, erreicht der Transporter eine weltweite Jahresproduktion von mehr als einer Viertelmillion Einheiten. Und ein Transporter-Jubiläum kann VW auch feiern: Bereits am 5. Februar 1968 ist die zweite Transporter-Million erreicht

Nach bewährter VW-Tradition fließen auch in die Serie des neuen Transporter T2 gleich Änderungen ein – wenn auch in diesem Jahr erst im November. Zunächst beginnt im Januar die Fertigung des Kastenwagens mit dem neuen Hochdach. Es besteht aus Kunststoff, ist leichter als ein Blechdach, korrodiert nicht und dröhnt erheblich weniger. Der Aufpreis beträgt 500 Mark, und die Schiebetür reicht auf Wunsch bis ins Dach hinein. Die US-Modelle erhalten jetzt serienmäßig eine Eberspächer-Zusatzheizung, in Deutschland gibt es sie gegen Aufpreis. Neue Sonderausstattungen sind Bremskraftverstärker und eine heizbare Heckscheibe. Aber VW erhöht auch den Serienumfang mit Lenkradschloss, Warnblinkanlage, einer stärkeren Lichtmaschine sowie einem Sicherheits-Innenspiegel. Motor und Getriebe erhalten eine wirksamere Schallisolierung; die Lagerung von Differenzial und den Antriebswellen wird verbessert. Überarbeitete Ausströmer entfrosten die Frontscheibe schneller. Die Türgriffe mit Taste sowie die Innenverriegelung mit Druckstößel entsprechen jetzt dem Käfer sowie dem VW 1600.

Ein weiteres Jubiläum dieses Jahres betrifft den Campingwagen: Westfalia hat am 19. März den 30 000. VW zum Reisemobil ausgebaut. Mehr als 20 000 der Fahrzeuge wurden exportiert, der größte Batzen in die USA. Zum Zeitpunkt des Jubiläums fertigt Westfalia 55 Campingbusse pro Tag. Im Auftrag von VW entstehen bei Westfalia außerdem Tieflader, Verkehrsunfallwagen, Verkaufswagen und Taxis aus dem Transporter, einem wahren Alleskönner.

1969
Für den Fall des Unfalls

Das Thema Sicherheit hat Priorität bei den Änderungen des T2 im August 1969. VW lässt sich für den Transporter eine Sicherheits-Lenksäule patentieren: Bei Auffahrunfällen klappt die Befestigung der Säule an einer Soll-Knickstelle nach vorn weg. Dies soll ein Aufspießen des Fahrers durch die Lenksäule bei Unfällen verhindern. VW verstärkt ferner die Längsträger vorn und gabelt sie außerdem. Zudem werden die Fahrerhaustüren verstärkt. Transporter ohne Trennwand erhalten gegen Aufpreis Vordersitze mit Kopfstützen.

Kleine Details erhöhen den Komfort. Für die Modelle mit Pkw-Zulassung gibt es einen Make-up-Spiegel in der rechten Sonnenblende. Beim Öffnen der Vordertüren schaltet sich nun automatisch die Innenbeleuchtung ein. Auf Wunsch baut VW im Fahrgastraum eine stromsparende Transistor-Leuchte ein. Und für die US-Modelle gibt es eine Diebstahlsicherung sowie Seitenmarkierungen vorn und hinten durch Rückstrahler. Ölkanäle mit größerem Querschnitt senken die Öltemperatur der Motoren zugunsten der Lebensdauer.

Im VW-Konzern bewegt sich in diesem Jahr viel. Zum Teil ist dies bereits auf den neuen Vorstandsvorsitzenden Kurt Lotz zurückzuführen. Im März erfolgt die Gründung der »VW-Porsche Vertriebsgesellschaft«. Über sie erfolgt der Verkauf des neuen Mittelmotor-Sportwagens VW-Porsche 914. Lotz: »*Es werden alle in Zukunft von beiden Firmen entwickelten Sportwagen unter der Bezeichnung VW-Porsche auf dem Markt erscheinen.*« Daraus wird jedoch nichts. Langfristig wenig Bedeutung hat auch der neue VW 181. Er ist eine Art Nachfolger des Kübelwagens aus dem Zweiten Weltkrieg und basiert wie dieser auf einem Fahrgestell des Käfer. Abnehmer des 181 ist vor allem die Bundeswehr. Es wäre übertrieben, das schlichte kantige Transportvehikel als frühen Vorläufer moderner SUV zu bezeichnen. Weit größere Auswirkungen hat die Zusammenlegung von Audi und dem neu in den VW-Konzern gekommenen Unternehmen NSU zur Audi NSU Auto Union AG. Der VW-Anteil an dem neuen Unternehmen beträgt 59,5 Prozent.

Das Transporter-Werk in Hannover ist vom Baubeginn des sechsten deutschen VW-Werks im nahen Salzgitter betroffen. Hier werden Motoren gefertigt, zunächst aufgrund der hohen Auslastung durch den Transporter eine Erleichterung für Hannover. Mitte der siebziger Jahre allerdings wird Salzgitter zum Handicap für das Transporter-Werk: Dort wird dann gleichzeitig

Mehr Sicherheit: Eine Knickstrebe verhindert, dass das Lenkrad bei einem Unfall den Fahrer aufspießt.

die Stückzahl der Transporter zurückgehen und die Fertigung von Motoren nachlassen. Und 1991 ist es dann endgültig aus mit der Motorenfertigung im Transporterwerk.

Noch allerdings ist davon nichts zu spüren. »*Uneingeschränkt erfolgreich ist ... unser neuer Transporter, der seit seiner Einführung zunehmend an Beliebtheit gewinnt und der trotz erhöhter Produktion heute noch lange Lieferzeiten hat*«, stellt VW-Chef Lotz im Juli 1969 fest. 202 257 Transporter baut VW 1969 in Hannover, weitere 42 688 in Emden. Die Tagesproduktion in beiden Werken zusammen überschreitet mit durchschnittlich 1001 Fahrzeugen erstmals die Tausender-Marke.

Da stört es kaum, dass der US-Export in diesem Jahr leicht rückläufig ist. Und auch der starke Wertverlust des Dollar von genau vier Mark auf 3,66 Mark ist noch zu verkraften.

Gustav Mayer schlägt 1969 dem Vorstand ein neues Projekt vor: Er will zwischen dem Kombi VW 1600 Variant und dem Typ 2 einen Großraum-Pkw ansiedeln. Er soll noch mehr Pkw-Käufer erreichen, als es die Transporter-Mannschaft mit dem neuen, auch optisch gelungenen T2 geschafft hat. Mit Frontmotor und Frontantrieb soll das geplante Auto allerdings technisch keine Verwandtschaft mit dem bestehenden Programm haben. Doch der Schritt, gleichzeitig eine komplett neue Technik und dazu noch ein neues Fahrzeugkonzept zu bringen, ist zu groß – die VW-Führung lehnt ab. Gut ein Dutzend Jahre später wird sich erst anhand von Großraum-Limousinen und dann an Lieferwagen in Pkw-Ausführung zeigen, wie richtig Mayer lag – nur zu früh und für VW zu revolutionär.

Entscheidendes ändert sich 1969 in der Politik: Der SPD-Politiker Gustav Heinemann wird neuer Bundespräsident, und die CDU verliert die Bundestagswahl. Mit knapper Mehrheit wird Willy Brandt neuer Bundeskanzler eine Koalition aus SPD und FDP. Weitere wichtige Nachrichten: Der amerikanische Astronaut Neil Armstrong betritt als erster Mensch den Mond, und in den USA findet das legendäre Popmusik-Festival Woodstock statt.

Der Transporter T2

1970

Rekordjahr im US-Export

Die Auswirkungen der politischen Wende sind schnell sichtbar: Kanzler Brandt trifft sich zweimal mit DDR-Ministerpräsident Willi Stoph, unterzeichnet mit den Regierungen der damaligen UdSSR und Polens Verträge, die die gegenseitigen Beziehungen regeln. Attentate und Flugzeugentführungen häufen sich in diesem Jahr; im April trennen sich die Beatles.

VW stellt einen Super-Käfer vor, den 1302 S mit einer Federbein-Vorderachse sowie einer Doppelgelenk-Hinterachse, wie sie der Transporter längst hat. Die Motorleistung beträgt 50 PS aus 1,6 Liter Hubraum. Trotzdem ist nicht zu übersehen: Der Käfer wird VW nicht mehr lange tragen können. Denn trotz aller Änderungen ist das Konzept des Millionen-Autos inzwischen mehr als 30 Jahre alt.

Gleichzeitig präsentiert VW in diesem Jahr ein neues Auto, das den Zukunftstrend zeigt: mit einem wassergekühlten, vorn eingebauten Motor und mit Frontantrieb. Der VW K 70 ist indes eine NSU-Entwicklung, die VW unter eigener Flagge laufen lässt. Kein VW-Konstrukteur hätte sich unter dem ehemaligen Vorstandsvorsitzenden Heinrich Nordhoff an dieses Konzept heranwagen dürfen.

Im Transporter aber kann sich die Heckmotor-Konstruktion immer noch sehen lassen. Zumal die Ingenieure den T2 ohne Unterbrechung weiterentwickeln. 1970 setzen sie ein ganzes Technik-Paket um. Der Motor erhält Zylinderköpfe mit doppelten Einlasskanälen und gegabelte Ansaugrohre. Dies und ein neuer Vergaser steigert die Leistung auf 50 PS. Der Vergaser hat eine Startautomatik; die Luftfilterklappe ist zur Verhinderung von Vergaservereisung thermostatisch geregelt. Um die Haltbarkeit der Motoren sicherzustellen, senkt VW die Öltemperatur durch eine Ölpumpe mit erhöhter Fördermenge und verbessert die Kühlung durch ein Gebläserad mit größerem Durchmesser.

Eine gründliche Überarbeitung erfährt das Fahrwerk. Wichtigstes Merkmal sind Scheibenbremsen an der Vorderachse. Dafür sind geänderte Achsschenkel notwendig und neue Naben. Die Hinterachse erhält ebenfalls neue Naben, Trommelbremsen mit größerem Durchmesser und breiteren Belägen sowie kräftigere Gleichlaufgelenke für eine höhere Lebensdauer.

VW verbreitert die Felgen auf die Größe 5½ J x 14, deshalb sind breitere Radkästen, andere Radausschnitte sowie eine größere Mulde für das Reserverad nötig, auch wächst die Spurweite. Die Radkappen stammen jetzt vom VW 1600. VW erhöht die Achslasten, und das zulässige Gesamtgewicht steigt auf 2,235 Tonnen. Auch die Preise steigen, und dies gleich dreimal in diesem Jahr – allerdings hatte das Unternehmen die Transporter-Preise 1969 nicht verändert. VW setzt in Januar, August und September die Preise so kräftig herauf, dass, die Mehrwertsteuer eingerechnet, der Kastenwagen am Jahresende mit 8375 Mark gleich 1180 Mark mehr kostet als am Jahresbeginn.

VW kann sich das leisten: Die Produktion der deutschen Werke steigt 1970 noch einmal um 13 000 Transporter. Der Marktanteil in der Bundesrepublik beläuft sich auf 73 Prozent. Auch im Export ist VW auf Rekordkurs: 175 006 T2 liefert der Konzern ins Ausland, 67,9 Prozent der Produktion. Die Ausfuhr in die USA erreicht mit 72 515 Fahrzeugen einen Allzeitrekord.

1970 erhält der Transporter Scheibenbremsen vorn; hier die Version bis Sommer 1970.

1971
Der erste Flachmotor

Der Erfolg der zweiten Transporter-Generation geht unverändert weiter, Produktion und Export halten das hohe Vorjahresniveau. VW fertigt 1971 den zwanzigmillionsten Volkswagen und am 3. September den dreimillionsten Transporter. Das Werk Hannover umfasst inzwischen 411 000 Quadratmeter bebaute Fläche. Ende November arbeiten hier 28 863 Beschäftigte, so viel wie nie zuvor. Aber so viele werden es auch nie wieder sein. In Australien endet die Transporter-Montage.

Rekord in Hannover 1971: Im Transporter-Werk sind fast 29 000 Mitarbeiter beschäftigt.

 *Der Transporter T2* — **1971**

Die Transporter-Entwickler unternehmen große Anstrengungen, um durch aufwendige Technik den Erfolg des Transporter aufrechtzuerhalten. Ab August gibt es den T2 gegen Aufpreis mit einem 1,7-Liter-Motor. In Deutschland ist das Triebwerk zunächst nur in Verbindung mit den geschlossenen Aufbauten vorgesehen, in den USA für alle Fahrzeuge serienmäßig. Es handelt sich wieder um einen Boxermotor mit Luftkühlung, aber er hat mit einer Leistung von 66 PS ein ganz anderes Kaliber als das 1,6-Liter-Aggregat. Der Motor stammt aus dem Pkw 411 E, erhält aber im Transporter zwei Vergaser anstelle der Benzineinspritzung. Das Aggregat ist viel niedriger gebaut als die bisher im Transporter verwendeten Triebwerke. Der Motor trägt deshalb als erster Boxer im Transporter den Beinamen Flachmotor. VW erreicht die niedrige Bauhöhe durch die platzsparende Anordnung des Kühlluftgebläses auf der Kurbelwelle. Die Verdichtung des neuen Motors ist mit 7,3:1 auf bleifreies Benzin abgestimmt, das es jetzt in den USA gibt. Auch die Elektronik hält mit diesem Triebwerk Einzug in den Transporter: Die Vergaser besitzen eine elektronisch geregelte Leerlaufregelung. Neue Zündverteiler, eine geänderte Ansaugluft-Vorwärmung und ein verbessertes Steuerungssystem sorgen für günstigere Abgaswerte und bessere Kaltlaufeigenschaften des Motors. VW erhöht wegen des höheren Drehmoments den Durchmesser der Kupplung von 200 auf 210 Millimeter und verstärkt das Getriebe. In Verbindung mit dem neuen Motor gehören Gürtelreifen und ein Bremskraftverstärker zur Serienausstattung. Damit der stärkere Motor überhaupt in den Transporter passt, muss VW den Hinterrahmen ändern; alle T2 bekommen deshalb eine neue Aufhängung für Motor und Getriebe. Die Konstrukteure verlängern zudem Federstreben und Stoßdämpfer. Der Hinterwagen und die gesamte Bodengruppe erhalten Verstärkungen durch Stützen, stärkere Bleche und zusätzliche Träger. Ebenfalls neu ist die Verblechung der Rückwand mit geänderten Lüftungsschlitzen. Deshalb rutscht die Stoßstange etwas nach oben. Zur besseren Kühlung der Motoren vergrößert VW die Ansaugöffnungen.

Trotz aller Anpassungsmaßnahmen wird die Lebensdauer des luftgekühlten Boxermotors Probleme bereiten. Erreicht zum Beispiel die Hälfte der 1,7-Liter-Motoren im VW 411 eine Lebensdauer von mehr als 140 000 Kilometern, so gibt die Hälfte dieser Triebwerke im Transporter ihr Leben schon nach 44 000 Kilometern auf.

Alle Transporter erhalten für eine bessere Bremskraftverteilung größere Bremszylinder an den Hinterrädern. Die zulässigen Achslasten betragen jetzt vorn 1000 und hinten 1300 Kilogramm. Das Gesamtgewicht beläuft sich auf 2,26 Tonnen. Im Innenraum verringert eine aufwendigere Dämmung den Geräuschpegel. Neu ist eine Zwangsentlüftung der Fahrerkabine: Ausschnitte innen in den Vordertüren leiten verbrauchte Luft ab. Wirkungsvollere Wärmetauscher und ein stärkeres elektrisches Heizgebläse verbessern ebenfalls das Innenraumklima. Es gibt einen neuen Handbremshebel, und die Handbremse ist auch anders übersetzt. Eine andere Übersetzung (17:1 anstelle 15:1) erhält auch die Lenkung. Gegen Aufpreis baut VW vorn Automatikgurte ein.

Aufpreis kosten aber jetzt auch die Drehfenster im Fahrgastraum. Neu ist ein fest installiertes Bordprüfnetz für die Diagnose per Computer in der Werkstatt. Die Rückleuchten wachsen auf doppelte Größe, es gibt neue Abschlepphaken, und die Tankklappe ist 40 Zentimeter nach hinten versetzt und damit nicht mehr im Bereich der geöffneten Schiebetür. Eine wichtige Änderung im VW-Konzern: Zum 1. Oktober 1971 löst Rudolf Leiding als Vorstandsvorsitzender Kurt Lotz ab. Leiding, bisher im Konzern Chef der Audi NSU Auto Union AG und vorher Leiter von VW do Brasil, gilt als dynamischer Krisenmanager. Der neue erste Mann soll in Windeseile ein komplettes Fahrzeugprogramm für VW aus dem Boden stampfen. Denn nicht nur die Zeit des Käfer, auch die des Konzepts mit luftgekühlten Heckmotoren in Personenwagen ist zumindest in Europa vorbei. Falls sich das VW-Programm nicht schnellstens ändert, muss man um den Bestand des größten deutschen Unternehmens fürchten, denn VW arbeitet nur noch knapp in der Gewinnzone.

Kurz nach Antritt seines neuen Postens wird Leiding mit einem weiteren Problem konfrontiert: Am 18. Dezember wird die D-Mark kräftig aufgewertet. Der Dollar ist statt 3,66 Mark plötzlich nur noch 3,22 Mark wert. Der Export in die USA, seit vielen Jahren ein besonders wichtiges Standbein des Unternehmens bei Pkw und Transportern, droht sich nicht mehr zu rechnen.

„Vielleicht nimmst Du doch besser ein paar Schlaftabletten!"

Werbung mal anders: VW setzt Karikaturisten ein und zeigt Humor.

1972
Ein Rekord und noch mehr Sicherheit

Noch einmal fährt VW mit dem Transporter auf Rekordkurs: 259 101 T2 produziert das Unternehmen in diesem Jahr in Hannover und Emden, macht pro Arbeitstag 1107 Autos. Und auch weltweit erreicht VW mit 294 932 gebauten Transportern eine Zahl, die nie wieder erreicht wird.
Doch über den Rekordzahlen liegen bereits erste Schatten: Der Export in die USA geht um rund 20 000 auf 48 128 Transporter zurück. Am 17. Februar aber gibt es noch einmal allen Grund, kräftig zu feiern: Der Käfer ist Weltmeister. 15 007 034 Exemplare des buckligen Autos hat VW gebaut und damit den alten Rekord des legendären Ford Model T übertrumpft. Hinter den Kulissen aber arbeitet VW bereits mit aller Kraft am Nachfolger des Käfer, der immer noch über Wohl und Wehe des Konzerns bestimmt.

Für die Bundesrepublik Deutschland ist 1972 ein aufregendes Jahr. Der Bundestag billigt die Ostverträge, die Koalition aus SPD und FDP mit Kanzler Brandt (der im Vorjahr den Friedensnobelpreis erhielt) wird in einer vorgezogenen Bundestagswahl wiedergewählt. Das Vier-Mächte-Abkommen über Berlin tritt in Kraft, der Grundlagenvertrag zwischen den beiden deutschen Staaten wird unterzeichnet. Eine ganze Serie von terroristischen Attentaten schreckt die Deutschen auf. Höhepunkt ist ein Anschlag auf die israelische Mannschaft während der Olympischen Sommerspiele in München. Die deutsche Fußball-Nationalmannschaft gewinnt das Endspiel um die Europameisterschaft; das Fußball-Idol Uwe Seeler beendet seine Karriere.
VW setzt beim Transporter auf mehr Sicherheit. »*Der erste Frontlenker-Transporter mit konsequent gestalteter Sicherheits-Crash-Zone einschließlich Sicherheitslenkung ging 1972 bei Volkswagen in Serie*«, wird VW 15 Jahre später resümieren. Ursache für einschneidende Sicherheitsmaßnahmen waren amerikanische Forderungen nach besserem Aufprallschutz für Fahrer und Beifahrer. Gustav Mayer und der VW-Sicherheitsspezialist Hartmut Bürger dazu in der »Automobiltechnischen Zeitschrift« (ATZ): »*In Amerika wurde von einer Fachzeitschrift die Auffahrsicherheit von Kraftfahrzeugen mit dem Zollstock beurteilt. Der VW-Transporter bekam dabei eine schlechte Note, weil die Entfernung zwischen den Fahrerfüßen und der Wagenvorderkante klein ist.*«

Transporter-Fahrgestell ab 1972:
Der vordere Querträger ist als Deformationselement ausgebildet.

Der Transporter T2 — 1972

Schon psychologisch mussten sich also die Insassen des Frontlenkers VW stärker gefährdet vorkommen als in einem Transporter mit Motorhaube vor der Fahrerkabine. Erste Konsequenzen daraus hatte VW schon 1969 gezogen und erfüllte damit die Vorschriften für Pkw in den USA. Wie ernst VW das Thema Sicherheit nimmt, zeigt die Zahl von 120 Auffahrversuchen innerhalb von zehn Jahren bis 1972.

Im Sommer 1972 zieht VW wieder Konsequenzen aus den umfangreichen Sicherheitsversuchen. Der vordere Querträger des Rahmens direkt hinter der Stoßstange ist nun als Deformationselement ausgebildet, das bei Unfällen durch Verformung Energie abbaut. Erst danach verformen sich die schweren Längsträger im Vorbau. Die entsprechend neu konstruierten und auch optisch kräftigeren Stoßstangen erhalten im Volksmund den Spitznamen »Eisenbahnschienen«.

Sicherheitsmerkmale des Transporter in Rahmen und Vordertüren auf einen Blick.

Später gerne nachgeahmt: gabelförmig auslaufender Rahmen des Transporter im vorderen Überhang.

Neue äußere Kennzeichen: hochgelegte Blinker, kräftige Stoßstangen vorn und hinten (»Eisenbahnschienen«).

Mayer und Bürger ziehen zum Thema Sicherheit ein optimistisches Fazit: »*Ein Frontlenkerfahrzeug muss also nicht prinzipiell ein unsicheres Fahrzeug sein. Der VW-Transporter ist sogar ein Paradebeispiel für das Gegenteil.*« Denn, so die beiden Experten: »*Der Fahrer eines VW-Transporters ist nicht stärker gefährdet als der Insasse eines modernen Pkw. VW erfüllt mit seinem Transporter 13 amerikanische Sicherheitsgesetze, die alle für die Verkehrssicherheit und den Insassenschutz von Bedeutung sind, jedoch nur für Personenwagen Gültigkeit haben.*«

VW weist zudem immer wieder auf die hohe aktive Sicherheit des Transporter hin: Sichere Straßenlage durch die Einzelradaufhängung der Hinterachse an Schräglenkern, gekonnte Abstimmung des Fahrwerks und leer wie beladen ausgeglichene Gewichtsverteilung. Zur aktiven Sicherheit zählen außerdem besonders die Scheibenbremsen vorn.

Der neue Transporter-Jahrgang ab August 1972 unterscheidet sich aber nicht nur durch diese wichtigen inneren Werte vom Vorjahrsmodell. Auch das Äußere ändert sich: So liegen die Trittstufen vorn jetzt hinter den geschlossenen Vordertüren und sind von außen nicht mehr zu sehen. Die vorderen Blinkleuchten wachsen und rutschen nach oben neben das Einlassgitter der Belüftung; Scheinwerfer erhalten gegen Mehrpreis Halogenbirnen. Das VW-Zeichen auf der Transporter-Front hingegen schrumpft.

Bei Transportern selten: Gegen Aufpreis liefert VW den Typ 2 auch mit einem automatischen Getriebe.

 *Der Transporter T2* 1972

VW feilt ebenfalls an der Technik. So ist gegen Aufpreis erstmals ein Automatikgetriebe zu bekommen. VW liefert es ausschließlich in Verbindung mit geschlossenen Aufbauten sowie dem 1,7-Liter-Flachmotor. Dessen Leistung reduziert sich in Verbindung mit der Automatik von 66 auf 62 PS. Es gibt eine neue, leichtgängigere Lenkung. Zugunsten längerer Lebensdauer erhöht VW auf Forderung des Kundendienstes die Dicke der Scheibenbremsbeläge von zehn auf 14 Millimeter. Ein Bremskraftregler an der Hinterachse sorgt für besseres Bremsverhalten. Und zur Erfüllung schwedischer Vorschriften ist eine automatische Nachstellung der Bremsbacken lieferbar.

Auch rund um die Motoren tut sich einiges. Doppelkabine und Pritsche erhalten in der B-Säule Luftschlitze zur Ansaugung der Verbrennungsluft. Ein Papierfilter mit Kunststoffgehäuse ersetzt den teuren Ölbad-Luftfilter. Gleichzeitig wird auch ein neues Gasgestänge fällig. Änderungen in der Abgasanlage erhöhen die Lebensdauer der Schalldämpfer und verringern Geräusche. Zur Reduzierung der Schadstoffe optimiert VW die Nockenwellen der Motoren für USA. Die Ansaugluft-Vorwärmung des 1,7-Liter-Motors ist jetzt thermostatisch geregelt.

Alle Transporter mit diesem Triebwerk erhalten außerdem zur besseren Zugänglichkeit dieses Flachmotors einen Deckel im Auto oben auf der Motorabdeckung.

An der Heizung arbeitet VW ebenfalls: Die Querschnitte der Heizleitungen sind jetzt größer; auf amerikanische Forderungen nach schnellerer Entfrostung hin ändert VW die Warmluftausströmer an der Frontscheibe. Die Heizungsausströmer für den Fahrgastraum im Bus verlegen die Konstrukteure vom Heck unter die Mittelsitzbank. Die Bedienung erfolgt jetzt wie die der Fahrerhausheizung vom Armaturenbrett aus.

Und auch dort gibt es eine Neuheit: Ein Lenkstockschalter für den Scheibenwischer ersetzt die bisherige Taste. Und zum guten Schluss noch eine kleine Erweiterung der Modellpalette: Das Hochdach ist jetzt auch für den Kombi zu haben.

Liebhaber bezeichnen die umfassend weiterentwickelte Variante des T2 als T2b. Diese Bezeichnung umfasst alle Jahrgänge ab Sommer 1972 bis zur vollständigen Ablösung durch den T3 sieben Jahre später.

In eine ganz andere Richtung weist ein Transporter mit Alternativantrieb: Bei VW laufen erste Versuchsfahrten mit einem elektrisch angetriebenen Transporter. Der Satz Bleibatterien zwischen den Achsen wiegt stattliche 860 Kilogramm. Zugunsten der Nutzlast erhöht VW mit anderen Stoßdämpfern und einer neu abgestimmten Federung das zulässige Gesamtgewicht. Die Kapazität der Batterien erlaubt eine Reichweite von 50 bis 80 Kilometern.

VW erprobt im Transporter schon früh den Einsatz alternativer Antriebssysteme: Es gibt Fahrzeuge mit Elektroantrieb ...

Volkswagen-Taxi mit Hybrid-Antrieb
Volkswagen Taxi with Hybrid Engine

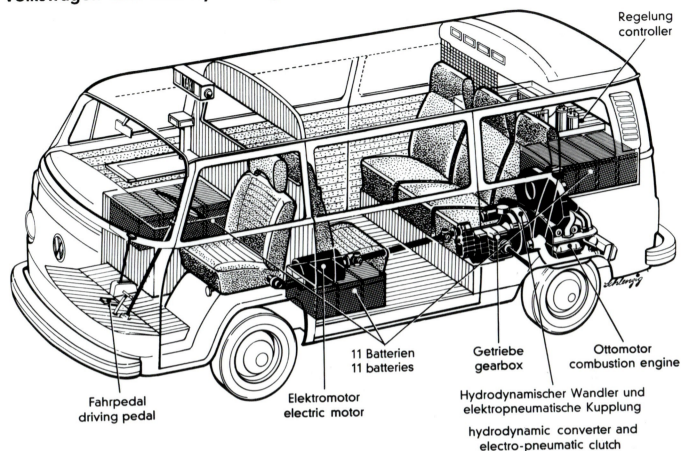

Regelung / controller
11 Batterien / 11 batteries
Getriebe / gearbox
Ottomotor / combustion engine
Fahrpedal / driving pedal
Elektromotor / electric motor
Hydrodynamischer Wandler und elektropneumatische Kupplung / hydrodynamic converter and electro-pneumatic clutch

... eine Kombination aus Antrieb mit Elektro- und Verbrennungsmotor (Hybridantrieb) ...

Der Elektromotor im Heck bietet eine Spitzenleistung von 33 kW (44 PS); die Dauerleistung beläuft sich auf 17 kW (23 PS). Die Höchstgeschwindigkeit des E-Transporter beträgt 70 km/h, er beschleunigt in zwölf Sekunden von 0 auf 50 km/h. Der Energiebedarf beträgt im Mittel 55 kWh für 100 Kilometer; getankt wird an der Steckdose.

Die Heckmotor-Bauweise von VW bietet für den Batteriewechsel einen großen Vorteil: VW sieht die Akkus in Fahrzeugmitte vor, der komplette Satz kann also durch die Schiebetür oder Tresorklappe quer zum Fahrzeug ein- oder ausgebaut werden. VW erprobt außerdem die Gasturbine und als Kraftstoffe Methanol, Äthanol und Rapsöl.

Läuft es beim Transporter noch recht gut, so geht es dem Gesamtunternehmen schlecht: VW fährt nur magere Gewinne ein, Arbeitsplätze sind in Gefahr. Als erstes der zahlreichen Modelle, die den Konzern wieder ins richtige Fahrwasser ziehen sollen, erscheint der neue Audi 80, noch unter Leidings Leitung entstanden. Er besticht nicht nur mit seiner eleganten Karosserie, sondern bildet mit wassergekühlten Motoren und Frontantrieb den technischen Grundstock des gesamten VW-Konzerns in den nächsten Jahrzehnten.

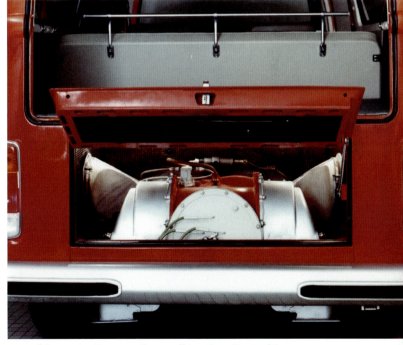

... und baut zur Testzwecken selbst eine Gasturbine in das Heck des Transporter ein.

 *Der Transporter T2*

1973

Neue Details, dazu ein Auto ohne Dach

Nach den zahlreichen Änderungen im Vorjahr kann es VW beim Transporter nun etwas ruhiger angehen lassen. Durch eine Erhöhung des Hubraums von 1,7 auf 1,8 Liter steigt die Leistung des stärkeren Motors leicht auf 68 PS. Die Höchstgeschwindigkeit beträgt jetzt 128 km/h. Genauso wichtig ist der Zuwachs an Drehmoment und damit Durchzugskraft und Elastizität: Der Maximalwert klettert um 14 Prozent auf 13,2 mkg, steht außerdem früher an.

Kommt in Deutschland auch in diesem Motor zur Gemischbildung ein Doppelvergaser zum Einsatz, so erhalten die Transporter für Nordamerika bereits eine Benzineinspritzung. Die Leistung dieser Motoren liegt deshalb mit 69 PS etwas höher. In Verbindung mit dem 1,8-Liter-Motor sieht VW eine längere Achsübersetzung vor.

Auch der Basismotor mit 1,6 Liter Hubraum erfährt eine leichte Überarbeitung: Der Durchmesser der Auslassventile wird um einen Millimeter vergrößert. Eine neue Legierung der Zylinderköpfe soll den Verzug bei hohen Motortemperaturen verringern. Auch die Transporter mit dem schwächeren Motor erhalten eine Drehstrom-Lichtmaschine.

Für alle Transporter gilt: Sicherheitsgurte im Fahrerhaus gehören nun zur Serienausstattung; das Schloss der Schiebetür erhält eine automatische Verriegelung. Die Leistung des Bremskraftverstärkers wird erhöht, und auf Wunsch gibt es eine Scheinwerfer-Waschanlage, getönte Scheiben und eine klappbare Lehne an der hinteren Sitzbank. Die neuen Modelle ab August 1973 sind daran zu erkennen, dass die Tankklappe entfällt, ein Deckel über dem Einfüllstutzen schließt nun plan mit der Karosserie ab.

Wieder ein Westfalia-Reisemobil, inzwischen öffnet das Aufstelldach in der Fahrzeugmitte.

1973

Für einen guten Zweck gebaut: luftiger Transporter für eine wetterfeste Besatzung.

Im April 1973 endet die Transporter-Fertigung in Emden. Aufgrund der Rückverlagerung der Kapazitäten nach Hannover erreicht das Transporterwerk in der Landeshauptstadt noch einmal einen Produktionsrekord: 234 788 Transporter in einem Jahr werden nie wieder erreicht.

Im Mai präsentiert VW als Nachfolger des zwölf Jahre alten Typ 3/1600 die Mittelklasse-Limousine Passat, im Prinzip ein Audi 80 mit anderer Karosserie. Es ist die einzige Möglichkeit für das Unternehmen, schnellstmöglich zu einem neuen Fahrzeug in der völlig veralteten Pkw-Produktpalette zu kommen – Leidings Radikalkur zeigt erste Erfolge.

Neu ist auch der »Basis-Transporter«, ein extrem einfaches Nutzfahrzeug speziell für Entwicklungsländer. Mit planen Karosserieblechen sowie Ecken und Kanten und Aggregaten aus dem VW-Baukasten soll er ein simples und kostengünstiges Fahrzeug für arme Länder sein. Als Antriebsaggregat dient der luftgekühlte Boxer mit 1,6 Liter Hubraum: Er ist in diesem Fall vorne eingebaut. Das Konzept ist spannend, die Nachfrage mau, denn Entwicklungsländer wollen keine spürbar primitiven Autos – der Basistransporter verschwindet wieder in der Versenkung.

Wegen eines Kriegs zwischen Israel und seinen arabischen Nachbarstaaten im Oktober 1973 kommt es zur ersten Ölkrise. Wer von den ölproduzierenden arabischen Staaten für israelfreundlich erklärt wird, fällt unter einen Lieferboykott. Gleichzeitig setzen die Ölstaaten die Preise erheblich herauf. Die Bundesregierung erklärt den 25. November zum ersten von insgesamt drei autofreien Sonntagen mit Fahrverbot für private Pkw. Zur Einsparung von Energie wird außerdem ein zeitweiliges Tempolimit von 100 km/h auf Autobahnen und 80 km/h für Bundesstraßen eingeführt.

VW steckt in einer tiefen Krise. Bereits im Februar 1973 ist der Dollar nur noch 2,90 Mark wert, im März bricht der Kurs der US-Währung auf 2,28 Mark ein. Vorbei ist's mit den ertragreichen US-Exporten. VW erwirtschaftet zwar Gewinne, doch zu wenig. VW-Chef Rudolf Leiding im Sommer dieses Jahres: »*Die Ertragslage des VW-Konzerns wird voraussichtlich auch 1973 noch nicht befriedigend sein. Interne Sparmöglichkeiten sind weitgehend ausgeschöpft.*«

Die Aussichten für das nächste Jahr sieht Leiding ebenfalls nicht rosig: »*Im Jahre 1974 wird das Automobilgeschäft keineswegs einfacher werden. Zu den bestehenden währungsbedingten Nachteilen wird in den meisten wichtigen Absatzländern möglicherweise ein Nachlassen der Hochkonjunktur kommen.*«

Der Transporter T2 1973

Gedacht für den Einsatz in Entwicklungsländern: Basis-Transporter mit einfacher Technik und simplem Aufbau.

Transporter-Kennzeichen ab Sommer 1973: Keine Tankklappe mehr, sondern eingelassener Drehverschluss.

1974
Mehr Nutzlast auf Wunsch

Ein Jahr des Umbruchs für VW. Schon zur Jahresmitte ist klar: Bis zum Jahresende wird das Unternehmen rund 400 Millionen Mark Verluste einfahren. Doch Ende September hofft VW-Chef Rudolf Leiding in einem Interview schon wieder auf Gewinne für das kommende Jahr. Denn das Sportcoupé Scirocco ist seit Februar neu auf dem Markt. Die Hoffnungen ruhen aber vor allem auf dem Golf: Der kompakte VW mit Heckklappe, mit Frontantrieb und einem vorn quer eingebauten wassergekühlten Motor soll den Käfer ablösen.

Dessen Produktion im Stammwerk Wolfsburg geht zu Ende: Am 1. Juli um 11.19 Uhr rollt der letzte Käfer vom Band. VW produziert das Krabbeltier in Europa nur noch in Emden und Brüssel. Leiding hat ein knallhartes Kostensenkungsprogramm mit Kurzarbeit und Entlassungen durchgedrückt. Allein im Werk Hannover sinkt die Zahl der Beschäftigten in diesem Jahr um 5000 auf 21 605 Mitarbeiter. Doch die Ära Rudolf Leiding geht ebenfalls zu Ende: Zum Jahreswechsel tritt der VW-Chef zurück.

Nicht nur VW leidet unter wirtschaftlichen Schwierigkeiten, auch bei anderen Autoherstellern gibt es Kurzarbeit: Die Folgen der Ölkrise sind spürbar, greifen auf andere Wirtschaftszweige über. Am Jahresende sind in der Bundesrepublik fast 800 000

Motorenwerk in Hannover: Hier laufen die luftgekühlten Boxermotoren des Konzerns vom Band.

 *Der Transporter T2* 1974

Menschen arbeitslos. Aber es gibt auch positive Schlagzeilen: Die Bundesrepublik Deutschland wird in München Fußball-Weltmeister. In der Politik endet die Ära von Bundeskanzler Willy Brandt, Helmut Schmidt wird sein Nachfolger.

Da VW aufgrund der schlechten finanziellen Lage die Investitionen auf die neuen Pkw-Modellreihen konzentriert, ändert sich am Transporter nur sehr wenig. Kastenwagen und Feuerlöschfahrzeug gibt es gegen Mehrpreis in einer Variante mit 1,2 Tonnen Nutzlast, ermöglicht durch zusätzliche Schraubenfedern an der Hinterachse. Das zulässige Gesamtgewicht steigt entsprechend auf 2,5 Tonnen.

Alle Transporter erhalten neue Vordersitze: Die Rückenlehnen sind stärker ausgeformt und bieten mehr Seitenhalt. Die Verstellung der Lehnen erfolgt jetzt mit einem Hebel, der Verstellbereich ist gewachsen. Und teuer ist der Transporter inzwischen geworden: Nach einer Preiserhöhung Mitte März liegt auch das billigste Modell, der Pritschenwagen, mit 10 645 Mark deutlich über der 10 000-Mark-Schwelle. Nur zwei Monate später, im Mai, erhöht VW noch einmal: Jetzt kostet die Pritsche bereits 11 285 Mark-exakt 1335 Mark mehr als noch Anfang März (alle Preise inklusiv Mehrwertsteuer).

VW-Tuner Gerhard Oettinger hat sich für den T2 etwas Besonderes einfallen lassen: Für rund 3000 Mark Aufpreis baut er in den Transporter einen auf 2,3 Liter Hubraum vergrößerten Boxermotor ein. Das Triebwerk leistet 90 PS und überzeugt vor allem durch ein hohes Drehmoment.

Im Prospekt des Augsburger Aufbauers Fritz Frickinger von 1974 findet sich ebenfalls ein ungewöhnlicher VW Transporter: Frickinger verlängert den hinteren Überhang eines Pritschenwagens um 400 Millimeter und setzt auf die Ladefläche einen festen Aufbau. Die schwarze Lackierung weist auf die Bestimmung hin: Es handelt sich um ein Bestattungsfahrzeug, der nach dem Umbau eine 2700 x 1570 Millimeter große »Sargraumladefläche« bietet.

Exakt 174 121 Transporter baut VW in diesem Jahr in Hannover, 60 000 weniger als im Vorjahr. Die Fahrzeuge werden an nur 180 Arbeitstagen gefertigt – Kurzarbeit im Werk.

Nicht nur bei der Post beliebt: Transporter T2 mit Hochdach und hoher Schiebetür.

1975
Krise für VW, Krise für den Transporter

Im Jahr 1975 sackt die Transporter-Produktion in Hannover noch einmal um rund 15 000 Einheiten auf 159 752 Autos ab. Gearbeitet wird an 199 Tagen –immer noch Kurzarbeit. Die Zahl der Beschäftigten in Hannover sinkt nochmals drastisch auf 16 867 Köpfe. VW hat im Transporterwerk innerhalb von zwei Jahren 10 000 Arbeitsplätze abgebaut. Ein weiteres Problem nähert sich dem Werk, die Verlagerung des Motorenbaus ins neue Werk Salzgitter. Das Transporter- und Motorenwerk wird sich in einigen Jahren wieder in ein Transporterwerk zurückverwandeln.

1975 ist weder die Lage rosig, noch sind es die Aussichten. Entsprechend hält sich am 10. Juli die Freude über den viermillionsten Transporter in Grenzen. Ein weiteres negatives Signal kommt aus den USA: VW kann 1975 dort nur 17 679 Transporter absetzen, nur noch ein Viertel der Menge des Rekordjahres 1970.

VW hat seit dem 10. Februar einen neuen Vorstandsvorsitzenden: Der ebenso erfahrene wie renommierte Industriekapitän Toni Schmücker soll jetzt den Kurs festlegen. Bei VW ist die Zeit der Ingenieure an der Unternehmensspitze bis auf Weiteres zu Ende, mit Schmücker übernimmt ein Konzernstratege die Führung des Unternehmens. Für Transporter interessiert sich der neue Mann nicht besonders, erinnern sich Insider.

Aber Schmücker trifft im Laufe seiner Amtszeit eine wichtige Grundsatzentscheidung: Bei VW soll es auch künftig Transporter geben. Denn aufgrund der wirtschaftlichen Probleme – sowohl des Konzerns als auch im kleineren Maßstab der Transporter – ist die Zukunft der Nutzfahrzeuge im Unternehmen umstritten. Zunächst einmal setzt Schmücker die harte Linie seines Vorgängers fort: Im April kündigt er die Entlassung von 25 000 Mitarbeitern an. Bund und Land reagieren mit einem Sonderprogramm, um wenigstens für 18 000 ehemalige VW-Mitarbeiter neue Arbeitsplätze zu schaffen. Die öffentliche Hand ist gleich aus zwei Gründen in der Pflicht: Einerseits droht Massenarbeitslosigkeit, zum anderen sitzen sowohl die Bundesregierung als auch das Land Niedersachsen als Haupteigner im VW-Aufsichtsrat – sind also für die Lage des angeschlagenen Riesen mitverantwortlich.

Für die Transporter-Fraktion im Unternehmen gibt es aber auch gute Nachrichten: Im April erweitert VW das Nutzfahrzeug-Angebot um den LT. Das Kürzel bedeutet Lastentransporter, und die Zahlen 28 beziehungsweise 31 in der Typenbezeichnung weisen auf die zulässigen Gesamtgewichte von 2,8 und 3,2 Tonnen hin. Der LT ergänzt damit das Nutzfahrzeugprogramm nach oben. Und in den nächsten Jahren wird VW die Spannwei-

Ein großer Bruder für den Typ 2: 1975 präsentiert VW den Großtransporter LT. Er wird ebenfalls in Hannover gebaut.

Der Transporter T2 — 1975

te des LT bis zum Modell LT 55 mit 5,6 Tonnen Gesamtgewicht vergrößern.

Doch zum Anfang beschränkt sich VW auf die erwähnten Gesamtgewichte und die Aufbauvarianten Kasten und Pritschenwagen. Für Aufbauhersteller gibt es den LT zudem als Fahrgestell mit Fahrerhaus. Auch beim LT handelt es sich um einen Frontlenker. Der Motor aber ist zwischen den Vordersitzen über der Achse untergebracht. Zwei Triebwerke stehen zur Wahl, beide sind nach neuer Art des Hauses wassergekühlt: Aus dem Audi-Programm wählt VW einen Benziner mit 2,0 Liter Hubraum, gedrosselt auf 75 PS; vom britischen Hersteller Perkins stammt ein 2,7-Liter-Dieselmotor mit 65 PS. Damit ist der LT gleichzeitig der erste VW mit Dieselmotor. Ursprünglich war für den LT eine Kooperation mit Daimler geplant, doch daraus wurde nichts, man konnte sich nicht auf ein gemeinsames Konzept einigen, denn Daimler bestand auf einem Kurzhauber. Übrig blieben als Gemeinsamkeit allein identische Rückleuchten für VW LT und dem zwei Jahre später anlaufenden Mercedes-Transporter.

Auch ansonsten bewegt sich bei VW in diesem Jahr viel: In Nigeria wird ein neues Montagewerk in Betrieb genommen. Der VW Polo erscheint, ein Kleinwagen, den VW vom 1974 vorgestellten Audi 50 ableitet. Damit steht das neue VW-Programm in seinen Grundzügen und wird in Zukunft nur noch ergänzt. Auch der Transporter wird fortentwickelt. Bemerkenswert ist vor allem eine erneute Steigerung der Motorleistung: Das 1,8-Liter-Triebwerk wird auf zwei Liter Hubraum vergrößert, die Leistung steigt auf 70 PS. Für Nordamerika erhält auch dieser Motor eine Benzineinspritzung. Sämtliche Transporter bekommen eine größer dimensionierte Kupplung sowie geänderte Übersetzungen des Getriebes. Und die Transporter erhalten – wie auch die VW-Pkw – eine Jahresgarantie ohne Kilometerbegrenzung.

Im Frühsommer führt VW eine Veranstaltung zum Thema »Sicherheit der VW-Frontlenker« durch, denn immer wieder bezweifeln selbst Fachleute, dass Fahrer und Beifahrer im VW Transporter so sicher wie in Personenwagen untergebracht sind. VW-Sicherheitspapst Hartmut Bürger: »*Dem VW-Transporter und dem VW LT sieht man von außen kaum an, dass sich bei ihnen Bewegungsenergie in gezielt geknautschtes Blech verwandeln lässt ... Dennoch ist er (der Transporter) noch so verformungsfähig konstruiert worden, dass angegurtete Insassen den Aufprall des Fahrzeugs auf eine feste Betonwand bis zu einer Geschwindigkeit von 50 km/h überleben können.*«

Auch wird VW nicht müde zu betonen, dass der VW Transporter als einziges ausländisches Fahrzeug seiner Klasse in den USA zugelassen werden kann.

Eines von zahlreichen Sonderfahrzeugen auf VW Typ 2: Pritschenwagen mit Kippeinrichtung.

1976
Nur Änderungen im Detail

»Der Welterfolg des VW-Transporters hält an – eine Tatsache, der das Volkswagenwerk durch sorgfältige Modellpflege Rechnung trägt«, so die Pressemitteilung im Sommer 1976 über den neuen Jahrgang. Doch die Realität sieht anders aus: Selbst der Presseabteilung fällt es schwer, ein paar erwähnenswerte Details zu finden.

So entfallen die Trennwände hinter den Vordersitzen in den Bus-Varianten. Dadurch ergibt sich ein größerer Verstellbereich für den Fahrersitz. Auch der Beifahrersitz ist nun in Längsrichtung und Lehnenneigung verstellbar. Zu den zahlreichen Sonderausstattungen gehört jetzt eine Klimaanlage.

Ansonsten konsolidiert sich die Transporter-Sparte von VW nach den Einbrüchen der vergangenen Jahre wieder. Die Zahl der Mitarbeiter in Hannover, die Produktion und auch der Export in die USA steigen jeweils leicht an. Aus Brasilien wird sogar ein Rekord gemeldet: Im südamerikanischen Werk entstehen 1976 mehr als 66 000 Transporter.

Westfalia baut auf VW-Basis jetzt ein Reisemobil namens Berlin und produziert in diesem Jahr das 175 000. Wohnmobil. Der Grundriss der Ausstattung Berlin mit Küchenblock hinter dem Fahrersitz und daran anschließender Schrankzeile sowie einer Klappsitzbank im Heck ist prägend für zahllose Reisemobil-Ausbauten des VW Transporter bis heute. Vor allem der spätere Bestseller VW California wird diesen Grundriss nutzen. Ebenso typisch ist das vorn öffnende Aufstelldach, ebenfalls eine Westfalia-Entwicklung.

Zwei bemerkenswerte Zahlen gelten für den gesamten VW-Konzern: Im November gilt es, den dreißigmillionsten VW zu feiern. Wichtiger noch, da ein Indiz für den Umschwung: Ende Oktober hat VW eine Million Golf produziert. Und klar ist, da VW für diese Zahl nur eineinhalb Jahre benötigte: Der lebenswichtige Übergang vom Käfer zum Golf ist geschafft. Über alle Erwartungen gut schlägt auch der neue Golf mit Dieselmotor ein, den VW im September vorstellt. Ein weiterer Überraschungserfolg ist der ebenso leichte wie schnelle Golf GTI – Autofahren darf auch Vergnügen bereiten.

Was bewegt sich sonst in der Bundesrepublik? Rosi Mittermaier (ab jetzt die »Gold-Rosi«) gewinnt bei den Olympischen Winterspielen in Innsbruck einen ganzen Satz Medaillen. Für alle neuen Autos sind jetzt Sicherheitsgurte vorgeschrieben, und Heizöl wird rot eingefärbt, damit bei Kontrollen herauskommt, wer den Tank seines Diesels mit diesem preiswerten Saft befüllt. Der Bundestag verabschiedet die Mitbestimmungsgesetze: Arbeitgeber und Arbeitnehmer besetzen die Aufsichtsräte von Kapitalgesellschaften mit mehr als 2000 Mitarbeitern jetzt paritätisch.

Typ 2 als Bus 1976: Inzwischen gibt es den Transporter mit Sicherheitsgurten und Kopfstützen.

Der Transporter T2 — 1977

1977
Ein ruhiges Jahr für den T2

Ein weiteres Jahr ohne nennenswerte Änderungen für den T2, der jetzt schon zehn Jahre in Produktion ist. Die VW-Argumente zugunsten des Transporter erinnern jetzt an die Zeiten, in denen der altgewordene Käfer mit aller Macht als modernes Auto verkauft wurde.

Zum Beispiel *»besteht für die Volkswagen AG auch keine Veranlassung, dieses Fahrzeug zu ändern. Gäbe es zum Beispiel den luftgekühlten Boxermotor in Unterfluranordnung nicht schon – man müsste ihn für diesen Zweck erfinden.«* Unterflur bedeutet: Anordnung des Triebwerks unter dem Boden – doch ganz so tief versteckt sich das Triebwerk denn nun doch nicht. Am laufenden Modell ändert sich praktisch nichts: Es gibt ein neues, griffigeres Lenkrad mit Kunststoff-Ummantelung und für den Bus einige neue Lackierungen.

VW weist noch einmal ausdrücklich auf die Sonderausführungen hin, deren Vertrieb über das Werk läuft. Imageträger ist der Campingbus. »*Ein Tipp – schon nicht mehr geheim*«, nennt VW die Reisemobile. Wie gehabt baut Westfalia sie aus, die Modellbezeichnungen lauten Berlin und Helsinki; hinzu kommt der Bausatz namens Mosaik.

Doch hinter den Kulissen laufen bereits ganz andere Vorbereitungen: Konzern-Chef Toni Schmücker hat den Auftrag erteilt, einen neuen Transporter zu bauen. Nutzfahrzeug-Entwickler Gustav Mayer und seine Mitarbeiter arbeiten bereits unter Hochdruck am T3.

VW hat außerdem eine Absprache mit Lastwagenhersteller MAN getroffen: Die beiden wollen eine gemeinsame Baureihe leichter Lkw entwickeln, um ihre jeweiligen Produktreihen kostengünstig nach oben (VW) und unten (MAN) auszuweiten. VW steuert für die Zusammenarbeit das Fahrerhaus des LT bei. Zudem verkauft das Unternehmen 10 000 Golf in die damalige DDR.

Am 3. Juli 1977 gibt es in Wolfsburg ein großes Fest. Anlass ist die dreißigjährige Zusammenarbeit zwischen VW und dem holländischen Betrieb Pon. Zur Erinnerung: Die Pons waren 1947 die ersten VW-Importeure. Und Ben Pon initiierte im selben Jahr den VW-Transporter, der noch immer die Silhouette der ersten flüchtigen Zeichnung aus Pons Notizbuch trägt.

Familienausflug ins Grüne, Basis ist der geräumige und luftige Bus.

1978
Warum der Silberfisch kein Ungeziefer sein muss

»Silberfisch« heißt ein Stichwort für das VW-Jahr 1978. Träger dieser inoffiziellen Bezeichnung ist ein Bus-Sondermodell. VW hat es serienmäßig mit einer besonders komfortablen Ausstattung sowie dem starken Zweiliter-Motor versehen. Und mit einer Lackierung in Silbermetallic, daher der Spitzname.

In einem Presse-Text aus dem Sommer 1978 feiert VW seinen Transporter mit schwülstigen Formulierungen: »*Der Pkw unter den Transportern ist Altmeister und Jungborn zugleich.*« Und: »*Täglich erfreut er sich neuer Liebhaber, alte Freundschaften werden aufgefrischt.*« Dies ist laut VW kein Wunder, denn: »*Gezielte Weiterentwicklung, regelmäßige Modellpflege und Erweiterung der Angebotspalette um immer neue, vom Markt angeregte Aufbau-Varianten sind das Geheimnis des über die Jahre anhaltenden Transporter-Erfolgs.*« Das Selbstlob für den alternden Star klingt etwas gequält, seine Blütezeit ist vorüber. An den Ingenieuren liegt es nicht, wie eine Transporter-Variante zeigt. Die Abteilung Versuch baut fünf Prototypen des Transporter mit Allradantrieb. Die Idee kommt von Gustav Mayer: Sahara-Reisen brachten ihn dazu, den Allradantrieb im Hause vorzuschlagen. Mit dem wesentlichen Argument übrigens, dass VW schließlich zahlreiche Fahrzeuge auch an die Bundeswehr liefere.

Der erste Allrad auf Basis des T2 entstand übrigens nicht erst 1978, als die fünf Prototypen auch offiziell gezeigt werden:

Der »Silberfisch«: Zum Abschluss der zweiten Generation offeriert VW den Bus in einer Luxusausgabe.

Der Transporter T2

Schon 1975 gibt es einen ersten Transporter mit Vierradantrieb. Toni Schmücker hatte den Vorschlag eines allradgetriebenen Transporters damals allerdings abgelehnt. Er wollte in der VW-Krise keinen »Nebenkriegsschauplatz«, erinnerte sich Mayer noch genau an die Formulierung der Ablehnung. Der hartnäckige Mayer glaubt an seine Idee.

»Inoffiziell und abgedeckt durch Mayer«, weiß Henning Duckstein, früher Leiter der Vorentwicklung, »haben wir einen Allrad handgemacht.« Mayer berichtete später von einem Firmenflug: »Der erste Allrad-Transporter war schon Ende 1975 fertig. Wir haben ihn mit dem Wissen von VW-Entwicklungschef Ernst Fiala heimlich nebenher aus vorhandenen Teilen zusammengebaut. Auf dem Rückflug von einer Sitzung in Ingolstadt fragte Toni Schmücker reihum, wie wir Weihnachten verbringen. Als ich an der Reihe war, habe ich ihm gesagt, dass ich mit dem Typ 2 Allrad in die Sahara fahre. Schmücker hat nur gegrinst.«

Auch die fünf Allrad-Prototypen des Jahres 1978 sind aus vorhandenen Teilen zusammengebaut, längst nicht perfekt und unterscheiden sich deutlich vom späteren T3 Syncro mit 4x4-Antrieb. Der Frontantrieb ist zuschaltbar, das Getriebe besitzt einen Drehmomentwandler, doch die Kupplung ist mechanisch. Die Bodenfreiheit beträgt 297 Millimeter, und rundum sind Trommelbremsen eingebaut.

Für den Vierradantrieb muss VW tief in Aufbau und Technik eingreifen. Gegenüber dem Serienfahrzeug gibt es zahlreiche

Klettermaxe: Gegen den Widerstand des VW-Chefs bauten die Nutzfahrzeug-Entwickler einen Allrad-Transporter.

1978

Änderungen: neue Radhäuser, geänderte Aufhängung für Räder mit 14, 15 und 16 Zoll Größe; in der Bodengruppe muss Platz geschaffen werden für die Unterbringung des Gelenkwellenstrangs zur Vorderachse, entsprechend gibt es andere Anordnungen der Seil- und Luftführungsrohre. Die Vorderachse ist modifiziert für die Aufnahme von Differenzial und Antriebswellen. Das Getriebe muss für den Durchtrieb nach vorn überarbeitet werden, vorne kommen andere Bremsen zum Einsatz und rundum andere Räder.

Die Details des Allradantriebs sind ebenfalls interessant: Eine geteilte Handbremse erlaubt einzelnes oder unterschiedliches Abbremsen der Hinterräder. Neu sind Kreuzgelenkwellen vorne und hinten sowie der Drehmomentwandler mit Schaltkupplung (aus der Halbautomatik des Käfer). Der Motor ist auf den Gelände-Einsatz abgestimmt. An beiden Achsen gibt es Sperrdifferenziale. Im Fahrerhaus hat der 4x4 einen zweiten Schalthebel. Mit ihm lässt sich der Vorderradantrieb auch während der Fahrt zuschalten. Zum Schutz der Antriebstechnik im Gelände montiert VW Stahlblechwannen und Gleitkufen.

Zu alldem heißt es in einer Beschreibung durch VW: »*Gebaut wurden diese Fahrzeuge zur Durchführung eines Markttests. Sollte dieser Test positiv verlaufen, wird das Volkswagenwerk auf Basis des neuen Transporters die Entwicklung eines Allradfahrzeugs weiter verfolgen.*« Die unverbindlichen Formulierungen deuten auf Widerstände im eigenen Haus hin. Duckstein: »*Das Marketing hat damals nicht daran geglaubt.*«

Erprobt wird er nicht etwa im Schnee, seinerzeit hieß das Ziel Sahara.

 **Der Transporter T2** 1978

Und noch ein Sonderfahrzeug: Feuerwehrwagen für die Volkswagen-Werksfeuerwehr in Wolfsburg.

Dabei hat der vierradgetriebene Transporter hervorragende Gelän de-Eigenschaften. Die Ingenieure berichten später von einer Vorführung des damals neuen Geländewagens VW Iltis bei Audi 1978 (der Iltis wurde bei Audi in Ingolstadt gebaut) zu berichten. An den Tests vor der Bundeswehr im Gelände nahm auch ein T2-Allrad teil. Er stahl dem Iltis die Schau, musste einen festgefahrenen Geländewagen sogar abschleppen. Trotzdem ging der Transporter mit Allradantrieb noch nicht in Serienproduktion. Eines allerdings bewirkt Mayer mit seinem Allrad-Faible aber doch: Ferdinand Piëch, damals Technik-Chef bei Audi, sieht Dias und Filme von Mayers Expeditionen mit dem Allrad-Transporter in die Sahara – ein Anstoß für die spätere Allradentwicklung bei Audi.

Weitere Neuigkeiten von VW: Der letzte in Deutschland gebaute Käfer läuft am 19. Januar vom Band. Doch damit ist der Käfer noch lange nicht am Ende: In Übersee produziert VW weiterhin täglich mehr als 1000 Käfer; nicht wenige von ihnen importiert VW selbst als »Mexiko-Käfer« nach Deutschland.
Hier machen sich jetzt japanische Autohersteller stark – auch mit Transportern. Erster aus Fernost ist der Toyota Hiace. In den nächsten Jahren folgen weitere Marken mit leichten Nutzfahrzeugen. Auch wenn – mit Ausnahme des Mitsubishi L 300 – keiner der Japaner allein größere Marktanteile erobern kann, so bereiten sie in der Summe dem VW Transporter doch große Probleme. Hauptargument für die Japaner sind niedrige Anschaffungspreise und Robustheit dank ihrer schlichten Technik.

Allradtechnik im Transporter:
zuschaltbarer Vorderradantrieb, Getriebe
mit Drehmomentwandler.

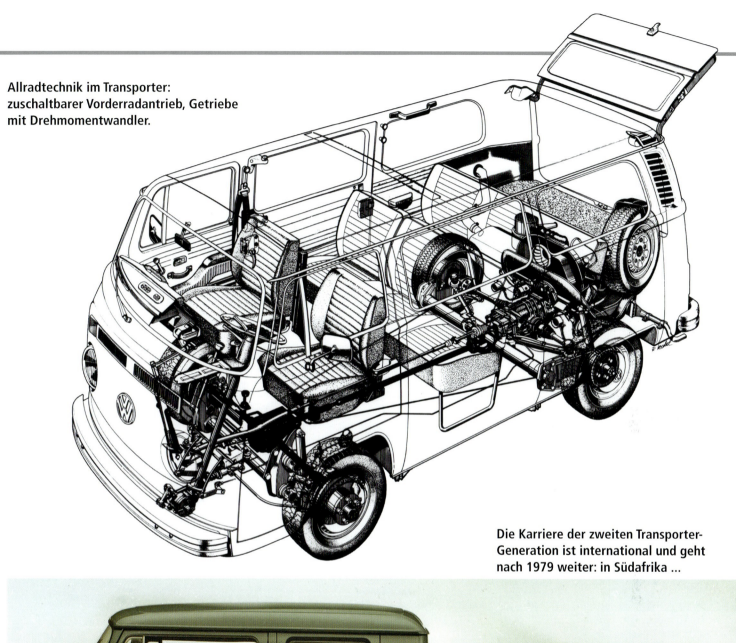

Die Karriere der zweiten Transporter-
Generation ist international und geht
nach 1979 weiter: in Südafrika ...

Der Transporter T2

... oder zum Beispiel im ersten VW-Werk auf einem anderen Kontinent, in Brasilien (rechts ein wassergekühlter Brasilianer, links sein europäischer Vorfahr) ...

... und auch in Mexiko fertigt VW den in Deutschland abgelösten Transporter noch weiter.

1978

VW tut sich mit Exporten dagegen zunehmend schwer: Im Februar rutscht der Wechselkurs des Dollar erstmals unter zwei Mark – ein kostendeckender USA-Export ist damit so gut wie unmöglich. Aber in der Pick-up-Region USA wird eine Idee umgesetzt, die einige Jahre später Auswirkungen für Europa haben wird. Ab 1978 produziert VW im Werk Westmoreland einen Golf mit offener Ladefläche, den VW Rabbit Pick-up. An den Vorderwagen des Golf/Rabbit wird ein Pritschenaufbau mit geschlossenen Seitenwänden angesetzt. Es wird noch einige Jahre dauern, bis dieses Auto als VW Caddy den Weg nach Europa findet. Während sich die extrem erfolgreiche Karriere des T2 in Europa dem Ende zuneigt, setzt er sie in Brasilien noch lange fort. Schließlich ist der Südamerikaner ein Exportschlager, der in mehr als 100 Ländern der Erde läuft. Ab 1975 als Mischform aus T1 und T2. Sie geht 1997 in einen kompletten T2 über, auch als T2c bezeichnet. Im Heck arbeitet immer noch ein luftgekühlter Heckmotor mit 1,6 Liter Hubraum. Ende 2005 endet diese Ära mit einem Sondermodell, jedoch nicht diejenige des T2: Ab 2006 erhält er einen wassergekühlten Benziner mit 1,4 Liter Hubraum. Diese letzte Generation ist an einer schwarzen Frontblende zu erkennen. Im Sommer 2013 legt VW eine »Last Edition« mit zweifarbiger Lackierung auf, denn verschärfte Abgasbestimmungen werden dem Klassiker zum Jahresende den Garaus machen. Aus den geplanten 600 Fahrzeugen der letzten Auflage werden wegen großer Nachfrage schließlich 1200 Autos. Insgesamt liefen in Brasilien zwischen 1957 und Ende 2013 mehr als 1,5 Millionen Transporter vom Band. Das letzte Exemplar trifft am 24. Januar 2014 in Hannover ein. Dort bekommt es einen Ehrenplatz in der Oldtimerhalle von Volkswagen Nutzfahrzeuge.

Campingbus par excellence: Der T2 war der Gründervater einer ganzen Branche.

Der Transporter T3

Der Transporter T3 — 1979

Wieder ein Transporter mit Heckmotor

Am Jahresbeginn übernimmt VW 65 Prozent des Anteils von Chrysler Motors do Brasil. Damit wird eine wichtige Umstrukturierung des Unternehmens in Südamerika eingeleitet. 1980 wird VW Alleineigentümer und firmiert wiederum ein Jahr später in Volkswagen Caminhoes um. Dann beginnt auch die Entwicklung mittlerer Lastwagen im Bereich von 11 bis 13 Tonnen Gesamtgewicht. Sie erhalten das Fahrerhaus des VW LT – VW wird erstmals zum Lkw-Hersteller, die Transporter bekommen größere Geschwister.

Im November trifft VW eine weitere Übereinkunft mit Chrysler: Die Wolfsburger übernehmen auch das Chrysler Werk in Argentinien, das ein Jahr später in VW Argentina umgetauft wird. Das Fahrerhaus des VW LT ist auch Bestandteil der sogenannten G-Reihe (Gemeinschafts-Baureihe), die VW und Lastwagen-Hersteller MAN 1979 präsentieren. Sie reicht von sechs bis neun Tonnen Gesamtgewicht. 75 Prozent der Fahrzeuge entstehen im Werk Salzgitter-Watenstedt der MAN, das restliche Viertel produziert VW im Transporterwerk Hannover. Die Kapazität beträgt zusammen 20 Einheiten pro Arbeitstag.

Als weniger glücklich wird sich später eine andere Entscheidung des Konzerns herausstellen: VW will weg von der Auto-Monokultur und erwirbt die Mehrheit des Büromaschinenherstellers Triumph-Adler. Doch der Betrieb kommt nicht aus der Verlustzone. Konsequenz: 1986 überträgt VW die Anteile an Olivetti und erhält dafür eine Minderheitsbeteiligung von fünf Prozent an dem italienischen Unternehmen.

Drei Generationen auf einen Blick. Gemeinsames Kennzeichen sind Frontlenker-Bauweise und der Heckmotor.

Die Palette der dritten Transporter-Generation (T3) reicht wieder von der Pritsche bis zum Bus.

Zu diesen wichtigen Ereignissen gesellen sich bei VW Erfolgsmeldungen: VW hat seit 1974 drei Millionen Golf gebaut. Und um den Bestseller herum gruppiert VW eine ganze Fahrzeugfamilie: 1979 präsentiert VW unter dem Namen Jetta eine Stufenheck-Ausgabe des Golf, es kommt das Golf Cabriolet. In den USA, dem Land der Pick-ups bietet VW einen Pritschenwagen auf Basis des Golf an. Wenige Jahre später gibt es diese Variante mit der Bezeichnung Caddy auch in Deutschland. Unter der Leitung von Transporter-Produktions-Chef Bodo Dencker stellt VW in Hannover mit großen Investitionen die Fertigung um. Die Lackieranlage wird vergrößert und modernisiert, Werkzeugbau, Werkzeuglager und die Verwaltung wachsen. Dencker lässt in der Abteilung Rohbau der Fertigung 14 große Handhabungsautomaten (»Golfes«) und 44 Roboter (»Robbies«) installieren, die künftig zum Beispiel den Wagenboden und die Seitenwände automatisch herstellen. Per Knopfdruck kann von einer auf die andere Ausführung eines Fahrzeugs umgestellt werden.

Ursache des aufwendigen Umbaus in Hannover ist ein neuer Transporter: Im April endet die Fertigung des zwölf Jahre alten Transporters T2, im Mai präsentiert VW die dritte Generation, den T3, dessen volle Serienproduktion im August beginnt. Die Erwartung von Kunden und auch der Presse ist klar: Nachdem VW in einem Kraftakt seit Beginn der siebziger Jahre die gesamte Palette der Personenwagen erneuert hat, wird auch der T3 die dadurch neue, fast standardisierte Technik mit wassergekühltem Frontmotor und Antrieb auf die Vorderräder erhalten. Irrtum: VW präsentiert auch die dritte Transporter-Generation mit luftgekühltem Boxermotor. Er ist unverändert im Heck verpackt und treibt die Hinterräder an. Das verlangt nach einer ausführlichen Begründung.

VW: »Dass sich die Techniker in Wolfsburg nach 30 Jahren Erfahrung mit dem Heckmotor-Konzept erneut für diese Lösung entschieden, hat nichts mit dem Beharren auf einem bewährten Antriebskonzept oder mit Tradition zu tun. Der Entschluss zum Bau eines grundlegend neuen Transporters nach bewährtem Rezept ist vielmehr das Ergebnis einer konsumenten-orientierten Nutzwert-Analyse auf der Grundlage wichtiger Unterscheidungskriterien für ganz verschiedene Fahrzeugkonzepte.«

VW erläutert: »Insgesamt wurden zwölf mögliche und zum Teil im Markt angebotene Fahrzeug- und Antriebsbauarten untersucht und nach Einkaufsmerkmalen wie Kosten, Fahreigenschaften, Raumnutzungsgrad, Größe der belegten Verkehrsfläche, Komfort, Fahrzeugsicherheit, Eignung für unterschiedliche Einsatzzwecke und Image bewertet. Dabei kristallisierte sich in der Klasse für 1 Tonne Zuladung unter der Berücksichtigung von Flachmotoren für den Unterflureinbau das seit 30 Jahren praktizierte Heckmotor-Antriebsprinzip als beste Gesamtlösung heraus.«

Der Transporter T3

Wer dies oberflächlich liest, interpretiert diese Passage so, als wenn sich bei der Analyse herausgestellt hätte, dass die Kombination von Heckmotor in Boxer-Bauweise und Hinterradantrieb das beste Transporter-Konzept darstellen. Wer die VW-Aussage zur Nutzwert-Analyse sorgfältiger betrachtet, entdeckt hingegen die Einschränkung »unter der Berücksichtigung von Flachmotoren für den Unterflureinbau«.

Dieser unauffällige Einschub bedeutet: Der bisher verwendete luftgekühlte Boxermotor war für die Entwicklung der dritten Transporter-Generation (intern mit der Code-Bezeichnung EA 162 versehen) vorgegeben. Und nur unter der Voraussetzung der alten Technik erwies sich das alte Konstruktions-Prinzip als die beste Lösung.

Noch einmal VW zum Ergebnis der Analyse: »*Für Fahrzeuge in der 1-Tonnen-Nutzlastklasse mit luftgekühltem Flachmotor brachte es die Frontlenker-Konzeption mit Heckmotor und Antrieb über die Hinterachse, also die 4,8-millionenfach bewährte VW-Transporter-Konstruktion, auf den höchsten Nutzwert. Ihr am nächsten kamen ebenfalls zwei modifizierte Heckmotor-Versionen, während vergleichsweise klassische Antriebsarten mit Motor vorn und Antrieb auf die Hinterachse oder Frontmotor und Vorderradantrieb deutlich ungünstigere Resultate erzielten.*«

Daran anschließend die Untersuchung zum Aufbau: »*Gleiches stellte sich auch für das Karosseriekonzept und den Grad der Flächennutzung heraus. Beim Frontlenker beträgt der Anteil der Verkehrsflächennutzung 68 %, beim Kurzhauber werden nur 56 % der belegten Verkehrsfläche als Laderaum genutzt.*« Daraus schließt VW: »*So fiel bei der Festlegung der Nachfolgekonzeption für den Volkswagen Transporter die Entscheidung erneut zugunsten eines Frontlenker-Fahrzeugs mit Heckmotor und Antrieb auf die Hinterachse.*«

Doch unter der Vorgabe des luftgekühlten Boxermotors konnte die Entscheidung gar nicht anders fallen. Was aber hatten sich die Techniker gewünscht?

Die Nutzfahrzeug-Entwicklung unter Gustav Mayer hatte im frühen Stadium der Konzeption des T3 die drei ernsthaft in Frage kommenden Möglichkeiten durchgespielt: Heckmotor, Frontmotor mit Frontantrieb und Frontmotor mit Heckantrieb. Im Versuchsbau entstanden sogar fahrfertige Prototypen. Die Entscheidung der Ingenieure fiel eindeutig aus: »*Ja sicher*«, antwortet Mayer später auf die Frage, ob er nicht lieber wassergekühlte Reihenmotoren gehabt und vorne eingebaut hätte. Mayer über den T3: »*Hätte ich die Aggregate des T4 gehabt, hätte ich den T4 schon damals gemacht. Ich habe immer für den Kurzhauber plädiert.*« Als Gedankenstütze: Der T4, gebaut ab 1990, hatte die quer eingebauten, wassergekühlten Reihenmotoren und Frontantrieb unter einer kurzen Haube. Mayers damaliger Mitarbeiter und späterer Nachfolger Karl Nachbar bestätigt dessen Aussagen. Und auch er wollte ein neues Konzept mit neuen Motoren. Das aber war im Konzern trotz Golf und trotz Passat, Polo und Scirocco nicht durchsetzbar.

Alte Bekannte: Die überarbeiteten luftgekühlten Boxermotoren im Heck stammen aus dem Vorgängermodell.

1979

Flachmann: Der luftgekühlte Boxermotor duckt sich jetzt tief ins Heck, der Tank sitzt aufprallsicher hinter der Vorderachse.

Großer Aufwand für ein herausragendes Fahrwerk: Komplett neu konstruierte Vorderradaufhängung, hinten Schräglenkerachse.

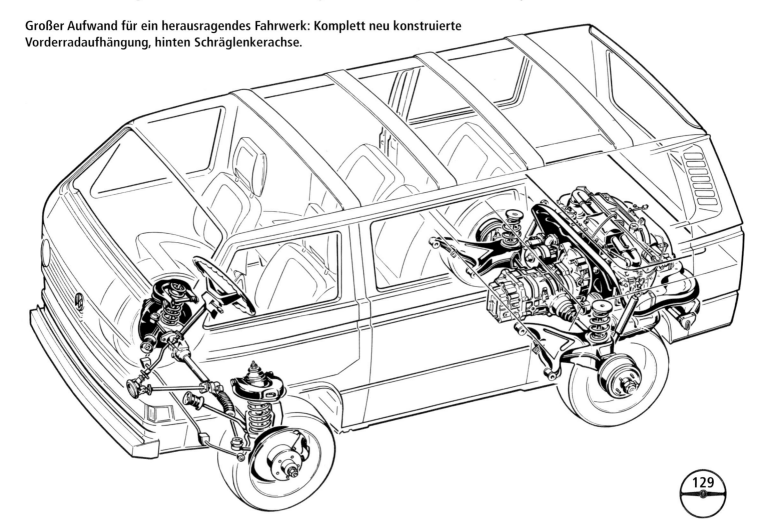

Der Transporter T3 — 1979

Mayers Formulierung »*hätte ich die Aggregate des T4 gehabt*« führt zum Grund, weshalb die Entscheidung wieder für das Heckmotor-Konzept fiel: Es fehlten die passenden Motoren. Die damals erste Generation wassergekühlter Reihenmotoren im Konzern, die heute längst legendäre Baureihe 827, endete bei 1,6 Liter Hubraum. Und das war eindeutig zu wenig als Nachfolger des leistungsstärkeren der beiden luftgekühlten Motoren, dem Zwei-Liter-Triebwerk mit 70 PS. Und eine aufwendige und teure Weiterentwicklung der 1,6-Liter-Motoren konnte sich VW im Krisenjahr 1975, als das Konzept des T3 verabschiedet wurde, nicht leisten.

Am 8. Mai 1975, passenderweise der Himmelfahrtstag, ließ sich VW-Chef Schmücker die gegensätzlichen Positionen der Techniker und der Finanz-Fachleute vortragen. Selbst Mitarbeiter des Vertriebs plädierten für neue Motoren, da sie aufgrund mangelnder Zuverlässigkeit der alten Triebwerke Absatzrückgänge befürchteten. Das Finanz-Ressort wiederum machte sich für die luftgekühlten Boxermotoren stark, mit neuen Aggregaten würde sich der T3 nicht rechnen.

Schmücker fällte seine Entscheidung gegen die Nutzfahrzeug-Entwickler, untermauerte sie aber mit einem einleuchtenden Argument: Aufgrund seiner besonderen Bauweise und technischen Merkmale zählte Schmücker den Transporter zu den Einzel-Produkten ohne direkte Konkurrenz. Der Konzern-Chef und Marktstratege fürchtete bei einer drastischen Änderung des Konzepts den Verlust von Käufern, die sich dann zwischen mehreren ähnlichen Produkten freier hätten entscheiden können.

Gewachsen: Dank der deutlich breiteren Karosserie und des Flachmotors hat der Laderaum deutlich zugelegt.

Der Bus profitiert vom Flachmotor mit einer niedrigeren Ladekante und erheblich mehr Gepäckraum.

Die in der Diskussion unterlegenen Nutzfahrzeug-Entwickler aber resignieren nicht: Mit ihrem jahrzehntelangem Knowhow zu Heckmotor-Autos konstruierten sie den bestmöglichen Heckmotor-Transporter. Einen Transporter der Super-Klasse und gleichzeitig ein komplett neues Top-Auto.

Die gefällige Karosserie trägt jetzt vorn einen breiten schwarzen Kunststoffgrill mit integrierten Scheinwerfern und eingelassenem Markenzeichen. Die Blinker sitzen über den Stoßfängern wie in der ersten Generation des Vorgängers. Die Fensterflächen sind um 22 Prozent größer geworden die Frontscheibe steht schräger. Eine breite Sicke auf beiden Seiten sowie dem Heck betont die Gürtellinie. In die Sicke sind Türgriffe und Führung der Schiebetür eingelassen.

Der Radstand erhöht sich um sechs auf 246 Zentimeter. Die Länge wächst mit 4,57 Metern nur um 6,5 Zentimeter, die Höhe steigt nur um einen halben Zentimeter auf 196,5 Zentimeter. Die Breite hingegen vergrößert sich deutlich um 12,5 auf 184,5 Zentimeter. Manchem ist der T3 damit schon zu breit, doch kommt das Wachstum dem Innen- und Laderaum zugute, die erheblich zugelegt haben. Zum Beispiel ist im Fahrerhaus ein vollwertiger Doppel-Beifahrersitz möglich.

Zum Wachstum des Innenraums tragen zwei weitere Dinge bei: Die Bodengruppe liegt volle zehn Zentimeter niedriger. Das senkt die Einstiege seitlich und vorn erheblich ab. Die Motorabdeckung geht sogar um 20 Zentimeter nach unten. Deshalb kann die Heckklappe erheblich wachsen. Stichwort Klappe: Hinter einer Klappe erhält jetzt auch die Doppelkabine einen Tresorraum unter der Ladefläche, wenn auch verkürzt. Durch alle Maßnahmen zusammen wächst die Ladefläche um knapp zehn Prozent auf 4,4 Quadratmeter, das Ladevolumen des Kastenwagens um 0,7 auf 5,7 Kubikmeter. Der Gepäckraum der Bus-Varianten vergrößert sich um 40 Prozent.

Der Innenraum ist zwölf Zentimeter breiter: Dies kommt einem Beifahrer-Doppelsitz oder dem Durchgang nach hinten zugute. Die Sitze mit Schaumstoffkern sind neu konstruiert, der Verstellbereich ist gewachsen. Größer ist auch die Kopffreiheit.

Die Sitzposition nähert sich Pkw: Die Lenksäule ist jetzt stärker geneigt, Kupplungs- und Bremspedal sind hängend angeordnet. Eine schräge Abstellfläche links erweitert den Fußraum; die Handbremse ist rechts vom Fahrersitz angeordnet. Neu gestaltet sind die Armaturen vor dem Zweispeichen-Lenkrad. Und wieder hat sich VW intensiv um das Thema Aufprallsicherheit gekümmert: Der Wagenvorbau ist zehn Zentimeter länger geworden. Eine computerberechnete Struktur des Rahmens führt zu einer exakt definierten Verformung des Vorderwagens bei einem Auffahrunfall. Die vordere Sitzbank ist auf Führungsschienen mit Schnellverriegelungen montiert, die hintere Bank erhält eine vorklappbare Lehne. Die Sicherheitsgurte sind an den Sitzbänken befestigt. Die Bus-Varianten erhalten eine Lüftung mit verstellbaren Düsen im Dach.

Der Transporter T3 — 1979

Trotz des Größenwachstums steigt das Leergewicht der Modelle nur um rund 60 Kilogramm, denn erstmals wurde der Unterbau mit Computerhilfe konstruiert. Die Nutzlast des Kastenwagens beträgt eine Tonne; das Gesamtgewicht aller Modelle beläuft sich auf 2,36 statt 2,3 Tonnen.

Das komplett erneuerte Fahrwerk bietet Fahrkomfort und Fahrsicherheit eines Pkw. Und wieder ist die Gewichtsverteilung zwischen Vorder- und Hinterachse ausgeglichen, weil der Tank jetzt im Bereich der Vorderachse untergebracht ist und das Reserverad unter dem Pedalboden hinter der Stoßstange ruht. Die Schräglenker-Hinterachse ist neu entwickelt und verfügt über kompakte, tonnenförmige Miniblock-Schraubenfedern mit progressiver Kennung. Die völlig neu konstruierte Vorderachse besteht aus einer Einzelradaufhängung an Doppelquerlenkern und Schraubenfedern mit innenliegenden Dämpfern sowie Stabilisator. Ein größerer Radeinschlag verringert den Wendekreis von 12,5 auf 10,5 Meter.

Der T3 wird bis zum Ende seiner Karriere mit Abstand der fahrsicherste Transporter sein. Zur Erprobung des überarbeiteten Fahrwerks mit neuer Vorderachse und weiterentwickelter Hinterachse zimmerte der Versuchsbau sogar Karosserien des alten T2 mit dem neuen Fahrwerk zusammen. Neu ist auch die ZF-Zahnstangenlenkung mit Lenkrollradius Null. Auf einen Lenkungsdämpfer kann VW verzichten. Die Bremsen hingegen entsprechen dem Vorgängermodell. Serie ist jetzt die automatische Nachstellung der Trommelbremse. VW verbreitert die Spurweiten erheblich auf vorn und hinten jeweils 1570 Millimeter. Auf das Verhalten bei Seitenwind können die Superlative des Fahrwerks allerdings nicht übertragen werden. Doch dank des niedrigen und weiter nach vorn verlegten Schwerpunkts gibt es auch in diesem Punkt deutliche Verbesserungen.

Die Motoren (1,6 Liter 37 kW / 50 PS und 2,0 Liter 51 kW / 70 PS) hat VW aus dem T2 übernommen. Zur Wahl stehen ein 1,6-Liter-Triebwerk mit 37 kW (50 PS) und einem maximalen Drehmoment von 104 Nm sowie ein Zweiliter-Motor mit 51 kW (70 PS) und 140 Nm. Die Motoren sind einheitlich unter einem großen Deckel im Gepäckraum von oben zugänglich; die Ölkontrolle ist von außen nach Herunterklappen des Nummernschilds möglich. Dank verbesserter Motorlagerung und Dämm-Maßnahmen liegt der Innengeräuschpegel deutlich niedriger als bisher. Das Basis-Triebwerk allerdings wurde mit Kühlluftgebläse auf der Kurbelwelle auf die Flachmotor-Bauweise des stärkeren Triebwerks umgebaut. Nur so ist die erhebliche Absenkung des Motorraums möglich. Nebenaggregate wie Luftfilter und Generator sind seitlich angeordnet.

Beide Motoren verfügen über hydraulische Ventilstößel, elektronische Zündung mit neuen Kerzen und digitale Leerlaufstabilisierung. Die Wartungsintervalle steigen von 5000 auf 7500 Kilometer. Eine überarbeitete Aufhängung der Motoren sowie ein neuer Dachhimmel senkt die Innengeräusche erheblich.

Die Motoren für USA (nur Zwei-Liter-Triebwerk) erhalten eine elektronisch geregelte Benzineinspritzung, Abgasrückführung und einen ungeregelten Katalysator. Modelle für den US-Staat Kalifornien erhalten, um den besonders strengen Abgasbestimmungen zu genügen, einen geregelten Katalysator.

Trotz Einführung von Robotern (die allein 40 Millionen Mark gekostet haben) in der Fertigung: Billig kann ein solcher Transporter mit so viel aufwendiger Technik trotz der Verwendung der alten Motoren nicht sein. Der Preis des Kastenwagens in Basis-Ausstattung zum Beispiel steigt von 14 540 Mark beim T2 auf 15 401 Mark für den T3. Darin ist allerdings auch eine Erhöhung der Mehrwertsteuer um einen Prozentpunkt enthalten.

Trennwände gibt es nur noch auf Wunsch, zwischen den Vordersitzen ist ein breiter Durchgang.

Wie fast alles andere ist auch das Armaturenbrett komplett neu gestaltet. Die Instrumente haben Pkw-Charakter.

Attraktive Maße: Der neue Transporter geht vor allem in die Breite. Die Heckklappe ist erheblich gewachsen.

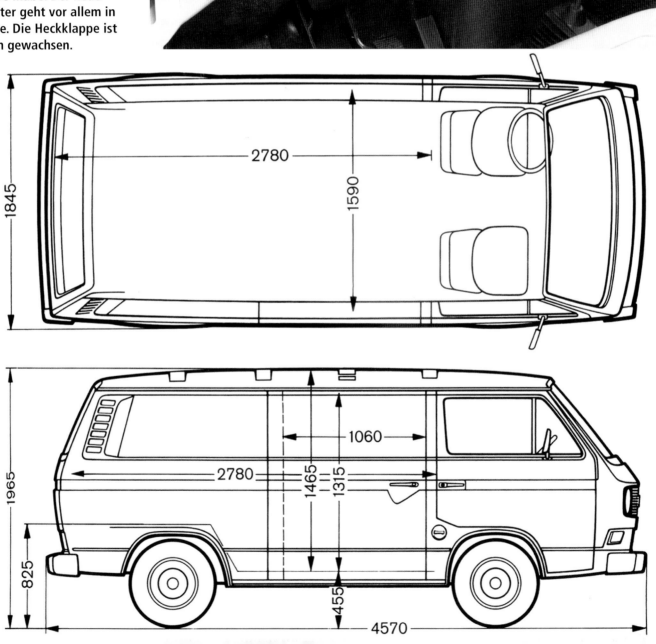

# Der Transporter T3

Auf Nummer sicher: Auch bei einem Frontalaufprall mit 50 km/h auf eine Wand bleibt der Überlebensraum vorne erhalten.

Gegenüber den Anfängen vor 23 Jahren ist das Transporter-Werk in Hannover kaum noch wiederzuerkennen.

1979

Dass die Transporter-Produktion in diesem Jahr mit der Umstellung auf das neue Modell inklusive tiefgreifender Erneuerung der Fertigungsanlagen absackt, ist klar. Die Zahl von nur 113 575 gebauten Transportern allerdings erschreckt doch: So wenige Typ 2 in einem Jahr waren es zuletzt rund 20 Jahre zuvor. Ausgehend von den erst ein paar Jahre zurückliegenden Rekorden um 1970 herum hat sich die Jahresproduktion halbiert. Ursache unter anderem: Mehr und stärkere Konkurrenz in Europa und dazu ein drastischer zusammengeschmolzener US-Absatz: Gingen im Spitzenjahr 1970 mehr als 70 000 Transporter über den großen Teich, so sind es 1979 keine 12 000 Stück mehr.

Die Zeiten sind hart geworden für die Transporter-Leute von VW, die Produktionszahlen werden auch in den nächsten Jahren um den Wert von 1979 herum pendeln. Und mit den guten US-Zahlen ist es vorbei, zusammen mit dem Dollarkurs werden auch die VW-Exportzahlen der Ära T3 noch weiter in den Keller fallen. Aber das ist 1979 noch Zukunftsmusik.

Die Modellpalette des neuen T3 besteht wie beim T2 aus Kastenwagen, Kombi, Bus, Pritsche und Doppelkabine. In bewährter Weise ergänzt VW dieses Angebot um zahlreiche Sonderausstattungen und Sonderaufbauten. Ein Fahrzeug ragt dabei weit heraus: der Westfalia Joker.

Moderne Produktions-Zeiten: Roboter schweißen beim T3 unter anderem die Bodengruppe zusammen.

Der Transporter T3 — 1979

Freie Fahrt für den Transporter der dritten Generation, doch die goldenen Jahre des VW sind vorbei.

200 000 Reisemobile hat Westfalia bis dahin in fast 30 Jahren »in enger Zusammenarbeit« (Westfalia) mit VW gebaut. Und der Begriff Joker wird bald fast zu einem Synonym für Reisemobile auf VW-Basis. Er besitzt ein vorn aufklappendes Aufstelldach mit einer Gepäckwanne davor. Der Grundriss besteht aus drehbaren Vordersitzen, einer Küchenzeile mit daran anschließender Schrankwand links und einer Klappsitzbank im Heck. Die komplette Ausstattung überzeugt durch Isolierverglasung, Frischwassertank, Gaskocher mit Gastank, Kühlschrank, Zweitbatterie mit Ladegerät sowie einer benzinbetriebenen Heizung.

Damit sowie mit weiteren Details setzt der Joker neue Maßstäbe für kompakte Reisemobile. Lieferbar sind außerdem zwei weitere Grundrissvarianten (Joker 2, Club-Joker) sowie der einfach ausgestattete Joker 7 ohne die aufwendige Bordtechnik. Billig ist der fahrende Freizeitspaß allerdings nicht: 8685 Mark kostet der eingangs beschriebene Ausbau mit Komplett-Ausstattung. Macht zusammen mit dem Basisfahrzeug inklusive dem standesgemäßen Zweiliter-Motor 27 466 Mark. Und die VW-Basis glänzt dabei nicht gerade durch komplette Serienausrüstung – die Liste der Extras ist lang und sehr verführerisch.

Ein Meilenstein der Reisemobil-Entwicklung: Westfalia Joker auf Basis des Transporters T3.

Studie Weekender: So stellen sich die VW-Entwickler ein komfortables Reisemobil vor.

Der Transporter T3 — 1979

Auf der IAA im September präsentiert VW selbst exklusive Fahrzeuge für Freizeit und Beruf. Der »Weekender« als edles Freizeitfahrzeug hat ein Hochdach und eine Klappsitzbank im Heck, die Vordersitze sind drehbar. Seitlich sind im Innenraum eine Spüle, Getränkebox und eine Ablage untergebracht. Die Kochgelegenheit im Heck kann bei geöffneter Heckklappe ausgefahren werden. Die Unterhaltungselektronik besteht aus Fernseher und Stereo-Anlage.

Die Qualitäten eines komfortablen Reisefahrzeugs im Van-Stil demonstriert der »Traveller-Jet«. Eine verglaste Dachkuppel sowie eingefärbte, tief heruntergezogene Fenster vermitteln gleichzeitig Raumgefühl und ein exklusives Aussehen. Die hinteren Fenster sind außen mit Lamellen verdeckt, ein umlaufender Flankenschutz streckt die Karosserie optisch. Doppelscheinwerfer vorn und Aluminiumräder heben den Traveller-Jet ebenfalls weit vom üblichen Kleinbus ab.

Die Innenausstattung des Traveller-Jet enthält unter anderem vier Ruhesessel, Autotelefon, Getränke- und Kaffeebar, Fernseher und Stereo-Anlage, eine Klimaanlage sowie eine gläserne Trennwand zwischen Fahrerhaus und Fahrgastraum. Zahlreiche Ausstattungsdetails beider Fahrzeuge, vor allem aber des Traveller-Jet, fließen in den kommenden Jahren sowohl bei VW-Ausbauern als auch in werksseitig angebotene Ausstattungen ein.

Damit ist das Kapitel Freizeitfahrzeug in diesem Jahr aber noch nicht beendet. VW führt einen Ideenwettbewerb durch: Reisemobil-Freunde sollen ihren Wunsch-Grundriss auf Basis des neuen Transporter entwickeln. Die Teilnehmer kommen aus allen Berufsgruppen und beweisen in ihren Entwürfen, wie individuell und phantasievoll Reisemobilisten denken: Sie konstruieren herausziehbare Verlängerungen, ausbaubare Einrichtungen und selbst Sanitärräume. Zahlreiche Ideen aus diesem Wettbewerb werden sich in den nächsten Jahren in Profi-Ausbauten widerspiegeln.

Doch die Welt dreht sich 1979 nicht nur um den neuen VW Transporter. Ein Stahlstreik geht Anfang des Jahres zu Ende. Zielrichtung ist der Einstieg in die 35-Stunden-Woche in der Industrie. Zunächst aber erhöht sich der tarifliche Jahresurlaub der VW-Arbeiter auf, je nach Alter, 24 bis 28 Arbeitstage. Die amerikanischen Autohersteller stecken in einer Krise, und entlassen Zehntausende von Mitarbeitern. Auch in der Politik gibt es Neuigkeiten: Die ersten Direktwahlen zum Europa-Parlament sind abgehalten worden. Und im Bremen sitzen erstmals Grüne in einem deutschen Landesparlament.

Traveller-Jet: Zahlreiche Stilelemente dieser Studie tauchen später in Serienmodellen wieder auf. Rechts der Weekender.

Innenraum des Traveller-Jet: Ledersessel, Autotelefon und Fernseher für kultivierte Geschäftsreisen.

Es darf auch etwas schlichter sein: Pritschenwagen für die tägliche Arbeit.

Der Transporter T3 — 1980

1980
Fünf Millionen Transporter

Nach dem Umbruch des Vorjahres mit der Neuvorstellung des T3 sowie der Überarbeitung der Produktionsanlagen im Werk Hannover gibt es zunächst eine Verschnaufpause in puncto Transporter-Novitäten. Einzig eine Variante mit erhöhter Nutzlast läuft wieder an. In Verbindung mit einem verstärktem Fahrwerk erlaubt das VW-Werk 2,6 anstelle von 2,36 Tonnen Gesamtgewicht.
Und es wird gefeiert: Am 9. April rollt in Hannover der 5 000 000. Transporter der Typ 2-Geschichte vom Band. Ein stolzes Ergebnis – der VW Transporter ist das meistgebaute Fahrzeug seiner Gattung auf der Welt.

Das komplett ausgerüstete Westfalia-Reisemobil Joker gibt es auf Wunsch auch mit einem Hochdach.

Auch die Post ist bei der dritten Transporter-Generation wieder dabei: viel Platz im Kastenwagen mit Hochdach.

Olivgrün für das Militär: Transporter als Doppelkabine in Bundeswehr-Ausführung.

Der Transporter T3 — 1980

Den Pritschenwagen gibt es auch als Großraumpritsche, dann gibt es Außenspiegel mit Verbreiterungen.

In Hannover gibt es jetzt den »VW-Zirkel«: Kleine Gruppen von Mitarbeitern versuchen, im Werk anstehende Probleme zu lösen. Die Werksleitung unterstützt sie dabei. Anstelle einer Verkürzung der Wochenarbeitszeit erhöht sich in diesem Jahr wieder der Urlaub für die VW-Mitarbeiter. Jetzt sind es, je nach Altersgruppe, 28 bis 30 Tage. Im kommenden Jahr wird jeder VW-Werker 30 Tage Urlaub erhalten.

Die günstigen Preise der japanischen Konkurrenz, eine Bedrohung für Transporter – führt zu Untersuchungen von Produktionskosten. Eine Studie ermittelt für japanische Arbeitnehmer eine Arbeitszeit von durchschnittlich 1966 Stunden im Jahr – in der Bundesrepublik sind es dagegen 1656 Stunden per anno. Und die Arbeitskosten pro Stunde betragen inklusive Sozialabgaben in Japan umgerechnet 15,08 Mark, in Deutschland 24,86 Mark. Weitere Meldungen dieses Jahres: Der Papst besucht die Bundesrepublik, Deutschland wird Fußball-Europameister und der Dollar erreicht seinen Tiefstkurs bei 1,71 Mark. Diese Kostennachteile muss der Transporter mit Produktqualität ausgleichen.

1981
Ein Diesel als neuer Hit

Gleich zu Beginn des Jahres erfolgt eine wesentliche Weiterentwicklung des Transporter: Es gibt ihn jetzt auf Wunsch mit Dieselmotor. Warum erst jetzt? Gustav Mayer gibt eine überraschende Antwort: »*Ein Diesel war während der Entwicklung des T3 weder vorgesehen noch erwünscht.*« Ursache sind die internen Zwänge des VW-Konzerns.

Kurios genug, fielen doch die maßgeblichen Konzept-Entscheidungen für die Entwicklung des T3 im Jahre 1975, als die Ölkrise mit Treibstoffmangel und hohen Kraftstoffpreisen noch frisch in Erinnerung war. Ein sparsamer Dieselmotor hätte damals auf der Hand liegen müssen. Doch der T3 sollte ja luftgekühlte Boxermotoren erhalten, was gleichzeitig das Aus für einen Diesel bedeutete. Und der erste VW-Diesel war zu diesem Zeitpunkt noch nicht fertig, kam erst 1976 im Golf.

Diesel-Experimente allerdings hatten die VW-Entwickler trotzdem durchgeführt. So berichteten Kenner von einigen T2-Modellen im Versuch mit britischen Perkins-Dieselmotoren. Doch verschlechterte der vergleichsweise schwere Dieselmotor im Heck das gesamte Fahrverhalten und erhöhte vor allen Dingen die Empfindlichkeit gegen Seitenwind noch einmal deutlich. Es blieb bei einem Einbau in den größeren VW LT.

Kennzeichen D 1981: Der Wasserkühler des Dieselmotors ist hinter einem zweiten Grill montiert.

Der Transporter T3 — 1981

Der erste wassergekühlte Motor im Transporter: der aus Platzgründen stark geneigt eingebaute Diesel.

Nach guten Erfahrungen mit dem Diesel in Golf und Passat ist es nun aber höchste Zeit für einen Diesel im T3. Forschungs-Vorstand Ernst Fiala setzt ihn gegen erhebliche Widerstände im eigenen Haus durch. Einfach ist die Implantation des Triebwerks allerdings nicht: Der Reihenmotor darf nicht mehr Platz wegnehmen als der flache Boxer – und wohin mit der Wasserkühlung bei einem Heckmotor?

Die VW-Entwickler finden Lösungen: Den Wasserkühler bringen sie vorne unter, den Motor pflanzen sie längs um exakt 50 Grad 30 Minuten nach links geneigt ins Heck. Auf diese Weise bleibt der Gepäckraum in voller Höhe erhalten. Die Motorenbauer reduzieren die Leistung des Diesels gegenüber dem Pkw-Einsatz um knapp zehn Prozent auf 37 kW (50 PS). Dadurch sinkt die Nenndrehzahl von 4800 auf 4200/min. Aufgrund der gedrosselten Leistung lässt sich ein breiteres Drehmomentfeld für bessere Elastizität erzielen, wie sie in Transportern gefragt ist.

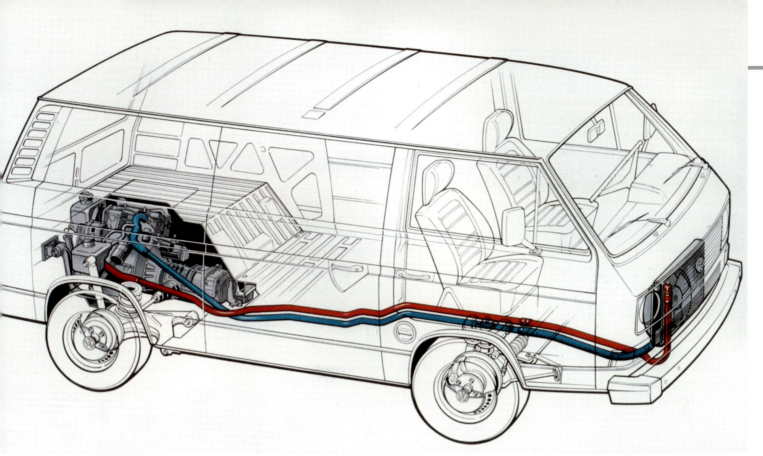

Lange Leitung: Die Kühlwasserschläuche zwischen Motor und Kühler verlaufen unter dem Boden.

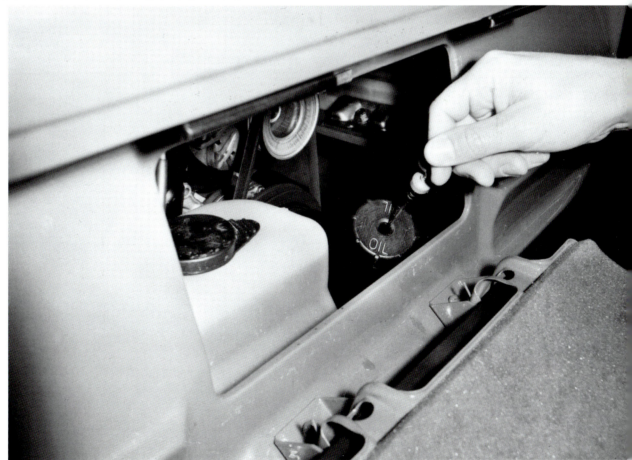

Kleine Klappe: Die Kontrolle von Öl und Kühlwasserstand erfolgt durch eine Klappe hinter dem Nummernschild.

Der Transporter T3

Der moderne Wirbelkammer-Dieselmotor besitzt eine obenliegende Nockenwelle, die ein Zahnriemen antreibt. Die Kurbelwelle ist fünffach gelagert. Die Verdichtung beträgt 23,5:1; die Einspritzung erfolgt mittels einer Verteilerpumpe. Der langhubig ausgelegte Motor (Bohrung x Hub 75,5 x 86,4 Millimeter) verspricht gute Elastizität. Die Dauer der Vorglühzeit beträgt laut VW maximal sieben Sekunden. Ein Kaltstart-Beschleuniger mit manuell zu betätigendem Zugknopf verlegt die Einspritzung bei niedrigen Motortemperaturen um fünf Grad vor. Effekt: weniger Rauch, geringeres Nageln.

Für den Einsatz des Motors im Transporter sind zahlreiche Änderungen erfolgt: verkürzte Saugrohre, Schwungscheibe mit größerem Durchmesser, eine stärker dimensionierte Kupplung und ein Luftfilter mit einer HD-Patrone. Die Wasserpumpe erhält einen doppelten Riemenantrieb, die Einspritzpumpe einen anderen Regler. Die Ansaugung der Verbrennungsluft erfolgt links im Heck. Eine Dreipunkt-Lagerung mit doppelten Gummi-Elementen bewirkt eine weitgehende Entkopplung des Motors. Dies verringert von Resonanzen und senkt das Geräuschniveau im T3. Eine verzinkte Stahlblechwanne mit einer Schicht aus PU-Schaum dämmt die Außengeräusche. Der Abgasschalldämpfer ist am Motor festgeschraubt. Ein Ölkühler sichert moderate Temperaturen.

Den Wasserkühler samt Kühlerventilator installiert VW im Bug des Transporter. Rohrleitungen im Bodenrahmen verbinden den Kühler mit dem Heckmotor. Die Kontrolle des Kühlwasserstands sowie eventuelles Nachfüllen erfolgen im Motorraum. Der Kühlmittelinhalt beträgt aufgrund der Entfernungen zwischen Kühler und Motor stattliche 16 Liter. Der vorn montierte Kühler ergibt auch das Erkennungszeichen für die Diesel-Transporter: Ein zweiter Grill direkt über der Stoßstange. Die Service-Intervalle betragen wie bei den Benzinern 7500 Kilometer.

VW begründet den Einsatz dieses ersten wassergekühlten Motors im Transporter sowohl ökologisch als auch wirtschaftlich. Zum einen heißt es: »*Wir leben in einer Zeit der Verknappung von Erdöl und steigenden Energiekosten. Erhöhter Nachfrage stehen überschaubare Ressourcen gegenüber ... Der Dieselmotor ist ein Mittel zur Energie-Einsparung.*« Aber Geld soll der Dieselmotor auch sparen: Identische Preise für Normalbenzin und Diesel-Kraftstoff vorausgesetzt, erfolgt die »*Amortisation nach etwa 30 000-35 000 km.*«

Aufgrund der zurückhaltenden Motorleistung und des wirtschaftlichen Teillastbetriebs empfiehlt VW den Einsatz „vor allem im innerörtlichen Verteilerverkehr und auf Kurz- und Mittelstrecken." Dort hat ihn auch die Post ausgiebig erprobt: 20 Vorserienmodelle liefen im Briefkasten-Sammelverkehr.

Die Bezeichnung Caravelle steht ab 1981 für eine besonders luxuriös ausgestattete Bus-Variante.

Unter diesen harten Bedingungen ermittelte der VW-Großkunde Verbräuche um zehn Liter/100 km.

In den Wirtschaftlichkeitsberechnungen setzt VW für den Selbstzünder einen Verbrauch von 10,5 Liter/100 km an, beim gleichstarken Benziner sind es exakt 15 Liter. Die DIN-Verbräuche der beiden Motoren betragen (Benziner in Klammern) bei konstant 90 km/h 8,8 (11,2) Liter, im Stadtverkehr 9,2 (15,7) Liter. Kein Wunder, dass VW vermutet, dieser Dieselmotor hat »*das Zeug, in seiner Wagenklasse Maßstäbe zu setzen*«. Angenehmer Nebeneffekt des Dieselmotors: Die Wirkung der Heizung ist deutlich besser.

Transporterkäufer schauen auch auf die Nutzlast. Der schwerere Motor, Wasserkühler, Rohrleitungen, Kühlmittel sowie mehr Dämm-Material erhöhen das Leergewicht um 100 Kilogramm. 40 Kilo davon holt VW wieder herein, indem das Gesamtgewicht der Diesel-Transporter von 2,36 auf 2,4 Tonnen erhöht wird.

Allerdings gibt VW unumwunden zu: »*Ein Sprinter ist der Diesel-Transporter hingegen nicht.*« Laut Werksangaben beträgt die Höchstgeschwindigkeit 110 km/h, und die Beschleunigung von null auf 80 km/h dauert 22 Sekunden, von null auf 100 km/h ist nicht die Rede. Für den Stadtverkehr reicht die Leistung aus. Wer aber mit dem VW auf große Fahrt gehen will, muss noch einige Jahre auf einen sparsamen und gleichzeitig kräftigen Motor warten.

Die Transporter-Käufer sind von dem neuen Motor angetan: Bereits nach einem halben Jahr liegt der Dieselanteil beim Typ 2 über 50 Prozent der eingehenden Bestellungen. Weitergehenden Erwartungen nach einer Ablösung der Boxermotoren beugt VW vor: »*Nach dreißigjähriger Tradition mit luftgekühlten Heckmotoren in Boxer-Bauart hat der wassergekühlte Diesel aber nichts mit einer Abkehr von bewährten Antriebsprinzipien zu tun*«. Bald wird man es sehen: Tatsächlich läutet der Reihenmotor immer noch nicht das Ende des Boxers ein.

Aufmerksame Beobachtern entdecken eine Unstimmigkeit bei der Drehmomentangabe: Spricht VW von 103 Nm bei 2000 Umdrehungen, so zeigen die vom Werk herausgegebenen Kurven den Drehmoment-Höhepunkt bei 2800/min. Hintergrund: Zunächst hatte der Motor 103 Nm bei 2800/min, doch um den Ausstoß an Rußpartikeln zu verringern, überarbeitete VW den Einspritzverlauf. Ergebnis war dann der vorverlegte Drehmomentgipfel. Was VW in seinen Angaben allerdings nie änderte, war der Maximalwert des Drehmoments: Er belief sich nicht auf die angegebenen 103 Nm, sondern in der Realität nur auf 95 Nm. Der zweistellige Wert aber hätte wohl allzu mickrig ausgesehen.

Caravelle-Fahrgastraum: körpergerechte Polsterung, massive Armlehnen und ein Velours-Teppichboden.

 *Der Transporter T3*

In die Kritik gerät des Diesel bald wegen mangelnder Haltbarkeit. Der ehemalige Entwickler Henning Duckstein klärt auf: Einige gewerbliche Käufer ließen die vorgeschriebene kostenlose erste Wartung nach 1000 Kilometern ausfallen. Deshalb wurde entgegen der Vorschrift die Zylinderkopfdichtung nicht nachgezogen. Folge: Nach 50 000 bis 60 000 Kilometern war die Dichtung defekt.

Nicht nur der Dieselmotor ist in diesem Jahr neu im Angebot der VW Transporter: VW krönt das Programm durch den Caravelle, einen komplett ausgestatteten Bus. Zur Serienausstattung zählen außen eine Zwei-Farben-Lackierung sowie Stoßfänger mit Gummileisten und ein Heckscheibenwischer.

Innen bietet der siebensitzige Edel-Bus unter anderem Kopfstützen vorn, klappbare Armlehnen für alle Plätze, körpergerecht aufgepolsterte Sitze im Fahrgastraum und einen Velours-Teppichboden. Neben zahlreichen weiteren Details fehlen auch nicht mit Zierringen versehene Fensterkurbeln. Der Prospekt behauptet nicht zu Unrecht: »*Ein Bus der Extra-Klasse.*«

Transporter für die Polizei: Sowohl die Fahrerkabine als auch der Gepäckraum sind durch Netze abgeteilt.

1981

Trotz des hinderlichen Heckmotors konstruieren Aufbauer sogar Verkaufswagen auf dem Transporter.

Alle Transporter erhalten ab Sommer schwarze Blenden aus Kunststoff in den Luftansaugöffnungen der Motoren. Sie dienen nicht nur der Optik, sie verringern die Ansauggeräusche. VW erhöht die Anhängelast mit Ausnahmegenehmigung: In Verbindung mit Schaltgetriebe steigt sie von 1400 auf 1800 Kilogramm, mit Automatik von 800 auf 1000 Kilogramm.

Im März 1981 feiert VW ein Jubiläum: Das Werk Hannover wird 25 Jahre alt. Zu diesem Zeitpunkt fertigt VW dort 725 Transporter am Tag, außerdem 160 LT und 15 Lkw der G-Reihe. Zudem verlassen das Werk jeden Tag 750 Boxermotoren und 1150 Reihentriebwerke. Das gesamte Werk wird täglich mit 2500 Tonnen Material versorgt, davon 850 Tonnen Stahl, 290 Tonnen Aluminium und 12,8 Tonnen Lack. Das Werksgelände misst gut eine Million Quadratmeter, von denen rund 40 Prozent überbaut sind.

Außerdem bemerkenswert: Im Dezember dieses Jahres rollt der Transporter auch in Argentinien vom Band, wenn auch nur mit geringen Stückzahlen.

Doch es gilt außer dem Jubiläum in Hannover noch weitere runde Zahlen zu feiern. Im März baut das Werk Kassel den 5 000 000. Austauschmotor. Am 15. Mai produziert VW den 20 000 000. Käfer, im November das 40 000 000 Auto überhaupt – stolze Zahlen. Der Transporter Typ 2 ist an diesem Erfolg erheblich beteiligt.

Der Transporter T3 — 1981

Der Transporter setzt in den USA Maßstäbe für Großraum-Pkw und trägt am Heck die Bezeichnung Vanagon.

Palette der VW-Nutzfahrzeuge 1981: Ein gut gemischtes Transporter-Programm, ergänzt durch die Gemeinschaftsbaureihe mit der MAN.

Doch es gibt auch schlimme Nachrichten: VW-Chef Toni Schmücker erkrankt im Juni so schwer, dass er seine Arbeit nicht mehr aufnehmen kann. Im November bestimmt der VW-Aufsichtsrat Carl H. Hahn zu seinem Nachfolger. Hahn ist zu diesem Zeitpunkt Chef der Reifenfirma Continental in Hannover. Seine eigentliche Karriere hatte er aber zuvor bei VW absolviert und es dort ganz weit gebracht, sogar bis zum Vorstandsrang. Wirtschaftlich gibt es in diesem Jahr zwei Eckzahlen: Die Exporteure freuen sich über einen Dollarkurs, der wieder auf rund 2,50 Mark steigt. Aber: Erstmals seit vielen Jahren sind im Januar mehr als eine Million Menschen in der Bundesrepublik arbeitslos.

1982
Das Ende der luftgekühlten Boxermotoren

Im September 1982 ist sie dann zu Ende, die Zeit der luftgekühlten Boxermotoren im Typ 2. Nach mehr als 30 Jahren muss endlich etwas passieren, sind die Motoren einfach nicht mehr zeitgemäß: Die Haltbarkeit der Luftgekühlten befriedigt nicht, der Verbrauch liegt zu hoch, kommende Abgas- und Geräuschvorschriften sind mit ihnen nicht einzuhalten. Doch zur Zeit der Entwicklung fehlt ein passender Motor im Konzernprogramm. Audi bietet den Nutzfahrzeug-Ingenieuren zwar einen attraktiven wassergekühlten Reihenmotor mit 1,8 Liter Hubraum an, doch dieses Triebwerk ist nicht auf die erforderliche Neigung von gut 50 Grad wie der Dieselmotor zu bringen – ein stehender Reihenmotor aber würde das Lade- und Gepäckraumvolumen erheblich reduzieren. Auch soll aus Kostengründen bei einer neuen Motorengeneration die Fertigungsstraßen der luftgekühlten Boxermotoren möglichst genutzt werden. Folgerichtig fällt die Entscheidung zugunsten von wassergekühlten Boxermotoren aus. Damit diese Motoren in die vorhandene Motorenfertigung in Hannover hineinpassen, basieren sie auf dem 1,6-Liter-Boxermotor: Der Abstand zwischen den Mittelpunkten der Zylinder stimmt zwischen diesem Triebwerk und dem wassergekühlten Motor überein. Dank Wasserkühlung kommt der Motor auf einen Hubraum von 1,9 Litern. Alles zusammen ein unerwarteter Kunstgriff.

Der Transporter bewährt sich auch in der dritten Generation als Krankenwagen. Sei es als Baby-Notarztwagen ...

 **Der Transporter T3**

... oder als Krankenwagen mit dem eleganten Hochdach von Dehler als Alternative zum Standard-Hochdach.

Ungewöhnlicher Sonderaufbau: VW Doppelkabine mit Kastenaufbau als Hunde-Transporter.

1982

Dieses Verfahren hätte technisch genauso auf der Basis des Zwei-Liter-Boxers mit Luftkühlung funktioniert, der mit Wasserkühlung dann sogar auf etwa 2,4 Liter Hubraum gekommen wäre. Aber die Festlegung auf vorhandene Fertigungseinrichtungen ließen diese reizvolle Lösung nicht zu.

Doch auch der 1,9-Liter-Wasserboxer – wie der Motor technisch nicht korrekt, aber einprägsam genannt wird – überzeugt. Die Leistung beträgt wahlweise 44 kW (60 PS) bei 3700/min oder 57 kW (78 PS) bei 4600/min. Das maximale Drehmoment beläuft sich auf 140 Nm bei 2200/min und 141 Nm bei 2600/min. Kurbelgehäuse und Zylinderköpfe bestehen aus einer Leichtmetall-Legierung. Die dreifach gelagerte Kurbelwelle sowie die Nockenwelle liegen zentral im Zylinderblock. Das Verdichtungsverhältnis beträgt jetzt 8,6:1; die Motoren sind aber nach wie vor für Normalbenzin ausgelegt. Der Großteil des Brennraums liegt jetzt im Kolben, nur ein Restbrennraum im Zylinderkopf.

Bekommt der schwächere Motor einen Flachstromvergaser, so erhält die stärkere Variante einen Fallstrom-Registervergaser. Beide Motoren haben eine Startautomatik. Der Wasserkühler ist entsprechend zum Diesel vorn untergebracht, ebenfalls hinter dem bereits bekannten zweiten Grill. Die Kühlflüssigkeit beläuft sich auf 17,5 Liter.

Die Eigenschaften der Wasserboxer unterscheiden sich deutlich von den Vorgängern. Gemeinsam ist ihnen nur die Boxer-typisch hohe Laufkultur. Das niedrigere Drehzahlniveau der neuen Motoren, der Wegfall des Kühlgebläses sowie die dämpfende Wasserkühlung reduzieren die Motorgeräusche innen und außen deutlich. Dazu bei trägt auch die neue Dreipunktlagerung, übernommen vom Dieselmotor. Geräuschmindernd wirkt ebenfalls die überarbeitete Auspuffanlage. Aufgrund des erheblich günstigeren Temperaturverhaltens sind deutlich höhere Laufleistungen zu erwarten.

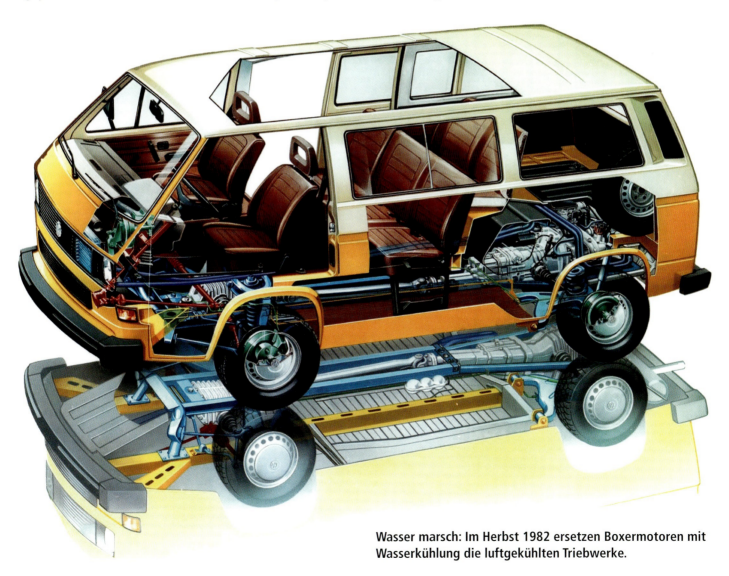

Wasser marsch: Im Herbst 1982 ersetzen Boxermotoren mit Wasserkühlung die luftgekühlten Triebwerke.

 **Der Transporter T3**

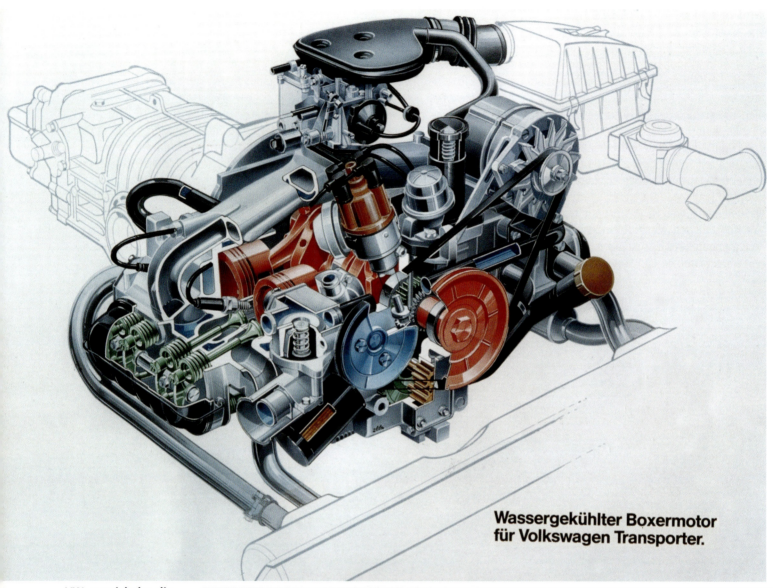

Wassergekühlter Boxermotor für Volkswagen Transporter.

VW entwickelte die 1,9-Liter-Wasserboxer auf Basis des luftgekühlten Boxers mit 1,6 Liter Hubraum.

Eine Ära ist zu Ende: Als Zeichen der Wasserkühlung tragen jetzt alle Motoren den zweiten Grill.

1982

Auffällig sind die trotz höherer Leistung deutlich niedrigeren Verbräuche: Im Vergleich zu seinem Vorgänger konsumiert der schwächere Wasserboxer rund 16 Prozent weniger, bei der stärkeren Variante sind es zwölf Prozent. VW verlängert zusammen mit der Einführung der Wasserboxer die Service-Intervalle der Benziner auf 15 000 Kilometer oder einmal jährlich. Angenehmer Nebeneffekt der Wasserboxer ist wie beim Dieselmotor eine bessere Heizleistung. VW überarbeitet zudem die Bedienung von Heizung und Lüftung. Zur Serienausstattung zählt nun ein dreistufiges Gebläse. Zu bemängeln bleibt allerdings die lange Ansprechzeit der Heizung nach dem Kaltstart.

Kaum zu glauben, aber wahr: Da hubraumstärkere Varianten der Reihenmotoren im Pkw-Bereich nicht in Sicht sind, überlegt VW während der Wasserboxer-Entwicklung, diesen Motor als Zwischengeneration auch in Personenwagen einzubauen. Es gibt sogar schon einen Passat-Prototyp mit diesem Triebwerk.

Doch es kommt anders: »*Der Wasserboxer wird zum Exoten im Programm*«, so der spätere Nutzfahrzeug-Entwicklungs-Chef Karl Nachbar.

Wie schon im Vorjahr beim Diesel, so mogelt VW auch jetzt ein wenig bei der Angabe des maximalen Drehmoments. Der stärkere der beiden Wasserboxer, der Motor mit 57 kW (78 PS) wird über mehrere Jahre mit 141 Nm bei 2600/min angegeben. Doch schon direkt nach Serienbeginn ändert VW unter anderem Saugrohr und Vergaser, wodurch das höchste Drehmoment deutlich auf 153 Nm bei 2400/min steigt. Erst 1985 korrigiert VW die Angabe.

Für alle Motoren, also auch den Diesel, bietet VW nun gegen Aufpreis ein Fünfganggetriebe an. Die fünfte Schaltstufe hat keine Schoncharakteristik, sondern mit ihr erreichen die Transporter die Höchstgeschwindigkeit. Entsprechend angepasst sind die Übersetzungen der anderen Gänge, die jetzt enger

Der neue Caddy 1982, der Pick-up basiert auf einem US-Modell.

Der Transporter T3 — 1982

zusammenliegen. Ungewohnt ist allerdings das Schaltschema: Der erste Gang liegt hinter einer Sperre in einer Ebene mit dem Rückwärtsgang (der gegen Verschalten durch eine weitere Sperre gesichert ist). Aufgrund einer wenig präzisen Schaltung bereitet der Wechsel vom ersten in den zweiten Gang kein Vergnügen.

Weitere Änderungen für das neue Modelljahr: Die Motoren werden um 30 Millimeter nach hinten versetzt, weshalb die Antriebswellen nun exakt rechtwinklig zu den Rädern stehen. Dies verbessert die Lebensdauer. Serienmäßig gibt es nun für alle Modelle Automatik-Sicherheitsgurte vorn, Gürtelreifen, Bremskraftverstärker und eine hydraulisch betätigte Kupplung. In Verbindung mit dem Automatikgetriebe gehört zur Ausstattung außerdem ein zusätzlicher Wärmetauscher im Fahrgastraum, da der Bodenheizkanal im Durchgang zwischen Fahrerhaus und Fond aus konstruktiven Gründen entfällt. Dieser Wärmetauscher ist gegen Aufpreis auch für die anderen Personentransporter lieferbar. Um das Mehrgewicht der wassergekühlten Benziner aufzufangen, beträgt das zulässige Gesamtgewicht jetzt einheitlich 2390 Kilogramm.

Indes: Die Zeit der Transporter mit luftgekühlten Boxermotoren ist nicht überall vorbei. In den Auslandswerken Brasilien, Mexiko, Argentinien und Südafrika produziert VW sie weiter. Freizeit heißt das Thema für einige VW-Designer. Sie fertigen Entwürfe für Freizeitfahrzeuge auf Basis des Transporter an. Selbst der Pritschenwagen und die Doppelkabine dienen als Grundlage. Einige dieser Ideen wird VW wenige Jahre später umsetzen.

Der eindeutige Bestseller unter den Reisemobilen auf Transporter-Basis ist der Westfalia Joker.

Gedacht für einen neuen Kundenkreis: Dehler Profi an der Schnittstelle von Freizeitfahrzeug und Büromobil, hier noch mit Luftboxer.

Eine neue Marktnische: absetzbarer Wohnmobilaufbau von Road Ranger auf einer Transporter-Doppelkabine.

 *Der Transporter T3* — 1982

Findige Reisemobil-Hersteller wie Bischofberger setzen auf den Transporter sogar Alkoven-Aufbauten.

Idee der VW-Designer: Riesenbus mit verlängertem Radstand und Hochdach mit Oberlichtern.

Elegantes Reisefahrzeug mit edler Ausstattung als Konferenzmobil und Zubringer für den Manager.

T3 als Jagdwagen mit Hochsitz auf dem Dach.

Der Transporter T3

Selbst aus dem Pritschenwagen lässt sich mit Karosserie-Elementen ein Freizeitfahrzeug entwickeln.

Das Basisfahrzeug für Expeditionen lässt noch auf sich warten: Syncro-Prototyp aus dem Jahr 1982.

1982

VW-Transporter als Expeditionsmobil mit gleichzeitig funktioneller wie eleganter Ausrüstung.

1982 stellt VW auch den Caddy vor, einen Pick-up auf Grundlage des Golf nach Vorlage aus Nordamerika. Der Caddy soll die Lücke zwischen dem Kombi Passat Variant und dem Transporter schließen. Es gibt den Caddy als Pritsche sowie mit Kastenaufbau; die Nutzlast beträgt rund 600 Kilogramm. VW produziert den Caddy zusammen mit TAS in Sarajewo im damaligen Jugoslawien; der Balkankrieg beendet dessen Produktion.
VW verstärkt nicht nur damit sein ausländisches Engagement. Nachdem bereits 1981 eine Übereinkunft mit Nissan zum Zweck der Montage des VW Santana in Japan erzielt wurde, gibt es jetzt einen Abschluss mit China über eine Santana-Montage. Zudem schließt VW mit dem spanischen Hersteller Seat einen Vertrag über eine weitgehende Zusammenarbeit ab. Weitere VW-Nachrichten: Im Januar hat der neue Vorstandsvorsitzende Carl H. Hahn sein Amt angetreten. Im Februar gibt es den 5 000 000. Golf zu feiern und im November den 20 000 000. VW aus dem Werk Wolfsburg. In dieser Zahl stecken die Transporter aus der Frühzeit des Typ 2.
In der Bundesrepublik gibt es ebenfalls eine Ablösung: Die FDP verlässt die Regierungskoalition mit der SPD, um zusammen mit der CDU/CSU eine neue Bundesregierung zu bilden. Der Bundeskanzler heißt deshalb seit Oktober Helmut Kohl. Und im Dezember steigt die Zahl der Arbeitslosen erstmals seit 1955 auf mehr als zwei Millionen.

1983
Edel-Bus und Caravelle

Bei VW gibt es einen neuen Golf. Seine Endmontage in der Halle 54 des VW-Werks in Wolfsburg gilt als Beispiel für weitestgehende Automatisierung der Auto-Fertigung. VW hat in Wolfsburg außerdem ein neues Forschungszentrum gebaut. Im September gliedert VW das Programm des T3 neu. Alle Nutzfahrzeug-Varianten einschließlich Kombi laufen jetzt unter der Bezeichnung »VW Transporter«. Die Bus-Varianten hingegen erhalten den Namen »Caravelle« sowie – je nach Ausstattung – die Zusatzbuchstaben C, CL oder GL. Alle Modelle erhalten ein neues Schloss für die Heckklappe. Es steht nicht mehr heraus, sondern schließt bündig mit der Karosserie ab. Hinzu kommt außerdem ein Kantenschutz aus Kunststoff, der die Regenrinne vor Beschädigung und Korrosion schützt.

Ein kleines, aber im Zweifelsfall lebenswichtiges neues Detail: VW vereinheitlicht die Gurtschlösser in allen Autos des Konzerns. Als Sonderausstattungen stellt VW Aluminiumräder des Formats 6 J x 14 und Breitreifen der Größe 205/70 R 14 vor. Ein Modell hat diese Räder und Reifen serienmäßig: der neue Caravelle Carat. Die noble Topversion der Modellpalette beeindruckt mit einer ungewöhnlich kompletten Ausstattung. Einiges davon, zum Beispiel Räder, Reifen, rundumlaufende Beplankung aus GfK, dazu passende Stoßfänger sowie rechteckige Doppelscheinwerfer hatte VW bereits 1979 in der Studie Traveller-Jet gezeigt.

Das Luxusauto Carat unterscheidet sich von den profanen Kleinbussen außen durch neue Lufteintrittsgitter, einen Frontspoiler, Metallic-Lackierung und eine schwarze Blende zwischen den Heckleuchten. Das Fahrwerk ist neu abgestimmt und tiefergelegt. Alles zusammen gibt dem VW eine elegante und dynamisches Erscheinungsbild. Der Bus wird als Caravelle Carat zum Edelmann.

VW Caravelle Carat: Der Top-Bus im VW-Programm hebt sich auch äußerlich von den anderen Caravelle-Varianten ab.

1983

Die Beplankung ist auffällig, der Schriftzug dezent.

Carat-Innenraum: Vier Einzelsitze, Ablageschränkchen, Tisch und hochwertige Verkleidungen schaffen eine noble Atmosphäre.

Standesgemäßes Extra für den Carat: Eine Klimaanlage sorgt für angenehme Innentemperaturen.

Der Transporter T3 1983

Kaum wiederzuerkennen: Unter dem Verkaufswagen von Borco Höhns steckt tatsächlich ein VW-Transporter.

Auch in kommunalen Fuhrparks ist der Transporter sehr beliebt und wird mit Sonderaufbauten versehen.

Sehr glücklich sieht er nicht aus: Entwickler Karl Nachbar schaut aus dem Schiebedach des Schwimm-Transporters.

Innen bietet der Caravelle Carat, »*komfortabelste Großraum-Limousine und exklusives Konferenzmobil zugleich*« (VW), Luxus pur. Sechs Einzelsitze gibt es, die mittleren sind drehbar, die hinteren höhenverstellbar (auf Wunsch elektrisch). Automatik-Sicherheitsgurte im Fahrgastraum gehören ebenso zum Standard wie klappbare Armlehnen und Kopfstützen. Der Fußboden ist erhöht und mit Velours ausgelegt. Es gibt besondere Innenverkleidungen, einen einschiebbaren Konferenztisch, Leselampen und Stauräume im Fond. Ein Stereo-Kassettenradio gehört ebenso zur Ausstattung wie Fünfganggetriebe, Drehzahlmesser, Digitaluhr, eine Zentralelektrik und die Servolenkung. Vieles der Zutaten gibt es zunächst exklusiv nur im Carat. Einige Ausstattungen werden allerdings in den nächsten Jahren als Extra auch für die anderen VW zur Verfügung stehen.

Fehlt nur der passende Motor. Und auch in diesem Punkt hat sich VW etwas einfallen lassen: Das Unternehmen entwickelte im eigenen Haus eine elektronische Einspritzanlage mit Namen »Digijet« (die Weiterentwicklung heißt später sehr nett »Digifant«) für den Wasserboxer. Ergebnis ist eine Leistung von 66 kW (90 PS) bei 4600/min. Diesen Motor gibt es ausschließlich für den Caravelle Carat – die Höchstgeschwindigkeit beträgt beachtlich 139 km/h.

In den USA läuft dieses Triebwerk sogar schon in Verbindung mit einem geregelten Dreiwege-Katalysator und löst dort den luftgekühlten Zweiliter-Boxermotor mit Kat ab. 1984 wird VW die Kat-Variante des Wasserboxer-Einspritzers auch in Deutschland anbieten. Die Leistung beträgt dann 61 kW (83 PS).

Auch findige Tüftler und Bastler probieren ihre zahllosen Ideen immer wieder am VW Transporter aus. Beispiel ist der schwimmfähige VW eines Kraftfahrzeugmeisters aus Speyer. Er dichtet die Karosserie ab, zieht außerdem Schottwände ein, installiert am Heck eine Schiffsschraube. Zur Sicherheit sind im Schwimmbus außerdem Lenzpumpen gegen Wassereinbrüche eingebaut.

Der Transporter T3 — 1984

1984
Wieder ein neuer Motor

Ab September ist der Einspritzer-Wasserboxer auch für andere VW-Modelle zu haben: Gegen Aufpreis baut VW ihn in Kasten, Kombi und Caravelle ein. Der Carat aber erhält ein echtes Top-Triebwerk. Mit ihm soll, so ein internes VW-Papier, »*der herausragenden Position des Caravelle Carat als exklusives Reise- und Geschäftsfahrzeug auch motorseitig Rechnung getragen werden.*«

VW vergrößert den Hubraum des 1,9-Liter-Motors auf 2,1 Liter und erhöht die Verdichtung auf 10,5:1. Neu sind die Kurbelwellenlager und die Steuerzeiten der Nockenwelle. Die Motorenkonstrukteure gestalten Ein- und Auslasskanäle besonders strömungsgünstig, der Saugrohr-Durchmesser ist größer. Gewachsen ist auch der Schalldämpfer; zudem erhält der Motor den wassergekühlten Ölkühler des Diesels.

Die aufwendige technische Feinarbeit ergibt eine Leistung von 82 kW (112 PS) bei 5200/min sowie ein maximales Drehmoment von 165 Nm bei 3000/min. Trotz der Mehrleistung verbraucht der Motor sogar weniger als der schwächere Einspritzer mit 1,9 Liter Hubraum. Die Höchstgeschwindigkeit beträgt 150 km/h. Der Motor gefällt durch Biss und Antritt in allen Drehzahlbereichen – er ist bis zum Ende der T3-Generation der überzeugendste .Benziner unter den zahlreichen Motorvarianten dieser Generation.

American way of drive: hochwertig ausgerüstete Doppelkabine mit mit Aluminium-Rädern und Metallic-Lackierung.

Neues Extra für den Transporter ab 1984: Liegebeschlag für die Hecksitzbank mit Polster auf dem Motorraum.

1984 liefert VW eine ganze Reihe einfach ausgestatteter Typ 2 Pritschenwagen in die damalige DDR.

Der Transporter T3

Im Werk Hannover sind immer mehr Roboter im Einsatz: Hier wird der Kastenrohbau des Transporter zusammengeschweißt.

Transporter für die Beförderung behinderter Fahrgäste: Kombi mit schwenkbarem Rollstuhllift.

1984

Diskutiert hatten die Entwickler für den stärksten T3 zunächst ein Vierganggetriebe mit einem zusätzlichen, kurz übersetzten Anfahrgang für den Betrieb in Bergen oder mit Anhänger. Doch diese Idee wird schnell fallen gelassen. Für kurze Zeit gibt es den Motor in Verbindung mit einem relativ lang (0,75) ausgelegten fünften Gang des Schaltgetriebes. Zugunsten der Zugkraft aber verkürzt VW die Übersetzung schon nach etwa eineinhalb Monaten in 0,82.

Zwei Jahre später wird VW das stärkste T3-Aggregat auch mit einem geregelten Katalysator anbieten. Damit der Motor bleifreies Normalbenzin verträgt, reduziert VW die Verdichtung auf 8,5:1 – entsprechend sinkt die Leistung auf 70 kW (95 PS). Weder die Leistungs-Charakteristik noch der Kraftstoffverbrauch des Kat-Motors werden auch nur annähernd die Qualität des ungereinigten Wasserboxer-Einspritzers erreichen.

In wichtigen Details überarbeitet VW 1984 wieder die gesamte Modellpalette. Auffallend sind vor allem erweiterte Rostschutz-Maßnahmen wie der Einsatz von verzinkten Blechen im Bereich der Türen oder ein Steinschlag-Schutzlack an der Frontpartie. Neue untere Querlenker erlauben eine Anhebung der zulässigen Vorderachslast von 1100 auf 1200 Kilogramm. Damit die Nutzlast für Benziner und Diesel gleich ausfällt, erhöht VW das zulässige Gesamtgewicht aller Diesel-Modelle auf 2460 Kilogramm. Nach wie vor ist eine weitere Auflastung auf 2,6 Tonnen möglich.

VW verbessert bei allen Modellen die Präzision der Schaltung. Aufgrund verbesserter Scharniere, eines neuen Drehfallenschlosses sowie eines reduzierten Rollwiderstands der Kugellager fällt die Schiebetür nun deutlich leichter ins Schloss.

VW wertet auch die bisher eher sparsame Ausstattung auf. Alle Modelle erhalten jetzt Kopfstützen vorn (bisher nur GL, Carat), zwei Rückfahrleuchten (bisher L, CL, GL und Carat) sowie einen abschließbaren Tankdeckel (bisher L, CL, GL, Carat). Eine Intervallschaltung verbessert die Funktion des Heckscheibenwischers.

Neue Sonderausstattungen erhöhen den Komfort. Lieferbar sind jetzt ein Liegebeschlag für die hintere Sitzbank zusammen mit einem Motorraumpolster, eine Heizung für den Fahrersitz, elektrisch verstell- und beheizbare Außenspiegel, ein Glas-Ausstelldach für die Fahrerkabine, Servolenkung, Drehzahlmesser und Digitaluhr und ein beleuchteter Spiegel in der Beifahrer-Sonnenblende. Mehrere dieser Sonderausstattungen waren bis dahin ausschließlich in Verbindung mit dem teuren Caravelle Carat zu bekommen.

Auch in der Transporter-Produktion gibt es eine Weiterentwicklung: Im Karosseriebau setzt VW weitere 20 Roboter ein.

Transporter mit erhöhter Nutzlast, gepanzert und umgebaut als Geldtransporter.

Der Transporter T3

Für Hersteller von großen Reisemobilen und anderen Aufbauten liefert VW auch eine Art Fahrgestell mit Fahrerhaus.

VW fertigt den aufwendigen Transporter der dritten Generation auch in seinem Werk in Südafrika.

1984

Freizeit ist das beherrschende Thema für Westfalia: Am 27. September baut das Unternehmen das 250 000. Reisemobil aus, ein Joker auf Basis des VW T3. Er ist zusammen mit dem Dehler Profi das Maß der T3-Campingbusse.

Aufsehen erregt in diesem Jahr ein Crash-Test mit Frontlenker-Transportern, VW lässt ihn im Allianz-Sicherheitszentrum des Unfallforschers Max Danner durchführen. Außer dem VW T3 nehmen sechs japanische Transporter teil. Alle Fahrzeuge werden mit etwa 36 km/h seitlich versetzt frontal gegen eine Betonwand gefahren. Das schockierende Ergebnis: Mit Ausnahme des VW hätten die Fahrer in allen Fahrzeugen mit leichten bis sehr schweren Verletzungen rechnen müssen. Einzig der VW bietet so viel Schutz wie ein Pkw. Und einzig beim VW hätte sich eine Reparatur gelohnt.

Der Test zeigt Folgen: Wenige Jahre später zeichnen sich fast alle japanischen Transporter durch einen längeren Vorbau aus. Und dahinter verbergen sich zumeist gabelförmig auslaufende Längsträger, wie sie VW bereits seit 1972 einbaut.

Die meisten Reisemobile auf Transporter-Basis sind ausgebaute Kastenwagen oder Kombi, Beispiel Weinsberg Terra.

1985
Ein Feuerwerk hochkarätiger Technik

1985 geht das Technik-Feuerwerk rund um den T3 weiter: VW präsentiert – nachdem die Serienproduktion bereits im Dezember des Vorjahres eingesetzt hat – im Januar den Transporter mit Allradantrieb, bringt einen Turbodieselmotor. Und zum Schluss kommt Oettinger noch mit einem von VW entwickelten Wasserboxer-Sechszylinder. Und ein Freizeit-Fahrzeug setzt VW – zunächst als Studie – auch noch obendrauf. Es wird unerwartet für Furore sorgen.

Bei der Entwicklung des T3 Mitte der siebziger Jahre war das alles nicht geplant gewesen. Und Nutzfahrzeug-Entwicklungs-Chef Gustav Mayer, der in seinem letzten Dienstjahr 1985 schon an ganz anderen Dingen in Bezug auf Transporter arbeitet, bedauerte im Nachhinein: »*Wie viel leichter hätte man das alles mit Frontmotor und Frontantrieb machen können.*« Aber der Reihe nach.

Zur Erinnerung: 1978 konnte sich der damalige Konzern-Chef Toni Schmücker nicht für den Transporter mit Allradantrieb begeistern. Aber er lehnte den Transporter mit Allradantrieb nicht

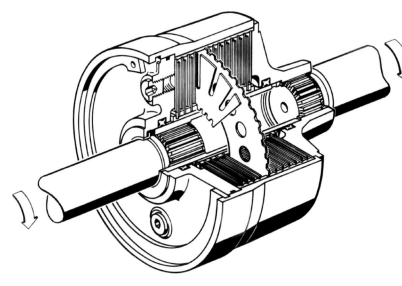

Herzstück des Allradantriebs im Transporter ist die Visko-Kupplung mit zwei Lamellenpaketen.

völlig ab: »*Sucht jemanden, der euch das Ding entwickelt und baut*«, bot er den etwas frustrierten Transporter-Entwicklern an, wie sich Karl Nachbar erinnerte.

Und sie suchten. Der Vertrieb empfahl dringend, eine Firma in Österreich ausfindig zu machen. Denn die Österreicher wollten – lange vor dem Eintritt in die EU – nicht tatenlos zusehen, wie immer mehr ausländische Autos ins Land kamen, die einheimische Industrie aber an der Produktion überhaupt nicht beteiligt war.

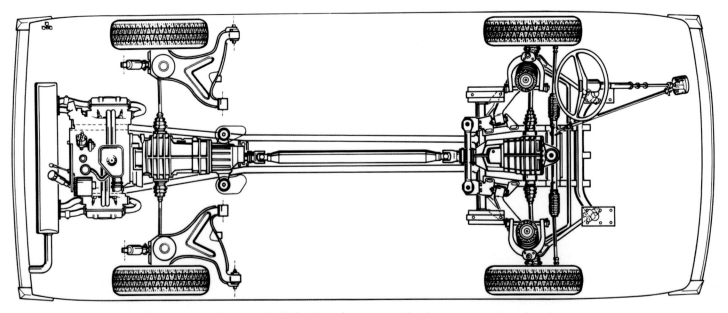

Der Antriebsstrang des Transporters Syncro mit Visko-Kupplung: Der Allradantrieb regelt sich selbst.

Das passt: Expeditionsfahrzeug auf Transporter-Basis im Zebra-Look mit der neuen Syncro-Technik.

Der Allradantrieb ist nicht nur in der Wüste brauchbar, sondern auch im Alltag auf der Baustelle oder im Forst.

Der Transporter T3

Prompt entdeckt VW Steyr-Daimler-Puch. Erstens ein österreichisches Unternehmen und zweitens, dank eigener Produktion von Geländefahrzeugen, mit sehr viel Erfahrung in der Allradtechnik. Für Allradentwicklung ist dort Jürgen Stockmar zuständig, zuvor und später wieder bei Audi tätig. Er bringt den Einfall ein, anstelle eines zuschaltbaren Allradantriebs (wie VW ihn zum Beispiel in den siebziger Jahren gewählt hatte) einen permanenten Allradantrieb auszusuchen. Einen ganz besonderen, mittels Visko-Kupplung. Diese Idee schlägt er VW-Mitarbeiter Henning Duckstein während eines Telefongesprächs vor – und Duckstein beißt an.

Im Werk hingegen findet die Idee wenig Widerhall, es gibt Misstrauen gegen die weitgehend unbekannte Technik. Parallel zur Visko-Kupplung entwickeln VW und Steyr deshalb einen zuschaltbaren Allradantrieb, den VW bei Beginn der Serienfertigung als Alternative besonders für das Militär oder auch Entwicklungsländer anbietet. Aber nur eine Handvoll VW T3 Syncro mit zuschaltbarem Allradantrieb werden tatsächlich gebaut. Denn zu überzeugend arbeitet die Visko-Kupplung in Theorie und Praxis. Die britische Erfindung besteht aus einem trommelförmigen Gehäuse, das mit dickflüssigem Silikonöl gefüllt ist. Im Innern gibt es außerdem ein Paket gelochter und geschlitzter Lamellen aus Stahl. Sie sind über einen Stumpf mit der Kardanwelle verbunden. Ein zweites Paket dieser Lamellen ist über eine Welle mit dem Vorderachsgetriebe verbunden.

In der Praxis bedeutet das, dass die sich drehende Kardanwelle das eine Paket der Lamellen ständig mitdreht (Antrieb). Diese Rotationsbewegung überträgt das Silikonöl auf das zweite Lamellenpaket, das so ebenfalls in Drehung versetzt wird (Abtrieb) und auf diese Weise die Vorderräder antreibt.

Krankenwagen-Palette auf VW-Transporter, die Fahrzeuge links und in der Mitte mit Allradantrieb.

1985

Die besondere Eigenschaft der Visko-Kupplung: Mit steigender Drehzahldifferenz zwischen Antrieb und Abtrieb versteift sich die Kupplung, wird der Mitnahme-Effekt zwischen Antrieb und Abtrieb immer größer, bis es fast zu einem starren Durchtrieb kommt, beide Lamellenpakete also mit gleicher Drehzahl rotieren. Dies bedeutet, dass die Visko-Kupplung die Antriebskraft selbsttätig variabel zwischen den Achsen verteilt.

So wird im Normalfall fast sämtliche Kraft auf die Hinterräder übertragen. Verlieren sie die Traktion, verteilt die Visko-Kupplung die Kraft in Sekundenbruchteilen weich und fast unmerklich zwischen den Achsen. Im Extremfall – die Hinterräder stehen zum Beispiel auf Eis, die Vorderräder auf griffiger Fahrbahn überträgt die Visko-Kupplung die Kraft nahezu komplett auf die Vorderräder. Damit ersetzt die Visco-Kupplung das beim konventionellen Allradantrieb nötige Zwischendifferential. Gustav Mayer, seit seinen Sahara-Reisen ein entschiedener Verfechter des Allradantriebs, stellt den Transporter Syncro Anfang 1985 der Presse vor. Mehrfach betont er, dass der Syncro »*ein komfortables Straßenfahrzeug mit guten Geländeeigenschaften*« ist, aber kein Geländewagen. Er soll mit möglichst geringen Änderungen an der Karosserie und wenigen zusätzlichen Teilen noch bessere Fahreigenschaften erzielen. Mit hoher Zuverlässigkeit, gutem Fahrkomfort, geringer Wartung und ohne zusätzliche Bedienung für den Fahrer.

Auch eine wichtige Allrad-Möglichkeit: Als Zugfahrzeug bietet der Syncro sehr hohe Traktion.

VW Doppelkabine mit Syncro-Antrieb als Trägerfahrzeug für eine abnehmbare Büro-Kabine.

Und nicht zuletzt interessiert sich auch das Militär für den allradgetriebenen Transporter.

Trotzdem unterscheidet sich der Transporter Syncro gehörig von seinen zweiradgetriebenen Brüdern. Die Vorderachse erhält einen Fahrschemel. Die Visko-Kupplung ist im Gehäuse des Vorderradantriebs untergebracht, dessen Ölfüllung sie umgibt und kühlt. Der Antrieb der Vorderräder erfolgt über gleichlange Wellen. Zur Vorderachse führt eine einteilige Kardanwelle, durch Kufen geschützt. Steinschlag-Platten und Bleche bewahren vorn wie hinten die Antriebstechnik vor Schäden. VW verlegt das Schaltgestänge, um Platz für die Kardanwelle zu schaffen.

An der Hinterachse ändert VW Federn und Dämpfer. Vorn und hinten sind die Federwege 20 Millimeter größer, die Karosserie steht 60 Millimeter höher. Da im Bereich der Vorderachse durch den zusätzlichen Antrieb Platz verloren geht, ist das Reserverad jetzt im Gepäckraum untergebracht, der Tank mit 70 statt 60 Liter Fassungsvermögen über der Hinterachse.

Anstelle einer zusätzlichen Untersetzung kommt ein 4+G-Getriebe zum Einsatz: Dem Vierganggetriebe gesellt sich ein kurzer Geländegang hinzu. Er liegt in einer Ebene mit dem Rückwärtsgang und hat auch die gleiche Übersetzung.

Der Radstand verkürzt sich minimal auf 2455 Millimeter, die Fahrzeughöhe beträgt knapp zwei Meter. Die Allradtechnik erhöht das Gewicht um rund 140 Kilogramm; VW beschränkt die Nutzlast im Gelände auf 800 Kilo.

Steyr wird in die Fertigung einbezogen, baut zum Beispiel die Visko-Kupplung und den Fahrschemel der Vorderachse. VW liefert die Karossen nach Österreich, dort komplettiert Steyr sie mit der Allradtechnik, dann geht's zurück ins Werk Hannover. Die Verzögerung in der Fertigung gegenüber einem normalen Typ 2 beträgt deshalb rund acht Wochen. Trotz eines Aufpreises von rund 10 000 Mark erreicht der Transporter Syncro einen Anteil von vier bis fünf Prozent an der Produktion.

Daten verdeutlichen die guten Geländeeigenschaften des Transporter Syncro: Bodenfreiheit vorn/hinten leer 265/235 Millimeter, Böschungswinkel vorn/ hinten 24/22 Grad, Rampenwinkel 24 Grad. Die Steigfähigkeit beträgt mit voller Beladung 54 Prozent.

Auf Wunsch gibt es den Syncro mit Differenzialsperren an Hinter- und Vorderachse sowie mit Schlechtwege-Paket. Hierzu zählen besondere Manschetten zum Schutz der Antriebswellen, ein wirksamerer Schwingungsdämpfer im Antriebsstrang, verstärkte Antriebswellen hinten sowie Verstärkungen der Karosserie und weitere Zutaten.

Für extreme Einsätze liefert VW eine Syncro-Ausführung mit großen 16-Zoll-Rädern. Sie unterscheidet sich vom normalen Syncro außerdem durch Verstärkungen in Fahrwerk und Karosserie, größere Bremsen und der serienmäßigen Differenzialsperre an der Hinterachse. Äußere Kennzeichen sind außer den großen Rädern Abdeckungen aus Kunststoff für die vorderen Radläufe. Aufgrund der Verstärkungen ist hier auch im Gelände die Nutzlast von einer Tonne erlaubt. Die großen Räder verbessern die Bodenfreiheit um weitere 25 Millimeter. Damit liegen auch die für Geländefahrten wichtigen Parameter wie Böschungs- und Rampenwinkel noch günstiger.

Noch kurz vor dem Start plante VW den allradgetriebenen Typ 2 nicht als Syncro, zunächst war der Name »Tetra« geplant – der T3 als Tetra-Pack?

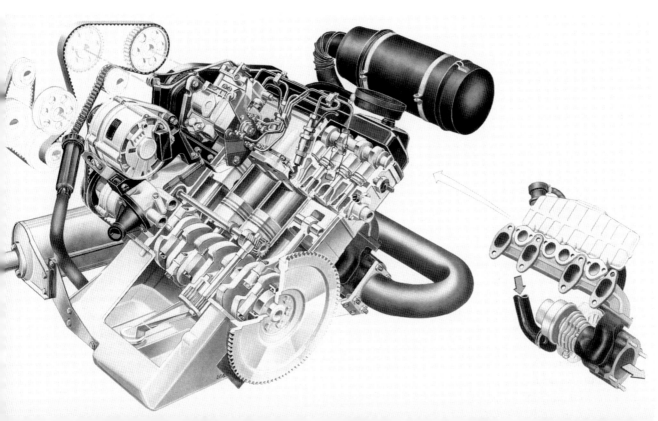

Ein Turbolader bildet ab 1985 die logische Ergänzung zum sparsamen, aber schwachen Dieselmotor.

Am Anfang gibt es den Syncro ausschließlich mit 57 kW (78 PS). Später kommen die Einspritzer-Motoren hinzu – und ein Triebwerk, das für die anderen Transporter bereits parallel zur Syncro-Einführung zu haben ist: der Turbodiesel.

Auf ihn warten Transporter-Interessenten schon seit Jahren. Denn, bei aller Sparsamkeit des Diesels: 37 kW (50 PS) sind nicht üppig für fast 2,5 Tonnen Gesamtgewicht. Da der Turbodiesel bereits seit 1982 in VW-Pkw eingebaut wird, sind die Vorstellungen sehr konkret. Die Wunschliste ist knapp: mehr Leistung und Drehmoment bei hoher Wirtschaftlichkeit durch günstigen Kraftstoffverbrauch.

Anfang 1985 rückt der Turbodiesel ins Programm, mit seiner Leistung von 51 kW (70 PS) bei 4500/min sowie einem maximalen Drehmoment von 138 Nm bei 2500/ min passt er gut in die Zeit. Wie gut, zeigt sich bereits 1986: Dann wird schon jeder dritte Transporter mit Turbodiesel geordert.

Vom Pkw unterscheidet sich das Transporter-Aggregat durch wichtige Details: Ein anderer, kleinerer Turbolader baut bei niedrigen Drehzahlen schneller Leistung auf. Die Einspritzpumpe mit ladedruckabhängigem Volllastanschlag (LDA) arbeitet mit höherer Fördergeschwindigkeit als im Pkw; zudem verwendet VW andere Einspritzdüsen.

Auch vom bisherigen Saug-Dieselmotor unterscheidet sich der Turbodiesel. VW verstärkt das Kurbelgehäuse, überarbeitet Zylinderkopf, Ventile und die Wirbelkammer. Die Kurbelwelle ist besonders bearbeitet, die Kolben werden zur Kühlung von unten mit Öl angespritzt; die Kolbenringe stammen vom Turbodieselmotor des VW LT. Für eine höhere Fördermenge ist die Ölpumpe verbreitert. Und damit der Motor besser atmen kann, verwendet VW einen größeren Luftfilter.

Um Schäden vorzubeugen, installieren die Motorenbauer einen zusätzlichen Öldruckschalter mit optischer und akustischer Anzeige. Eine elektrische Nachlaufpumpe wälzt das Kühlmittel bei Abstellen des heißen Motors weiter um. Zur besseren Wärmeableitung ist der Pedalboden angehoben. Deshalb muss der Heizkanal in Richtung Fahrgastraum des Pkw-Ausführungen entfallen, an seine Stelle tritt ein zusätzlicher Wärmetauscher im Fond.

Der Turbolader erreicht einen Ladedruck von 0,2 bar bei 1450 Umdrehungen, bei 2000/min sind es bereits 0,6 bar; der Maximalwert beträgt 0,7 bar. Unterhalb von 2000 Umdrehungen ist deshalb deutlich ein Turboloch spürbar: Dem Motor fehlt es in niedrigen Drehzahlen an Leistung. Oberhalb dieser Grenze aber arbeitet der Turbomotor agil und drehfreudig.

Die Fahrleistungen im Vergleich zum Saugdiesel (in Klammern) sprechen für sich: Beschleunigung 0 auf 80 km/h 15,9 (25,7) Sekunden, 40 bis 80 km/h im höchsten Gang 23,8 (35,6) Sekunden. Trotzdem liegt der Verbrauch günstig: Im Stadtverkehr nach DIN 8,7 (9,6) Liter, bei 90 km/h 7,9 (8,0) Liter. Erst bei höheren Geschwindigkeiten übertrifft der Turbodiesel sein deutlich schwächeres Pendant im Verbrauch (das dann allerdings in Sachen Leistung nichts mehr zuzusetzen hat).

Mit dem neuen Turbodiesel bietet VW den Transporter-Käufern jetzt ein sehr breit gefächertes Motoren-Spektrum: Unter fünf Benzinern und zwei Dieseln sollte eigentlich jeder das für ihn passende Triebwerk finden.

Bemerkenswert: Dank des Einspritzers mit 82 kW (112 PS) bietet der VW jetzt auf Wunsch die viereinhalbfache Leistung des Urmodells von 1950 mit seinen damals zeitgemäßen 18 kW (25 PS). Dass VW schon im Herbst den überflüssig gewordenen Einspritzer mit 66 kW (90 PS) aus dem Programm nimmt, fällt kaum auf. Zudem können VW-Käufer zwischen Vier- und Fünfgang-Schaltgetriebe sowie der Dreigang-Automatik wählen. Auch die Tuner entdecken das jetzt wieder hochattraktive Motorenprogramm des T3. Beliebt ist dabei vor allem der Turbodiesel, dem ein Ladeluftkühler zusätzliche Kraft verleiht. Vor allem schwergewichtige Reisemobile erhalten auf diese Weise zusätzlichen Schub.

Der wohl namhafteste VW-Veredler, Gerhard Oettinger, widmet sich auch schon seit Jahren dem Transporter. Auf der IAA in Frankfurt präsentiert Oettinger im September 1985 das Glanzstück der VW-Boxergeschichte: Ein wassergekühlter Sechszylinder-Boxermotor namens »Wbx 6«. Aus einem Hubraum von 3,2 Liter holt Oettinger zivile 118 kW (160 PS), das maximale Drehmoment beträgt 275 Nm. Der Super-Boxer ist ein 2,1-Liter-Motor mit zwei weiteren Zylindern. Aber entwickelt hat ihn nicht Oettinger, sondern VW.

Hintergrund: Als einige Jahre zuvor für die VW-Pkw eine Zwischengeneration mit wassergekühlten Boxermotoren im Gespräch war, konstruierten die VW-Ingenieure auf Basis des Vierzylinder-Boxers auch eine Sechszylinder-Variante. Auf diese Weise stand genügend Hubraum für hohe Leistungsreserven zur Verfügung. Nachdem sich aber das Thema Boxermotoren für den Passat erledigt hat, sind die Stückzahlen des Sechszylinders allein für den Transporter viel zu gering. Und nachdem VW etwa zehn Motoren in eigener Regie gefertigt hat, vergibt VW eine Lizenz für das Triebwerk an Oettinger.

Für den Wbx 6 verlangt Oettinger einen Aufpreis von 25 000 Mark. Darin enthalten sind aufwendige Umbauten am Fahrwerk: Die Aluminiumräder mit einem Durchmesser von 16 Zoll sind vorne sieben und hinten acht Zoll breit. An der Vorderachse verwendet Oettinger Reifen des Formats 205/55 VR 16, hinten 225/55 VR 16. Die Karosserie ist 30 Millimeter tiefergelegt, und zum Einsatz kommen speziell von Ate entwickelte Scheibenbremsen an allen vier Rädern, vorne innenbelüftet. Auch verbindet Oettinger den Motor mit dem Dreigang-Automatikgetriebe, da das Schaltgetriebe mit dem hohen Drehmoment des Motors überfordert ist.

Immer wieder präsentiert VW gerne Studien, um die vielseitigen Einsatzmöglichkeiten gerade der Transporter-Modelle darzu-

Faszinierend: Der Sechszylinder-Wasserboxer von Oettinger mit 3,2 Liter Hubraum und 118 kW (160 PS).

Einstieg ab Werk in den wachsenden Markt der Freizeitfahrzeuge: VW Multivan, ein vielseitiges Familien-Mobil.

Der Transporter T3

Praktisches Multivan-Innenleben: Kühlbox hinter dem Beifahrersitz, hinten vier Sitzplätze und Tisch.

stellen und Anregungen für neue Entwicklungen zu geben. Auf Basis des Kombi Syncro zeigt VW in diesem Jahr zum Beispiel ein Expeditionsfahrzeug mit Halterungen für Wasser- und Benzinkanister sowie einer variablen Innenausstattung. Sie enthält unter anderem Kühlbox, Spirituskocher, Tresorfach, einen zusätzlichen Verbandskasten und einen Spaten.

Clou der Ausrüstung des »Weltenbummler« ist aber ein zusammen mit Siemens entwickeltes Ortungssystem, der »Navigator«, mit dessen Hilfe Orientierung auch in unbekannten Gegenden möglich ist.

Für eher bekannte Wege zeigt VW auf der IAA den Multivan. Zunächst gilt auch er als Studie, doch das Interesse ist so groß, dass VW im kommenden Jahr die Serienfertigung aufnimmt – der Werkseinstieg von VW in den Freizeitmarkt. Zwar übernimmt Westfalia den Ausbau, aber der Multivan gilt als reiner VW mit Werksgarantie sowie Vertrieb und Service über das VW-Händlernetz. Westfalia ist entscheidend an der Entstehung beteiligt: Der Multivan war zunächst als »Sport-Joker« als einfach und praktisch ausgestattetes Freizeitfahrzeug unterhalb des aufwendigen Campingbusses für Nordamerika gedacht. Nun aber stuft VW den Multivan als »kostengünstiges Familienfahrzeug« ein. Die Ausstattung besteht aus einer Klappsitzbank mit Truhe und Motorraumpolster hinten. In die Seitenwand ist

Mit umgeklappter Rückbank dient der Multivan auf Wunsch als Schlaf-Wagen, Vorhänge gegen Aufpreis.

1985

ein Klapptisch integriert, darüber eine stromsparende Transistorleuchte angebracht. Es gibt Armlehnen und Dosenhalter sowie eine Kühlbox rechts im Einstieg. Hinter dem Fahrersitz sieht VW einen Einzelsitz mit Stautruhe vor. Die Einrichtung ist auf einem Holzfußboden mit pflegeleichtem Kunststoffbelag montiert. Wer den Multivan zum einfachen Reisemobil weiterentwickeln will, erhält auf Wunsch ein Aufstelldach sowie Einrichtungsteile von Westfalia.

Es muss nicht immer Syncro sein: Mit Schneeketten bewährt sich der Transporter im Winter als Schneepflug.

Kälte-Kammer: Transporter mit Kühlanlage von Konvekta und lebensmittelgerechtem Ausbau.

 *Der Transporter T3*

Auch eine Idee: Berlin-Taxi als praktische Alternative zur herkömmlichen Droschke in Limousinengestalt.

Und wie in jedem Jahr nimmt VW auch 1985 Veränderungen am Ausstattungsumfang vor. Alle Transporter erhalten eine Zentralelektrik sowie ein Ein-Schlüssel-System. Die Benziner sind mit besonders haltbaren Zündkerzen versehen. Und die verführerische Liste der Sonderausstattungen enthält jetzt elektrische Fensterheber vorn, eine elektrische Zentralverriegelung, die Servolenkung und für alle Caravelle sogar eine Klimaanlage.

Im VW-Konzern spielen sich in diesem Jahr mehrere bedeutende Dinge ab. Auf der Hauptversammlung beschließen die Anteilseigner die Änderung des Namens in Volkswagen AG (bisher Volkswagenwerk AG). Gleich mehrere Geschehnisse haben mit der Geschichte des Unternehmens zu tun: Im April eröffnet VW in Wolfsburg ein Museum, im August kommt das letzte Schiff mit Käfern für Europa in Emden an. Am 17. Oktober dann feiert VW 50 Jahre Käfer. Die Produktion des legendären Urvaters aller VW hatte der Konzern längst aus Wolfsburg nach Mexiko verlegt. Um den Transporter bewegt sich mehr, als sich in den Modelländerungen widerspiegelt. Auch wenn die gravierenden Neuerungen damit zu tun haben, dass im November und Dezember in Hannover wieder Sonderschichten gefahren werden. Der Marktanteil des Transporter liegt in Deutschland bei 50 Prozent; dort wird er sich auch in den nächsten Jahren etwa halten. Die japanischen Transporter wiederum erreichen zusammen knapp 20 Prozent in der Bundesrepublik. Schließlich gibt es im Werk Hannover noch eine neue Gießerei. Sie verarbeitet pro Tag etwa 250 Tonnen Aluminium und hat 203 Millionen Mark gekostet.

1985

Und wieder mehr Roboter: VW entwickelte die Helferlein für die neue Rohbau-Montage selbst.

1986
Lastesel und High-Tech-Fahrzeug

Nach dem ereignisreichen Vorjahr geht es 1986 bei der Weiterentwicklung des T3 ruhiger zu. Alle Transporter erhalten asbestfreie Kupplungs- und Bremsbeläge. Neu im Katalog der Sonderausstattungen ist ein Geschwindigkeitsregler sowie vor allem ein geregeltes Antiblockiersystem für sämtliche zweiradgetriebenen Transporter.

Der Multivan geht in Serienproduktion und VW verzeichnet überrascht »*unerwartet hohe Bestelleingänge*«. Der Syncro wiederum feiert das erste Jubiläum: 10 000 Einheiten sind es im Oktober. Im März liefert VW einen Transporter für den kombinierten Betrieb mit Erdgas und Benzin aus. Ein Umschalter macht den Kraftstoffwechsel einfach. Statt mit Erdgas läuft der Transporter auch mit Methanol oder Biogas. Und wieder einmal präsentiert VW eine ungewöhnliche und gleichzeitig mutige Studie: Den feuerrot lackierten Magma, eine Doppelkabine im Freizeit-Anzug. Im Pick-up-Land USA sind aufwendig hergerichtete Doppelkabinen – auch von VW – keine Seltenheit, doch in Deutschland muss dafür erst der Boden bereitet werden. Beispiel war bereits 1985 eine Doppelkabine mit Ausstattung als Jagdwagen. Der Magma aber fährt mit Kühlbox, Seilwinde, Kuhfänger und zahlreichen anderen Details ganz frech in Richtung Freizeit. Ein Jahr später entwickelt VW aus dem Magma den TriStar.

Am 15. Januar 1986 baut VW den 6 000 000. Typ 2. Von dieser gewaltigen Zahl entstanden allein 4,54 Millionen Autos in Hannover. An zweiter Stelle steht Brasilien mit 834 000 Einheiten vor Südafrika (176 000). Es folgt die Ur-Produktion in Wolfsburg (174 000) vor Mexiko mit 165 000 Transportern, Australien mit 82 000, Belgien (17 000) und Argentinien mit 11 000 Transportern.

Von den sechs Millionen Autos wurden 1,8 Millionen in Deutschland verkauft, die Mehrzahl aber ging in 180 Länder der Erde. An erster Stelle der Auslands-Zulassungen stehen die USA mit 928 000 Autos vor Brasilien mit 756 000 und dem Ben-Pon-Land Niederlande mit 264 000 Transportern. Im Jubiläumsmonat Januar beträgt die Produktion im Werk Hannover 560 Typ 2 pro Tag. Hinzu kommen 250 Wasserboxermotoren und 1500 Reihentriebwerke. Das Werk verarbeitet rund 2500 Tonnen Material pro Tag. Das Feiern lässt sich gut an: VW fährt auch 1986 Sonderschichten und stellt zusätzliche Mitarbeiter ein.

Multivan Syncro als Reisewagen: Mit Aufstelldach für zusätzliche Schlafplätze und weiteren Stauschränken.

Nobel-VW als Bürofahrzeug: Caravelle Carat mit Computer und Autotelefon als mobiles Büro.

Zum Flanieren oder etwa doch fürs Gelände? Doppelkabine Magma Syncro mit viel drum und dran.

 **Der Transporter T3**

VW-Chef Carl Hahn ist ein Freund der Transporter. Zeitzeugen erinnern sich, dass zu seinem Fuhrparkt stets ein Bus gehörte. In Hahns Ansprache zum Millionen-Jubiläum kommt sein Faible zum Ausdruck: »Unser Typ 2 hat immer im besonderen Maße die wesentlichen Volkswagen-Eigenschaften repräsentiert, als da sind: fortschrittliche Technik, Qualität, Wirtschaftlichkeit, Gebrauchstüchtigkeit, Wertbeständigkeit, Robustheit und Anspruchslosigkeit im Alltag ... Wir haben mit dem Typ 2 ein Konzept, das einen großen Variantenreichtum vom einfachen Lastesel bis zum innovativen High-Tech-Fahrzeug modernster Prägung ermöglicht ... Wenn es ein Autokonzept gibt, das die Charakterisierung Allzweck-Fahrzeug verdient, dann ist es unser Typ 2. Gleichzeitig ist dieser Wagen so international wie kaum ein anderer, der Käfer vielleicht ausgenommen. Auf allen Kontinenten ist er vertreten, und wer immer dem Fernweh erliegt, im Typ 2 sieht er noch am ehesten den richtigen Partner, weil jeder weiß, dass man mit diesem Volkswagen auch am Ende der Welt noch gut unterwegs ist.«

Gleich darauf folgt ein weiteres Jubiläum: Am 8. März ist das Werk Hannover 30 Jahre alt. In dieser Zeit entstanden dort mehr als 4,5 Millionen Typ 2, rund 1,6 Millionen Motoren, über 250 000 VW LT und knapp 14 000 Lkw der Gemeinschaftsbaureihe mit MAN.

Da die Stückzahlen dieser G-Reihe nicht zum Ablauf in Hannover passen und MAN nicht weit entfernt in seinem Werk Salzgitter ebenfalls die G-Reihe produziert, verlegen die beiden

Ungewöhnliche, aber doch mögliche Kombination: Pritschenwagen mit Allradantrieb und Drehleiter.

1986

Partner die Fertigung im Laufe dieses Jahres komplett zu den Lkw-Spezialisten von MAN nach Salzgitter.

Der Begriff Partner steht ohnehin über dem Jahr 1986. Im Februar stimmt der Aufsichtsrat dem Erwerb des spanischen Herstellers Seat zu. Im Juni erwirbt VW 75 Prozent der Anteile. Ende des Jahres genehmigen die Aufsichtsräte von VW und Ford die Zusammenlegung der Auto-Aktivitäten beider Unternehmen in Brasilien und Argentinien. Das Unternehmen wird den Namen »Autolatina« tragen, VW hält 51 Prozent der Anteile. Wichtig ist auch ein Führungswechsel: Nach Zulassungen hat VW den italienischen Konkurrenten Fiat überholt und ist damit die Nummer eins in Europa.

Für den Transporter gibt es einen ernsthaften Gegner: Ford bringt einen neuen Transit. Er schlägt so gut ein, dass er den VW T3 als Nummer eins unter den Transportern in Europa ablösen wird.

Anlässlich der »Nutzfahrzeugtage 1986« von VW im September wird bereits der Vorhang einer weiteren Freizeitfahrzeug-Variante ein klein wenig gelüftet. In einem Vortrag über Aerodynamik erklärt VW-Entwickler Buchheim, dass ein neues Vorsatzteil vor dem Aufstelldach des Reisemobils Joker anstelle der bisher verwendeten Gepäckwanne die Aerodynamik um $c_w = 0{,}03$ verbessert – für Aerodynamiker bereits fast eine halbe Welt. Dies bedeutet in der Praxis eine Verbesserung der Höchstgeschwindigkeit um 2,5 km/h und eine Verbrauchsverbesserung bei 90 km/h um drei Prozent. Buchheim: »*Dieses Vorsatzteil wird in naher Zukunft wahlweise anstatt der Gepäckwanne lieferbar sein.*« Die Umsetzung erfolgt zwei Jahre später mit dem VW-Reisemobil California.

1986 ist ein Jahr, das wegen eines ganz anderen Ereignisses im Gedächtnis bleibt: Tod und Strahlenverseuchung bringt ein Atomunfall im Reaktor von Tschernobyl in der Ukraine/UdSSR.

Geht doch: Trotz Heckmotor pflanzt Karmann einen Alkovenaufbau auf den T3.

Der Transporter T3 — 1986

Kaum zu glauben: teilintegriertes Reisemobil von Tischer auf Basis eines Transporter-Fahrgestells.

Spart drei Prozent Kraftstoff: Vorsatzteil statt Gepäckwanne vor dem Westfalia-Aufstelldach.

1987
Mehr Dampf für den Diesel

VW folgt der Forderung nach mehr Leistung des Saugdiesels im Transporter. Vor allem die Höchstgeschwindigkeit von 110 km/h liegt vielen VW-Käufern einfach zu niedrig. Mit einer Vergrößerung der Zylinderbohrung um drei auf 79,5 Millimeter erhöht VW den Hubraum des Motors von 1588 auf 1715 Kubikzentimeter. Die Leistung steigt parallel um rund zehn Prozent auf 42 kW (57 PS) bei 4500/min.

Die Angabe für das maximale Drehmoment bleibt mit 103 Nm bei 2800/min gleich – doch, so versichern VW-Insider, jetzt hat der Motor auch tatsächlich dieses Drehmoment, das der Vorgänger in der Realität nicht erreichte.

Eine neue Entlüftung des Innenraums verbessert die Durchströmung und reduziert die Windgeräusche.

VW TriStar: Eine Doppelkabine mit Allradantrieb für die aktive Freizeitgestaltung der noblen Art.

Der Transporter T3

Die geringe Vergrößerung des Hubraums und der Leistung erfordern einen hohen konstruktiven Aufwand, da der bisherige Diesel eigentlich bereits ausgereizt schien. Die Zylinder sind jetzt zusammengegossen. Um die thermischen Verhältnisse der größeren Bohrung mit entsprechend schmalen Zylinderwänden anzupassen, sehen die Motorenkonstrukteure eingegossene Kühlkanäle sowie die Spritzölkühlung der Kolben aus dem Turbodiesel vor. Der Brennraum ist überarbeitet, Durchmesser und Hub der Einlassventile sind größer, das Saugrohr erhält einen größeren Durchmesser.

Ergebnis: Die Höchstgeschwindigkeit steigt auf 115 km/h, die Beschleunigung von 0 auf 80 km/h verbessert sich um 5,2 auf 19,5 Sekunden. Auch das Durchzugsvermögen des kräftigeren Dieselmotors liegt erheblich besser. Der Verbrauch hingegen steigt nur geringfügig an.

Mit dieser Vergrößerung der Bohrung ist der Zylinderdurchmesser jetzt ausgereizt – mehr geht nicht. Und da dieser Motor nicht im Pkw zum Einsatz kommt und auch der Hubraum des Turbodiesels unverändert bleibt, wird deutlich, dass der Diesel mit 1,7 Liter Hubraum nur eine Zwischenlösung für einen größeren Dieselmotor in einem Nachfolgemodell darstellt. VW-Motorenentwickler Walter Brandstetter kündigt 1986 die Richtung schon an: »*Im Hub ist noch etwas drin.*« Wie beliebt die VW-Diesel sind, zeigen zwei Zahlen: 40,3 Prozent der T3-Käufer greifen zum Turbodiesel, 31,2 Prozent wählen den Saugdiesel. Wie in jedem Jahr üblich, lässt VW nach den Werksferien im Sommer wieder einige Änderungen in die Serienfertigung einfließen. Wichtig ist vor allem eine neue Entlüftung des Innenraums: Sie erfolgt jetzt bei allen Varianten mit Fenstern und ohne Trennwand nicht mehr in den Vordertüren, sondern hinten. Zu erkennen ist dies äußerlich an Kunststoffaufsätzen an den hinteren Seitenfenstern. Die neue Entlüftung verbessert die Durchströmung des Innenraums erheblich. Angenehmer Nebeneffekt: Die Windgeräusche sinken deutlich. Ebenfalls neu: Aus den seitlichen Ausströmern am Armaturenbrett tritt bei eingeschalteter Heizung jetzt ebenfalls Warmluft aus.

Reisemobil oder Krankenwagen? Westfalia-Hochdach und Markise als Teile eines Syncro für Tierärzte.

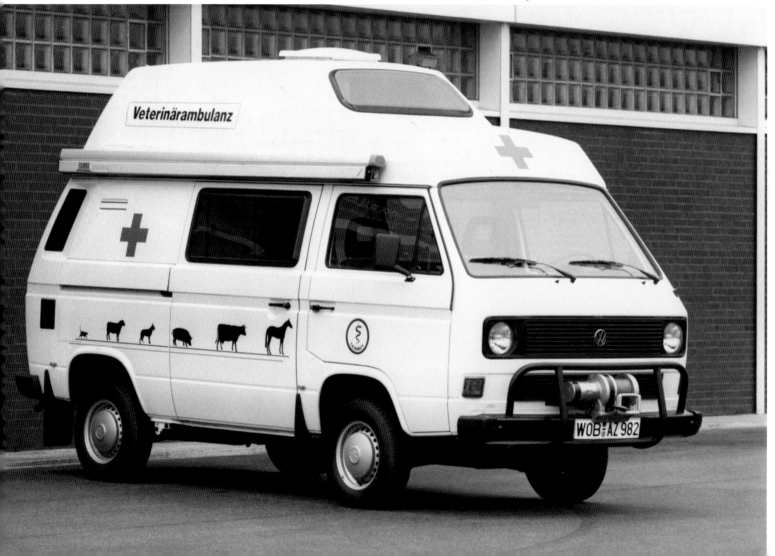

1987

VW vergrößert außerdem wieder einmal das Angebot der Sonderausstattungen. Gegen Mehrpreis gibt es jetzt einen Aktivkohlefilter im Kraftstoffsystem der Katalysator-Motoren, eine Antenne in der Frontscheibe und ABS auch für den Syncro. Pritsche und Doppelkabine erhalten auf Wunsch eine Trittstufe zum leichteren Besteigen der Ladefläche, es gibt Verzurreinrichtungen für die Ladung und für den gewerblichen Einsatz elektronische Fahrtenschreiber.

Sondermodelle sollen jetzt den Absatz des acht Jahre alten T3 beschleunigen. So gibt es zum Beispiel den Caravelle Coach mit attraktiven Ausstattungsdetails wie Servolenkung, Breitreifen, Frontspoiler, tiefergelegtem Fahrwerk, Doppelscheinwerfern, Teppichboden, Armlehnen vorn und zahlreichen weiteren Annehmlichkeiten. Oder wie wäre es mit dem Multivan Magnum: Klappsitzbank im Heck, Klapptisch, Kühlbox und Einzelsitz hinter dem Fahrersitz aus dem Multivan, ergänzt mit angenehmen Zutaten wie Servolenkung, Schiebefenstern in der Mitte, Kopfstützen hinten, Drehzahlmesser. Außen hebt sich der Magnum durch Styling-Elemente des Carat ab.

Mehr als sportlicher Image-Träger denn als Modell mit großen Stückzahlen darf der TriStar gelten, eine aufwendig ausgerüstete Doppelkabine als Nachfolger der Studie Magma. Den TriStar stattet VW außen mit vier Türen, grauen Stoßfängern und Seitenbeplankung, Doppelscheinwerfern, Breitreifen und schwarz chromatierten Beschlägen aus. Innen gibt es fünf Sitze, Teppichboden, Armlehnen, Radio und nicht zuletzt eine Servolenkung. Das Freizeitfahrzeug erhält auf Wunsch 16-Zoll-Aluminiumräder, Metallic-Lackierung und einen Rammschutz.

Am 23. März feiert VW ein in der Automobilindustrie sehr seltenes Jubiläum: Das Unternehmen produziert sein 50 000 000. Auto. Spitzenreiter der VW-Hitliste ist der Käfer mit 20,7 Millionen Autos. Ihm folgt der Golf mit über neun Millionen Einheiten vor dem Typ 2 mit über sechs Millionen. Im Sommer 1987 schließt VW mit dem japanischen Hersteller Toyota einen Vertrag über die Montage des Pick-ups Hilux (VW-Bezeichnung Taro) im Werk Hannover.

Transporter als Schulbus: vorbildliches Beispiel mit klarer Kennzeichnung, auffälliger Lackierung und Bus-Bestuhlung.

Der Transporter T3

1988
Ein Einfach-Auto und Fahrzeuge für die Freizeit

Ein weiteres Transporter-Sondermodell produziert VW ab Januar 1988. »K 800« heißt die neue Formel und bedeutet 800 Kilogramm Nutzlast für Kastenwagen und Kombi. Dahinter verbirgt sich ein in der Ausstattung stark abgespeckter Transporter. Er soll weniger mit der niedrigeren Nutzlast als über einen attraktiven Preis Transporter-Käufer halten. Der Typ 2 tut sich mit seiner Kombination aus antiquiertem technischem Grundkonzept und hohen Preisen inzwischen schwer. VW muss mit dem inzwischen neun Jahre alten T3 gegenhalten, darf sich aber gleichzeitig durch Rabattaktionen nicht selbst die Preise zerstören.

Gemogelt: Mit einem normalen Kastenwagen (die Radkappen wurden später schwarz gefärbt) warb VW für den K 800.

1988

Blue Star: freundlich hergerichtete Multivan-Variante mit kompletter Ausstattung zu günstigem Preis.

VW entfernt für den K 800 aus der ohnehin nicht sehr üppigen Serienausstattung von Kastenwagen und Kombi die Halogen-Scheinwerfer, Haltegriff und Sonnenblende für den Beifahrer, die Gummimatten auf den Radkästen. Der Kastenwagen muss ohne Fenster in der Heckklappe und ohne Innenspiegel auskommen. Außen sind alle K 800 an schwarz eingefärbten Radkappen zu erkennen. Statt Reifen der Größe 185 R 14 kommen schmalere des Formats 175 R 14 zum Einsatz. Sie sind auch für das niedrigere Gesamtgewicht verantwortlich.

Für einen attraktiven Preis reduziert VW auch die eigene Gewinnspanne und hegt deshalb Befürchtungen, dass Transporter-Käufer, die sich ohnehin für VW entschieden haben, zum preisgünstigen K 800 greifen. Deshalb, so eine interne Marketing-Broschüre: »Vor diesem Hintergrund muss alles vermieden werden, was zu einer Substitution des übrigen Transporter-Angebotes führen würde.«

Der Transporter K 800 wird nicht öffentlich beworben. Denn wer macht schon gern auf eine Sparmodell aufmerksam und sorgt gleichzeitig dadurch für Konkurrenz im eigenen Haus. Für den Erfolg des unscheinbaren K 800 spricht, dass er nach einer dreimonatigen Testphase fest ins VW-Programm aufgenommen wird.

In eine ganz andere Richtung zielt VW mit dem Sondermodell Blue Star. Dieses Auto auf Basis des Multivan ist als Großraum-Fahrzeug auf Freizeit- und Familien-Bedürfnisse abgestimmt, der nüchterne Multivan entwickelt sich erstmals zum feinen Van. Anstelle der Multivan-Kühlbox hinter dem Beifahrersitz gibt es dort einen Einzelsitz gegen die Fahrtrichtung, wie schon hinter dem Fahrersitz. Beide Sitze sind für Transporte klappbar sowie ohne Werkzeug herausnehmbar. Erhalten bleiben hingegen die klappbare Heckbank und der Tisch. Der Multivan macht seinem Namen somit alle Ehre.

 *Der Transporter T3*

VW California: Ein abgespeckter Westfalia Joker ergänzt das Transporter-Angebot als Werks-Reisemobil.

Der California-Grundriss mit Küchenblock gegenüber der Schiebetür und Hecksitzbank entspricht dem Joker.

1988

Das Fahrwerk des Blue Star ist tiefergelegt und mit Alu-Rädern samt Breitreifen aufgewertet. Die Stoßfänger sind mit Kunststoff ummantelt, die Schweller beplankt. Außerdem kennzeichnen den Blue Star außen Doppelscheinwerfer, elektrisch verstellbare und heizbare Spiegel in Wagenfarbe sowie eine Lackierung in Blau-metallic. Zur Ausstattung zählen unter anderem Servolenkung, Zentralverriegelung, Drehzahlmesser und ein Stereo-Kassetten-Radio. Ein kleiner Aufkleber mit der Schrift »Hannover Edition« – angebracht zwischen rechtem Scheinwerfer und Beifahrertür – ziert die Karosserie.

Da der Blue Star hervorragend einschlägt, gibt es ihn ein Jahr später in weißer Lackierung auch als White Star. Ein ebenfalls geplanter rot lackierter Red Star bleibt hingegen in der Schublade. Auf der IAA sowie kurz darauf auf dem Caravan-Salon in Essen folgt ein weiterer Paukenschlag: VW präsentiert zwei Reisemobile, den California auf Grundlage des T3, begleitet vom VW Florida auf Basis des LT. Beide gelten zunächst als Sondermodell, die große Resonanz aber sorgt schnell für eine Serienproduktion. Der California ist ein Westfalia Joker mit reduzierter Ausstattung, den Westfalia im VW-Auftrag ausbaut. Der California wird nur unter der Marke VW über das VW-Händlernetz verkauft – mit VW-Garantie auf das komplette Fahrzeug und dem entsprechenden VW-Service auch für die Einbauten.

Der California basiert auf der US-Variante des Joker, dem Vanagon Camper. Besonders attraktiv ist der Preis – der VW California kostet rund 10 000 Mark weniger als ein Westfalia Joker. Möglich ist dies einerseits durch den VW-Vertrieb, der dem California gehörigen Schwung verleiht. Hinzu kommt eine im Vergleich zum Joker reduzierte Ausstattung: Die Standheizung gibt es nur gegen Aufpreis, eine Isolierverglasung ist überhaupt nicht im Angebot.

Das tut dem Erfolg aber keinen Abbruch. Denn mit Aufstell- oder Hochdach, Küche, Schrankzeile, Gasanlage, Frisch- und Abwassertanks, getönten Scheiben, Schwenktisch und Klappsitzbank im Heck bringt der California alles mit, was man fürs Wochenende oder den Sommerurlaub braucht.

Vom Joker unterscheidet sich der California außen durch die einfach verglasten Fenster, rechteckige Doppelscheinwerfer und den zwei Jahre zuvor angekündigten aerodynamisch günstigen Dachaufsatz über dem Fahrerhaus anstelle der Joker-Gepäckwanne. Der California entpuppt sich als Volltreffer: Im ersten vollen Produktionsjahr 1989 verkauft VW 5000 Reisemobile.

Zweitgrößter VW-Ausbauer von Reisemobilen ist Carthago mit dem Malibu, als Beispiel mit Aufstell-Hochdach.

Der Transporter T3 — 1988

Die professionellen Ausbauer sind vom Werks-Reisemobil nicht gerade begeistert. Sie fürchten die übermächtige Konkurrenz eines Konzerns, der sie über den Verkaufspreis an die Wand drückt. Andere hoffen, dass der für Solidität bürgende Markenname VW dem Freizeitsektor neue Interessenten zuführt. Falls die sich mit dem Freizeitfahrzeug von der Stange nicht zufriedengeben, bevorzugen sie individuelle Lösungen bei Auf- und Ausbauern.

Ohnehin ist die Reisemobilbranche kaum noch zu überblicken. Ausbauer von Kastenwagen landen meist beim VW Transporter. Findige Ausbauer kommen selbst beim VW Transporter mit seinem nach wie vor sperrigen Heckmotor auf neue Lösungen für die Innenraumgestaltung.

Reisemobil-Aufbauer konstruieren Alkoven-Fahrzeuge, in denen sich auch über längeren Zeitraum wohnen lässt. Individualausbauer fertigen maßgeschneiderte Lösungen. Es gibt Ausbausätze für diejenigen, die beim Ausbau in Heimarbeit selbst Hand anlegen wollen.

Ebenfalls 1988 veröffentlichen VW-Entwickler im Fachblatt »Automobiltechnische Zeitschrift« (ATZ) einen Bericht über »Sicherheitsentwicklung von VW-Nutzfahrzeugen in der Prototypen-Phase«.

Das Thema deutet darauf hin, dass hinter den Kulissen bereits heftig an einem neuen Transporter gearbeitet wird. Dafür spricht auch, dass VW im Werk Hannover eine neue Lackieranlage gebaut hat. Das Gebäude ist 41 Meter hoch und bedeckt eine Fläche von 22 000 Quadratmetern. Für die neue Anlage hat VW 420 Millionen Mark bezahlt.

Vorgriff auf einen neuen Transporter: 1988 baut VW im Werk Hannover eine komplett neue Lackiererei.

1989
Das letzte komplette Jahr des T3

Die Transporter sollen im VW-Konzern mehr Schlagkraft erhalten: Ab Februar gibt es den neu gegründeten »Unternehmensbereich Nutzfahrzeuge«, VW-intern schlicht »UBN« abgekürzt. Zum Zuständigkeitsbereich gehören alle Transporter-Aktivitäten in Europa. Chef des UBN ist Bodo Dencker, über viele Karriereschritte mit dem Transporter verbunden, unter andrem als Werksleiter in Hannover. Der UBN arbeitet weitgehend selbständig, zu seinen Sparten gehören Produktion, Personal, Qualitätssicherung, Vertrieb und Finanzen. Damit tritt er wie ein Unternehmen im Unternehmen auf und ist Vorstufe einer eigenständig agierenden Marke. Der Umsatz beträgt im ersten Jahr gut 4,5 Milliarden Mark. Zunächst untersteht der neue Geschäftsbereich direkt dem Konzern-Vorstand in Person von Forschungs-Chef Eberhard Seiffert – ein weiterer Hinweis auf einen Transporter-Nachfolger. Ein Jahr später wird Dencker als UBN-Chef Mitglied des innerhalb des Konzerns gegründeten Markenvorstands für VW unter Daniel Goeudevert.

1989 pfeifen es die Spatzen von den Dächern: VW bringt einen neuen Transporter. Einen richtig neuen, mit Frontmotor und Frontantrieb. In der Gerüchteküche brodelt es, VW kann kaum noch den Deckel darauf halten. Prototypen werden während Versuchsfahrten gejagt. Was seinerzeit bei keinem anderen Transporter möglich wäre: Der neue VW ist selbst Illustrierten und Pkw-Zeitschriften in dieser frühen Phase ein paar Zeilen und unscharfe Fotos wert.

Doch je mehr vom neuen Transporter T4 durchsickert, desto größer ist die Nachfrage nach dem alten T3. Dies gilt für Privatkäufer, die der Heckmotor nie sonderlich gestört hat. Dies gilt aber auch für Großkunden, die Fahrzeugeinrichtungen und eigene Werkstätten auf den T3 ausgelegt haben. Denn der T4 wird mit seinem Vorgänger nicht viel mehr als das VW-Zeichen gemeinsam haben.

Trotzdem feilt VW weiter am T3. Spürbar ist eine Aufwertung der Serienausstattung: Endlich haben alle Modelle serienmäßig Tageskilometerzähler, einen abblendbaren Innenspiegel, ein

Alle Multivan und Caravelle erhalten ab Herbst 1989 serienmäßig Doppel-Rechteckscheinwerfer.

Der Transporter T3 — 1989

abschließbares Handschuhfach, Zigarettenanzünder, Intervallschaltung für den Scheibenwischer und ein Ablagefach an der Fahrertür. Multivan und Caravelle C erhalten außerdem eine heizbare Heckscheibe, alle Caravelle mit Vergasermotor eine stärkere Lichtmaschine. Für den Caravelle CL geht zudem ein Heckscheibenwischer in Serie, Caravelle GL und Carat erhalten getönte Scheiben.

Der Multivan sowie alle Caravelle-Modelle sind jetzt an Doppelrechteck-Scheinwerfern auszumachen.

Wegen schärferer Geräusch- und Abgasbestimmungen ändert sich einiges am Motorenprogramm: Das stärkste Triebwerk mit 82 kW (112 PS) entfällt, der Kat-Motor kommt aufgrund einer Drehzahl-Reduzierung jetzt auf 68 kW (92 PS). Syncro und Automatik-Varianten behalten allerdings die alte Leistung von 70 kW (95 PS). Indirekt gehört auch das Fünfganggetriebe nun zur Serienausstattung, da das Viergang-Aggregat nur noch in Verbindung mit dem schwächsten Benziner (44 kW 60 PS) zu bekommen ist.

Der California gilt bei VW inzwischen als Serienfahrzeug. Als Ergänzung präsentiert VW im Herbst den Atlantic, einen California mit umfangreicher Ausstattung: An Bord sind Isolierverglasung, Standheizung, ein Sitzkasten im Einstieg, Leselampen, Lautsprecher im Heck und Becherhalter. VW ergänzt den Serienumfang durch Seitenbeplankung sowie elektrisch verstellbare und heizbare Außenspiegel in Wagenfarbe. Die Serienfertigung des schicken Atlantic beginnt allerdings erst im Frühjahr des folgenden Jahres. Dann verdrängt er den Joker, die Zusammenarbeit von VW und Westfalia erreicht endgültig ein neues Niveau. Welch große Rolle Fahrzeuge für private Abnehmer zum Schluss der Karriere des T3 spielen, zeigen Zahlen: Rund 112 550 Transporter liefert VW 1989 aus deutscher Fertigung inklusive Syncro aus, darunter allein 22 000 Caravelle und mehr als 13 000 Multivan, California und Atlantic.

Der Syncro ist längst ein Erfolgsmodell, im Frühjahr bauen VW und Steyr die Nummer 25 000. Im Herbst dann senkt VW den Syncro-Aufpreis um rund ein Drittel auf 7524 Mark.

VW ergänzt das Reisemobil California durch den Atlantic mit gehobener Ausstattung, Ausbau wieder von Westfalia.

Ab 1990 fertigt Steyr-Daimler-Puch außer dem Syncro (hier die 16-Zoll-Variante) auch zweiradgetriebene Transporter.

Die Verbindung zwischen Steyr-Daimler-Puch und VW wird in diesem Jahr noch enger. VW kündigt an, dass zusätzlich zum Syncro – der bis Ende 1991 in Graz gefertigt werden soll – die Österreicher im Frühjahr 1990 mit der Produktion des Zweiradgetriebenen T3 beginnen. Geplant ist im Herbst 1989 eine Stückzahl von 10 000 bis 12 000 Exemplaren bis Mitte 1991. Diese Transporter sind vor allem für Großkunden bestimmt, die auf den erwarteten neuen Transporter T4 zunächst zurückhaltend reagieren.

Doch in diesem Herbst muss VW immer noch den T3 mit seinem Heckmotor stützen, auch wenn es schwerfällt. So heißt es in den IAA-Informationen: »*Die Lage des Motors im Fahrzeugheck – bei lastentransportierenden Fahrzeugen manchmal als Nachteil eingestuft – erweist sich im Caravelle als großer Vorteil.*«

VW führt weiter den reichlichen Platz im Fahrerhaus, den breiten Durchgang in Lade- oder Fahrgastraum sowie das niedrige Geräuschniveau als Pluspunkte des Heckmotor-Konzepts an. Außerdem: »*Der noch in den 60er Jahren voluminöse Motorraum im Heck ist heute nur noch eine Erhöhung, die von Wohnmobil-Konstrukteuren gern als Unterbau für das Bett genutzt wird.*« Bald wird sich zeigen: Man kann sich auch ein Bett ohne Motor darunter denken - der T4 mit seinem gänzlich anderen Konzept lässt grüßen.

Der Transporter T3 — 1989

VW-Nutzfahrzeug-Programm 1990: Neu ist der Taro (links im Bild), gebaut in Hannover nach einer Toyota-Lizenz.

Bei VW kann man sich wiederum noch ganz andere Dinge vorstellen. So gründet VW im November – die Bevölkerung der DDR hat friedlich die Öffnung der Grenzen erzwungen, eine Vereinigung der beiden deutschen Staaten ist abzusehen – die Volkswagen IFA-Pkw GmbH. Der westdeutsche Polo soll aus ostdeutscher Produktion den völlig veralteten Trabant ablösen. Der Konzern setzt sich damit für die kommenden Wiedervereinigung gleich in die erste Reihe.

In eine ganz andere Richtung weist bereits im Januar die Montage des VW Taro/Toyota Hilux im Werk Hannover hin. Der Pick-up mit rund einer Tonne Nutzlast beruht auf einer Toyota-Lizenz und wird auch als VW Taro von einem Toyota-Dieselmotor angetrieben. Und ein VW-Jubiläum gibt es zu feiern: Im Juli 1990 produziert VW das 25 000 000. Auto im Werk Wolfsburg – darin stecken auch 174 000 Transporter aus den Anfangszeiten bis zum Jahre 1956.

1990
Ein Jahr des Umbruchs

VW-Chef Carl Hahn nimmt sich in diesem Jahr viel vor. VW, inzwischen klar die Nummer eins vor Fiat unter den Autoherstellern Europas, beginnt mit der Polo-Produktion in der ehemaligen DDR, steigt bei Škoda in der Tschechoslowakei ein und arbeitet zusammen mit Ford an der Entwicklung eines Vans, der in Portugal gebaut werden soll. Der wirtschaftliche Kraftakt von VW passt zum politischen Kraftakt des Jahres: In raschen Schritten vereinigen sich die beiden deutschen Staaten.

VW hätte Anlass zum Feiern: Am 8. März wird der Transporter 40 Jahre alt. Doch wer blickt im Frühjahr schon gerne zurück, wenn für den Sommer ein völlig neuer Transporter zu erwarten ist? Und so unterbleibt zum Transporter-Geburtstag jede Veranstaltung, VW entzieht sich auf diese Weise geschickt bohrenden Fragen zum kommenden Auto.

Da VW während der noch laufenden Produktion des T3 das Werk in Hannover bereits für den neuen T4 umbaut, entfallen aufgrund strikter Geheimhaltung auch Werksbesichtigungen. Theoretisch gibt es im Frühjahr den T3 noch zu kaufen, doch praktisch sind bestimmte Modelle schon nicht mehr lieferbar. Nur Händler, die sich vorausschauend mit vielen Transportern eingedeckt haben, sind noch voll lieferfähig. Die Produktion des Werks in Hannover aber und selbst die zweiradgetriebenen Autos aus der Auftragsproduktion bei Steyr in Österreich sind praktisch ausverkauft. Denn vor allem Großkunden haben sich

T3 aus Südafrika, man beachte die eigenständigen Scheinwerfer.

Der Transporter T3 — 1990

noch einmal kräftig mit dem alten Modell eingedeckt. Nur der allradgetriebene Syncro ist uneingeschränkt lieferbar. Obwohl bereits im Juni der Kastenwagen als erstes Modell der neuen Baureihe T4 in Produktion geht, baut VW den T3 weiter: Der Übergang von alt zu neu ist fließend, für den T4 entsteht praktisch ein Werk im Werk. Erst am 30. November läuft der letzte T3 im Werk Hannover vom Band.

Damit ist die Geschichte des T3 jedoch noch längst nicht beendet. Bis ins Jahr 2003 wird er noch in Südafrika vom Band laufen, als »Microbus« und als »Caravelle«. Der sogenannte Afrikabus lief ausschließlich als Rechtslenker vom Band. Mit Klimaanlage und Zentralverriegelung war die Ausstattung recht üppig. Beachtung verdient vor allem die Motorisierung: In den letzten Jahrgängen kamen Audi-Fünfzylinder zum Einsatz, die Benziner mit Direkteinspritzung leisteten aus maximal 2,6 Liter Hubraum bis zu 100 kW (136 PS).

Aber auch in Europa endet die Karriere des T3 1990 nicht abrupt: Die allradgetriebenen Syncro-Modelle laufen noch weiter. Und Anfang 1992 überrascht VW mit einer Neuauflage, präsentiert aus heiterem Himmel die »Limited Last Edition« (LLE). Der fein ausgestattete Multivan basiert auf Blue Star und White Star, ist jedoch in leuchtendem Tornadorot oder in gedecktem Orlyblau-Metallic lackiert. Womit es dann doch auf Umwegen zum angekündigten Red Star kommt. Sogar die Preise sind mitgewachsen, als wenn es eineinhalb Jahre zuvor keine Ablösung gegeben hätte. Zwei Motoren stehen zur Wahl, der Turbodiesel mit 51 kW (70 PS) und der Boxer mit 68 kW (92 PS). VW legt 2500 LLE auf, die Nummer 2500 wandert als letzter europäischer VW mit Heckmotor ins Museum. Die LLE werden bei Steyr-Daimler-Puch in Österreich gefertigt, sie sind durchnummeriert und äußerlich gekennzeichnet, jedem Exemplar liegt eine Urkunde mit Unterschrift von VW-Chef Hahn bei. VW macht kein Aufheben darum, dass die Serie wegen großer Bestellungen um einige hundert Exemplare erweitert wird, ohne Nummerierung und Urkunde. LLE-Busse gelten längst als Sammlerstücke.

Die Geschichte des T3 endet nicht mit dem Modellwechsel, in Südafrika erlebt er als »Microbus« das neue Jahrtausend.
(Foto: rcktheoneandonly, © CC BY-SA 3.0)

Höhe- und Endpunkt der T3-Entwicklung und heute ein heiß begehrtes Sammlerstück: Der LLE, die »Limited Last Edition«.

Die Limited Last Edition schreibt exakt den Blue Star fort, ergänzt durch eine rote Variante.

Der Transporter T4

Die vierte Generation
Revolution statt Evolution

Der Transporter T4 — 1990

Transporter-Quartett von Volkswagen: Alle vier Generationen des Typs 2 bis zum neuen T4 auf einen Blick.

Das Wort »Generationswechsel« steht ganz harmlos auf dem Titel der ersten Prospekte, die im August 1990 bei der Vorstellung des neuen VW Transporter T4, verteilt werden. Die vierte Transporter-Generation (daher der VW-interne Begriff T4) unterscheidet sich allerdings grundlegend von ihren Vorgängern. Oder: Nach 40 Jahren ist auf einmal alles anders. Der Schritt von T3 zu T4 ist fast so groß wie 16 Jahre zuvor der Sprung vom Käfer zum Golf.

Der Weg dorthin war weit. Bereits Anfang der achtziger Jahre, der T3 hatte sich soeben erst etabliert, erarbeiteten die Nutzfahrzeug-Entwickler Konzepte und Vorschläge für seinen Nachfolger. Als die Unternehmensleitung 1984 die entsprechende Grundsatzentscheidung trifft, sind die Konturen des Transporter T4 auf den damals noch verwendeten Zeichenbrettern bereits gut zu erkennen. Wettbewerbsvergleiche unterstützen die Ingenieure, zum Beispiel eine Nutzwertanalyse. Im Unterschied zu früher hat dabei nun der Kurzhauber mit Frontantrieb die Nase vorn. Wie zu erwarten, sammelt er vor allem Punkte in den Kriterien Nutzbarkeit des Laderaums, Eignung für Sonderfahrzeuge und Radstandsverlängerungen, Ladebodenhöhe und Sicherheitsimage. Eine wesentliche Rolle spielt ebenfalls, dass der Transporter durch das Festhalten am Heckmotorkonzept auch innerhalb des Konzerns in eine Ecke gedrängt ist, aus der es kein Entrinnen gibt. Das betrifft vor allem die teuren Aggregate: Nur mit einem Fronttriebler sind Rationalisierungseffekte durch Gleichteile im Unternehmen umzusetzen. Folgerichtig fällt die Entscheidung pro Frontantrieb aus. Ab 1987 ziehen getarnte Erprobungsfahrzeuge durch die extremen Gegenden dieser Welt und werden über die Marterpisten des Versuchs gejagt. Erlkönigjäger verfolgen den Transporter in der skandinavischen Kälte wie in glühender Wüstenhitze.

Im Sommer 1990 fällt die Tarnung, Premiere für Transporter, Caravelle und Multivan T4. Der Motor ist nun vorn unter einer kurzen Haube platziert und treibt die Vorderräder an. Damit endet die Ära der Boxermotoren. Der Fahrer sitzt jetzt hinter der Vorderachse. Aufgrund der neuen Antriebstechnik sind zwei Radstände möglich und vor allem Fahrgestelle für nahezu alle denkbaren Sonderaufbauten im gewerblichen und Freizeitbereich. Gleichzeitig wirft VW damit sämtliche Traditionen aus der Entstehungszeit des Unternehmens in Europa über Bord: Die Anfang der dreißiger Jahre durch Ferdinand Porsche geprägte Heckmotor-Philosophie des Volkswagen ist mit der Premiere des T4 fast 60 Jahre später Historie.

Waren die VW-Oberen beim Übergang von der zweiten zur dritten Transporter-Generation noch nicht vom modernen Frontantriebs-Konzept zu überzeugen, so hatten es Gustav Mayer, Nutzfahrzeug-Entwicklungs-Chef bis 1985, und sein Nachfolger Karl Nachbar auch diesmal nicht einfach. Zumal mit Carl Hahn an der Konzernspitze ein ausgesprochener Fan des VW T3 mit Heckmotor steht. Nachbar stellt Ende 1990 fest: »*Hahn hängt immer noch emotional am T3.*« Und Mayer bestätigt: »*Ich musste bei Hahn für das T4-Konzept kämpfen.*«

Generationen-Konflikt: Der neue T4 hat weder in Optik noch in Technik etwas mit seinem Vorgänger gemein.

Die Entscheidung für den Frontmotor muss jedoch bereits aus Gründen der Logik fallen. Seit Jahren basieren alle europäischen VW-Pkw auf dem Prinzip vorn quer eingebauter Reihenmotoren mit Antrieb auf die Vorderräder. Ob Wartung und Reparatur oder kurze Übertragungswege für Schaltung, Kühlung und Heizung – der Heckmotor hat keine Chance. Auch muss VW endlich eine durchgehende Ladefläche schaffen: Der VW Transporter ist das einzige Fahrzeug seiner Gattung, dessen Laderaum im Heck nur eingeschränkt nutzbar ist. Nicht zuletzt erschließt nur ein Transporter mit vorn eingebautem Motor den wichtigen Markt der Sonderaufbauten. Und eine aerodynamisch besonders günstige Form mit entsprechenden Vorteilen für Fahrleistungen und Verbrauch ist mit einem Frontlenker auch nicht zu verwirklichen.

In einer internen Unterlage fasst VW die konzeptionellen Nachteile des T3 mit Heckmotor zusammen: »*kein ebener Ladeboden (Motor hinten), Einstieg vor der Vorderachse (unbequem, Verschmutzung), keine zusätzlichen Radstandvarianten (technisch zu aufwendig), keine Versionen Fahrgestell mit Haus (Motor hinten), Verbesserung des c_w-Wertes ist bei Frontlenkerkonzepten stets aufwendiger als bei Kurzhauberfahrzeugen.*« Ergebnis ist ein komplett neues Auto, das mit dem Vorgänger außer dem Firmenzeichen nichts mehr gemein hat. Das Ziel von VW ist ebenso einfach wie anspruchsvoll: In sämtlichen denkbaren Kriterien soll der neue T4 besser oder zumindest gleich dem abzulösenden T3 abschneiden. Und besser als die Konkurrenz soll der neue Transporter auch sein.

Das T4-Trio: Zu Pritsche, Kasten und Bus gesellen sich noch viele andere Varianten des neuen Transporter.

Der Transporter T4

Technik pur: Der neue T4 zeichnet sich durch die wohl aufwendigste Technik aller Transporter aus.

Die Vorteile des Transporters T4.

Montageschemel

Für Nutzfahrzeug-Betrieb modifizierte Pkw-Aggregate

Einstieg hinter der Vorderachse

c_W-Wert 0,37

ebener Ladeboden

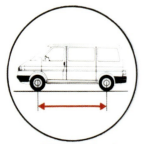
zwei Radstände variabler Radstand durch Zugkopf

allradfähige Hinterachse

1990

Ein gewaltiger Kraftakt liegt bei der Vorstellung des neuen Autos im August 1990 im Harz hinter VW. Bodo Dencker, Leiter des Unternehmensbereichs Nutzfahrzeuge, anlässlich der Vorstellung des neuen T4 vor Journalisten: »*Mit der neuen Transporter-Generation haben wir nun auch noch den Vorteil realisiert, der bei unserem Transporter-Konzept einzig fehlte: den durchgehend ebenen Fahrzeugboden. Wir können Ihnen damit jetzt in der vierten Generation nach Investitionen von über zwei Milliarden Mark einen Transporter präsentieren, der alle guten VW-Eigenschaften… mit idealen Transport-, Fahr- und Komforteigenschaften in modernster Technik verbindet. Sie sehen ein Fahrzeug, bei dem an nichts gespart wurde, um optimale Raumausnutzung, vielseitige Verwendung, Sicherheit und Werterhalt zu garantieren.*«

Schon das Äußere macht die Kehrtwendung deutlich: Der Windkanal hat die Karosserie geprägt: Ein Luftwiderstandsbeiwert von $c_w = 0{,}36$ ist Bestwert in der Transporter-Klasse. Die Anstrengungen dafür sind in zahlreichen Details spürbar. Zum Beispiel ist der Aufbau vorne und hinten seitlich eingezogen, glatte Flächen dominieren die Karosserie. Die Motorhaube verläuft in einer Linie mit der Frontscheibe. Die Außenhaut der selbsttragenden, doppelwandigen Stahlblech-Karosserie ist größtenteils geklebt; auch die fest eingebauten Fenster besitzen geklebte Scheiben und haben tragende Funktion. Auf Wunsch ist eine Isolierverglasung aus Echtglas zu bekommen.

Mühe gibt sich VW mit dem Korrosionsschutz. Besonders korrosionsgefährdete Bleche sind verzinkt. Das betrifft zunächst allerdings nur den Vorderwagen. Karosserieteile im Bereich von Steinschlag erhalten einen speziellen Schutzlack. Eine automatisch arbeitende Heißwachs-Flutanlage versiegelt die Innenflächen der Hohlräume im unteren Karosseriebereich sowie die der Türen und Klappen. Eine sechsjährige Garantie gegen Durchrostung beweist das Vertrauen in die Schutzmaßnahmen. Die Außenmaße des T4 entsprechen etwa dem Vorgänger. Die Außenlänge legt um 9,5 Zentimeter auf 4,655 Meter zu, Breite und Höhe sind mit 1,84 und 1,94 Metern sogar minimal kleiner als bisher. Erstmals stehen zwei Radstände – von 2,92 und 3,32 Metern – zur Wahl.

Der Lade-/Fahrgastraum schrumpft durch die Kurzhauber-Bauweise mit vorne angeordnetem Motor in der Länge um rund 35 Zentimeter, die Ladefläche geht um rund zehn Prozent auf vier Quadratmeter zurück. Dies stört vor allem Camper, die für Bewegungsfreiheit und akzeptable Bettenmaße viel Fläche brauchen. Wegen des besser nutzbaren Platzes im Heck sinkt das Ladevolumen aber nur um 0,3 auf 5,4 Kubikmeter.

Einen Ausweg bietet der T4 mit langem Radstand. Hier beträgt die Ladefläche 4,6 Quadratmeter, das Volumen 6,3 Kubikmeter. Parallel zum größeren Radstand steigt aber die Länge von 4655 auf 5055 Millimeter, und der Wendekreis vergrößert sich von 11,7 auf 12,9 Meter. Die Unterkante des Laderaums der ge-

Detailarbeit im Windkanal senkt den Luftwiderstand auf einen cw-Wert von 0,37.

Der Windkanal prägte die ausgezeichnete Aerodynamik und damit entscheidend die Form des Transporter.

schlossenen Modelle liegt zwischen 51,5 und 52,5 Zentimeter über der Fahrbahn; beim Pritschenwagen sind es 87,5 (früher 100,5) Zentimeter. In den Einstieg der Schiebetür integriert VW eine Trittstufe, 39 Zentimeter über der Fahrbahn.
Ändern sich die Maße der Schiebetür durch den Modellwechsel nur minimal, so ist der Laderaum durch den Entfall des Heckmotors jetzt auch von hinten voll zugänglich. Zur Wahl stehen Heckklappe oder erstmals Flügeltüren. Die Fläche der Hecköffnung beträgt 1,74 Quadratmeter, sie ist damit um 28 Prozent größer als beim T3. Die maximale Türbreite beträgt 1,47 Meter.
Stichwort Tür: Aufgrund einer völlig neu konstruierten Führung läuft die Schiebetür nun leichtgängig und schließt leise. Ursache sind Rollen aus Kunststoff anstelle von Stahl und ein drehbares Element für die Führung der Rollen.
Wichtig für das Beladen: Zwischen den Radkästen steht eine Breite von 1,22 Meter zur Verfügung, Paletten passen also quer hinein.
Verwirrend sind auf den ersten Blick die zulässigen Gesamtgewichte zwischen 2,32 und 2,75 Tonnen. Waren sie beim Vorgänger einheitlich, so gibt es beim T4 eine Vielzahl von Werten. Die Erklärung: VW hat den T4 in gleich drei Nutzlastklassen eingeführt. Neben der Standardklasse von einer Tonne gibt es den Transporter auf Wunsch auch mit 0,8 oder 1,2 Tonnen Nutzlast. Entsprechend ändern sich je nach Motor und Radstand sowohl Leer- als auch Gesamtgewicht. Maximal sind knapp 2,8 Tonnen mit dem Fünfzylinder-Dieselmotor möglich. Die Anhängelast wiederum beträgt für alle Modelle einheitlich zwei Tonnen. Das erlaubte Zuggesamtgewicht ist allerdings auf vier Tonnen (schwächster Motor) und sonst 4,5 Tonnen eingeschränkt. Stütz- und Dachlast betragen einheitlich je 100 Kilo.

1990

Quer eingebaute Vier- und Fünfzylinder-Reihenmotoren (Foto: Fünfzylinder-Diesel) treiben die Vorderräder an.

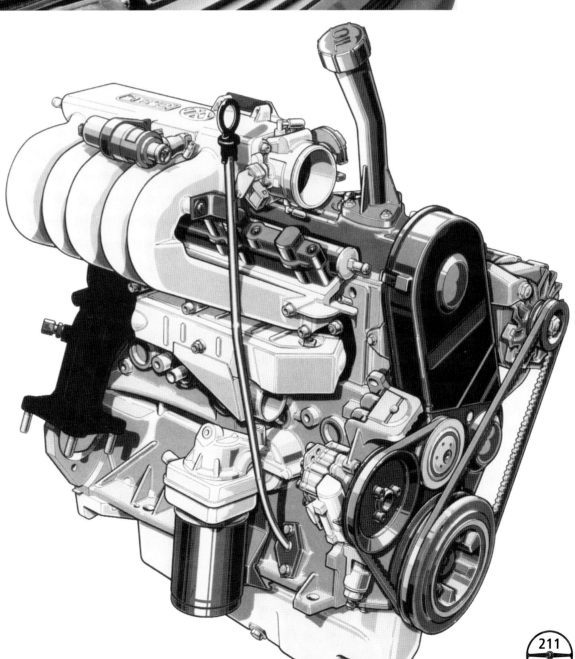

Zunächst der stärkste T4-Motor: Fünfzylinder-Benziner mit einer Leistung von 81 kW (110 PS).

Der Transporter T4

Die moderne Form ist nach VW-Sitte schnörkellos und nüchtern – gefällig, aber nicht avantgardistisch. Und gegenüber dem Vorgänger ist nicht nur technische, sondern auch optische Eigenständigkeit verloren gegangen. Ein Wettbewerber nutzt dies in einem Anzeigentext gleich aus: »*Es ist kein Zufall, dass heute immer mehr Transporter wie der Transit aussehen.*«

VW kann die Modellpalette nun viel weiter auffächern: Zu den Klassikern Kasten, Kombi, Pritsche und Doppelkabine gesellt sich das Fahrgestell mit Fahrerhaus. Machbar ist auch eine Tiefladepritsche. Und nahezu alle Ausführungen stehen in beiden Radständen zur Verfügung.

Unter dem Blech unterscheidet sich der T4 nicht nur von seinem Vorläufer, sondern auch von der Konkurrenz. Die Motoren unter der kurzen Klappe sind quer eingebaut. Sie stammen aus dem reichhaltigen Baukasten des Konzerns an Pkw-Triebwerken. Basis-Motor ist ein 1,9-Liter-Diesel mit vier Zylindern und einer Leistung von 45 kW (61 PS). Dieser Motor ist unter anderem aus dem VW Passat bekannt. Den Diesel gibt es auch als Fünfzylinder mit 57 kW (78 PS). Er entsteht schlicht durch das Anhängen eines weiteren Zylinders und läuft ebenfalls im Audi 100.

Zur Wahl stehen außerdem zwei Benzinmotoren. Der Vierzylinder mit zwei Liter Hubraum (62 kW/84 PS) ist ebenfalls ein Pkw-Motor. Auch hier entsteht eine stärkere Variante durch das Anhängen eines Zylinders. Der Fünfzylinder leistet 81 kW (110 PS). Typisch für alle vier Motoren sind die langhubige Bauweise und das niedrige Drehzahlniveau, die hohe Elastizität und das üppige Drehmoment. Selbst der Vierzylinder-Dieselmotor erweist sich deshalb für damalige Verhältnisse als überraschend durchzugsstark. Der geringe Luftwiderstand der Karosserie sorgt für günstige Höchstgeschwindigkeiten zwischen 128 km/h und 161 km/h Der Fünfzylinder-Benziner ist nicht nur der stärkste, sondern auch der schnellste Transporter überhaupt.

Nach Lösen weniger Schrauben lässt sich zur Wartung der Kühler mitsamt Ventilatoren vorklappen.

1990

Das Fünfganggetriebe stammt aus dem Passat, die Nutzfahrzeug-Entwickler setzten aber auf ein Schaltgestänge.

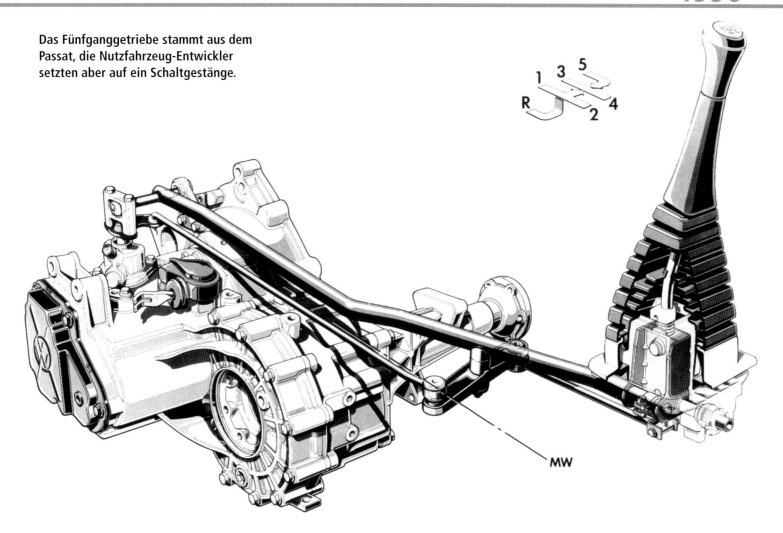

Für die Beanspruchungen im Transporter modifiziert VW die Motoren. Die Brennräume sind neu gestaltet, Saugrohre und Pleuel unterscheiden sie von den Pkw-Aggregaten. Die niedrigen Nenndrehzahlen verringern Geräusche und sorgen für lange Haltbarkeit. Beide Benziner besitzen eine Multipoint-Einspritzung. Die von VW selbst entwickelte Motorregelung namens Digifant erfasst über ein Steuergerät die angesaugte Luftmenge und ihre Temperatur, Motordrehzahl und -temperatur. Ein Mikroprozessor errechnet daraus Einspritzmenge und Zündzeitpunkt. Die Abgase der zwei Ottomotoren reinigt ein geregelter Katalysator. Einen dritten Benzinmotor, eine Sparvariante mit 1,8 Liter Hubraum, 49 kW (67 PS) Leistung, ohne Einspritzanlage und Katalysator, baut VW zwei Jahre lang in einer geringen Auflage für den Export. Die Motoren sind für Kontroll- und Wartungsarbeiten gut zugänglich: Die Haube lässt sich nach dem Entriegeln innen durch den Druck auf eine hervorspringende rote Zunge von vorn ohne schmutziger Finger öffnen und arretiert in geöffneter Stellung selbsttätig. Sind größere Wartungsarbeiten nötig, kann der Kühler nach Lösen von vier Schrauben rund zehn Zentimeter vorgeklappt werden. Die Service-Intervalle belaufen sich auf 7500 km (Diesel) und 15.000 km (Benziner).

Die Kupplung wird bei den Modellen mit gehobener Ausstattung in Verbindung mit den Dieselmotoren oder dem Fünfzylinder-Benziner hydraulisch betätigt, sonst mechanisch. Die Kraftübertragung erfolgt bei allen Motoren über ein Fünfganggetriebe. Es stammt aus dem Passat, ist aber für den Einsatz im Transporter verstärkt. Die Schaltstufen drei, vier und fünf bei den Fahrzeugen mit offenem Aufbau und mit langem Radstand sind kürzer übersetzt. Größter Unterschied zum Passat: Anstelle von Seilzügen überträgt ein Gestänge die Schaltbefehle. Und dies nach 40 Jahren Transporter-Produktion endlich außerordentlich präzise. Gegen Aufpreis bietet VW für die Varianten mit Fünfzylindermotor ein Viergang-Automatikgetriebe an.

Die Diesel arbeiten nach dem Wirbelkammerprinzip mit indirekter Einspritzung. Vor allem der Vierzylinder-Diesel zeichnet sich durch Sparsamkeit aus und unterbietet seinen Vorgänger trotz größeren Hubraums und ein wenig mehr Leistung um rund einen Liter/100 km im Durchschnitt.

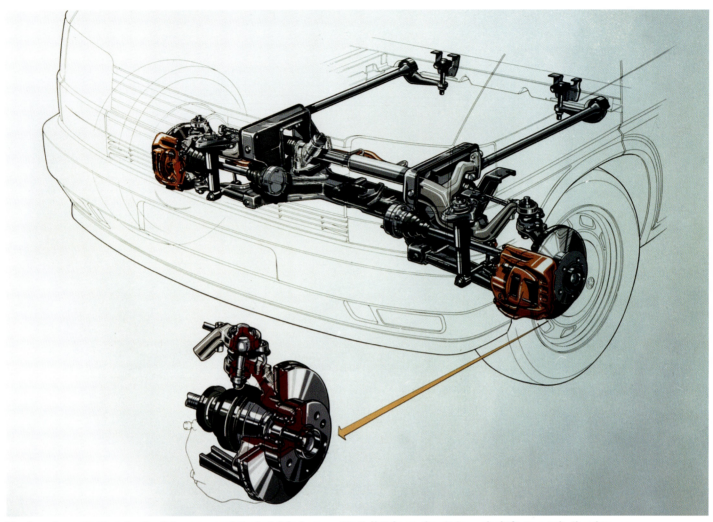

Vorderachse mit Einzelradaufhängung und Drehstabfederung. 15-Zoll-Fahrwerk mit innenbelüfteten Scheibenbremsen.

Eine große Reichweite ist auf jeden Fall garantiert: Unter dem Vorderwagen steckt ein nach offiziellen Angaben 80 Liter fassender Kraftstofftank aus Kunststoff mit virtuoser Form. Wer ihn mit viel Geduld bis zur Halskrause befüllt, bringt sogar 102 Liter hinein.

Für die Lebensdauer aller Aggregate setzt sich VW anspruchsvolle Ziele: So soll zum Beispiel der T-50-Wert der Motoren 200 000 Kilometer betragen. »T 50« heißt: 50 Prozent der Triebwerke erreichen eine Laufleistung von mehr als 200 000 Kilometern. Auch der gesamte Antriebsstrang muss 200 000 Kilometer halten, Kupplung und Bremsen sollen es auf 180 000 Kilometer bringen.

Zur Dämmung des Motorgeräuschs ist beim Transporter mit Frontmotor mehr Aufwand nötig als beim Vorgänger mit fernab liegendem Heckmotor, der durch zusätzliche Ausstattungen wie Reisemobil-Einrichtungen oder die Ladung gleich mitgedämmt wurde. Feinarbeit beweisen eine aus Geräuschgründen eingeführte Abstützung des Getriebehalses, eine extra abgestimmte Kupplungsscheibe und optimierte Luftfilter. Eine ausgekleidete Dämmwanne unter dem Motor bewirkt eine Teilkapselung des Triebwerks. Diese Wanne verringert gleichzeitig den Luftwiderstand, da sie den Unterboden glatt abdeckt. Aufgeklebte magnetisierte Bitumenfolien entdröhnen die Karosserie mit ihren relativ großen, planen Blechflächen.

Ein ausgezeichnetes Fahrwerk ist seit jeher Markenzeichen des VW Transporter – und dies gilt auch für den VW T4. Für den Frontantriebstransporter hatten die Entwickler zunächst eine McPherson-Achse vorgesehen. Doch deren vergleichsweise großen Federdome schränken den Fußraum ein. Also erhält der T4 eine Vorderradaufhängung mit doppelten Querlenkern und längsliegenden Drehstabfedern. Zur Serienausstattung gehört ein Stabilisator.

1990

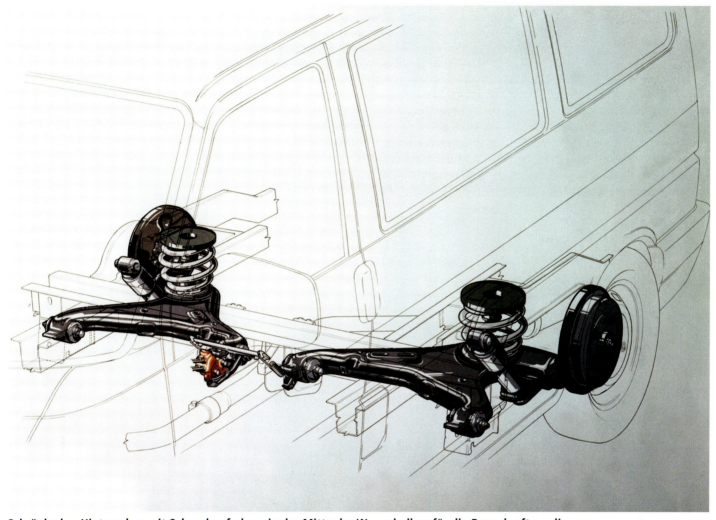

Schräglenker-Hinterachse mit Schraubenfedern, in der Mitte der Waagebalken für die Bremskraftregulierung.

Schon Heinrich Nordhoff wies bei der Vorstellung des Transporter im November 1949 auf den Vorzug der leer wie beladen ausgeglichenen Gewichtsverteilung des Transporter mit Heckmotor hin. Jetzt sieht es anders aus: Die geschlossenen Varianten haben erst voll ausgeladen eine ausgeglichene Gewichtsverteilung. Pritschen und Fahrgestelle sind leer frontlastig und beladen hecklastig. Trotzdem erreicht VW auch beim neuen Transporter mit hohem Aufwand ein nahezu ausgeglichenes Fahrverhalten. Fünf verschiedene Achskonzepte untersuchte VW für die Hinterradaufhängung. Doch am Ende landen die Entwickler wieder bei der bewährten Einzelradaufhängung an Schräglenkern mit platzsparenden, tonnenförmigen Miniblock-Schraubenfedern. Transporter-Fahrer stehen der Traktion des neuen VW misstrauisch gegenüber. Leer ist die Zugkraft auf Eis im Vergleich zum Vorgänger deutlich besser. Beladen allerdings gerät der Neue ins Hintertreffen.

Räder, Reifen und Bremsen fallen innerhalb des T4-Programms unterschiedlich aus. Die leichteren Gewichtsvarianten mit Vierzylinder-Motoren erhalten serienmäßig 14-Zoll-Räder mit Faustsattelbremse und massiver Bremsscheibe. Die schwereren und stärkeren Varianten zeichnen sich durch 15-Zoll-Räder, Rahmensattelbremse und innenbelüftete Bremsscheiben aus. Hinten kommen bei allen Varianten Trommelbremsen zum Einsatz. Ein Waagebalken reguliert die Bremskraft zwischen den Achsen auch bei Kurvenfahrt. Gegen Aufpreis erhalten alle Modelle ABS. Die Palette der Reifen reicht von 185 R 14 bis zu Breitreifen des Formats 215/65 R 15.

VW baut eine präzise arbeitende Zahnstangenlenkung mit variabler Übersetzung ein. Bei den Fünfzylinder-Motoren, der gehobenen Ausstattungsvariante Caravelle GL und dem Reisemobil California zählt eine Servounterstützung zur Serienausstattung. Nach 40 Jahren ist auch der Fahrerplatz nicht mehr wiederzuer-

Der Transporter T4

kennen. Jetzt wird ins Auto fast hineingelaufen und nicht mehr geklettert. Und beim Aussteigen gibt es keine schmutzigen Röcke, Hosen oder Mäntel am früher stets verdreckten Radlauf mehr.

Die komplett neuen Vordersitze mit deutlich größerer Auflage für die Oberschenkel sowie höherer Rückenlehne stehen enger zusammen. Das verringert zwar die Durchgangsbreite nach hinten, lässt aber die Karosserie trotz identischer Maße deutlich weniger ausladend erscheinen. Platz steht im Fahrerhaus sowohl für Sitzriesen als auch Langbeinige ausreichend zur Verfügung. Nur auf dem Beifahrer-Doppelsitz geht es recht eng zu. Die Verstellung der Rückenlehne ist jetzt stufenlos; Kunststoff-Gleiter erleichtern die Längsverstellung der Vordersitze.

Die klar gezeichneten Instrumente sind gut abzulesen, Hebel und Schalter günstig zu erreichen. Enger als früher ist der Bewegungsraum für die Füße – eine ins Radhaus eingeformte Ablage für den Kupplungsfuß des Fahrers zeugt von Mühe um Komfort. Zugenommen hat die Zahl der Ablagen, erst recht bei den Modellen mit voluminösen Türfächern. Hingegen sind die grauen Verkleidungen aus Kunststoff nicht jedermanns Geschmack. Im Gegensatz zum Vorgänger ist die Fahrerkabine vollverkleidet, in den Bus-Varianten oder dem Reisemobil California gilt dies auch für den Fahrgastraum.

Die neue Karosserie mit gänzlich anderer Sitzposition ergibt auch völlig neue Sichtverhältnisse. Das Ende der steil abfallenden Motorhaube ist nur zu erahnen, und die eingezogenen hinteren Karosserie-Ecken sind in den Außenspiegeln nicht zu sehen. Apropos Spiegel: Auf der linken Seite geht der Außenspiegel in die Breite, rechts ist er hochkant geformt.

Komplett neu konstruiert VW auch die Heizungs-/Lüftungsanlage. Besser ausgestattete Modelle weisen jetzt Frischluftausströmer auch in Armaturenbrettmitte auf. Die Entlüftung des

Nicht nur in der Caravelle-Ausstattung erinnern Sitzposition und Armaturenbrett stark an Pkw.

1990

Innenraums erfolgt seitlich im Heck im Bereich der Stoßfänger. Alle Transporter überzeugen durch eine leistungsfähige Heizung, die nach dem Kaltstart schnell anspricht. Gegen Aufpreis gibt es wieder einen zweiten Wärmetauscher. Er ist unter dem Wagenboden angeordnet. Dort findet auch die ebenfalls als Zusatzausstattung lieferbare kraftstoffbetriebene Zusatzheizung Platz. Gegen Aufpreis stehen außerdem eine Kühlwasser-Zusatzheizung sowie eine Klimaanlage bereit.

Für diese Klimaanlage betrieb VW besonderen Aufwand. Um eine gleichmäßige Temperatur über die gesamte Fahrzeuglänge zu erreichen, sind gleich zwei Verdampfer (vorn und hinten) eingebaut. Dies verhindert einen Temperaturanstieg von hinten nach vorn wie beim Vorgänger. In einen Form-Dachhimmel integrierte Kanäle führen die gekühlte Luft zu den Fahrgastreihen im Fond. Jeder Passagier hat seinen eigenen Ausströmer. Weitere Lüftungsmöglichkeiten sind Ausstelldächer aus getöntem Glas. Sie sind sowohl für das Fahrerhaus wie den Passagierraum lieferbar. Alternative für die Fahrzeugmitte ist ein großes Schiebe-Ausstelldach. Es kann mit dem Ausstelldach über dem Fahrerhaus kombiniert werden.

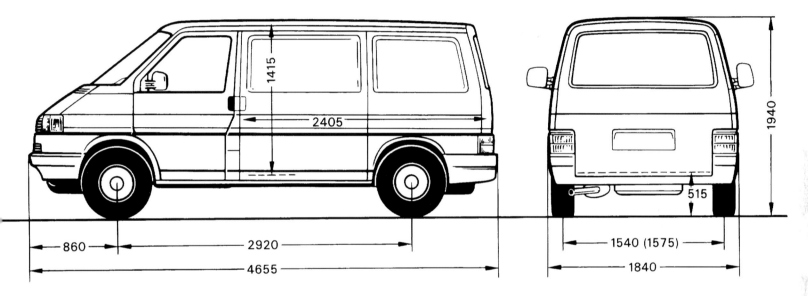

T4 mit kurzem Radstand: Aufgrund des Frontmotors durchgehender, aber kürzerer Laderaum als früher.

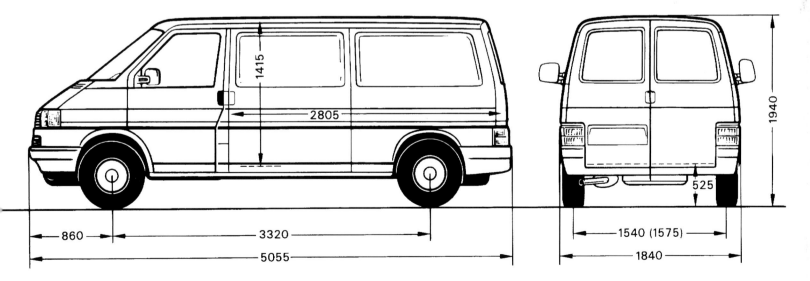

Gewöhnungsbedürftiges Bild: VW Transporter mit mehr als drei Meter Radstand und fünf Meter Gesamtlänge.

Der Transporter T4

Eine von zahlreichen Sitzvarianten. Die mittlere Sitzbank ist dank Pilzbefestigung ohne Werkzeug auszubauen.

Neu wie das ganze Auto sind auch Sitze und Sitzbefestigungen hinten. Für die Bus-Varianten sind sogar Einzelsitze möglich. Sie sind wie die Bänke auf Pilz-Befestigungen montiert und schnell sowie ohne Werkzeug auszubauen. Die Sicherheitsgurte sind grundsätzlich am Sitz befestigt. Damit die Gurtschlösser nicht herumbaumeln, sind sie in kleine Taschen eingelassen.

Die zahlreichen Bestuhlungsvarianten des neuen Transporter reichen von zwei Sitzen im Kastenwagen bis hin zu zwölf Plätzen im Kombi mit langem Radstand. Da sowohl Einzelsitze als auch Sitzbänke möglich sind, ergibt sich daraus ein vielfältiges Kombinationsspiel.

Damit nicht genug: So lässt sich mit Hilfe einer Gepäckraumabdeckung sowie eines Zwischenstücks aus den zwei hinteren Bänken beim Umklappen ein durchgehender Lade- oder Liegeboden schaffen. Des Weiteren gibt es zusammenklappbare Seitensitze im Fahrgast-/Laderaum. Unter Fahrer- und Beifahrersitz verbleiben Stauräume, die sich zum Einbau einer Zweitbatterie nutzen lassen. Wählt der Käufer drehbare Vordersitze, so senken sich diese Sitze während des Drehens in einer Schraubbewegung automatisch um 3,5 Zentimeter ab. Dadurch wird ein Teil der kleinen Stufe zwischen Fahrerhaus und Fahrgastraum ausgeglichen.

Erneut hat das Thema Sicherheit bei der Entwicklung eine große Rolle gespielt. Wer allerdings meint, die Frontmotor-Konstruktion brächte prinzipiell mehr Sicherheit als ein Frontlenker, irrt: Da sich der Motorblock nicht verformt, muss die Aufprall-Energie

1990

Gute Transporter-Tradition: Deformationselement und gabelförmig auslaufende Träger hinter der vorderen Stoßstange.

vorher abgefangen werden. Wie seit vielen Jahren verwendet VW deshalb auch beim T4 einen vorn gabelförmig auslaufenden Rahmen. Und als vorderer Abschluss-Querträger des Rahmens dient wieder ein Hohlprofil als Deformationselement. Besonderes ließ sich VW für die Lenksäule einfallen: Sie ist mehrfach geteilt und läuft schräg nach rechts zum Lenkgetriebe in Wagenmitte. Aufgrund dieser Konstruktion verschiebt sich das Lenkrad bei einem Aufprall nur minimal in Richtung auf den Fahrer. Für alle Modelle lieferbar (bei einigen Serie) sind höhenverstellbare Sicherheitsgurte im Fahrerhaus. Und im Gegensatz zu zahlreichen Konkurrenten gibt es auf den Außenplätzen im Fahrgastraum auf Wunsch Dreipunkt-Automatikgurte.

Mit Bravour bestanden: Crashtest des Reisemobils California mit 50 km/h auf eine starre Wand.

Zahlreiche Teile des T4 sind wiederverwertbar, die Einsätze der Trittstufen bestehen aus Recycling-Material.

Kunststoffrecycling Transporter und Caravelle
Auswahl: Recyclingfähige Teile

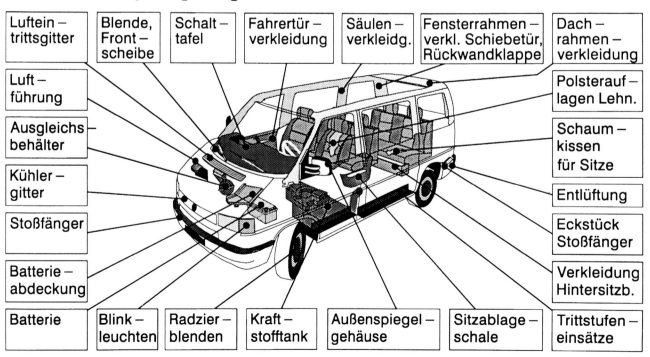

1990

Den üblichen, aus den USA stammenden Crash-Test mit einer Geschwindigkeit von 48 km/h gegen eine feste Wand meistert der T4 mit Bravour. Selbst den von amerikanischen Verbraucherverbänden geforderten Aufprall mit 56 km/h auf eine Wand schafft der VW mit intakter Fahrgastzelle.

Viel Mühe gibt sich VW beim T4 mit der Ausstattung. Die um mehr als zehn Prozent gegenüber dem Vorgänger T3 erhöhten Preise sind zu einem erheblichen Teil auf eine bessere Serienausrüstung zurückzuführen. So gehören beim Freizeit-Fahrzeug Multivan jetzt eine Servolenkung, heizbare Heckscheibe mit Wisch-/Waschanlage, Schiebefenster in der Mitte, der zweite Wärmetauscher, Kopfstützen hinten und weitere Details zur Grundausstattung, zu der jetzt außerdem der Dieselmotor zählt. Unter dem Strich sind die neuen T4 bei gleicher Ausstattung nicht teurer als vorher der T3.

Möglich macht dies die Verwendung von Großserien-Aggregaten wie Motor und Getriebe, aber auch eine deutliche rationellere Produktion. So erhöht VW die Zahl der Roboter in der Rohbau-Fertigung auf das Dreifache. Neu ist auch die Vormontage wichtiger Baugruppen. Zum Beispiel fügen Roboter Vorderachse, Motor und Getriebe auf einem Montageschemel zusammen. Die komplette Antriebseinheit wird computergesteuert in das Auto eingesetzt.

Wie bei dem großen Spektrum des VW T4 kaum anders zu erwarten ist, sind von Beginn an nicht alle Varianten lieferbar. Im Juni 1990 startet VW die Fertigung des Kastenwagens mit kurzem Radstand, bald darauf folgt der Kombi. Dann beginnen Pritsche, Doppelkabine und das Fahrgestell mit Fahrerhaus. Auch zahlreiche Sonderausstattungen fließen erst Stück für Stück in die Produktion ein.

Gleich drei Fahrzeuge für den stark wachsenden Freizeitmarkt lässt VW bei Westfalia ausbauen. Die Namen sind bereits vom T3 bekannt: Multivan, California und – er schafft es nur bis zum Prototyp – der Atlantic. Der vielseitige Multivan entspricht mit Klappsitzbank im Heck, einem Tisch davor sowie einem Einzelsitz gegen die Fahrtrichtung hinter dem Fahrerplatz im Grundsatz dem Vorgänger. Doch VW hat einiges verfeinert, wichtigste Änderung: Die Kühlbox ist in einem Einschub unter dem Einzelsitz hinter dem Fahrerplatz untergebracht – der Einstieg bleibt somit frei. Westfalia steuert für den Multivan das wahlweise lieferbare Aufstelldach zu und liefert auch wieder Einrichtungsteile für den weiteren Ausbau.

T4-Produktion: Die Seitenwände sind größtenteils geklebt, im Rohbau kommen mehr Roboter als bisher zum Einsatz.

Der Transporter T4 — 1990

Die neuen Volkswagen Transporter und Caravelle

Radstand (mm)	Kastenwagen/ Kombi	Caravelle	Pritsche	Tieflader	Chassis Fahrerhaus
2 920	✓				
2 920	✓	✓	✓		✓
3 320	✓	✓	✓	✓	✓
3 320	✓		✓		✓

Das T4-Programm: Drei Gewichtsklassen, zwei Radstände und diverse Aufbauten ergeben ein großes Modell-Puzzle.

Das preisgünstigste geschlossene Modell der neuen Baureihe: T4-Kastenwagen mit kurzem Radstand.

Auf Wunsch sind Kastenwagen, Kombi (Foto) und Caravelle auch mit zweiflügeliger Hecktür zu bekommen.

Die feinste Ausführung des neuen T4 heißt Caravelle.

Der Transporter T4 — 1990

Basis für Sonderaufbauten von Nutzfahrzeugen und Reisemobilen: Das Fahrgestell mit Fahrerhaus.

Der Pritschenwagen hat im Gegensatz zum Vorgänger einen klassischen Leiterrahmen und steht in zwei Radständen zur Wahl.

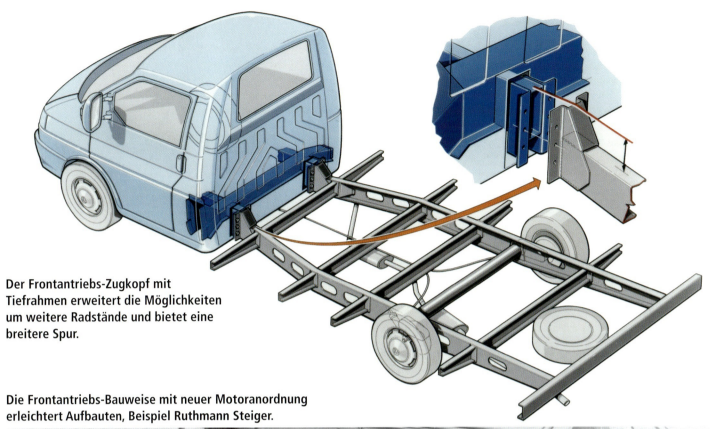

Der Frontantriebs-Zugkopf mit Tiefrahmen erweitert die Möglichkeiten um weitere Radstände und bietet eine breitere Spur.

Die Frontantriebs-Bauweise mit neuer Motoranordnung erleichtert Aufbauten, Beispiel Ruthmann Steiger.

Auch gewöhnliche Kofferaufbauten wie hier von Cargo Van sind nun viel leichter aufzubauen.

Müllwagen für Leichtmüll, zum Beispiel zum Leeren von Abfallkörben auf Straßen und Wegen.

Der Weg zum California verlief nicht geradlinig. VW und Ausbauer Westfalia spielen mehrere Varianten durch. Basis ist der bisherige California/Joker-Grundriss. Er wird zusätzlich für eine Langvariante mit dem großen Radstand gestreckt. Dann wäre da eine Variante mit Heckküche. Sie funktioniert ebenfalls auf Basis des langen Radstands, dann alternativ auch mit einer eigenständigen Sitzgruppe aus zwei Klappsitzbänken im Wohnraum. Der lange Radstand mit Heckküche animiert außerdem zu einer Variante mit einem Waschschrank im Heck, dort steckt in der Tür ein Waschbecken. Der einen oder anderen Ausführung wird man in den kommenden Jahren wieder begegnen. Im Grundsatz entspricht aber das Reisemobil California letztlich dem Vorgängermodell. Der Grundriss mit Klappsitzbank und Küchenblock sowie Schrankzeile hinter dem Fahrersitz ist geblieben. Doch die Änderungen sind tiefgreifend: Auch hier ist die Rückbank vorziehbar. Auf eine Gasanlage kann verzichtet werden, da VW und Ausbauer Westfalia statt des Gaskochers serienmäßig einen fest montierten Spirituskocher einbauen. Serienmäßig ist jetzt eine Isolierverglasung aus Echtglas anstelle von kratzempfindlichem Kunststoff. Damit ist jetzt der Einsatz eines Heckscheibenwischers möglich. Die Oberflächen der völlig neu entwickelten Möbel tragen ein sogenanntes Stein-Design, die Konstruktion ist von blauen Möbelstollen geprägt. Der Tisch versteckt sich in der Sitztruhe, ein leistungsfähiger Kompressor kühlt die Vorräte. Batterien und Frischwassertank sind im Heck postiert. Die Elektrik konzentriert sich in der B-Säule neben dem Küchenblock, aller Ehren wert ist das digitale Kontrollbord vorn unter dem Dach.

Praktisch: Das Aufstelldach erstreckt sich jetzt über die komplette Dachlänge und die Höhe des California bleibt jetzt knapp unter zwei Metern. Er ist damit für Garagen, viele Parkhäuser und Waschanlagen tauglich. Werbetexter finden eine pfiffige Bezeichnung für das Reisemobil: »*Das erste Doppelbett mit Frontantrieb von Volkswagen.*«

Der gezeigte Atlantic wiederum hat mit dem Vorgänger gleichen Namens – der Luxusausgabe des alten California – nichts mehr gemein. VW und Westfalia haben die Küche bei ihm ins Heck verlegt und dort einen vom Wohnraum abgetrennten Funktionsbereich geschaffen. VW stellt die Käufer der drei werkseigenen Freizeit-Fahrzeuge allerdings auf eine harte Geduldsprobe: California und Multivan gehen erst 1991 in Produktion, der Atlantic schafft diesen Schritt mit verändertem Konzept erst 1992.

Behindertengerechter Ausbau mit demontierbarer Einrichtung namens VarioCar von der Werkstatt Hannover.

Basis der Freizeitfahrzeuge von VW ist wieder der Multivan mit vielseitiger Einrichtung von Westfalia.

Der Kombi transportiert als Alleskönner Menschen und Material im Wechsel.

1990

VW California: Reisemobil mit Doppelscheiben aus echtem Glas, Spirituskocher und Kraftstoff-Heizung.

Alternative zum flachen Aufstelldach (unter zwei Meter) ist beim California ein Hochdach mit angedeutetem Alkoven.

Der Transporter T4

1990

Auch die zahlreichen Ausbauer stürzen sich mit Schwung auf den neuen Transporter. Die größeren unter ihnen bleiben beim bewährten Grundriss mit Klappsitzbank im Heck und Küche gegenüber der Schiebetür. Vor allem die kleineren Ausbauer nutzen das Heck ohne störenden Motor zu Grundrissen mit Heckküche. Dehler lässt sich für den VW mit kurzem und langem Radstand sogar eine elegante Verlängerung des Hecks einfallen, Karmann wird folgen. An den Start gehen Campingbusse von Carthago, Dehler, Eurec, Luna, Reimo, Schrempf & Lahm, Sonnental, Teca, dazu Alkovenmobile und Teilintegrierte von FFV, Karmann, Knaus und Tischer – die meisten Marken sind ein Vierteljahrhundert später längst verschwunden.

Und VW selbst präsentiert neben den eigenen Freizeitfahrzeugen Multivan, California und Atlantic gleich noch eine Studie namens »Hookipa« für ein Surfmobil, gedacht für eine Besatzung von zwei Personen. Gefrierbox, Mikrowellenherd und eingeformte Halter für Geschirr, ein Feuchtraum im Heck für nasse Sachen und ein ausklappbarer Mini-Fernseher sind nur einige der zahlreichen Ideen, die die VW-Entwickler zusammen mit einem französischen Designer zu einem fröhlichen Freizeitmobil verpacken. Auch die Aufbauhersteller von Reisemobilen schauen neugierig auf den VW. Karmann und Knaus präsentieren schon während der T4-Vorstellung im August 1990 ihre Prototypen. Die großen klassischen Reisemobil-Aufbauer allerdings lassen VW links liegen: Sie stört das maximal zulässige Gesamtgewicht von nur 2,8 Tonnen.

VW hat mit dem neuen Transporter viel vor: Dies Jahresfertigung in Hannover soll binnen kurzem um rund 50 Prozent auf 180 000 Transporter klettern, man spricht bereits offen über eine dritte Schicht. In der Halle 7 des Messegeländes Hannover fährt VW zur Premiere etwa 70 Sonderfahrzeuge vom Pritschenwagen bis zum Büromobil auf – der neue T4 bietet neue Möglichkeiten.

Für VW ist es auch abseits des T4 ein spannendes Jahr. VW übernimmt Werke der DDR-Automobilindustrie. Polo statt Trabant heißt es im Werk Mosel in Zwickau. VW-Chef Carl Hahn ist es ein besonderes Anliegen: Er wurde 1926 in Chemnitz geboren, sein Vater war Mitbegründer der in Sachsen angesiedelten Auto Union. Sowohl das heutige Motorenwerk Chemnitz als auch das Fahrzeugwerk Zwickau (einst Horch) gehen auf die Auto Union zurück.

Und was geschah sonst 1990? Enorm viel: Deutschland wird wiedervereinigt und Fußball-Weltmeister. Nelson Mandela wird nach langer Haft entlassen. Das Internet wird frei verfügbar – was sich daraus entwickelt, kann zu diesem Zeitpunkt noch niemand ermessen.

Reisemobil-Ausbau Luna Starlight: Einer der neuen Grundrisse mit Heckküche, obendrauf ein Alkoven-Hochdach.

Ausbauer Carthago setzt auf den klassischen VW-Grundriss mit Klappsitzbank im Heck und Küche auf der linken Seite.

Ausbauer Reimo bietet den T4 wahlweise mit herkömmlichem Grundriss oder mit einer Heckküche an.

Dehler verlängerte den T4 mit kurzem Radstand und erzielt so viel Platz bei kleinem Wendekreis.

Ungewöhnliche Formen und ein munteres Farbdesign bietet das teilintegrierte Reisemobil Knaus Traveller 580.

Auch Karmann gehört mit den Modellen Cheetah (Foto) und Gipsy zu den ersten Reisemobil-Aufbauern auf T4.

Tischer fertigt Alkoven-Aufbauten entweder abnehmbar oder fest montiert (Bild) auf dem Transporter.

Der Transporter T4 — 1990

VW-Studie Hookipa: Freizeitmobil mit doppeltem Dach für Surfbretter und ungewöhnlicher Inneneinrichtung.

1991

Das Jahr bringt politische Erdrutsche: Die Sowjetunion fällt auseinander, in Jugoslawien herrscht Bürgerkrieg, auch dieser Vielvölkerstaat zerlegt sich – beide Ereignisse sind auch ein Vierteljahrhundert später noch nicht verdaut. Passend zu alldem und zu VW bringt die Band Scorpions – ausgerechnet in Hannover beheimatet – ihren Hit »Wind of Change« als Single heraus. Selbst ein halbes Jahr nach der Vorstellung bereitet der Serienanlauf des T4 immer noch Kopfzerbrechen. Im Frühjahr erreicht VW zwar die geplante Stückzahl von 600 Transportern pro Tag, doch sind dazu Überstunden und teilweise sogar Samstags-Schichten notwendig. Für das zweite Halbjahr ist eine Steigerung der Fertigung auf 760 T4 pro Tag geplant. Dafür allerdings ist eine dritte Schicht notwendig, die nach den Werksferien eingeführt wird. Beendet ist dagegen seit dem 18. Januar die Herstellung von Motoren in Hannover.

Die VW-Mitarbeiter sind optimistisch: Der Absatz des neuen Transporter läuft zunächst besser als erwartet. Ursache dafür ist vor allem eine Sonder-Hochkonjunktur im Bereich der alten Bundesrepublik Deutschland, bedingt durch die zusätzliche Nachfrage nach Gütern aus den fünf neuen Bundesländern, der ehemaligen DDR.

VW komplettiert das T4-Programm Stück für Stück: Im Januar geht der Kleinbus Caravelle in Serienfertigung. Im Februar folgen die Pritsche und das Fahrgestell mit langem Radstand, im März die Doppelkabine. Kasten und Kombi mit langem Radstand kommen im April hinzu, der Caravelle mit langem Radstand im Mai. Die Fertigung des Multivan startet im September. Zum Jahresende 1991 folgen der Kastenwagen mit Hochdach und die Tiefladepritsche.

Der Fronantrieb macht's möglich: Hinterkipper mit niedriger Ladefläche.

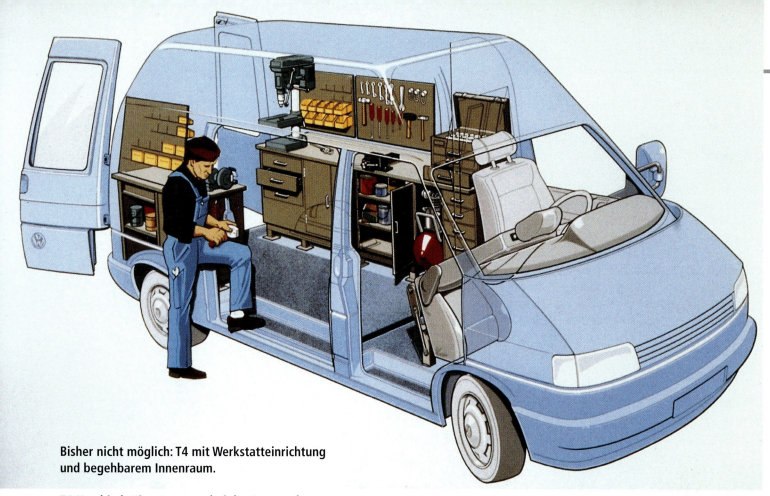

Bisher nicht möglich: T4 mit Werkstatteinrichtung und begehbarem Innenraum.

T4 Kombi als Einsatzwagen bei der Feuerwehr.

1991

Mit diesem Komplettprogramm verfolgt VW klare Ziele: Der Marktanteil zwischen 1,9 und 2,7 Tonnen Gesamtgewicht in Deutschland, zwischenzeitlich bis auf 38,5 Prozent abgerutscht, soll wieder auf 50 Prozent steigen. Und in Europa will VW wieder unumstrittene Nummer eins unter den Transporter-Herstellern werden.

Was sich aus dem Transporter mit seinem neuen Konzept alles machen lässt, zeigen Aus- und Aufbauten für den gewerblichen Einsatz. Eine besonders feine Lösung präsentiert VW auf der IAA 1991: Zusammen mit Ausstatter Kamei hat das Unternehmen den Caravelle Club-Van entwickelt. Er nimmt die Idee des Carat von 1983 wieder auf, ist äußerlich verfeinert und entpuppt sich innen als geräumige Großraumlimousine und Büromobil. Elektrisch verstellbare Einzelsitze im Fond, Klapp- und Schwenktische, eine Mittelarmlehne für das damals noch exklusive Telefon und das wichtige Telefax, Heißgetränkebar, Kühlbox, Ablagen – eine exklusive Reiselimousine. Die Stückzahlen sind begrenzt, VW wird später ab dem Jahr 1997 selbst mit dem individuell ausgestatteten Modell Business aus eigener Fertigung im Werk Hannover in das Geschäft mit den Luxusvans einsteigen.

Am VW T4 gibt es die erste Modellpflege. Ab Herbst rutscht das VW-Zeichen unter die Quersicke der Heckklappe. Die Klappe wiederum lässt sich leichter anheben. Einige aufgrund von Berechnungen überdimensionierte Teile der Karosserie werden leichter und damit auch billiger. Als Sonderausstattungen sind zu diesem Zeitpunkt auch die Klimaanlage sowie ein Viergang-Automatikgetriebe zu haben.

Im Sommer 1990 präsentiert VW auf dem Caravan-Salon den neuen Campingbus California...

Der Transporter T4 — 1991

...1991 geht der California in Produktion. Den Ausbau übernimmt erneut Westfalia.

Mit einem Netz sogenannter Freizeithändler unterstützt VW ab 1991 die Aktivitäten der Reisemobilhersteller. Sie widmen sich verstärkt dem Verkauf und Service der Freizeitfahrzeuge. Jedoch funktioniert dieses offizielle Netz nicht so gut wie erwartet, denn es gibt wenig erfolgreiche Freizeithändler und sehr erfolgreiche Reisemobilhändler ohne diese Kennung. Prompt wird die Idee wieder einschlafen.

Aber im VW-Konzern beginnt im Herbst das TDI-Zeitalter. Zunächst profitiert Audi von den ebenso kräftigen wie sparsamen Turbodiesel-Direkteinspritzermotoren. Die kernigen Diesel kämen den Transportern gerade recht, doch man wird sich noch etwas gedulden müssen.

Für den VW-Konzern beginnt in diesem Jahr eine Erfolgsgeschichte: Am 10. Dezember erhält VW den Zuschlag für die Übernahme der tschechischen Marke Skoda. Im Unterschied zu Seat wird sie innerhalb von wenigen Jahren mit neuen Modellen und klarer Strukturierung eine klare Positionierung im Konzern finden. Skoda wird ab 1996 die Caddy-Baureihe für einige Jahre durch ein Pick-up ergänzen. Gute zwei Jahrzehnte später wird dann sogar ein vorheriger Skoda-Technikchef VWN leiten.

1992

Bill Clinton wird US-Präsident, der Airbus startet seinen Erstflug. Eric Clapton veröffentlicht »Unplugged«. Und auch VW veröffentlicht eine Neuheit und ergänzt das T4-Angebot um den Syncro mit Allradantrieb. Die ebenso einfache wie funktionelle Technik der Visko-Kupplung als mit Silikonöl befüllter Lamellenkupplung entspricht dem Vorgängermodell: Bei unterschiedlicher Drehzahl von Antrieb und Abtrieb stellt sich automatisch ein Kraftschluss zwischen Vorderachse und Hinterachse ein, die Kraftübertragung ist variabel. Im Schiebebetrieb ist die Hinterachse entkoppelt, Basis für das Antiblockiersystem. Für die Hinterachse gibt es zusätzlich optional eine Differenzialsperre.

Der Allradantrieb ist bei der Entwicklung des T4 von Beginn an berücksichtigt worden. Deshalb besitzt der Tank eine Ausbuchtung für die nach hinten führende Kardanwelle. Bei der Konstruktion des Hinterwagens wurde der Platz für das Differenzial und die Antriebswellen berücksichtigt. Die Auspuffanlage muss lediglich ab der Fahrzeugmitte geändert werden. Den Syncro gibt es mit kurzem wie langem Radstand. Wegen der größeren Radstände ist die Geländetauglichkeit nicht mehr so überragend wie beim alten Syncro, der Allradantrieb T4 sichert dem T4 eher eine ausgezeichnete Traktion.

Die allradgetriebene Variante des Transporters entsteht nicht mehr bei Steyr-Daimler-Puch in Graz, sondern läuft wie komplett im Werk Hannover vom Band. Steyr liefert Teile der Allradtechnik zu, etwa die Visko-Kupplung.

Der Allradantrieb im T4 Syncro kann für alle Karosserievarianten mit kurzem und langem Radstand geliefert werden.

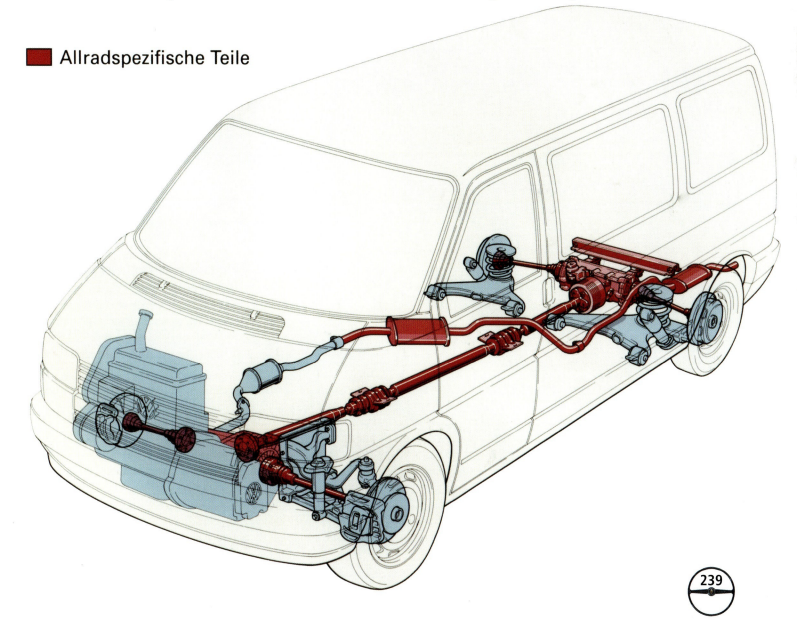

■ Allradspezifische Teile

Der Transporter T4

■ Allradspezifische Teile

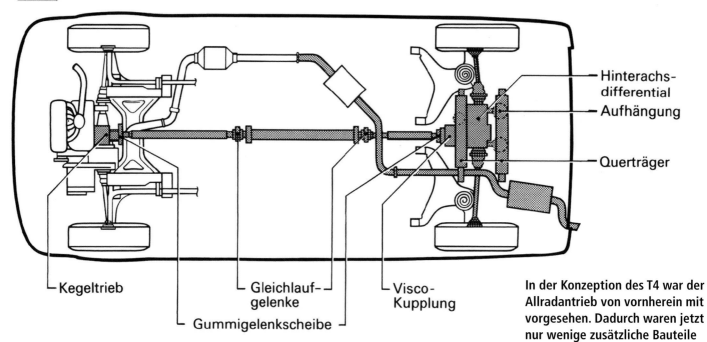

- Hinterachsdifferential
- Aufhängung
- Querträger
- Kegeltrieb
- Gleichlaufgelenke
- Gummigelenkscheibe
- Visco-Kupplung

In der Konzeption des T4 war der Allradantrieb von vornherein mit vorgesehen. Dadurch waren jetzt nur wenige zusätzliche Bauteile nötig, um aus dem Fronttriebler einen Allradler zu machen.

Die Visko-Kupplung besteht aus einem allseits geschlossenen, trommelförmigen Aluminium-Druckguss-Gehäuse, in dem wechselweise voneinander unabhängige gelochte bzw. geschlitzte Stahllamellen untergebracht sind.

1992

Unauffällig verbergen sich die allradspezifischen Komponenten unter der Karosserie. Von außen sind die Allradler daher nur an ihrem zusätzlichen Schriftzug zu erkennen.

So gewöhnungsbedürftig der neue VW T4 für die Traditionalisten auch sein mag, die Transporterkäufer greifen trotzdem zu. Aufgrund der Modell- und Produktionsumstellungen beschränkt sich der Ausstoß des Werks Hannover 1990 auf nur rund 111 000 T4. Im Jahr darauf steigt die Zahl jedoch bereits auf knapp 146 000 Fahrzeuge. Und das Jahr 1992 erinnert gar an alte Zeiten: Mehr als 172 000 Transporter gehen aus Hannover in die Welt. Mit der dritten Schicht läuft die Fertigung rund um die Uhr. VW profitiert wie andere Autohersteller von der Sonderkonjunktur der deutschen Wiedervereinigung. Dafür werden Transporter benötigt, wie 40 Jahre zuvor beim Aufbau der jungen Bundesrepublik. Doch mit dieser Herrlichkeit ist es bald vorbei, die weltweite Wirtschaftskrise wird Deutschland, VW und den Transporter 1993 einholen. Spannend ist das Thema Campingbus: Aufgrund der Bauweise als Kurzhauber sind im Innenraum wertvolle Zentimeter verlorengegangen – die lange kritisierte Heckmotorbauweise mit

Der Transporter T4

überbautem Motor hat die Reisemobilbranche am wenigsten gestört. Prompt erweitert VW im Sommer 1992 das Programm: Der California mutiert mit abgespeckter Ausstattung zum deutlich billigeren California Coach, ein Schritt wie vier Jahre zuvor vom Joker zum California. Hinten links gibt es statt Glas nun einen verblechten Fensterausschnitt, die Doppelverglasung entfällt ebenso wie das Schiebefenster in der Schiebetür. Beim neuen California Tour handelt es sich um einen California Coach mit langem Radstand und Hochdach. Das Plus von 40 Zentimetern kommt der Küchenzeile und dem Wohnraum zugute – jetzt ist der Innenraum so groß wie einst und einen Kofferraum gibt es dazu. Ganz anders tritt der California Club auf, ebenfalls mit langem Radstand sowie Hochdach: Mit einer Heckküche und einer kompakten Sitzgruppe vorn erinnert er an einen Van. Drüber weitet sich serienmäßig ein Hochdach. Grundlage ist die Studie des Atlantic von 1990.

T4 California Tour: Der Grundriss ist geblieben, jedoch wächst die Bewegungsfreiheit und die Küche wird verlängert.

1992

California mit kurzem Radstand, identische Aufteilung, Küchenzeile kürzer.

Ebenfalls 1992 rückt das erste Sondermodell des T4 Multivan aus. Doch was heißt hier Sondermodell: Der komplett ausgestattete Allstar läuft überaus erfolgreich, er hat ein langes Leben vor sich. Sein Zuschnitt mit Komplettausstattung erinnert an das Rezept des Blue Star drei Jahre zuvor. Die beiden klapp- und demontierbaren Einzelsitze vorn im Fahrgastraum haben keine ebene Sitzfläche wie der einzelne Platz im Multivan, sie sind ausgeformt wie die Vordersitze.

1992 beginnt ebenfalls erneut der Export in die USA. Unter dem Begriff Eurovan bietet VW sowohl Multivan als auch Caravelle in Übersee an, motorisiert mit dem Fünfzylinder-Benziner. Doch die einst goldenen Zeiten sind unwiederholbar vorbei. Nach einem Anfangserfolg im darauffolgenden Jahr mit knapp 6000 Einheiten gehen die Zahlen kontinuierlich zurück. Tiefpunkt ist das Jahr 1996 mit knapp 1000 Fahrzeugen.

Transporter-Studie von 1992.

Der Transporter T4

1993

Seit Jahresbeginn heißt der neue Vorstands-Chef des VW-Konzerns Ferdinand Piëch. Der Enkel von Ferdinand Porsche wird das Unternehmen über mehr als zwei Jahrzehnte entscheidend prägen, erst als Vorsitzender des Vorstands, dann als Vorsitzender des Aufsichtsrats.

Im Januar päppelt VW die Einstiegsmotorisierung auf, der Dieselmotor mit 1,9 Liter Hubraum leistet nun 50 kW (68 PS), das maximale Drehmoment beträgt 140 Nm, das bedeutet einen Zuwachs von jeweils rund zehn Prozent. Mit seinem Oxidations-Katalysator gilt der Motor als »Umweltdiesel«. VW greift zu einer milden Aufladung. Tuner nutzen dies bald aus und steigern die Leistung gerne um ein Drittel und mehr.

Die Auf- und Ausbauer nutzen die Freiheiten, die ihnen der Transporter T4 bietet. Anfang 1993 listet VW in einer umfangreichen Broschüre die Umbauten auf, das Alphabet reicht von A wie Abfallentsorgung bis W wie Werkstattwagen. Ob Frischdienst, Paketdienst oder andere Dienste – der Transporter ist enorm vielseitig. Selbst in Nordamerika taucht er wieder auf, wenn auch anders, als früher gewohnt: Die Reisemobilmarke Winnebago baut einen eigenen Tiefrahmen an und einen Reisemobilaufbau drauf, das Ergebnis heißt Rialta. Die Amerikaner fertigen außerdem zusammen mit VW eine Art US-Pendant des California mit langem Radstand.

Auch das europäische Reisemobil bekommt Verstärkung: ab Frühjahr 1993 gesellt sich der California Syncro zum Programm. Im Herbst erhalten die Hochdach-Ausführungen des California ein Dachheckträger. Es passt vielleicht von der Begrifflichkeit nicht unbedingt zum noch jungen VW: Der Multivan Allstar erhält Verstärkung durch den elegant hergerichteten Multivan Classic, die Ausstattung ist identisch.

Der Fünfzylinder-Benziner, kraftvoll, aber auch trinkfest, wird auf eine höhere Verdichtung und Superbenzin umgestellt. Das Drehmoment steigt minimal, der Kraftstoffverbrauch sinkt.

Premiere nach drei Generationen: Fahrgestell mit Fahrerhaus für Sonderaufbauten.

Der T4 macht sich bei Handwerkern gut: draußen Glasreffs, drinnen Platz für Werkzeug.

1993

Der freie und gut zugängliche Laderaum vereinfacht auch Ausbauten, etwa für Frischdienst-Fahrzeuge.

Der Transporter T4

1994

VW kämpft mit Überkapazitäten und Verlusten, im Jahr 1993 ist der Konzern heftig ins Minus gerutscht. VW reagiert durch die Einführung der Viertagewoche und Flexibilisierung: Die Arbeitszeit der Tarifbeschäftigten kann bis auf 28,8 Stunden reduziert werden.

Kleine aber wichtige Änderung für den California: Ab Anfang 1994 können sich auch Passagiere auf dem linken Platz der Klappsitzbank mit einem Dreipunkt-Automatikgurt anschnallen. Später kommen zwei Kopfstützen auf der Sitzbank hinzu. Sodann ersetzt ein herausnehmbarer Kocher die bisherigen Aggregate. Dank ihm kann der California nun serienmäßig als Pkw zugelassen werden. Dies hebt so manches Zufahrtsverbot auf und verhindert Diskussionen über Stell- und Parkplätze. Dazwischen liegt ein Crashtest. Nach dem spektakulär schlechten Ausgang eines Test mit einem gänzlich anderen Alkoven-Reisemobil fährt VW einen California gegen eine Wand. Das urlaubsfertig ausgestattete Reisemobil mit einer Dummy-Familie schneidet bei Tempo 30 km/h ausgezeichnet ab: Menschen hätten bei einem entsprechenden Unfall nicht mehr als einige blaue Flecken davongetragen.

VW erneuert im Zweijahres-Rhythmus seine Reisemobile. Den knapp ausgestatteten California Coach ergänzt jetzt das umfangreich ausgestattete Modell Highway, ein Sondermodell mit einem Aufstelldach oder mit einem neuen halbhohen Dach. Edle Stollen aus massivem Buchenholz werten den Wohnraum auf. Das Dach wird später für einige Zeit als dritte Dachvariante in der Modellreihe California Coach aufgehen. Und der California Coach wird die Buche-Möbel übernehmen. Später wird VW das Mobiliar in Ahorn ändern.

Mit Tour und Coach ist's schon wieder vorbei, neues Spitzenmodell ist der California Exclusive. Hierbei handelt es sich um ein Reisemobil mit langem Radstand und Hochdach. Dank eines eigens für dieses Modell gestalteten Hecks ist Platz für einen

Vom Sondermodell zum Serienfahrzeug: VW präsentierte das schnittige halbhohe Dach zunächst beim California Highway.

1994

Freistilübungen des Designs: kompakter Transporter mit Surfbretthalter.

separaten Wasch- und Toilettenraum. Mit einer Aufteilung in Cockpit und Wohnraum, eine abgeteilte Winkelküche und den Sanitärraum tritt der Exclusive als rollende Dreizimmerwohnung auf. Es gibt nur fließend Kaltwasser und keine Duschmöglichkeit, eine kleine Heckklappe hilft beim Beladen des knappen Stauraums. Die Stückzahlen fallen eher bescheiden aus. Doch wie es bei ungewöhnlichen Fahrzeugen manchmal passiert: Nach seinem Ableben mit dem Modellwechsel zum VW T5 wird sich der Exclusive zum Kultmobil entwickeln. Mehr als ein Dutzend Jahre nach der Produktionseinstellung werden für ihn verblüffende Preise aufgerufen.

Auf der IAA in Hannover hält VW in diesem Jahr eine Überraschung bereit: Ohne Ankündigung steht ein Transporter TDI auf der Messe. Das Thema elektrisiert: 75 kW (102 PS) Leistung und 250 Nm Drehmoment sind ein Wort, der neue Turbodiesel-Direkteinspritzung verspricht eine Kombination aus hoher Leistungsfähigkeit und niedrigem Verbrauch. Galten die Dieselmotoren im Transporter bisher eher als Kaltblüter, so geht nun ein temperamentvoller Vollblüter an den Start. Sein äußeres Kennzeichen sind die fünf Schlitze der Luftansaugung vorne rechts zwischen Radlauf und Scheinwerfer. Unter der Haube ist ein markanter Ladeluftkühler oberhalb des Motors das Erkennungsmerkmal, die entsprechende Kühlluft tritt durch Schlitze in der doppelwandigen Motorhaube ein. Die Motorsteuerung übernimmt eine Elektronik. Das ungewohnte Schaltbild mit dem Rückwärtsgang auf der rechten Seite gegenüber dem fünften Gang deutet auf ein anderes, stärkeres Getriebe hin. Bis zum Serienanlauf wird es noch einige Monate dauern, der T4 TDI ist ein Thema für den darauffolgenden Herbst. Bei den leistungshungrigen Pkw-Käufern des T4 wird er sich durchsetzen: Zwei Jahre nach seiner Einführung erreicht der TDI bei Multivan, California und Caravelle einen Anteil von 81 Prozent.

In diesem Jahr wird der Eurotunnel zwischen Großbritannien und Frankreich für den Personenverkehr eröffnet. Der Film »Schindlers Liste« wird mit Oskar-Auszeichnungen überhäuft. Michael Schumacher wird als erster Deutscher Formel-1-Weltmeister.

Idee für einen T4 als Pick-up mit Sonnenterrasse im Heck.

 *Der Transporter T4*

1995

Bitte nicht zu viel sparen: Der California Coach erhält hinten links wieder ein Glasfenster statt des zeitweilig verwendeten Blechs, es sieht eleganter aus. Das Sondermodell Biker zeichnet sich, wer hätte es gedacht, unter anderem durch einen Fahrradträger aus.

Passend zum Thema Reisemobil und Urlaub: In diesem Jahr tritt das Schengener Abkommen in Kraft, in der EU werden Grenzkontrollen zugunsten des freien Personen- und Warenverkehrs abgebaut. Aus der Bundespost werden durch Privatisierung die Deutsche Post, die Postbank und die Deutsche Telekom. Christo und Jeanne-Claude verhüllen den Reichstag.

Entscheidenden Schub erhalten die Transporter im Sommer 1995 durch eine komplett neue Organisation: Aus dem Unternehmensbereich Nutzfahrzeuge wächst die neue und eigenständige Marke Volkswagen Nutzfahrzeuge (VWN) heraus. Der Schritt ist logisch: Gab es zunächst ein Nutzfahrzeug-Management mit einem Sprecher, so folgte 1989 der Unternehmensbereich Nutzfahrzeuge. Jetzt also eine selbständige Marke. Sitz ist Hannover und Bernd Wiedemann der Vorsitzende der Geschäftsleitung. Er bringt viel Konzernerfahrung mit, unter anderem aus Südamerika. Wiedemann soll die weltweiten Nutzfahrzeugaktivitäten von VW zusammenführen, der Fahr-

Mit Bernd Wiedemann an der Spitze wächst die Transportersparte im Konzern erfolgreichen zur eigenen Marke Volkswagen Nutzfahrzeuge heran.

Der Caddy ist wieder da: Die Basis des Pick-ups stammt von Skoda, die geschlossenen Modelle vom Seat Inca auf Basis Polo.

1995

zeugsparte neues Gewicht verleihen und für gute Ergebnisse sorgen. Es ist kein Geheimnis: Den Nutzfahrzeugen von VW könnte es besser gehen. Der VW-Haudegen packt kräftig an und formt Volkswagen Nutzfahrzeuge binnen kurzem zu einer schlagkräftigen Marke. Die VWN-Chefs arbeiten in Hannover in unmittelbarer Nähe der Produktion, man nennt den Gebäudeteil wegen seiner hellen Fassade intern »das weiße Haus«. Böse Zungen schließen von den etwas breiteren Parkplätzen vor dem weißen Haus auf die Fahrkünste der dort Tätigen, aber hinter dem Platz steckt tatsächlich nur ein Entgegenkommen.

VW vergrößert in diesem Jahr sein Nutzfahrzeug-Angebot nach unten. Bereits 1993 hatte der Ur-Caddy sein Leben ausgehaucht. VW hatte ihn für Europa in Sarajewo im damaligen Jugoslawien gefertigt. Der Bürgerkrieg aber ließ nicht nur das Land zerfallen, er beendete auch die Fertigung. Der neue Caddy des Jahres 1995 ist in zweifacher Hinsicht ein Kuriosum: Er ist vom baugleichen Seat Inca abgeleitet und wird von der spanischen VW-Tochter gefertigt. Sie gehört seit 1986 zum Konzern. Während alle anderen Hersteller von Lieferwagen genau in dieser Zeit zum praktischeren und optisch gelungeneren One-Box-Konzept mit Karosserie aus einem Guss übergehen, wird der Caddy der letzte Rucksack-Lieferwagen werden, zusammengesetzt aus dem Pkw-Vorderwagen des Inca/Caddy mit einem kastenförmig angesetzten Laderaum. Ein Jahr später komplettiert VW den Mix mit einem kompakten Pick-up. Der wiederum hat mit dem Caddy kaum etwas gemeinsam, es handelt sich um einen umgewidmeten Skoda Felicia. Das Modell hat denn auch wenig Bestand: Während der geschlossene Caddy acht Jahre gebaut wird, ist's mit dem eigenwilligen Pick-up bereits nach vier Jahren wieder vorbei.

Auch oberhalb des LT legt VW nach: Der L 80 aus brasilianischer Fertigung startet in Deutschland. Er folgt damit auf die Kooperation mit MAN und die gemeinsame G-Reihe, die Anfang der neunziger Jahre ausgelaufen war. Wie sie verfügt der L 80 über eine modifizierte Kabine des VW LT, darunter arbeitet ein brasilianischer Dieselmotor von MWM. Ein Hit wird der L 80 nicht, er passt nicht so recht in die VW-Welt. Den Garaus werden ihm nach wenigen Jahren fortlaufend verschärfte Abgasgrenzwerte machen. In Brasilien fährt er als VW Delivery und VW Worker noch heute.

Zweiter Anlauf für einen VW-Lkw in Europa ist der L 80 aus Brasilien mit Fahrerhaus vom LT der ersten Generation.

Der Transporter T4

1996

Ein entscheidendes Jahr in der Entwicklung des VW T4: Nicht erst zum üblichen Modelljahreswechsel im Sommer, sondern bereits im Frühjahr steht eine »GP« an, in VW-Sprache eine »Große Produktaufwertung«. Nahezu exakt nach der Hälfte des Modellzyklus sind die Eingriffe beträchtlich. Die neue Generation differenziert optisch die Vorderwagen von Nutzfahrzeugen und Pkw-Ausführung. Die Nase der Vorderwagen wird bei Caravelle und Multivan um acht Zentimeter herausgezogen und weicher geformt, beide tragen nun ein mildes Lächeln. Neue Stoßfänger vorne und hinten stecken Rangierschäden besser weg, geschraubte Kotflügel verringern den Reparaturaufwand bei Blechschäden, die Blinker sind weiß. Der Anteil verzinkter Bleche wird erhöht.

Entscheidendes ändert sich ebenfalls unter der Außenhaut: Die Entwickler versteifen die Karosserie erheblich, die Schiebetür fällt leicht und leise ins Schloss. VW überarbeitet Innenausstattung und Armaturentafel, verbessert die Geräuschdämmung,

Modellpalette der Pkw-Varianten nach dem Facelift 1996: Caravelle, Multivan Classic, Multivan mit Aufstelldach und Multivan Allstar.

1996

erneuert die Sitzverstellung, spendiert ein Vierspeichen-Lenkrad und einen Staub- und Pollenfilter. Die Ingenieure veredeln das Fahrwerk vorn mit der »Plus-Achse«, sie zeigt ein feinfühligeres Ansprechverhalten. Das Sicherheitsniveau steigt: Jetzt gibt es serienmäßig Scheibenbremsen rundum, zwei Frontairbags für die Pkws und einen Fahrerairbag für die Nutzfahrzeuge, bald darauf folgt serienmäßig ABS (Nutzfahrzeuge gegen Aufpreis) in Verbindung mit der Traktionshilfe EDS.

Facelift 1996: Neues Gesicht für die Pkw-Ausführungen im Stil der VW-Pkw. Hier der California.

Der Transporter T4

Das Transporter-Quartett im Jahr 1996: aktueller T4 mit seinen Vorfahren.

Mit einem Sondermodell des Colorado feiert Karmann 25 Jahre Reisemobile in Zusammenarbeit mit VW.

1996

Jetzt wird auch der TDI-Motor offiziell eingeführt, der bereits seit Herbst ins Modellprogramm sickerte. Ein komfortabler VR6-Benziner erweitert das Motorenangebot um einen laufruhigen Sechszylinder mit 2,8 l Hubraum und 103 kW (140 PS) Leistung sowie 240 Nm Drehmoment. Es gibt ihn ausschließlich in Verbindung mit Automatikgetriebe. Er läuft sanft, ist jedoch auch sehr trinkfest. Im Sommer fasst VW dann nochmals den Fünfzylinder-Benziner an: 85 kW (115 PS) Leistung und 200 Nm Drehmoment heißt das Ergebnis.

Der T4 ist ab 1996 in vielen Punkten ein neuer Transporter, fast ein T5, und geht auf diese Weise aktuell und reif zugleich in die zweite Phase seiner Laufbahn.
Auch der California profitiert von der Aufwertung der Pkw-Varianten. Im Sommer lockt das Sondermodell Beach unter anderem mit neuen Möbelfronten in warmen Farben, der California wird somit wohnlicher. Ende des Jahres legt VW den Multivan Special auf, einen Sechssitzer mit Kühlbox, fein ausgestattet wie der Multivan Classic.

Beliebter Zugwagen für den Familienurlaub: Caravelle TDI mit Caravan am Haken.

California Exclusive: Spitzenmodell der Reisemobile mit eigenständiger Rückwand und einem Wasch- und Toilettenraum.

California als Beachboy: Sondermodell Beach im Sommer 1996.

1996

Manche Modellwechsel dauern etwas länger: Nach 21 Jahren schickt VW den großen Transporter LT der ersten Generation in Rente. Beim Nachfolger wird ein uralter Plan umgesetzt: VW tut sich mit Mercedes zusammen. Die Basis des neuen LT bildet der ein Jahr zuvor eingeführte Sprinter. VW gibt ihm ein anderes Gesicht, baut eigene Motoren ein und verändert Details. Und fertigt den Transporter im Werk Hannover. Kurz darauf wird der mäßig erfolgreiche VW Taro, ein Ableger des Toyota Hilux, ersatzlos gestrichen. Damit hat VWN in kürzester Zeit eine sehr junge und nahezu lückenlose Modellpalette auf die Räder gestellt, sie reicht vom Lieferwagen bis zum leichten Lkw: Der Caddy ist neu, der T4 kräftig aufgefrischt, der LT ersetzt, der L 80 frisch eingeführt. Die »Nutzis« – so die interne Bezeichnung für die Transporterleute – stehen wieder auf dem Gas. Die Fertigung des T4 pendelt sich nach eher flauen Jahren bei 150 000 bis 160 000 T4 ein, hinzu kommen bald an die 40 000 LT II. Gute Aussichten. Dies trifft ebenfalls auf Elektronenhirne zu: Der Schachcomputer Deep Blue bezwingt Weltmeister Garry Kasparow. Moderne Zeiten brechen auch in den Gentechnik an, Schaf Dolly ist das erste geklonte Säugetier der Welt.

Transporter LT II: Basis Sprinter, Gesicht und Motoren VW, gebaut in Hannover.

Der Transporter T4

1997

Am 18. März 1997, fast auf den Tag genau 47 Jahre nach dem Serienstart des ersten Modells, feiert VW acht Millionen Transporter. Die Nutzis fertigen zu diesem Zeitpunkt exakt 890 Transporter am Tag, davon 540 in Hannover zuzüglich 70 Bausätzen für Polen und 40 für eine Montage in Taiwan. Hinzu kommen pro Arbeitstag 220 Transporter in Brasilien und 20 Transporter T3 in Südafrika. Die internationale Karriere des Transporter ist bemerkenswert: Zwei Drittel der acht Millionen Transporter sind im Ausland verkauft worden.

VW verfeinert die Ausstattung des California. Er erhält zur Standheizung jetzt eine Zeitschaltuhr. Der Faltenbalg des Aufstelldachs bekommt Moskitonetze links und rechts, ein Gummieinzug an der Vorderwand des Dachs verhindert, dass sich der Faltenbalg beim Schließen einklemmt. Beim Exclusive gibt es zunächst einen verbesserten, dann einen zweiter Warmluftausströmer der Standheizung im Wohnbereich. Das jährliche Sondermodell des California trägt die legendäre Zusatzbezeichnung Joker, eine Verbeugung gegenüber dem California-Vorgänger auf Basis des T3.

Im Rahmen verschärfter Abgasbestimmungen mit Einbau eines Oxidationskatalysators muss der Fünfzylinder-Dieselmotor einige Federn lassen. Seine Leistungs- und Drehmomentangaben sinken auf 55 kW (75 PS) und 160 Nm.

Ab Herbst 1997 gibt es die Kombination von TDI mit dem Allradantrieb Syncro. Das Sondermodell Topstar in auffälliger grüner Lackierung namens Spicegreen-Metallic krönt die Baureihe Multivan. Es sieht saftig aus wie ein Granny Smith. Und der edle

Feierstunde in Hannover: VW hat seit 1950 exakt acht Millionen Transporter gefertigt.

1997

Caravelle Business aus der hauseigenen Kundendienstwerkstatt rückt als Krönung des T4-Programms mit viel Leder und individueller Bord- und Kommunikationstechnik in den Blickpunkt – ein rollendes Büro der Spitzenklasse, dessen Funktionstüchtigkeit und Raumangebot jede Luxuslimousine übertrifft. Die Kundendienstwerkstatt (bald Service-Center Spezialausstattungen genannt), ein separater Betrieb im Werk, hatte bereits in den achtziger Jahren den T3 für den Export nach Nordamerika mit Klimaanlagen ausgestattet, Behördenfahrzeuge ausgerüstet und Ausstattungen für Handwerker entwickelt.

Volkswagen Nutzfahrzeuge nimmt das Werk Poznan/Posen in Polen unter seine Fittiche. Hier künftig neben Pkw bis zu 20 000 T4 im Jahr vom Band. Es wird vom Montagewerk für Pkw schrittweise zum Vollwerk mit allen Fertigungseinrichtungen ausgebaut. Aus Polen kommen künftig der VW Caddy und ab 2003 alle Fahrgestellvarianten des Transporter T5/T6. Zeitweilig werden dort ebenfalls T5 Kastenwagen hergestellt. Das Werk war ursprünglich 1993 als Kooperation mit dem polnischen Fabrikat FSR Tarpan gegründet worden und gehört seit 1996 vollständig VW. Hergestellt wurden überschaubare Pkw-Stückzahlen von Audi, Seat, Skoda und VW sowie Motoren und bereits seit 1994 der Transporter T4 als SKD (Semi Knocked Down).

Schritt für Schritt werden sich jetzt Erscheinungsbild und Aufgabengebiet des Werks ändern: Ab 2003 werden hier ausschließlich Caddy und Transporter vom Band laufen.

VWN blickt in diesem Jahr nach vorn, die Menschheit zum Himmel: Auf dem Mars landet die Sonde Pathfinder mit dem Geländewagen Sojourner. Am Firmament ist der Komet Hale-Bopp mit bloßem Auge sichtbar.

Der starke und sparsame TDI-Motor entwickelt sich schnell zum Zugpferd.

 Der Transporter T4

1998

Unter Vorstands-Chef Ferdinand Piëch hat VW wieder Fahrt aufgenommen, schreibt längst Gewinne. Jetzt gibt es neue Ambitionen: VW steigt ins Luxussegment ein, Bentley, Lamborghini und die Markenrechte an Bugatti wechseln in den Konzern. Vier Jahre später fügt VW dieser Preziosensammlung den Phaeton hinzu.

In Hannover ist derweil bereits zu Jahresbeginn ein Jubiläum fällig: Am 21. Januar 1998 fertigt das Werk den millionsten Transporter T4. Symbolträchtig liefert VW das Millionending an den niederländischen Importeur Pon's Automobielhandel aus. Ben Pon hatte 1947 mit einer flüchtigen Skizze die Idee zum VW Transporter.

Im Frühjahr schiebt VW mit einem nochmals stärkeren Fünfzylinder-TDI einen echten Leckerbissen nach. Intern »TDI plus« genannt, zeichnet sich der Diesel durch eine Leistung von 111 kW (150 PS) aus. Technisch fällt er durch einen Turbolader mit verstellbarer Turbinengeometrie auf – ein Novum in dieser Fahrzeugklasse –, durch einen vergrößerten Ladeluftkühler vorne im Bug, Fünfloch-Einspritzdüsen, ein verstärktes Zweimassen-Schwungrad, eine verstärkte Kupplung und ein verstärktes Getriebe. Er dreht verblüffend temperamentvoll hoch, rennt bis zu 181 km/h schnell und bringt seine Leistung über ein überarbeitetes Fahrwerk mit 16-Zoll-Rädern auf die Straße. Damit erreicht die Kombination aus Kraft und Sparsamkeit eine neue Dimension. Erkennungsmerkmal ist das rote »I« in der Typenbezeichnung. Unter der Motorhaube trägt der Motor eine sportlich gelochte Abdeckhaube.

Mehr Leistung mit VTG-Lader, 16-Zoll-Fahrwerk: T4 TDI mit 110 kW (150 PS).

1998

Gleichzeitig ergänzt VW das Programm um die ebenfalls reizvolle Kombination aus dem TDI mit 75 kW (102 PS) mit einer neuen Viergang-Wandlerautomatik. Im Laufe des Jahres schiebt VW noch einen dritten TDI nach. Er leistet nach Entfall des Ladeluftkühlers 65 kW (88 PS) und ordnet sich zwischen Saugdiesel (55 kW/75 PS) und dem klassischen TDI (75 kW/102 PS) ein. Zur optischen Unterscheidung tragen die entsprechenden T4 ein blaues »I«.

Im Herbst folgen dann ein neues Cockpit sowie eine aufgewertete Ausstattung der Pkw-Modelle. Dazu gehört eine separate Heizung- und Lüftungsregelung für die Passagiere im Fond. Sie können sich nun über Drehregler an der B-Säule ihr eigenes Klima herstellen. Außerdem überarbeitet VW den California gründlich. Zehn Jahre nach dem Start des Ur-California wertet VW das aktuelle Modell rundum auf. Eine größere und festere Matratze im Oberstübchen, überarbeitete Schränke und Stauräume, eine Verlegung des Frischwassertanks nach unten in den Kleiderschrank – all das schafft Platz. Eine erheblich aufgewertete Ausstattung des Grundfahrzeugs erhöht den Komfort. Ein Sondermodell gibt's ebenfalls, den California Blue. In zehn Jahren sind rund 40 000 California ausgeliefert worden, längst ist das Reisemobil ein echter Dauerbrenner.

Kenner wissen Bescheid: Das rote »I«: kennzeichnet den bärenstarken T4 mit 110 kW (150 PS).

Differenzialsperre für Multivan und Caravelle Syncro.

Ab 1998 liefert VW den TDI auf Wunsch auch mit Automatikgetriebe.

Das trifft ebenfalls auf den Multivan zu. Zunächst verleiht VW ihm mit der günstigen Variante Multivan Family neuen Schub. Im Laufe des Jahres überarbeitet VW die Angebotsstruktur, Beifahrer-Drehsitz, Kühlbox und Vorhänge sind nun Sonderausstattung, die Betonung des Modells liegt jetzt auf der Silbe Van. An die Stelle der Dauer-Sondermodelle Allstar und Classic tritt als Sondermodell der feine Multivan Atlantis, seine Ausstattung entspricht dem Topstar des Vorjahrs. Er entwickelt sich zu einem der typischen Dauer-Sondermodelle von VW über mehrere Jahre hinweg. Für gewerbliche Käufer entwickelt die Marke in Zusammenarbeit mit renommierten Ausbauern maßgeschneiderte Modelle für verschiedene Gewerke des Handwerks. Käufer können nun Modelle wie das »Frischemobil« oder das »Servicemobil« aus einer Hand beim VW-Händler erwerben.

Es ist nicht nur bei VW ein spannendes Jahr. In Kalifornien wird das Unternehmen Google gegründet. In Deutschland löst Gerhard Schröder als Bundeskanzler nach 16 Jahren Helmut Kohl ab. Die Europäische Zentralbank EZB wird gegründet, eine wichtige Vorstufe zur Einführung der gemeinsamen Währung Euro. Die Rechtschreibreform stiftet Verwirrung.

1999

Der Multivan schlägt nach 14 Jahren eine neue Richtung ein: Er erhält neu entwickelte drehbare Sitze mit integrierten Dreipunkt-Sicherheitsgurten und verstellbaren Kopfstützen auf einem Schienensystem im Fond, neue Innenverkleidungen und Ablagen, einen verschiebbaren Tisch und Aluminium-Applikationen. Hinzu kommen neue Extras wie Dämmglas und Navigationssystem. Damit wechselt der Multivan die Zielrichtung: Aus dem einfachen und vielseitigen Freizeitfahrzeug wird eine Großraumlimousine der Sonderklasse. Mit Extras wie Aufstelldach mit Dachbett, Vorhängen, Standheizung, Isolierverglasung, Isolierbox mit Kühl- und Warmhaltefunktion und zweiter Batterie unterstreicht jedoch auch dieser Multivan seine Lust auf die Freizeit.

Damit ist nicht Schluss, das unterstreichen Studien wie der Juniorstar, ein Multivan voller Unterhaltungselektronik mit Bildschirmen in den Kopfstützen der Vordersitze. Gänzlich anders tritt eine Doppelkabine mit vier Ledersitzen und einem Pick-up-Aufbau an, sie erinnert an den TriStar des Jahres 1988 auf T3. Gut situierten Geschäftsleuten empfiehlt sich VW mit einem Konferenzfahrzeug auf Basis des Caravelle Business, jetzt auch mit langem Radstand.

Alle T4 mit TDI-Motorisierung erhalten einen Longlife-Service mit Wartungsintervalle nur noch alle 30 000 Kilometer oder zwei Jahre.

Vom Freizeitfahrzeug zum feinen Van: VW wertet den Multivan mit einer neuen Einrichtung auf.

Das Sondermodell California Advantage fährt 1999 auf Wunsch bereits mit Navigationsgerät vor.

Feine Ausstattung einschließlich Fahrradträger: California Advantage.

1999

Im Herbst geht es technisch einen wichtigen Schritt nach vorn: Als erstes Fahrzeug seiner Klasse ist der T4 mit dem elektronischen Stabilitätsprogramm ESP zu bekommen, Ausnahme Syncro mit Allradantrieb. Das Sondermodell California Advantage verspricht einen deftigen Preisvorteil. Es gibt ihn auf Wunsch mit einem Navigationsgerät, damals noch ein seltenes Element. Schon von Beginn an ist der Transporter ein Reise-Bus. 1999 geht VW mit ihm auf Rekordjagd und absolviert die berühmte Panamericana von Alaska bis Feuerland in Rekordzeit. Exakt 15 Tage, 14 Stunden und sechs Minuten benötigt die Zweier-Besatzung in einem weitgehend serienmäßigen Multivan TDI Syncro für die 22 880 Kilometer lange Strecke. Zwischen Nord und Süd liegen 16 Grenzübertritte, Straßensperren, Vulkanausbrüche und viele unkalkulierbare Hindernisse. Die Rekordfahrt mündet in einem Eintrage ins Guiness-Buch der Rekorde.

Technisch spielt in dieser Zeit beim T4 ein unauffälliges Teil eine unrühmliche Rolle: Defekte Wasserpumpen führen beim TDI zu einer Überlastung des Zahnriemens. Er kann reißen oder überspringen, beides führt zu kapitalen Motorschäden. VW verkürzt den vorgeschriebenen Zahnriemenwechsel vorsichtshalber

ESP im T4: Eine Warnleuchte im Tacho informiert den Fahrer über Eingriffe.

Der Transporter T4 — 1999

Gutes Fahrwerk mit zusätzlichem Rettungsanker: ESP hält den T4 auf der Straße.

von 120 000 auf 90 000 Kilometer. Und verbucht erhebliche Kulanzkosten aufgrund zahlreicher Motorschäden. Eine neue Wasserpumpe mit höherer Leistung beendet das Problem, jetzt halten die Motoren.
Finstere Zeiten, sogar in ganz Europa am 11. August: Eine totale Sonnenfinsternis führt zu Aufregung. Weimar ist Kulturstadt Europas und in Hamburg wird die erste Wasserstoff-Tankstelle Europas eröffnet. Die vielfache Tennis-Turniersiegerin Steffi Graf tritt zurück, sie wird zusammen mit dem ehemaligen Boxer Max Schmeling zu den deutschen Sportlern des Jahrhunderts gewählt. Zum Jahresschluss richtet am 26. Dezember Orkan »Lothar« in Europa Verwüstungen an.

ESP in Funktion - übersteuern

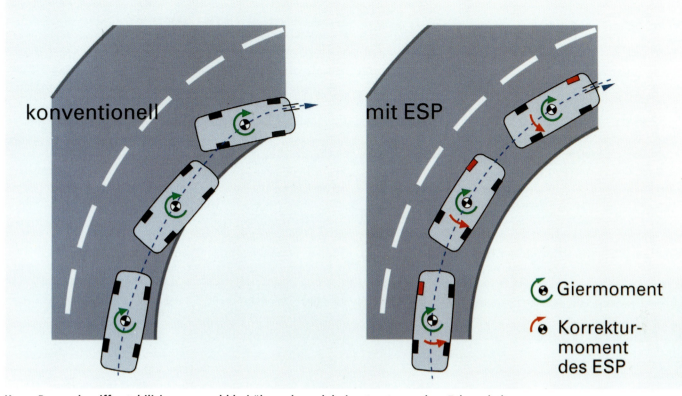

Kurze Bremseingriffe stabilisieren sowohl bei über- als auch bei untersteuerndem Fahrverhalten.. ESP.

ESP in Funktion - untersteuern

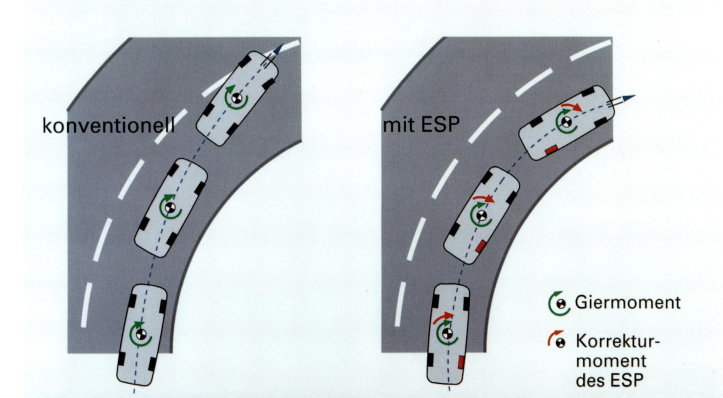

Der Transporter T4

2000

Volkswagen Nutzfahrzeuge dehnt sich weiter aus und übernimmt zum 1. Januar die industrielle Steuerung von Volkswagen Trucks and Buses in Brasilien. Das Unternehmen geht zurück auf eine Übernahme von Chrysler Motors do Brasil (einst Simca) 20 Jahre zuvor und war in der Zwischenzeit Bestandteil von Autolatina, einer inzwischen wieder aufgelösten Kooperation mit Ford in Südamerika. VWN-Chef Bernd Wiedemann kennt den südamerikanischen VW-Ableger bestens, er war dort vor seinem Antritt in Hannover sechs Jahre Vorstand und hatte das 1996 eröffnete Lkw-Werk Resende mit aufgebaut, in dem Zulieferer mit einer revolutionären Struktur einen Großteil der Montage übernehmen. Volkswagen Trucks and Buses gehört zu den führenden südamerikanischen Herstellern von leichten bis schweren Lkw und Omnibus-Fahrgestellen. Die Lkw-Fahrerhäuser gehen auf den VW LT der ersten Generation zurück. Dem VW-Konzern genügen die Aktivitäten in Brasilien nicht: In diesem Jahr erwirbt VW eine wesentliche Beteiligung am schwedischen Lkw-Hersteller Scania. Man kennt sich gut: Scania ist VW-Importeur nach Schweden. Volkswagen Nutzfahrzeuge wird erwachsen: Fünf Jahre nach dem Start wird aus der Geschäftsleitung ein Vorstand. VWN hat zu diesem Zeitpunkt seit seiner Gründung fortlaufend Gewinn geschrieben, der Umsatz ist um 50 Prozent auf 9,8 Milliarden Mark (knapp fünf Milliarden Euro) gewachsen. Bernd Wiedemann wird der Marke und dem Vorstand bis zum Jahr 2008 vorstehen – eine außergewöhnliche lange Zeit und eine außergewöhnlich erfolgreiche Zeit für die Transporter. Nach seinem Abschied wird eine Straße im Werk nach ihm benannt.

Kein Wunder, denn VWN verdient Geld und kann mit eigenen Mitteln das Werk Hannover neu strukturieren und modernisieren. Es fließt nicht nur Geld in die Entwicklung neuer Produkte und den Aufbau neuer Anlagen. Auch in soziale Belange werden Millionen investiert: VW verbessert Parkplatzflächen, Straßen, Fußwege, Eingangsbereiche und ein großer Teil der Grünflächen werden neu gestaltet. Im Verlauf des Jahres 2000 errichtet VWN in Hannover eine neue Großraum-Saugerpresse, eine der größten Pressenstraßen der Welt. Die Außenmaße der Halle sind mit 195 Metern Länge, 40 Metern Breite und 29 Metern Höhe beeindruckend.

Transporterwerk Hannover mit Kundencenter (vorne links) und Halle für die Großraum-Saugerpresse (weißes Gebäude).

2000

In Sichtweite der Riesenpresse richtet VWN vor dem Werkstor ein Kundencenter ein. Im Juni eröffnet, entpuppt sich das einladende Gebäude als vielseitiger Erlebnisbereich. Hier können die Kunden ihren neuen Transporter oder Bus abholen. Im Zubehörshop gibt's allerlei Devotionalien von nützlich bis schmückend. Besucher können sich während der Wartezeit auch eine der legendären Currywürste schmecken lassen, Kultprodukt wie der Transporter. Es geht bei VW um die Wurst, kaufen kann man das VW-Produkt hier ebenso wie das dazugehörige Ketchup. 15 Millionen Mark hat sich VWN seine neue Visitenkarte kosten lassen.

Hannover ist nicht nur Landes- sondern auch Transporter-Hauptstadt, das wird an anderer Stelle deutlich, denn VWN hat den ehemaligen Fernmeldeturm am Hauptbahnhof übernommen. Aus dem Telemoritz wird der VW-Tower: In rund 100 Meter Höhe drehen sich jetzt drei beleuchtete Volkswagen-Signets mit jeweils neun Meter Durchmesser und zusammen 52 Tonnen Gewicht.

Auch in Wolfsburg präsentiert sich die Marke. In der neu eröffneten Autostadt lädt der Pavillon von VWN zum Besuch ein. Das Eingangstor ist eine Verbeugung vor dem Transporter – es ähnelt einer überdimensionalen Heckklappe. Drinnen geht es spannend und interaktiv weiter. Ob eine Prise Historie, handfeste Tipps für Auswahl und Einsatz der Transporter in Beruf und Freizeit, ein Rundflug mit einem Fluggerät unter der Hallendecke – es geht so vielfältig zu wie in der Produktwelt von Volkswagen Nutzfahrzeuge. Wer in dieser Zeit das Werk in Wolfsburg mit der neuen Panoramabahn erkundet, ist in einem Transporter unterwegs: Unter der futuristisch anmutenden Karosserie des Zugfahrzeugs steckt ein Transporter T4 Syncro.

Der Transporter wird 50. Dazu passend präsentiert VW im Sommer die Sondermodelle Multivan Generation und California

California Generation: Sondermodell zum Caravan-Salon im Jahr 2000.

Der Transporter T4 — 2000

Generation. Der Multivan ist fein ausgestattet, unter anderem mit der automatischen Klimaanlage Climatronic, ESP Cassettenradio und Aluminiumrädern. Der California Generation bringt praktische Elemente von der Isolierverglasung über die Standheizung bis zur herausnehmbaren Spülschüssel und den Einsatz der Besteckschublade mit.

Auf der IAA 2000 würdigt die Marke die Rekordfahrt des vergangenen Jahres mit einer gleichzeitig rustikal und doch fein ausgestatteten Studie Panamericana. Ein Boden mit Aluminium-Riffelblech und kräftig vernähtes Leder setzen Akzente. Die Studie »Tim und Tom« soll Familien mit Kindern ansprechen, entpuppt sich aber als gediegener Edelmann. Ein Transporter mit Tiefrahmen, Tandemachse und 3,5 Tonnen Gesamtgewicht spricht gewerbliche Käufer mit Hang zu Spezialfahrzeugen an.

Caravan-Salon.

Studie Panamericana im Jahr 2000: T4 Syncro mit Allradantrieb und außenliegendem Reserverad.

Gesicht wie vom Tuner: Studie T4 Panamericana des Jahres 2000 mit Einzelscheinwerfern.

Der Transporter T4

2000

Zum Modelljahr 2001 bekommt der Transporter eine neue Mittelkonsole mit Aufnahmemöglichkeit für Fahrtenschreiber und CD-Wechsler. Alle Modelle mit Pkw-Zulassung verfügen nun über eine dritte Bremsleuchte. Krönung des Motorenprogramms ist der neue V6-Benziner mit 150 kW (204 PS) Leistung und 245 Nm Drehmoment. Er katapultiert Caravelle und Multivan bei Bedarf auf eine Höchstgeschwindigkeit von knapp 200 km/h und ist Garant für eine außergewöhnlich souveräne und komfortable Fortbewegung. Er ist wie sein Vorgänger VR6 ausschließlich mit Automatikgetriebe zu bekommen.
Ein halbes Jahrhundert nach seinem Start zeichnet sich der Transporter durch eine nie gekannte, aber faszinierende Vielfalt aus: drei Benziner, fünf Dieselmotoren, Schalt- und Automatikgetriebe, Allradantrieb Syncro, dazu die zahlreichen Karosserie- und Ausstattungsvarianten und Spezialitäten aus dem Service-Center Spezialausstattungen – wer bietet mehr? So verteidigt der T4 seinen Marktanteil von mehr als 50 Prozent seiner Klasse in Deutschland, vereint sogar zwei Drittel der Pkw-Zulassungen seines Genres auf sich und liefert darüber hinaus mit dem California das meistgebaute Reisemobil. Mit knapp 163 000 Exemplaren fährt der T4 in diesem Jahr prompt seinen Allzeitrekord ein – immerhin zehn Jahre nach dem Start der Modellreihe.

Aus VR6 wird V6: neue Spitzenmotorisierung bei den Benzinern.

Beliebtes Objekt für Umbauer: Stahl verwandelt den T4 in ein Pick-up.

Freizeitmobil statt Lastesel: schmuckes Pick-up statt schlichter Pritsche.

Er läuft und läuft und läuft: Der Multivan Atlantis war 1999 mit 3000 Einheiten so erfolgreich, dass VW ihn im Jahr 2000 nochmals auflegte.

Multivan Atlantis: umfangreiche Ausstattung vom Drehsitz hinter dem Beifahrerplatz bis zu Aluminiumrädern.

2001

Krönung des Programms: Der Caravelle GL ist kein Kleinbus mehr, sondern hat bereits den Stil einer Großraum-Limousine.

Das erste Jahr des 21. Jahrhunderts, ein neues Jahrtausend. Das deutschsprachige offene Internet-Nachschlagewerk Wikipedia wird gegründet. Am 11. September fordern Terroranschläge mit entführten Verkehrsflugzeugen auf das World Trade Center in den USA rund 3000 Todesopfer. Der Zeppelin NT startet den Passagierflugbetrieb über dem Bodensee.
Für Volkswagen Nutzfahrzeuge ist es ein Jahr der Studien. Auf den Automobilmessen des Jahres erregt die Studie Microbus

Der Transporter T4 — 2001

Aufsehen. Sie stammt aus dem kalifornischen Designcenter von VW und nimmt Formenelemente des T1 auf, ohne jedoch als allzu nostalgischer Retro-Samba aufzutreten. Der Innenraum wird zum Lebensraum: Der Automatik-Wählhebel in Form eines Joysticks im Armaturenbrett ähnelt einem Maschinentelegrafen, an die Stelle des Innenspiegels tritt ein Bildschirm. Der Boden besteht aus transparentem Kunststoff, durch den die Aluminiumstruktur des Fahrzeugs zu sehen ist. Sechs Sitze in drei Reihen bieten Platz – und unter der kurzen Motorhaube ein V6 mit 170 kW (231 PS) mehr als genug Dampf. Der Fond ist kommunikativ gestaltet. VW spielt verschiedene Varianten und Nutzungsmöglichkeiten des Microbus durch.

Der kompakte Microbus fährt von Detroit über Genf, Frankfurt bis nach Tokio und elektrisiert die Transporterfans. VW macht bald darauf ernst: Am 11. Juni 2002 verkündet VW, dass der Microbus in Hannover gebaut werden soll, von 1500 neuen Arbeitsplätzen ist die Rede. Bei einer Großveranstaltung im Werk werden entsprechende Vereinbarungen unterzeichnet. 2006 soll es losgehen. Doch es wird nichts aus dem Projekt, der Microbus bleibt ein Traum. Zwar knobelt VW über Jahre hinweg an der Umsetzung, doch der Microbus lässt sich mit der Plattform und den Komponenten des 2003 vorgestellten T5 nicht vereinen. Fünf Jahre nach der Vorstellung verkündet der Konzernvorstand das Aus für das Traumauto. Mit der Studie des elektrisch angetriebenen Budd-E wird der Microbus später eine moderne Fortsetzung finden.

Studie Microbus: Auch ein Campingbus scheint möglich.

Microbus: erst begeisternde Studie, dann als Serienmodell angekündigt, später gestrichen.

Studie Microbus als Pick-up.

Der Transporter T4 — 2001

Ein weiterer Vertrag dieses Jahres wird umgesetzt: VW und Mercedes einigen sich für die Zusammenarbeit bei der nächsten Generation von VW LT und Mercedes Sprinter. Das Ziel heißt ebenfalls 2006.

Im Spätsommer präsentiert VWN auf dem Caravan-Salon den All-in-one, ein spektakuläres teilintegriertes Reisemobil auf Basis des T4. Die Gestaltung hat das Hymer IDC unter Leitung von Design-Professor Johann Tomforde übernommen, damals ein Thinktank der Hymer-Gruppe. Ein tragender Aluminiumrahmen fasst den Aufbau ein. Vorn erinnern vier Einzelsitze in zwei Reihen an amerikanische Vans. Hinten schließt eine Sitzgruppe das Reisemobil ab. Dazwischen gibt es linkerhand ein kompaktes Bad und rechts eine ebenfalls kompakte Küche. Das Interieur wirkt dank des großen Oberlichts sehr luftig, es wird bald stilbildend für die gesamte Branche. Gleiches gilt für das Hubbett im Heck unter der Decke. Wer die riesige Heckklappe öffnet, nimmt auf einem Freisitz Platz, die große Heckschublade dient als Terrasse sowie Fahrrad-Stauraum. Unter dem Aufbau steckt ein eigens entwickelter Tiefrahmen, das sogenannte Multimax-Fahrgestell mit breiter Spur und langem Radstand. Der All-in-one bleibt ein vielbewundertes Einzelstück, bietet allerdings zahlreiche Gedankenanstöße. Und auch das Multimax-Fahrgestell, gedacht für den kommenden T5, bleibt in der Schublade.

Wegweisende Studie für die Reisemobilbranche: All-in-one des Hymer IDC aus dem Jahr 2001.

All-in-one: Luftiger Innenraum im Stil einer Yacht.

All-in-one: dynamische Form, große Heckklappe, üppige Fenster.

Der Transporter T4

VW feiert in diesem Jahr 50 Jahre Freizeitfahrzeuge, vor einem halben Jahrhundert entwickelte Westfalia die legendäre Camping-Box. Das Sondermodell California Event wird gediegen in Grün- oder Nebioblau-Metallic lackiert und umfangreich ausgestattet. Das Emblem »50 Jahre Volkswagen Reisemobile« deutet auf den Anlass hin. Dazu passt einer der Hits des Jahres: Kylie Minogue singt »Can't get you out of my head.«
Manche Studien werden Wirklichkeit: Aus der Idee Panamericana leitet VWN ein Ausstattungspaket auf Basis des Multivan Syncro ab. Leichtmetallräder mit fetter sowie grobstolliger 225er-Bereifung, Reserveradhalterung am Heck, Schwellerrohre aus Edelstahl, Unterfahrschutz aus verschweißten Stahlrohren und Blechen – mit dem T4 Panamericana kann man seinem Fernweh auch täglich zwischen Flensburg und Garmisch-Partenkirchen, zwischen Aachen und Cottbus nachgehen. Bei diversen Ausstattungsdetails legt das Service-Center Spezialausstattungen Hand an. Alle Caravelle und Multivan sind jetzt mit 16-Zoll-Fahrwerk zu bekommen.
Das Transporterwerk in Hannover profitiert von guter Auslastung. War die Zahl der Beschäftigten bis Mitte der neunziger Jahre auf knapp 14 000 Mitarbeiter zurückgegangen, so pendelt sie sich ab 2001 für mehrere Jahre bei rund 15 000 Köpfen ein.

California Event: Sondermodell 50 Jahre nach der legendären Camping-Box.

2001

Klimaanlage, Teppichboden Taschensystem und vieles mehr: Wohnraum des California Event.

Basis für den Urlaub auch mit großen Familien: Alkovenmodbil Karmann Colorado.

Der Transporter T4

2002

Im Frühjahr 2002 meldet VWN-Chef Bernd Wiedemann: »*Der T5, der Stadtlieferwagen und eine neue brasilianische Truck-Generation sind in der Pipeline.*« VWN investiert kräftig wie nie zuvor in neue Modelle und Standorte.
Schließlich neigt sich die Laufbahn des T4 dem Ende entgegen. VW hält mit Sondermodellen dagegen. Mit dem Multivan Highline kappt der vielseitige Bus seine Wurzeln als einfaches Freizeitfahrzeug, er zeichnet sich durch eine Lederausstattung oder alternativ eine Stoff-Leder-Kombination aus. Die vollautomatische Klimaanlage Climatronic und vieles mehr verleiht diesem Multivan Exklusivität. Das Service-Center Spezialausstattungen steuert Xenon-Scheinwerfer und 17-Zoll-Räder bei, beides ist für das normale Programm des T4 nicht verfügbar. Der California Freestyle dagegen erinnert eher an den California Event des vorvergangenen Jahres. Bei jährlichen Neuauflagen von California-Sondermodellen hat man's mit innovativen Ausstattungen irgendwann nicht mehr leicht.

California Freestyle: Basis für den Freistil-Urlaub an Traumstränden.

2002

VW legt auch beim T4 eine Last Edition auf. Im Unterschied zum legendären T3 Last Edition handelt es sich allerdings nicht um eine Nachproduktion, sondern um ein reguläres Sondermodell im Rahmen des letzten Modelljahres. Metallic-Lackierung, 17-Zoll-Räder, Climatronic, Optikpaket mit Anbauteilen in Wagenfarbe, Leder und Alcantara im Innenraum – ein feines Modell zum Abschied.

Last Edition für den T4, first Edition für den Euro: Zum Jahresbeginn wird die neue Währung in zwölf Staaten der EU in Umlauf gebracht. Wer kennt noch den Umtauschkurs zur D-Mark: 1,95583.

Auch bei VW gibt es Wechsel: Bernd Pischetsrieder übernimmt als Vorstandsvorsitzender die Nachfolge von Ferdinand Piëch, der im gleichen Zuge an die Spitze des Aufsichtsrats wechselt. Der Golf überholt mit 21 517 415 gebauten Modellen den Käfer. VW baut seine Palette mit dem Oberklasse-Geländewagen Touareg aus. Er basiert auf einem gemeinsamen Baukasten mit dem gleichfalls neuen Porsche Cayenne. Auf Seiten von VW hat Volkswagen Nutzfahrzeuge unter Bernd Wiedemann die Entwicklung verantwortet. Parallel zur Entwicklung des Touareg reifen erste Pläne für ein Pick-up. Intern ist von einem »Robust-Pick-up« die Rede, abgekürzt RPU. Bis zur Umsetzung als VW Amarok werden allerdings noch mehr als ein halbes Dutzend Jahre vergehen.

T4 im XXL-Format: Dreiachser mit Kofferaufbau von Spier und 3,5 Tonnen Gesamtgewicht auf der IAA 2002.

Auf seiner letzten IAA trumpft der T4 im Jahr kurz vor seiner Ablösung mit Auf- und Ausbauten auf: Feuerwehr-Einsatzleitwagen...

...ein äußerlich schlichter weißer Kastenwagen...

2002

...entpuppt sich innen als Werkstattmobil mit umfangreicher Ausstattung von Sortimo.

Der Transporter T4 — 2002

Der Alleskönner mischt auch im Winterdienst mit: vorne ein Schneepflug sowie Zusatzscheinwerfer...

...hinten ein Streuaufsatz auf der Pritsche. Drunter steckt ein Syncro.

2003

Nach 13 Jahren endet die Produktion des VW T4. Im Unterschied zu seinen Vorgängern findet keine Fortsetzung auf einem anderen Kontinent statt, nach 1 873 033 Exemplaren ist endgültig Schluss für den ersten VW Transporter mit Quermotor und Frontantrieb. Er kam zwar eine Generation zu spät, doch seinen Erfolg hat dies nicht aufhalten können. Ein Sondermodell beschließt die Karriere.

Last Edition: Zum Ende der Laufbahn des T4 nimmt VW die Idee des T3 erneut auf.

Mit Leder und Alcantara im Innenraum nimmt der T4 Last Edition als Edelmann Abschied.

 Der Transporter T5

Die fünfte Generation

Die Transporter-Baureihe wird erwachsen

Der Transporter T5

2003

Im Frühjahr 2003 läutet VW den nächsten Modellwechsel ein: aus T4 wird T5, nach langen 13 Jahren legt erneut ein völlig neuer Transporter ab. Die Verwandtschaft zum Vorgänger ist am milde lächelnden Gesicht zu erkennen, ein VW ist ein VW ist ein VW. Trotzdem fährt ein komplett neues Auto vor. Das Design ist markentypisch sachlich und gleichzeitig kraftvoll: Der T5 steht stämmiger als der vergleichsweise filigrane T4 auf dem Boden. Typische Merkmale des neuen Transporter sind enge Spaltmaße, stabile Bügeltürgriffe und fein ausgearbeitete Scheinwerfer in den gehobenen Varianten. Die lange Seitenwand auf der linken Seite besteht nun aus einem einzigen Blech – das sieht gut aus. Der Tankdeckel unten an der B-Säule muss nicht mehr separat abgeschlossen werden, das Zuschlagen der Fahrertür verriegelt ihn automatisch.

Die Nutzfahrzeuge sind Praktiker, das wird an robusten grauen Kunststoff-Stoßstangen mit integriertem Tritt zum Eiskratzen deutlich, auch an schlichten Scheinwerfern. Ihr Cockpit ist zwar zweifarbig, jedoch nüchterner ausgestattet – doch im Vergleich zu Wettbewerbern wirkt auch der Transporter nobel. Mehrschalige Säulen und Schweller sowie »Tailored Blanks« (Bleche mit unterschiedlicher Güte und Stärke) erhöhen die Steifigkeit der Karosserie um 20 Prozent. Eine mehrschalige Unterbodenverkleidung senkt den Luftwiderstand, fängt Steinschlag ab und vermindert Geräusche. Die Wachs-Versiegelung der Bodengruppe kann entfallen. Alle Radhäuser sind mit Schalen aus Kunststoff verkleidet. Die komplette Bodengruppe ist feuerverzinkt; verzinkt sind ebenfalls die Karosserie-Außenhaut einschließlich Hauben, Türen und Kotflügel. Die Entwickler achten darauf, mögliche Rostnester zu verhindern. Deshalb schließen zum Beispiel die Schiebetüren rundum bündig mit der Karosserie-Außenhaut ab. Das heißt: Während beim Vorgänger die Schiebetüren von unten dem Spritzwasser und Steinschlag der Vorderräder ausgeliefert waren, schützt beim Multivan der Schweller den unteren Abschluss aller Türen. Die Hohlraumkonservierung erfolgt durch Wachsfluten, ein patentiertes

Einer für alle Jobs und alle Tage: der neue Transporter T5 Kombi mit großen grauen Stoßfängern.

VW-Verfahren. Dabei werden die Hohlräume der Bodengruppe nicht nur ausgespritzt, sondern komplett mit Wachs aufgefüllt und wieder geleert. Gegen Trittbeschädigungen und Steinschlag kommen an diversen Stellen Schutzfolien zum Einsatz. Das Ergebnis aller Maßnahmen ist eine dreijährige Garantie auf Lack und eine Zwölf-Jahres-Garantie gegen Durchrostung.

Der Multivan als feine Pkw-Ausführung unterscheidet sich äußerlich durch lackierte Stoßfänger und Klarglas-Scheinwerfer, innen durch ein opulenteres Cockpit mit wuchtiger Mittelkonsole und weicheren Oberflächen. In der gehobenen Ausführung Multivan Comfortline streicheln Leder an Lenkrad und Schalthebel sowie Einlagen in Aluminiumoptik Hand und Seele – der neue Multivan ist ein richtig feiner Kerl.

Das ist an vielen Stellen spürbar. Beim Einsteigen heißt eine effektvolle Trittstufenbeleuchtung mit Modellschriftzug den Fahrer und seine Mitreisenden willkommen. Die Rückenlehne der straff gepolsterten Sitze ist weit hinaufgezogen, der Längsverstellbereich der Sitze um 30 Millimeter erweitert. Das Lenkrad ist in Höhe und Neigung verstellbar. Ablagen gibt es reichlich, in den mächtigen Türfächern kommen auch Wasserflaschen im XXL-Format unter. Bei den Varianten mit Klimaanlage wird das Handschuhfach gekühlt. Typisch VW: Die Bedienung erfordert kaum Gewöhnung, Hebel, Tasten und Regler sitzen dort, wo sie der Fahrer erwartet. Allenfalls die blaue Hinterleuchtung der Instrumente irritiert.

Die Schaltung erfolgt jetzt über einen platzsparenden Joystick in der Instrumententafel. Der Hebel flutscht leichtgängig und präzise durch die Gassen. Ebenso dynamisch wirkt das Fahrwerk. Die Lenkung arbeitet präzise, die Karosseriebewegungen sind weniger schwerfällig als beim Vorgänger. Trotzdem hat der Federungskomfort spürbar gewonnen.

Stichwort Komfort: Bei Wahl der vollautomatischen Klimaanlage lassen sich die Temperaturen auf Fahrer- und Beifahrerseite getrennt regeln. Bei der Spitzenvariante Multivan Highline kommt sogar eine Dreizonen-Anlage mit separater Fondregelung zum Einsatz. Auch Sicherheit steht im Mittelpunkt: Der Multivan bringt neben zwei Frontairbags zusätzlich Seiten- und Kopfairbags mit. Der T5 Multivan ist jetzt noch mehr multi als bisher, er ersetzt zunächst auch die feinen Busvarianten des Caravelle. Der Neue muss also mehr können als sein Vorgänger. Deshalb haben die Entwickler ihm ein Schienensystem im Boden spendiert. Die Basisausführung des Multivan bringt eine verschiebbare Klappsitzbank im Heck mit und einen drehbaren Einzelsitz hinter dem Fahrerplatz.

Cockpit in den Transportervarianten des T5: sehr funktionell, praktisch und schlicht.

Mit dem T5 ist der Multivan nun endgültig zu den Vans und Großraumlimousinen aufgestiegen.

In den Pkw-Varianten, angeführt vom Multivan, setzt VW auf ein opulentes Cockpit.

Die Sicherheitsgurte sind in den Sitzen integriert, die Einzelsitze enthalten Isofix-Halterungen für Kindersitze. Klima-Licht-Leisten in der Decke bieten individuell regelbare Luftausströmer und Leselampen. Der neue Tisch wird aus der Seitenverkleidung gezogen und nicht mehr hochgeschwenkt.
Dank des Schienensystems können die Nutzer fortlaufend und nahezu stufenlos zwischen einem geräumigen Innenraum und einem großen Gepäckraum variieren. Die bisher gewohnte Bettverlängerung sowie eine Verdunkelung kosten als »Gute-Nacht-Paket« allerdings extra. Aber es gibt einen neuen Dreh: Die Klappsitzbank schwenkt beim Umlegen der Lehne automatisch nach oben, das vergrößert den Gepäckraum in Schlafstellung. Als Sonnen- oder kleiner Sichtschutz für ein Nickerchen lassen sich aus den Fensterbrüstungen Rollos herausziehen.
Die Multivan Comfortline und Highline trumpfen mit einem neuen Innenraumkonzept auf. Schiebetüren links und rechts, zwei drehbare Einzelsitze in der Mitte und zwischendrin ein Wunderwerk der Ingenieurstechnik: Aus einer Ablagesäule entfaltet sich bei Bedarf ein Tisch. Auch dieses Möbel ist flexibel auf einer Schiene angeordnet.

Ein wahres Wunderwerk der Ingenieurskunst ist der aufklappbare Tisch inmitten des Multivan.

Unter der Motorhaube des T5 arbeitet als Basismotor der aufgeladene 1,9-Liter-TDI in zwei Ausführungen mit 63 kW (86 PS) und 200 Nm Drehmoment (nur im Transporter) sowie mit 77 kW (105 PS) und 250 Nm Drehmoment (Serie für Multivan). Typisch sind Turbolader mit verstellbarer Schaufelgeometrie (VTG-Lader) für gutes Ansprechverhalten und Pumpe-Düse-Einspritzung. Das ergibt einen Vierzylinder von kernigem Charakter. Die Daten der kräftigeren Variante entsprechen exakt dem bisherigen Fünfzylinder-TDI.

Fünf Zylinder und 2,5 Liter Hubraum gibt es ebenfalls im T5, aber ganz anders als bisher: Das komplett neue Triebwerk bildet gleichzeitig die Basis für den mächtigen V10 TDI in VW Touareg und Phaeton. Entsprechend aufwendig ist die Technik: Das Kurbelgehäuse besteht aus Aluminium, die Zylinderlaufbuchsen sind plasmabeschichtet und damit extrem verschleißfest. An die Stelle des bisher so anfälligen Zahnriemens für den Antrieb der Nockenwellen tritt ein langlebiges Räderwerk, derlei kennt man von schweren Nutzfahrzeugen und Rennmotoren. Diese Technik verkürzt die Maschine um exakt 58 Millimeter, wichtig für den engen Quereinbau im T5. Pumpe-Düse-Elemente mit Fünfloch-Einspritzdüsen schießen den Kraftstoff mit bis zu 2000 bar in die Brennräume. Für Mumm ist ein VTG-Lader zuständig. Den Hightech-Motor gibt es in zwei bulligen Leistungsstufen: 96 kW (130 PS) und 340 Nm sowie 128 kW (174 PS) und 400 Nm. Der Fünfzylinder klingt deutlich ziviler, es liegt an der Zylinderzahl, den langen Übersetzungen und im Multivan an der aufwendigeren Dämmung.

Eine enge Verbindung zum Pkw-Programm zeigen auch die beiden lieferbaren Benziner. Brot-und-Butter-Motor ist ein Zweiliter mit 85 kW (115 PS) und 170 Nm. Höchste Leistungsansprüche erfüllt ein V6 mit 3,2 Liter Hubraum und 173 kW (235 PS) sowie 315 Nm Drehmoment. Er ist ausschließlich mit Sechsgang-Automatikgetriebe lieferbar und rennt als erster VW der T-Baureihe mit 205 km/h schneller als 200 Sachen. Die kompakten Diesel und Benziner verfügen über ein Fünfganggetriebe, die beiden Super-TDI über ein Sechsgang-Schaltgetriebe (wahlweise Automatik). Der höchste Gang ist hier spritsparend lang übersetzt, die Höchstgeschwindigkeit wird jeweils im fünften Gang erreicht. Die Schaltgetriebe sind neu entwickelt. Augenmerk verdient vor allem das kompakte Zweiwellen-Sechsganggetriebe. Eine Premiere ist in dieser Klasse ebenfalls die Sechsgang-Wandlerautomatik für den Quereinbau. Das Getriebe verbindet maximalen Komfort mit hoher Wirtschaftlichkeit. Alle Antriebsvarianten verfügen zur Beruhigung der Technik über ein Zweimassen-Schwungrad, ausgenommen ist lediglich der kompakte Benziner.

Der Transporter T5

Mit seinem sicheren und komfortablen Fahrwerk ist der neue T5 abermals Klassenprimus.

Komplett neu konzipiert hat VW das Fahrwerk. An der Vorderachse kommen nun McPherson-Federbeine mit unteren Querlenkern, einem Fahrschemel sowie Stabilisator zum Einsatz. Die Schraubenfeder ist komfortabler abgestimmt als die bisherige Drehstabfeder im T4. Ihre Anordnung beeinflusst Ansprechverhalten und Fahrkomfort positiv.

Bei der Hinterachse handelt es sich um eine Weiterentwicklung der Schräglenkerachse mit tonnenförmigen Miniblock-Schraubenfedern aus dem T4. Gegossene statt geschweißte Schräglenker ermöglichen höhere Achslasten und senken das Gewicht. Größere Gummilager erhöhen den Komfort. Erstmals verwendet VW auch an der Hinterachse durchweg einen Stabilisator. Je nach Aufbau und Ausstattung kommen Stoßdämpfer mit unterschiedlichen Kennlinien zum Einsatz. Je nach Variante ist der T5 außerdem mit einem Sportfahrwerk verfügbar. Es setzt sich aus einer Tieferlegung sowie stärkeren Stabilisatoren zusammen. Zum Einsatz kommen Fahrwerke mit 16- und 17-Zoll-Rädern sowie innenbelüfteten Bremsscheiben rundum. Modelle mit ESP verfügen über einen Bremsassistenten. Serienmäßig ist der T5 mit ABS, Antriebsschlupfregelung und Motorschleppmomentregelung ausgerüstet. Ebenso mit elektronischer Bremskraftverteilung und der elektronischen Differenzialsperre EDS.

Gewachsen sind die Abmessungen des T5: Mit kurzem Radstand von genau drei Metern ist der T5 nun 4,89 Meter lang. Die Langausführung mit 3,4 Meter Radstand streckt sich entsprechend auf stattliche 5,39 Meter. Breite und Höhe belaufen sich auf 1,904 und 1,945 Meter. Das hat unter dem Blech Vorteile: Der Laderaum des kurzen T5 Kastenwagen ist in der Länge um knapp zehn Zentimeter gewachsen und sieben Zentimeter breiter. Das Ladevolumen klettert um knapp zehn Prozent auf 5,8 Kubikmeter. Entscheidend für die Raumausnutzung im Laderaum und das Raumgefühl in Fahrerhaus und Fahrgastraum: In Schulterhöhe wächst die Innenbreite um zwölf Zentimeter. Wem der T4 zu eng war, der kann sich jetzt im T5 bequem räkeln und dehnen.

Es fehlt auch nicht an Varianten: Der neue Shuttle ist oberhalb des Kombi angesiedelt. Beim Kastenwagen gesellt sich zu Flachdach und Hochdach ein mittelhohes Dach.

An der Vorderachse kommt nun McPherson-Federbeine zum Einsatz, einfach aber gut.

Die Einzelradaufhängung hinten verfeinern die Ingenieure mit neuen gegossenen Schräglenkern.

Der Transporter T5 — 2003

Typisch für die enorme Spanne des neuen T5: hier die schlichte Doppelkabine mit Pritsche...

Fahrgestell mit Fahrerhaus und Doppelkabine sowie Pritschenwagen sind für die T-Baureihe selbstverständlich. Der Frontantrieb erleichtert erneut den Anbau von Tiefrahmen mit ein oder gar zwei Hinterachsen für Spezialaufbauten, hier tut sich erneut Alko hervor. Campingbus-Ausbauer nutzen aus Kostengründen gern die einfachere Nutzfahrzeug-Ausführung. Man sieht's an Stoßfänger und Cockpit, man hört's beim blechernen Zuschlagen der Türen. Reisemobil-Aufbauer wie Karmann wählen das Alko-Chassis mit seinen variablen Radständen, der breiten Hinterachsspur, dem tiefen Rahmen und Gesamtgewichten bis 3,5 Tonnen. Die Zahl der Campingbusanbieter ist zunächst jedoch bescheiden, zu erdrückend ist der Wettbewerb durch den Werks-California.

Zwar wiegt der Aluminium-Fünfzylinder 15 Kilo weniger als sein Vorgänger, doch das Wachstum der Karosserie steigert das Leergewicht des T5, der Kastenwagen bringt rund 90 Kilogramm mehr auf die Waage als sein Vorgänger. Zusätzlich 75 Kilo bringen die Fünfzylinder mit Sechsganggetriebe mit. Das zulässige Gesamtgewicht des Multivan beläuft sich auf exakt drei Tonnen. Bei den Nutzfahrzeugvarianten steigt es in 200-Kilogramm-Schritten von 2,6 bis auf 3,2 Tonnen. Fahrgestelle dürfen, abhängig vom Aufbau, bis zu 3,3 Tonnen wiegen. Der Übergang von T4 zu T5 ist gleitend: Am 3. März 2003 startet die Fertigung des T5. Mitte Juli läuft blumenbekränzt in Hannover der letzte VW T4 vom Band. Die VW-Mitarbeiterzeitschrift führt bei dieser Gelegenheit Kilometermillionäre vor. Einer fehlt aber noch, der Campingbus California. In einem kleinen separaten Werk im Stadtteil Hannover-Limmer bereitet VWN den Serienanlauf des California vor. Erstmals wird VW in Eigenregie ein Reisemobil herstellen, unter Leitung der Business Unit Spezialfahrzeuge, der einstigen Kundendienstwerkstatt. Die langjährige Zusammenarbeit mit Westfalia endet somit. Kenner berichten, dass sich VWN als Kunde zunehmend schlecht behandelt fühlte und einen Know-how-Abfluss zum Hauptwettbewerber Mercedes fürchtete. Schließlich war einer der zwischenzeitlichen Anteilseigner von Westfalia gleichzeitig Mitglied des Aufsichtsrats bei Daimler. Überdies hatte Daimler Westfalia während dieser Zeit in zwei Schritten bis 2001 komplett übernommen. Für Westfalia ist die Trennung bitter, für neue VW-Mitarbeiter in Hannover eine Chance.

...dort der California als Spitzenmodell für den Urlaub.

Die dritte California-Generation feiert ihre Premiere im Spätsommer 2003 auf dem Caravan-Salon in Düsseldorf. Der bewährte Grundriss bleibt erhalten: Schrank- und Küchenzeile in Fahrtrichtung links, Klappsitzbank mit zwei Plätzen im Heck, oben ein Aufstelldach. Dennoch ist alles anders: VWN hat den California komplett selbst entwickelt. Neue Ideen und Materialien hieven den Kompakt-Campingbus auf ein gänzlich anderes Niveau. Das Aufstelldach aus Aluminium spart Gewicht und baut flacher als die üblichen GfK-Dächer. Vor dem Dach ist ein Spoiler montiert, das größte Aluminium-Druckgussteil der Welt. Geöffnet wird das Dach elektrohydraulisch auf Knopfdruck. Die Möbel bestehen aus einer Aluminium-Sandwichkonstruktion mit einem wellenförmigen Kern. Diese Konstruktion ähnelt einer stabilen Wellpappe, hier ist sie überdies von Zulieferer Metawell kunstvoll gebogen. Das Material ist leicht, hochstabil und nimmt mit seinen dünnen Wänden wenig Platz weg. Die Außenflächen überzieht VW mit einer hellen Holzdekorfolie. Sie wirkt recht kühl, tut dem Erfolg des California aber keinen Abbruch.
Der Tisch des California ist in der Innenverkleidung der Schiebetür verstaut. Mit vier ausklappbaren Beinen lässt er sich sowohl im Fahrzeug als auch außerhalb nutzen. In der Innenverkleidung der Heckklappe stecken zwei Klappstühle. Vorbei ist es mit dem lästigen Hantieren mit Vorhängen: Die Verdunkelung des neuen California erfolgt durch Jalousien und zwei Steckrahmen.

Das Dachbett des California hat in Länge und Breite zugelegt, der Lattenrost verspricht hohen Liegekomfort. Außerdem führt der größere Scherenmechanismus des Aufstelldachs zu mehr Raum im Dachgeschoss, wichtig vor allem auf der Fußseite. Im Erdgeschoss lassen sich die Kopfstützen an der Rückbank abklappen und erleichtern so den Umbau der Zweiersitzbank zum Bett. Als Bettverlängerung dient in gewohnter Weise eine Abdeckplatte im Gepäckraum plus Polster.
Der Küchenunterschrank ist nun durch zwei Schiebetüren zugänglich. Besseren Zugang verspricht auch der Kleider- und Wäscheschrank im Heck. Er wird durch eine Kombination von Klapptür und Jalousie geöffnet und geschlossen. Innen in der Tür ist ein Spiegel befestigt. Der Dachstauschrank im Heck schwenkt nun zum Beladen nach unten.
Der Basisversion des California stellt VWN den umfangreich ausgestatteten Comfortline zur Seite. Er unterscheidet sich von außen durch lackierte Stoßfänger, Spiegelgehäuse in Wagenfarbe und Seitenschutzleisten sowie Doppelreflektor-Scheinwerfer, hat also Multivan-Niveau. Der Innenraum wird durch andere Polsterstoffe geprägt. Weiterhin verfügt der Comfortline serienmäßig über eine Standheizung. Ein zusätzlicher kleiner Klapptisch ist verschiebbar an der Küchenfront montiert und lässt sich für Kaffeepause oder Imbiss nutzen. Eine Augenweide ist die Glasplatte als Abdeckung des Küchenblocks.

2003

Typisch California: Der Grundriss bleibt. Die Möbel jedoch bestehen nun aus Aluminium.

VW konzentriert sich zunächst auf die meistgebaute Variante mit Aufstelldach. Eine Version mit Hochdach kommt erst 2005 ins Programm, der California Exclusive mit langem Radstand entfällt. Käufer müssen sich gedulden: Die Produktion wird erst im Jahr 2014 anlaufen.

Auf der Pkw-IAA im Herbst 2004 hat der T5 Multivan Business Premiere. Edelholz, Leder, Alcantara, üppige Einzelsessel mit elektrischer Verstellung, ein elektrisch ausklappbarer Tisch, klappbarer Monitor in der Decke - der Business mit kurzem und langem Radstand bietet gepflegte Fortbewegung in Vollendung. Er steht in der Tradition von T4 Caravelle Business und T3 Caravelle Carat. Edles Büromobil, Konferenzfahrzeug, extravagante Chauffeur-Limousine - der Multivan Business wird wie seine Vorgänger und der California in kleiner Auflage bei der Business Unit Spezialfahrzeuge hergestellt.

Erstmals tritt auf der IAA auch der allradgetriebene Multivan 4Motion auf. Die neue Bezeichnung deutet es an: An die Stelle des seit fast 20 Jahren bewährten Syncro mit Visko-Kupplung tritt eine neue Technik: Eine Haldex-Kupplung sichert eine variable Kraftverteilung zwischen Vorder- und Hinterachse. Kernstück ist eine im Ölbad laufende Lamellenkupplung, die axial zusammengedrückt wird. Den Druck erzeugen zwei Pumpen, die nur dann tätig werden, wenn Ein- und Ausgangswelle nicht mit exakt der gleichen Drehzahl laufen. Je mehr Druck auf den Lamellen lastet, desto größer ist die Momentenübertragung. Ein wesentlicher Vorzug der Haldex-Kupplung ist ihre kurze Reaktionszeit. Angetrieben wird die Haldex-Kupplung von der Kardanwelle. Optional gibt es eine manuelle Differenzialsperre für die Hinterachse. Ebenfalls auf Wunsch fährt der 4Motion mit Reserverad vor, es passt nun unter das Heck des neuen Modells. Der Modellwechsel bedeutet Hochleistung für VWN: In nur neun Monaten bringt die Marke nahezu alle der 74 Rohbauvarianten des T5 in den Markt.

Nahezu gleichzeitig mit dem T5 startet der rundum neue VW Caddy - der letzte Rucksack-Lieferwagen ist Vergangenheit. War der vorherige Caddy eng mit dem Polo verwandt, so zeigt das neue Modell deutliche Verwandtschaft zum Golf. Die Karosserie aus einem Guss steht dem Caddy gut, zumal der Kastenwagen mit glatten Blechflächen auf den Seiten geradezu elegant wirkt. VWN freut sich außerdem über eine erfolgreiche Tochter: In Brasilien avanciert Volkswagen Truck and Bus mit rund 21 000 Auslieferungen erstmals zum Marktführer unter den Lkw-Herstellern, es wird nicht das letzte Mal sein. Die Omnibus-Fahrgestelle tragen die für deutsche Ohren kuriose Bezeichnung Volksbus. Die schweren Brasilianer sind auch im Export erfolgreich. Und sie expandieren: In Mexiko wird ein Montagewerk eröffnet, zwei weitere sind in Südafrika und Abu Dhabi geplant. Anderswo endet eine große Geschichte: In Mexiko läuft nach 21,5 Millionen Exemplaren der letzte Käfer vom Band, der Urvater des ersten T1.

Der Kraftakt mit den rundum neuen T5 und Caddy in wirtschaftlich eher flauen Zeiten hat Folgen: Insgesamt verbucht VWN in diesem Jahr ein Minus von 233 Millionen Euro, im Vorjahr waren es noch 164 Millionen Euro Gewinn. 675 Millionen Euro investiert VWN allein in diesem Jahr, unter anderem in eine neue Lackierung in Hannover. Aufgrund von Wirtschaftslage und Fertigungsumstellung sinken die Auslieferungen der T-Baureihe auf 132 456 Fahrzeuge.

2004

Die EU wächst um gleich zehn Staaten und bekommt dabei unter anderem einen Gürtel von Estland bis Ungarn. Auch Polen ist dabei, aufgrund des Standorts in Poznan/Posen mit Caddy und T5 für VWN von besonderer Bedeutung. Der Student Mark Zuckerberg startet das Unternehmen Facebook als Netz für Kommilitonen. Welch ein Kontrast: Der knorrige Trainer Otto Rehhagel führt Griechenland zur Fußball-Europameisterschaft. VWN komplettiert das T5-Programm. Im Laufe des Jahres gehen die Busvariante Caravelle sowie die Ausführungen mit 3,2 Tonnen zulässigem Gesamtgewicht an den Start. Der bisher vermisste Caravelle schließt mit kurzem und langem Radstand die Lücke zwischen Transporter Shuttle und Multivan. Äußerlich trägt er das feine Gesicht des Multivan.

Im April läuft die Fertigung des California in Hannover-Limmer an. VWN hat über das VW-Tochterunternehmen Autovision 70 Langzeitarbeitslose qualifiziert und eingestellt. Hatte VW vom Vorgängermodell jährlich rund 3000 Einheiten verkauft, so heißt das neue Ziel 4000 California. Es werden mit den Jahren mehr, gegen Ende der Laufbahn des T5 kann VWN das Ziel mehr als verdoppeln.

Kaum ist der T5 California ins Rollen gekommen, denkt VW bereits über eine Erweiterung des Modellprogramms nach. Es geht um ein vielseitiges Fahrzeug, gleichermaßen geeignet für Alltag und Freizeit. Robust, flexibel, nicht zu teuer - klingt alles nach dem Ur-Multivan der ersten Generation knapp zwei Jahrzehnte zuvor. Ein entsprechendes Fahrzeug fehlt tatsächlich, denn der neue T5 Multivan ist ein feiner Van, der T5 California ein Hightech-Campingbus. Als echte Nachfolger können beide nicht gelten.

Auf dem Caravan-Salon 2004 in Düsseldorf präsentiert VW gleich zwei Studien zu diesem Thema. Da wäre als interne Idee der California Tramper, ein fünfsitziger Bus mit dem Bodenschienensystem des California und der Sitzbank des Multivan. Nachts wird sie geklappt und mit einem Tuch als Liegefläche überspannt. Schienensysteme an den Seiten im Fond nehmen Gepäckstücke auf. Der einhängbare Tisch steckt in der Schiebetür. Die Innenverkleidungen steuert der Transporter Shuttle bei.

Erstmals fertigt VW den California jetzt in Eigenregie in Hannover.

Studie California Beach: einfache Einrichtung für Alltag und Freizeit.

Studie California Tramper: Mehr Bus als Reisemobil, schlichtes Interieur mit einfacher Liegemöglichkeit.

Die Alternative stammt vom Hymer IDC, dem damaligen Designzentrum der Hymer-Gruppe in Pforzheim. Hier gruppieren sich die Vordersitze und eine zweisitzige Rückbank um einen Klapptisch. Ein schmaler Schrank neben der B-Säule links sowie ein Koffer unter der Bank nehmen Gepäck auf. Boden und Sitzbank stammen vom California, rechts davon steckt eine Kühlbox, überbaut mit einem Polster. Zusammen mit einer Bettverlängerung und der Klappsitzbank entsteht daraus eine Liegefläche. Schienensysteme an den Seiten dienen als Halterung für Taschen. Basis ist der Transporter T5.
Beide Varianten übersetzen die ursprüngliche Idee des Multivan als Vielzweck-Fahrzeug für Alltag und Freizeit in die Moderne. Beide sollen eine Klammer zwischen dem feinen Multivan und dem aufwendigen Campingbus California bilden und preissensiblen Käufern den Schritt zum T5 erleichtern. Beide stehen gleichberechtigt einträchtig nebeneinander auf dem Caravan-Salon.

Auch hier wird gelegen, allerdings auf der letzten Fahrt: Der geräumige T5 eignet sich auch für diesen Zweck.

2004

Was sich aus einem T5 alles machen lässt: Dreiachser mit Tiefrahmen und mächtigem Kofferaufbau.

VW positioniert den T5 Multivan als schickes Vielzweckmobil für Alltag und Hobby.

Der Transporter T5

2005

Hoch hinaus will der T5 4Motion: Zusammen mit Fahrwerksspezialist Seikel hat die Business Unit Spezialfahrzeuge Höherlegungen, größere Räder mit Geländeprofil und einen Unterfahrschutz entwickelt. Zu bekommen ist dies alles bei jedem VW-Händler. Ein Vorteil der Spezialisten im eigenen Unternehmen.
20 Jahre Multivan begeht VW mit dem Sondermodell Multivan Twenty. Sein Layout mit dreisitziger Klappsitzbank im Heck, Einzelsitz hinter dem Fahrer und großer Kühlbox hinter dem Beifahrersitz orientiert sich am Ur-Multivan.
Im Sommer erweitert VWN das Angebot des California durch ein schnittiges Hochdach. Es stammt vom Dachspezialisten Polyroof, bekannt für gute Formen. Und ein Detail vereinfacht das Leben: Der Kocher erhält eine Piezozündung.
Der Perfektionist California macht es den Ausbauern schwer: Eine Marktübersicht nennt nicht mal ein Dutzend Fabrikate.

Auch der T5 geht wie seine Vorfahren ins Gelände. Spezialisten verfeinern den Allradantrieb optionalen Allradantrieb.

2005

Sondermodell Multivan Twenty zum Geburtstag: Breite Klappsitzbank und Kühlbox wie der Urahne 1985.

In Brasilien bekommt der Transporter im Herbst einen riesengroßen Bruder: Ende September präsentiert VWN dort den VW Constellation, eine schwere Sattelzugmaschine mit markantem Design. »Wir wollen mit Lkw und Omnibussen Global Player auf den sich entwickelnden Märkten der Südhalbkugel werden«, erklärt VWN-Chef Bernd Wiedemann die Ziele mit dem neuen Flaggschiff. In Brasilien geht aber auch eine Ära zu Ende: Im Transporter, er basiert noch auf dem T2, wird der luftgekühlte Boxermotor durch einen wassergekühlten Reihenmotor mit vier Zylindern ersetzt. Der VW Bus Kombi der zweiten Generation war weltweit das letzte Modell von Volkswagen mit dem legendären luftgekühlten Boxermotor. In Brasilien kam der »Luftmotor« erstmals 1953 zum Einsatz, als er in den dort montierten Fusca-Modellen eingebaut wurde. Im September 1957 wurde dann der VW Bus Kombi (T1) mit ihm ausgestattet, der ab diesem Zeitpunkt komplett in Brasilien gefertigt wurde. VW widmet dem »Weltmotor« mit seinem unverwechselbaren Sound ein Sondermodell. Der Prata unterscheidet sich untere anderem durch seine Farbe »Silber Light Metallic« und grün getönten Fenstern von seinen Serien-Pendants. Vorderseite, der Grill, die Stoßstangen und die Fassungen der Scheinwerfer sind zudem in »Grau Cross« gehalten. Der luftgekühlte Vierzylinder-Boxer mit 1,6 Liter Hubraum entwickelt mit einer elektronischen Multipoint-Einspritzung als Benziner eine Leistung von 43 kW (58 PS), mit Alkohol-Kraftstoff 49 kW (67 PS). Ab 2006 wird Volkswagen den VW Bus (T2) Kombi mit einem 1,4 Liter großen wassergekühlten Vierzylinder auf den Markt bringen. Der Reihenmotor leistet 59 kW (80 PS) mit Alkohol-Treibstoff oder 57 kW (78 PS) als Benziner.

Bei VWN läuft es wieder rund: In diesem Jahr liefert die Marke zehn Jahre nach ihrer Gründung erstmals mehr als 400 000 Fahrzeuge an Kunden aus. Bestseller ist der frische T5 mit 165 000 Fahrzeugen, ein Plus von 16 Prozent. Davon kommen 38 000 T5 aus Polen, hier gibt es inzwischen einen flexiblen Produktionsverbund mit Hannover. Der Umsatz klettert, wichtiger aber: VWN erwirtschaftet nach zwei Jahren mit Verlust wieder 102 Millionen Euro Gewinn. VWN bahnt eine neue Kooperation mit MAN-Handelsbetrieben an, damit will VWN Lücken auf der Landkarte schließen will.

In diesem Jahr beginnt ebenfalls eine höchst spannende Geschichte: Porsche beteiligt sich am stimmberechtigten Kapital von Volkswagen, zum Jahresende bereits mit 18,5 Prozent. In Deutschland startet nach Verzögerungen die Lkw-Maut auf Autobahnen. Wir sind Papst - Kardinal Joseph Ratzinger wird zum Oberhaupt der katholischen Kirche gewählt. Und Angela Merkel zur ersten deutschen Bundeskanzlerin.

Der Transporter T5

2006

VWN stellt seine Motoren auf die neue Abgasstufe Euro 4 um. Bei den Fünfzylinder-Dieselmotoren kommt dazu ein Dieselpartikelfilter serienmäßig zum Einsatz. Die Vierzylinder-Dieselmotoren erfüllen Euro 4 ohne Filter, können aber weitestgehend optional damit bestellt werden. Das Werk Hannover feiert am 8. März sein 50-jähriges Jubiläum. Das einstige Werk zwei - Werk eins war Wolfsburg - hat in dieser Zeit mehr als 8,5 Millionen Fahrzeuge und Fahrzeugbausätze hergestellt. Mehr als 75 000 Gäste besuchen am 11. März das große Jubiläumsfest. Besonders beliebt: Die legendäre VW-Currywurst, 20 000 Exemplare werden an diesem Tag verzehrt. Doch in Hannover herrscht zum Geburtstag beileibe nicht nur eitel Sonnenschein. Deutliche Worte findet zwei Wochen später im Werk Hannover allerdings Personalvorstand Horst Neumann: »Unsere Produktivität und Auslastung sind zu niedrig und unsere Arbeitskosten zu hoch.«

Neuer gewichtiger Constellation aus Südamerika, den neuen Crafter liefert Mercedes.

2006

Einfacher Multivan Startline: Ablagenetze unter dem Dach, schlichte Verkleidungen vom Kombi.

Der feine Multivan Atlantis bildet mit seiner Top-Ausstattung das Kontrastprogramm zum einfachen Startline.

Gegenwart ist der neue Multivan Startline: Das Sondermodell dient als Einstiegsvariante in die inzwischen recht teure Multivan-Welt. Tisch à la California, praktische Ablagenetze über der Sitzbank, eine angemessene Ausstattung mit fünf Sitzen, Zentralverriegelung, elektrischen Fensterhebern und elektrisch verstellbaren Außenspiegeln und ein silbriger Streifen als schmucke Bauchbinde, das gefällt Familien wie Freizeitsportlern. So gut, dass der Startline den Multivan Trendline ersetzen wird.

Wer es edler möchte, greift später zur Neuauflage des fein hergerichteten Multivan Atlantis. Metalliclack, 17-Zoll-Aluminiumräder, Sportfahrwerk, Top-Ausstattung von chromgefassten Instrumenten bis zur Climatronic - ein feiner Kerl, der Multivan Atlantis.

Hohe Ansprüche im Gelände erfüllt das Offroad-Paket der hauseigenen Business Unit Spezialfahrzeuge für die allradgetriebenen Multivan und California 4Motion. Mit speziellen Federn wächst die Bodenfreiheit bei Serienbereifung um 50 Millimeter, Allterrain-Reifen steigern sie nochmals, der T5 erhält mit ihnen wegen ihres Abrollumfangs eine verkürzte Gesamtübersetzung. Ob Unterfahrschutz oder Rohrsystem zur Abdeckung der Schweller, der T5 verwandelt sich in einen überraschend funktionstüchtigen Kletterkünstler.

Technik-Vorstand Erwin Pape tritt nach neun Jahren als Technikchef von VWN kürzer. Der verdiente Entwickler von T5, Caddy, Crafter, Touareg und südamerikanischen Lkw konzentriert sich nun auf Südamerika. Pape gehört zur großen Riege der Transporter-Entwickler wie Gustav Mayer und Karl Nachbar. Sein Nachfolger wird der ehemalige Getriebe-Entwickler und Bugatti-Geschäftsführer Wolfgang Schreiber. Von ihm wird in den folgenden Jahren noch zu hören sein. Spuren hinterlassen wird ebenfalls der neue Vertriebsvorstand Harald Schomburg. Er entdeckt für VWN unter anderem das Thema Historie.

Der Transporter T5

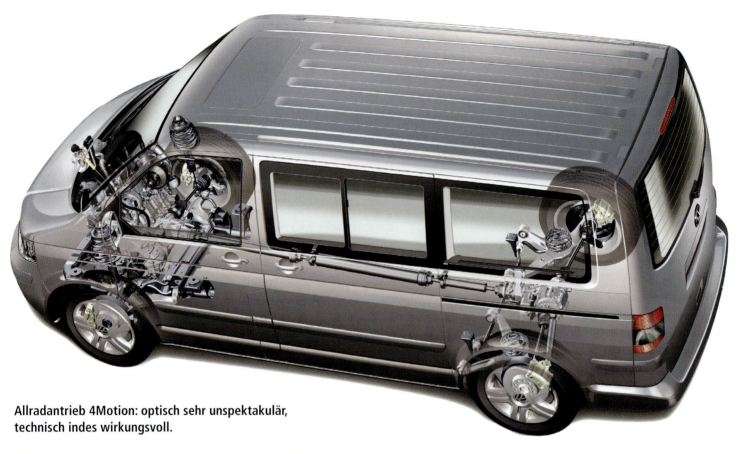

Allradantrieb 4Motion: optisch sehr unspektakulär, technisch indes wirkungsvoll.

Der Multivan Beach setzt Ideen aus den beiden Studien des Jahres 2004 um.

2006

Multivan Beach: Klappsitzbank vom California, ergänzt durch einen Staukasten mit Kühlbox und Netze vom Startline.

Zwei Jahre nach den Studien Beach und Tramper setzt VWN den Multivan Beach in die Realität um. Das Schienensystem im Boden und die Klappsitzbank im Heck kennt man aus dem California. Der gepolsterte Staukasten mit Platz für die Kühlbox ist auf die linke Seite der Sitzbank gewandert. Er dient nachts als Bettverbreiterung. Hinzu kommen eine Bettverlängerung im Heck und ein Tisch zur Verwendung drinnen und draußen. Die Verkleidungen sind schlicht, aber der Preis ist günstig.

Für den California lässt sich VWN die Designstudie »no limit« einfallen. Lackierung in Weiß, ebenfalls weiße Möbel, dazu braune Stoffe, Boden, und Sitzkonsolen in Anthrazit - das hat Klasse. Der Zeit voraus ist ihre Multimedia-Ausstattung mit einem Rechner und drei Monitoren. DVB-T-Empfang, WLAN, Internet-Hotspot - was zehn Jahre später selbstverständlich ist, markiert 2006 den neuesten Stand der Technik.

Das jährliche California-Sondermodell heißt Sonora nach einer amerikanische Wüste. Zu gehobenen Ausstattung gesellt sich ein Taschenset.

In den USA packt das konzerneigene Electronics Research Laboratory in einen Samba von gestern viel Technik von morgen. LED-Scheinwerfer, Digitalinstrumente, Infotainment im Fond mit einem riesigen Bildschirm, schlüsselloses Schließsystem mit Scans der Handflächen - das »Chameleon« aus Palo Alto verquickt Historie und Zukunft auf Basis des Transporter-Klassikers.

Ganz in Weiß: VW-Studie namens no limit mit weißem Mobiliar und aufwendiger Multimedia-Ausstattung.

Der Transporter T5

California Sonora: das jährliche Sondermodell des Campingbusses im Sommer 2006.

Eher an nüchtern kalkulierende Käufer wendet sich die neu eingeführte Profiline: VW wendet sich mit vorkonfigurierten Branchenmodellen an Handwerker und Gewerbetreibende. Zusammen mit Spezialisten hat VWN den Transporter Serviceprofi für Handwerker entwickelt, den Coolprofi für Frischdiensttransporte und den Expressprofi für Kurierdienste.

Mit dem Jahr 2006 endet eine Ära: Nach elf Jahren zieht sich Bernd Wiedemann zurück. Er hat die Marke Volkswagen Nutzfahrzeuge 1995 gegründet, war erst Vorsitzender der Geschäftsleitung, dann Sprecher des Vorstands. Die Liste seiner Erfolge ist lang: Wiedemann hat VWN geformt, zu Absatzrekorden geführt und profitabel gemacht, die schweren südamerikanischen Nutzfahrzeuge integriert, das Werk Hannover umstrukturiert, das Werk in Poznan/Posen eingegliedert und neu aufgebaut sowie komplett neue Fahrzeuggenerationen eingeführt. Inzwischen bereits Ehrendoktor, wechselt Wiedemann als Professor in die Lehre und nimmt Aufsichtsratsmandate wahr.

Nachfolger von Bernd Wiedemann wird zum 1. Januar 2007 Stephan Schaller, zuvor Produktionsvorstand von VWN. Der ehemalige BMW-Manager tritt ein großes Erbe an. Aber er startet mit einem Handicap: Ausgerechnet zu Beginn seiner neuen Tätigkeit muss sein Förderer, der VW-Vorstandsvorsitzende und ehemalige BMW-Manager Bernd Pischetsrieder, sein Amt abgeben. Nachfolger als VW-Konzernchef wird zum Jahreswechsel Martin Winterkorn.

Wiedemann hinterlässt ein wohlbestalltes Haus. VWN liefert in seinem letzten Jahr 441 700 Fahrzeuge aus, darunter 182 000 T5. Der Umsatz klettert auf 8,3 Milliarden Euro. Alles Rekordzahlen. Das operative Ergebnis fällt mit 101 Millionen Euro nicht ganz so üppig aus. Für das Werk Hannover stehen die Chancen dennoch gut: Der Pick-up wird kommen, außerdem will Porsche die Rohkarossen der künftigen Luxuslimousine Panamera ab 2009 in Hannover fertigen lassen.

Große Dinge bahnen sich derweil im Konzern an: VW erwirbt 15 Prozent der Anteile von MAN. Schon ein Jahr später wird VW die Beteiligung verdoppeln und übernimmt außerdem mehr als ein Drittel der Stimmrechte am renommierten schwedischen Lkw-Hersteller Scania.

2006

Serviceprofi: vorkonfiguriertes Branchenmodell mit Werkstatteinrichtung für Handwerker.

Serie Coolprofi: Caddy T5 und Crafter als Frischdienst-Fahrzeuge mit Kühlanlage für den Laderaum.

Der Transporter T5

2007

In Deutschland steigen die Preise: Die Mehrwertsteuer klettert von 16 auf 19 Prozent. Auch deshalb erzielt Deutschland erstmals seit 1969 einen ausgeglichenen Staatshaushalt.
VWN räumt das Programm des T5 auf. Der Multivan Startline ersetzt den Trendline, der Transporter Shuttle geht im Caravelle auf. Auf dem Caravan-Salon präsentiert VWN die Studie California Ocean. Sie basiert auf dem T5 mit langem Radstand und nimmt mit einem variablen Sanitärraum mit Cassettentoilette und separatem Waschbecken die Fährte des früheren T4 California Exclusive auf. An ihn erinnern ebenfalls die Sitzgruppe vorn sowie die Winkelküche in Wagenmitte. Es wird jedoch bei einem Einzelstück bleiben. Handfester ist ein anderes Modell: Aus dem Multivan Beach wird der California Beach. Er ist jetzt auf Wunsch mit einem manuell zu betätigenden Aufstelldach und Dachbett zu bekommen. Aus der California-Studie »no limit« des Vorjahres wird das Sondermodell »No Limit«. Es ist auf 222 Einheiten begrenzt und zeichnet sich durch Aluminiumräder im Format 18 Zoll, innen durch weiße Möbel, Sitze mit einer braunen Leder-Alcantara-Kombination sowie eine außergewöhnlich umfangreiche Ausstattung aus.
Die nächste Studie ist bereits fertig. Sie trägt die Bezeichnung Multivan Panamericana tritt die Nachfolge des Vorgängers aus der Baureihe T4 an. Der Panamericana ist mit Allradantrieb ausgerüstet, höhergelegt und mit Seitenschwellern ausgestattet. Innen gibt es sechs lederbezogene Einzelsitze auf einem robusten Boden aus Aluminiumblech.

Am ersten Wochenende im Oktober feiert VWN in Hannover »60 Jahre Bulli«. Anlass ist die Zeichnung des Transporter-Erfinders Ben Pon im Jahr 1947. Auf dem ehemaligen Gelände der Expo 2000 geht es richtig rund. VWN-Vertriebsvorstand Harald Schomburg: »Der VW Bulli wurde, ähnlich wie der Käfer, schon immer geliebt und wird bis heute mit viel Sympathie begleitet.« 3505 Fahrzeuge aus 21 Ländern haben sich zu Besuch angemeldet, von Dänemark bis Portugal und von Großbritannien bis Russland. Sogar Australien ist vertreten. VWN erwartet 30 000 Besucher. Prominente nehmen teil, 150 historische Busse starten zu einem Korso durch die Bulli-Hauptstadt Hannover, Höhepunkt ist ein exklusives Konzert der legendären Band The Who - die Briten sind Bulli-Fans. VW findet heraus, dass der Bulli in mehr als 80 Kinofilmen aufgetreten ist und unter anderem in Songs von Bruce Springsteen und Robbie Williams auftaucht. Tatsächlich wird die Sause viel größer als geplant, es kommen mehr als 5000 Busse und an drei Tagen rund 71 000 Besucher - eine grandiose Veranstaltung.
Zurück in den Alltag. Der Multivan ist nun auch mit langem Radstand lieferbar. Der Weg dorthin ist nicht ganz unkompliziert: Basis ist der Caravelle Comfortline, ausgestattet mit einem verlängerten Multivan-Boden einschließlich Schienen ausgestattet. Besonderheit: Beim langen Multivan lassen sich sogar vier Sitzreihen mit maximal acht Einzelsitzen realisieren. Den Umbau übernimmt die unternehmenseigene Business Unit Spezialfahrzeuge. Im Herbst erweitert die Marke ihr Angebot um den Caddy Maxi mit 47 Zentimeter längerem Radstand. Er schließt mit 4,2 Kubikmeter Ladevolumen die Lücke zwischen Lieferwagen und Transporter.

Der Multivan wächst: VW liefert ihn jetzt erstmals optional mit langem Radstand.

Der Multivan Concert kommt in drei Metallic- und Perleffektlackierungen im September in den Handel. Das Soundsystem dieses Sondermodells stammt von der dänischen Firma Dynaudio.

60 Jahre Bulli: große Sause mit zehntausenden Besuchern, mehr als 5000 Busse reisen an.

Der Transporter T5　　2007

Studie Panamericana: Allradantrieb, Höherlegung, Seitenschweller.

Studie California Beach: Campingbus mit abteilbarem Wasch- und Toilettenraum.

2008

Bei der Vorstellung der Bilanz im März verkündet VWN-Chef Stephan Schaller ehrgeizige Ziele: Nach der Rekordzahl von 488 700 Auslieferungen im Vorjahr (darunter 191 000 T5) will VWN seinen Absatz innerhalb von zehn Jahren auf weltweit 800 000 Fahrzeuge steigern. VWN ist unter Zugzwang: Der VW-Konzern will die weltweite Nummer eins werden, VWN will und muss mitmachen. Es gibt Erfolge; VWN feiert 20 Jahre California. 80 000 der Campingbusse rollen auf den Straßen der Welt, längst ist der California das erfolgreichste Reisemobil aller Zeiten. VWN präsentiert Weiterentwicklungen des California Beach mit der optionalen Dreiersitzbank aus dem Multivan und herausnehmbaren Küchenteilen.

Das Sondermodell California Biker bringt - wer hätte es gedacht - unter anderem einen Fahrradträger mit. Einen Biker gab es bereits zu T4-Zeiten ein Dutzend Jahre zuvor. Der Multivan macht seiner Bezeichnung alle Ehre. Da wäre das sportliche Sondermodell Multivan United, weiß lackiert, tiefergelegt und mit 17-Zoll-Leichtmetallrädern. Eher abenteuerlich tritt der Multivan Panamericana auf, die Studie des Vorjahres ist ins Programm eingeflossen. Optional höhergelegt und mit grobstolliger Bereifung sowie Unterfahrschutz und Seitenschwellern ausgestattet, holt er das Abenteuer in den Alltag, einschließlich Aluminiumboden und Ledersitzen im Fond.

Auf der IAA gibt VWN mit der Studie eines Pick-ups einen Vorgeschmack auf den Amarok des kommenden Jahres. Und der neue Caddy Life dringt ins Segment der Privatkunden ein - nicht jeder kann und will sich einen feinen Multivan leisten.

In der Autostadt Wolfsburg blickt VWN zurück: Der Markenpavillon wird umgebaut. Integriert ist eine Oldtimer-Lounge. Erstes Exponat ist ein rosafarbener T2 aus Brasilien. Rocklegende Pete Townshend hatte ihn zuvor gegen einen T5 eingetauscht. Aber nicht nur alte Transporter stehen im Mittelpunkt, auch die neuen Exemplare: 2008 liefert VWN mit 503 000 Autos erstmals

Sondermodell California Biker: Fahrradträger am Heck für vier Bikes.

2008

Multivan United: drinnen feines Interieur, draußen Tieferlegung und 17-Zoll-Räder.

20 Jahre VW California: Die Campingbusse auf Basis T5 und T4 rahmen den Großvater ein.

mehr als eine halbe Million Fahrzeuge aus. Der Umsatz klettert auf 9,6 Milliarden Euro, das Ergebnis auf 375 Millionen. Alles hätte noch besser ausfallen können, doch in den letzten Monaten des Jahres wird VWN heftig von der weltweiten Finanzkrise getroffen. Nutzfahrzeughersteller werden von ihr besonders gebeutelt: Gibt es nichts zu transportieren gibt, halten sich Unternehmen mit Investitionen sofort zurück.

Außerdem wird VWN zum Jahresende gekappt: Nach knapp zehn Jahren verliert die Marke ihre südamerikanische Tochter Truck and Bus, sie wird von der Volkswagen AG an MAN verkauft. Der eingeführte Markenname Volkswagen für die südamerikanischen Produkte bleibt jedoch bestehen. Da VW inzwischen mehr als zwei Drittel der Stimmrechte von Scania besitzt, deutet sich spätestens jetzt ein neuer Lkw-Riese an.

2009

Die Finanzkrise beutelt die Unternehmen: Die Dresdner Bank sucht Unterschlupf bei der Commerzbank, in den USA meldet General Motors Zahlungsunfähigkeit. Schützenhilfe erhalten Unternehmen und Verbraucher durch den Verfall des Ölpreises, mangels Nachfrage ist der Stoff so billig wie seit Jahren nicht mehr. In Dubai wird das höchste Gebäude der Welt fertiggestellt, der Wolkenkratzer ragt mehr als 800 Meter hoch in den Himmel. Der VFL Wolfsburg wird erstmals deutscher Fußballmeister.

Auch im VW-Konzern geht es spannend zu: Porsche hält Anfang Januar erstmals mehr als 50 Prozent der Stammaktien von VW, doch die geplante Übernahme scheitert. Im Jahresverlauf wendet sich die Lage, gemeinsam wird ein integrierter Automobilkonzern unter der Führung von VW einschließlich der Marke Porsche geschaffen. Haupteigner ist die Porsche SE. Zum Konzern werden auch Teile von Karmann gehören, die VW in diesem Jahr übernimmt.

Bereits im April versucht VWN, das drastisch eingebrochene Nutzfahrzeuggeschäft mit dem Sondermodell namens Gewinner-Transporter zu beleben. Kurz vor einem Facelift des T5 müssen Stückzahlen her, wobei die Bezeichnung des Modells in Flautezeiten fast zynisch klingt. Der gut ausgestattete Kastenwagen fährt Niedrigpreis vor. Familien lockt VWN mit 1500 Euro Rabatt pro Kind beim Kauf eines Multivan. Eine Familie mit zehn Kindern nutzt die Chance zum Niedrigpreis und wechselt vom T4 Caravelle zum T5 Multivan. In den drei Aktionsmonaten lockte VWN mehr als 1000 Familien.

Die VW-Tochter IAV zeigt einen T5 mit Erdgasantrieb. Der bivalent angetriebene T5 fährt mit 24 Kilogramm Erdgas und 80 Liter Benzin. Basis des Erdgas-Antriebs ist der Zweiliter-Benziner mit 85 kW (115 PS) im Benzinmodus und 74 kW (100 PS) im Erdgasbetrieb.

Im Werk Hannover eröffnet VWN ein neues Trainingszentrum. Hier werden Mitarbeiter qualifiziert, ob durch das Üben einfacher Handgriffe oder die Vorbereitung auf neue Produktionsprozesse. Es gibt wegen der weltweiten Wirtschaftskrise mehr Zeit zum Üben, als es sich VWN und seiner Mitarbeiter wünschen. Wird deshalb ein California als Sondermodell Black Edition in die Welt gesetzt? Schwarzer Lack, Privacy-Verglasung im Fond, schwarze Leichtmetallräder – VW sieht schwarz. Oder schwarz-weiß: Die Einrichtung ist hell gehalten. Die Auflage des exklusi-

Sondermodell Gewinner: Kastenwagen mit guter Ausstattung zum Sonderpreis.

VW sieht schwarz: Sondermodell California Black Edition in der Finanzkrise.

ven Modells ist auf nur 50 Exemplare beschränkt.
Am 30. Juni feiert VWN eine Million T5. Passend zur schwierigen Lage übernimmt ein schlichter Kastenwagen die Rolle des Jubiläumsfahrzeugs.
Vor allem aber renoviert VWN den inzwischen sechs Jahre alten T5 kräftig für seine zweite Lebenshälfte. Intern wird er auch als T5.2 bezeichnet. Ab dem 16. Oktober steht der rundum aufgewertete T5 beim Händler. Das Gesicht ist mit einem breiten Kühlergrill, neuer Motorhaube und neuen, scharf geschnittenen Scheinwerfern der aktuellen VW-Designlinie angepasst. Der T5

Mitten in der Wirtschaftsflaute rollt in Hannover ein Jubiläumstransporter vom Band.

schaut energisch in die kriselnde Transporterwelt.
VWN hält die zahlreichen Varianten auseinander. Stoßfänger von Transporter, Caravelle Trendline, Multivan Panamericana und California Beach in dunklem Kunststoff, alle anderen in Wagenfarbe. Querspangen im Grill bei den genannten einfacheren Varianten mattschwarz, bei den anderen hochglänzend. Hinzu kommt bei den feinen Ausführungen eine Chromspange, beim Multivan Highline deren zwei. Sie gehört mit zusätzlichem Schmuck zum serienmäßigen Chrompaket, das es optional für den Multivan Comfortline gibt.
Die Außenspiegel sind neu gestaltet und nehmen die Antenne auf. Das Heck unterscheidet sich ebenfalls vom bisherigen T5: Caravelle, Multivan und California tragen in allen Varianten eine neue Leuchtengrafik, die anderen Modelle bleiben unverändert. Die TDI-Schriftzüge sind silbern, die zweitstärkste Ausführung trägt ein rotes »I«, die stärkste Variante erhält ein rotes »DI«. Benziner tragen keine Kennzeichnung.
Wichtiger als Buchstaben ist die komplett neue Technik unter dem Blech. Der aufwendige und nicht immer lebenstüchtige Fünfzylinder-TDI mit Aluminiumblock und Rädertrieb für die Nockenwellen muss aufs Altenteil, ebenfalls sein kleiner Bruder und die kernige Pumpe-Düse-Einspritzung. Jetzt setzt VWN durchweg auf einen Zweiliter-TDI mit vier Zylindern und Leistungsstufen von 62 kW (84 PS), 75 kW (102 PS), 103 kW (140 PS) und 132 kW (180 PS). Damit der kompakte Diesel genug Mumm entwickelt, spendiert VW ihm erneut einen Turbolader mit variabler Turbinengeometrie, dem stärksten TDI sogar eine zweistufige Aufladung.
Erfolg: Bereits die schwächste Ausführung erreicht ihr maximales Drehmoment von 220 Nm bei 1250/min und hält es bis 2500/min. Alle Motoren sind im unteren Drehzahlbereich spürbar kräftiger und erzielen deutlich bessere Elastizitätswerte.

Grimmiger Blick statt sanftem Lächeln: die zweite Auflage des T5 ab 2009.

Der Transporter T5

Ein Zahnriemen steuert jetzt die Nockenwellen, sein Wechselintervall beläuft sich auf 210 000 Kilometer. Common-Rail-Einspritzung dämpft die Geräusche drastisch. Fast ebenso deutlich reduziert VWN den Kraftstoffverbrauch, nach Norm im Mittel um rund zehn Prozent, bei der Spitzenmotorisierung sogar um 15 Prozent. 7,2 Liter heißt der neue Bestwert im Mix. VWN senkt den Verbrauch auch durch Details, etwa einer bedarfsgerechten Regelung der Pumpe für die Servolenkung.
Eine Kombination aus Niedertemperatur-Abgasrückführung, Oxidations-Katalysator und Partikelfilter reinigt die Abgase. Damit erfüllt der T5 die neue Abgasstufe Euro 5. Eisernen Transporterfahrern behagt die Hubraumreduzierung nicht auf Anhieb: 2,0 statt 2,5 Liter Hubraum für rund drei Tonnen Auto? Und wo ist der prägnante Klang des Fünfzylinders geblieben? Aber die Vorteile sind unbestritten: Die Außengeräusche sinken um 4 bis 5 dB(A), das entspricht subjektiv etwa einer Halbierung, die Innengeräusche um 1 bis 2 dB(A). Zwei Liter Hubraum hat wie gehabt der Benziner, er bringt es auf 85 kW (115 PS) und erfüllt ebenfalls die Abgasstufe EU 5.

Vorbei ist auch die Zeit des klassischen Wandler-Automatikgetriebes, VWN setzt auf das Doppelkupplungs- oder DSG-Getriebe mit sieben Gängen. Es verbindet den Komfort einer Automatik mit der Wirtschaftlichkeit eines mechanischen Getriebes. Der Dreh von DSG: Neben dem gerade eingelegten Gang ist die nächste passende Schaltstufe bereits vorgewählt. Öffnet die eine Kupplung, schließt gleichzeitig schon die andere, der Gangwechsel erfolgt blitzschnell und ohne spürbare Zugkraftunterbrechung. Dank der sieben Stufen ist der höchste Gang drehzahlsenkend besonders lang übersetzt. Für VWN-Technikvorstand Wolfgang Schreiber hat das DSG-Getriebe besondere Bedeutung, denn er hatte es im Rahmen seiner früheren Position als Leiter der Getriebe-Entwicklung federführend entwickelt.

Die Buchstaben bleiben, die Technik wechselt: VW tauscht mit dem Modellwechsel die Motoren.

Vier statt fünf Zylinder und durchweg zwei Liter Hubraum: neue Turbodiesel für den T5 - für manche ein Kulturschock.

2009

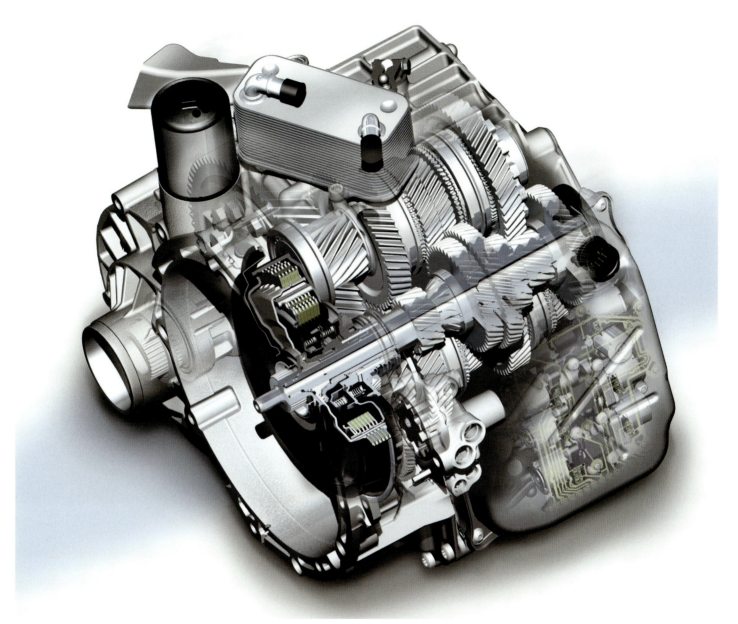

DSG-Getriebe mit Doppelkupplung statt Wandlerautomatik: blitzschnelles Schalten, hoher Wirkungsgrad.

Auch am Fahrwerk haben die Ingenieure gefeilt. Hohe Lenkpräzision verspricht die neue Servotronic mit geschwindigkeitsabhängiger Regelung. Sie gehört im Multivan Highline zur Serienausstattung und ist bei den anderen Modellen Sonderausstattung. Zum ESP der neuesten Generation gehören eine Gespannstabilisierung und ein Anfahrassistent. Bei einer Vollbremsung übernehmen die Bremslichter eine Warnblinkfunktion. Der optionale Spurwechsel-Assistent mit zwei verdeckten Sensoren unterhalb der Rückleuchten warnt vor Fahrzeugen im toten Winkel, die Reifendruck-Kontrollanzeige vor zu wenig Luftdruck, die Rückfahrkamera vor Hindernissen beim Rangieren. Außerdem gibt es ein statisches Abbiegelicht. ESP und weitere Funktionen sind nun auch für einige Aufbauten lieferbar. Darunter ist eine beladungsabhängige Variante des ESP für Varianten mit großem Gewichtsunterschied zwischen leer und beladen. Erstmals sind jetzt auch 18-Zoll-Räder im offiziellen Angebot. Bisher wurden sie ausschließlich über die Business Unit Spezialfahrzeuge vertrieben.

Der Transporter T5 — 2009

VW überarbeitet das Cockpit, hier die neue Generation des Multivan.

Lenkrad und Instrumente sind ebenfalls neu. Die Uhren sind weiß hinterleuchtet und tragen einen Chromrand. Die Dreispeichen-Lenkräder sind je nach Ausführung als Multifunktionslenkräder gestaltet. Eine Schaltanzeige ist durchweg Serienausstattung. Neu sind die Bedienelemente für Heizung und Lüftung, sind Radio- und Navigationssysteme. Hinter dem Armaturenanlage steckt ein neuer Can-Datenbus, Voraussetzung auch für Zusatzinfos der Multifunktionsanzeige. Die Entwickler haben außerdem die Sitze überarbeitet und dabei neu konturiert. Die Doppelsitzbank für Beifahrer verfügt über ein ausklappbares Ablagefach mit Tischfunktion. Der Multivan Startline wird durch einen vollverkleideten Innenraum aufgewertet, er bekommt lackierte Stoßfänger sowie Seiten- und Kopfairbags für Fahrer und Beifahrer.

Beim California ist das schicke Hochdach wieder verschwunden. Aber es gibt ein neues wärmeres Möbeldekor, die Oberflächen sind nun strukturiert. Eine Innenbeleuchtung mit LED spart Strom, es gibt - endlich - eine Leselampe im Heck des Erdgeschosses. Bei der Standheizung wechselt VW von Webasto zu Eberspächer

Trotz aller Mühe: Die Jahresbilanz 2009 ist geprägt von der Wirtschaftskrise. Die weltweiten Auslieferungen von VWN brechen um mehr als 20 Prozent auf 354 770 Nutzfahrzeuge ein, die südamerikanischen Lkw und Busse sind dabei bereits herausgerechnet. Allein der T5 verliert rund ein Drittel und wird von knapp 178 000 Einheiten im Vorjahr auf rund 117 000 zurückgeworfen. Hätte der Caddy mit Pkw-Zulassung nicht deutlich von den Subventionen der staatlichen sogenannten Abwrackprämie profitiert, der Einbruch wäre noch schmerzhafter gewesen. Erstmals rutscht die T-Baureihe an die zweite Stelle der internen Hitliste, der Caddy ist aufgrund der Sondersituation die neue Nummer eins.

2010

Gleich zu Jahresbeginn heizt VWN mit Sondermodellen den Verkauf an. Der Multivan Team fährt mit Komplettausstattung vor. Im Mittelpunkt stehen elektronische Helfer vom Spurwechsel- über den Fahrlichtassistenten, Geschwindigkeitsregelanlage, Multifunktionslenkrad, Reifendruckkontrolle und Regensensor. Es folgt ein Führungswechsel: Zum 1. Februar übernimmt Wolfgang Schreiber, bisher vier Jahre Vorstand Produktentwicklung, als Sprecher des Vorstands die Leitung von Volkswagen Nutzfahrzeuge. Vorgänger Stephan Schaller verlässt den Konzern. Er wechselt zum Glashersteller Schott, landet nach kurzer Zeit jedoch wieder bei BMW in seiner beruflichen Heimat.
Kurz nach dem Wechsel geht es bei den VWN mit hoher Schlagzahl weiter. Im März präsentiert VWN die Neuauflage des T5 4Motion mit Allradantrieb. Zum Einsatz kommt eine neue Haldex-Kupplung mit einer Hochdruckpumpe. Zum Zuschalten des Allradantriebs ist jetzt kein spürbarer Schlupf mehr nötig. Es genügt, wenn die ESP-Sensoren beginnende Drehzahlunterschiede melden. Die Kupplung setzt die Befehle der Steuerelektronik dank der Hochdruckpumpe extrem schnell um. Das verbessert die Traktion in schwierigem Gelände und auf rutschigem Untergrund, sowie generell die aktive Sicherheit. Registrieren beispielsweise die Rad-Sensoren Schlupf an der Vorderachse, wird Antriebsmoment bereits an die Hinterachse geleitet, noch bevor sich ein Untersteuern einstellen kann. Ins-

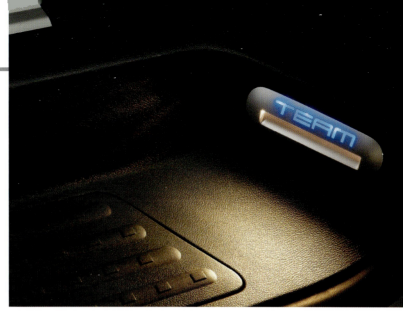

Multivan Team, Sondermodell aus Anlass der Fußball-Weltmeisterschaft 2010 in Südafrika.

gesamt berücksichtigt die Steuerelektronik fast 40 verschiedene Signale, darunter Lenkwinkel, Gierraten, Gaspedalstellung und Motordrehzahl. Der Traktionsverlust einzelner Räder wird von der elektronischen Differentialsperre EDS per aktivem Bremseingriff verhindert. Mit der neuen Kupplung ist eine extreme Kraftverteilung von null Prozent vorn und 100 Prozent hinten möglich, ein Kräfteverhältnis von 50:50 oder alle Varianten dazwischen. Neu ist auch die Kombination aus 4Motion mit dem Siebengang-DSG-Getriebe. Gas geben und Lenken genügt, alles andere regelt der T5 4Motion.

VW komplettiert das Modellprogramm durch eine vierte Baureihe, der Amarok geht an den Start.

Der Transporter T5 — 2010

Unten ein Leiterrahmen, oben eine sachliche Karosserie: Der Amarok ist auch mit Chromschmuck ein Arbeitstier.

Im Frühjahr geht ebenfalls der Amarok an den Start. Eingefädelt als »Robust Pick-up« RPU noch vom damaligen VWN-Chef Bernd Wiedemann, öffnet er für VW ein neues Marktsegment. Rund eine Tonne Nutzlast, wahlweise Zweitürer oder Doppelkabine und im Unterschied zu seinen etablierten Wettbewerbern mit moderner Technik ausgestattet. Da wäre der Zweiliter-TDI unter der Haube, die Wahl zwischen Hinterradantrieb sowie zuschaltbarem und permanentem Allradantrieb, eine gefällige Einrichtung im Stil des Hauses, eine ganze Sammlung von Airbags, ESP einschließlich Gespannstabilisierung, elektronische Differenzialsperren - der Amarok setzt in seiner Klasse neue Maßstäbe. Ein Leiterrahmen bildet die Plattform. Gefertigt wird der Amarok in Argentinien, schließlich ist er vor allem für die Südhalbkugel der Erde gedacht.

Für die europäische Variante des Amarok bekommt das Werk Hannover Ende September offiziell den Zuschlag. Sein Start ist auf 2012 definiert, der Amarok wird dann das erste und einzige in Europa gefertigte Pick-up seiner Klasse. 40 000 Stück sollen es pro Jahr werden. Gute Nachrichten in immer noch schwierigen Zeiten.

Im Herbst bringt VWN zur IAA einen aufgefrischten Caddy an den Start, sieben Jahre nach der Vorstellung des Modells.

Nach sieben Jahren überarbeitet VW den Caddy, erkennbar am schärfer geschnittenen Gesicht.

Wesentliche Merkmale sind ein schärfer geschnittenes Gesicht und neue Motoren. Der Caddy bildet auch den Mittelpunkt auf der IAA Nutzfahrzeuge in Hannover. Doch auch der T5 macht Fortschritte. Als Variante mit dem Paket »BlueMotion Technology«, kurz BMT, senkt VW den Normverbrauch um einen halben Liter auf nur 6,8 Liter/100 km. Dahinter stecken ein Start-Stopp-System, Stromrückgewinnung im Schubbetrieb und beim Bremsen zur Entlastung der Lichtmaschine, besonders rollwiderstandsarme Reifen und aerodynamische Eingriffe wie kleine Spoiler vor den Vorderrädern. Ab Frühjahr 2011 wird das BMT-Paket lieferbar sein.

25 Jahre Multivan begeht VWN mit der »Edition25«. Mattschwarzes Dach, schwarze 18-Zoll-Leichtmetallräder und schwarze Anbauteile verleihen ihm eine besondere Anmutung. Hinzu kommt ein umfangreiches Ausstattungspaket einschließlich Sportfahrwerk.

Edition 25: VW feiert 25 Jahre Multivan mit einer extrovertierten Sonderserie.

Transporter Rockton: handfester T5 4Motion fürs Grobe.

Falls der Transporter 4Motion oder der Panamericana für harte Einsätze zu fein ist, heißt die neue Alternative Transporter Rockton auf Basis des Kombi. Allradantrieb 4Motion, Differenzialsperre an der Hinterachse, Höherlegung, Unterbodenschutz und eine verstärkte Federung und Dämpfung, dazu eine kräftige Motorisierung mit 103 kW (140 PS) oder 132 kW (180 PS) - fertig ist der T5 fürs Grobe. Er ist als Fünfsitzer mit geschlossenen hinteren Seitenwänden und einem eigenen Dekor konzipiert. Zusätzlich gibt es ein Expeditionspaket mit zwei Einzelsitzen auf einem Schienensystem im Fond. Mit dem T5 Rockton begeht VWN gleichzeitig 25 Jahre Allradantrieb.

Ende 2010 ist VWN mit seinem Programm gut aufgestellt: T5 und Caddy sind kräftig aufgefrischt, der Amarok neu, der Crafter erst wenige Jahre alt - so kann man in die wieder anziehenden Märkte erneut durchstarten. Ergebnis sind 435 600 Transporter, darunter 148 000 T5. Die Marke schreibt schwarze Zahlen. Es wird indes Zeit, die Nachfolger von T5 und Caddy vorzubereiten.

Mit der Modellpflege definiert VW den Multivan Beach neu.

Neuer Beach-Innenraum: freundlichere Innenverkleidung.

2011

VW legt beim T5 weiter nach. Ergänzend zu den Spritsparpaketen namens Blue Motion Technology (BMT) werden Modelle mit der Zusatzbezeichnung Blue Motion eingeführt. Dahinter verbergen sich speziell konfigurierte Modelle voller Spartechnik. Zur BMT-Technik gesellen sich eine per Motorkennfeld verbrauchsoptimierte Ausführung des TDI mit 84 kW (114 PS) Leistung, 250 Nm Drehmoment und eine speziell abgestimmte Übersetzung. Das zulässige Gesamtgewicht ist auf 2,7 Tonnen begrenzt. Der Multivan Blue Motion erreicht einen Normverbrauch von nur 6,4 Liter/100 km. Und es wird Licht: VW bietet für Multivan, California, Caravelle und Kastenwagen sowie Kombi jetzt auf Wunsch Bi-Xenon-Scheinwerfer mit LED-Tagfahrlicht. Für den Sommer kündigt VW einen appetitlichen Benziner an. Merkmale des Zweiliter-TSI sind vier Zylinder, Auflading, Vierventiltechnik und Direkteinspritzung. Für den Einsatz im T5 ist der Motor speziell abgestimmt. Er leistet 150 kW (204 PS) und erreicht ein Drehmoment von 350 Nm. Die Werte liegen damit höher als beim Golf GTI mit gleicher Maschine. Entsprechend rasant sind die Fahrleistungen mit 200 km/h Höchstgeschwindigkeit und einer Beschleunigung von 9,5 Sekunden von null auf 100 km/h. Im Vergleich zum früheren Sechszylinder sinkt der Normverbrauch trotz deutlich höherem Drehmoment um mehr als 20 Prozent.

VWN überarbeitet im Jahresrhythmus seine Baureihen. Nach T5 und Caddy ist jetzt der Crafter dran. Auch er bekommt den Vierzylinder-TDI mit zwei Liter Hubraum. Sehr deutlich fällt das Facelift aus: Die bisher polarisierende rustikale Optik im Stil der südamerikanischen VW-Trucks wird in das milderes Antlitz der europäischen VW-Designsprache verändert.

Bei VWN gibt es indes nicht nur Neuwagen: »TradePort« heißt die Gebrauchtwagen-Organisation der Marke. Der 50. TradePort wird unmittelbar vor den Werkstoren in Hannover eröffnet.

Die Wirtschaftsflaute ist vorbei, es brummt bei VWN: In der ersten Jahreshälfte hat das Werk Hannover mit zusätzlichen Samstagsschichten über das geplante Programm hinaus 4300 T5 gefertigt. Im Juli stockt VWN die Stammbelegschaft im Werk Hannover auf: 700 Leiharbeiter werden übernommen, mit einer zusätzlichen verkürzten Nachtschicht in der Montage soll in der zweiten Jahreshälfte weitere Kapazität geschaffen werden.

Schubkraft bekommt auch der T5 California. Bereits Ende August sagt Vertriebsvorstand Harald Schomburg ein Rekordjahr von mehr als 6000 Campingbussen voraus, eine Steigerung zum Vorjahr um rund 50 Prozent. Dazu passt ein Jubiläum: VWN feiert 60 Jahre Campingbus und fährt Reisemobile aus allen fünf Modellgenerationen auf.

Im Herbst begeht VWN neue Vertriebswege: Zusammen mit einem Online-Portal legt die Marke für sechs Wochen das Sondermodell »Profi-Transporter« auf. Basis sind Kastenwagen, Kombi und Caravelle mit funktioneller Ausstattung und einem saftigen Preisvorteil. Zusätzlich lockt der Multivan Match mit viel Ausstattung zum Sonderpreis und mit einer Familienprämie.

Stammkunde Deutsche Post setzt auf Spartechnik: Zum Jahresschluss bekommen die Gelben 100 T5 Kastenwagen BMT mit

T5 Blue Motion: vorkonfigurierte Modelle mit Spartechnik senken den Verbrauch.

2011

Wenn's etwas mehr sein darf: Der Multivan Business knüpft an die Tradition des Carat aus den Achtzigern an.

75 kW (102 PS). Zum Einsatz im Zustellverkehr passt die Technik perfekt. Auf der Dachfläche des Werks Hannover wird gleichzeitig die Sonne eingefangen: Auf 10 000 Quadratmetern Dachfläche produzieren 3600 Quadratmeter Solarmodule Strom.
Das Jahr schließt mit Rekordwerten ab: 528 800 leichte Nutzfahrzeuge liefert VWN aus. Obwohl der T5 leicht auf 155 800 zulegt schiebt sich erneut der Caddy an die Spitze der internen Hitliste. Knapp neun Milliarden Euro Umsatz und 449 Millionen Euro Gewinn sind ebenfalls Spitzenwerte. Obwohl sich die Wirtschaft generell erholt ist es ein Jahr der Krisen. Im Staatengürtel südlich und östlich des Mittelmeers stürzt der sogenannte arabische Frühling alte Hierarchien und fördert neue Bewegungen. Auseinandersetzungen und Bürgerkriege beherrschen die Region - es wird Folgen auch für Europa haben. Ein Tsunami in Japan zerstört unter anderem Atomkaftwerke in Fukushima. Gleichzeitig verunsichert die Eurokrise Europa.

Auf Wunsch blickt der T5 jetzt mit Bi-Xenon-Scheinwerfern und LED-Tagfahrlicht.

Caddy von übermorgen? Progressive Studie eT! der VW-Forschung.

Der Transporter T5 setzt mit Doppelkabine oder Hochdach eher auf die Anforderungen der Gegenwart.

2012

Die Wüste lebt: Als Begleitfahrzeuge der Rallye Dakar in Südamerika sind neben einer ganzen Flotte des ortsansässigen Amarok auch acht Multivan Panamericana im Einsatz - ein 9000 Kilometer langer Härtetest.
Ohnehin schaut der T5 über die europäischen Grenzen hinaus: VWN bietet den Multivan jetzt in China an, Transporter und Multivan in Indonesien. Dort läuft Ende Januar zusammen mit Importeur Garuda Mataram Motor eine SKD-Montage an (SKD = Semi Knocked Down, Teilzerlegung). VWN hat für SKD- und CKD-Fahrzeuge (Completely Knocked Down, Komplettzerlegung) ein eigenes Zentrum in Wedemark bei Hannover eingerichtet. Dort werden die fertigen Fahrzeuge aus dem Werk teilzerlegt und reisen über Hamburg per Frachter nach Jakarta. Für das erste Jahr ist eine bescheidene Stückzahl von 220 T5 geplant. Sie sollen über sechs Autohäuser verkauft werden. Der T5 soll in diesem Jahr außerdem in Nigeria, Angola und der Sub-Sahara neue Exportmärkte erschließen.
In Hannover eröffnet VWN die Bulli-Werkstatt. Unweit der California-Fertigung gibt es bisher die sogenannte Oldtimer-Halle. Dort pflegt ein 2007 im Zuge des Jubiläums der berühmten Pon-Zeichnung gegründetes Team von Oldtimer-Spezialisten die Klassiker der Marke. Innerhalb von fünf Jahren haben die Oldie-Kenner bereits rund 100 Oldtimer aufgekauft und restauriert. Angesichts der umfangreichen Sammlung vom steinalten T1-Kastenwagen bis zum T4 California Exclusive läuft Besuchern das Wasser im Mund zusammen. Jetzt wird der Bereich als Volkswagen Nutzfahrzeuge Oldtimer professionalisiert: Die Fachleute bieten Werksrestaurierungen an. Es scheint lohnend: T1 und auch T2 werden zu exorbitanten Preisen gehandelt, auch der T3 zieht im Wert an. Auf rund 7000 Quadratmetern sind nicht nur die eigenen Preziosen untergebracht, sondern auch eine komplette Werkstatt von der Blechbiegebank bis zur Lackiererei. Ob Vollrestaurierung, umfassende Fitnesskur oder Auffrischung und Inspektion - die Bulli-Werkstatt übernimmt große und kleine Aufgaben. VWN-Vertriebsvorstand Harald Schomburg: »Was wir machen, ist eine Werksrestaurierung mit Volkswagen-Originalteilen, von Volkswagen-Mechanikern und Oldtimer-Spezialisten, die seit Jahren nichts anderes tun, als Oldtimer aus unserer Produktion zu restaurieren.«
Ab Mai läuft in Hannover der Pick-up Amarok vom Band. Er wird von hier aus an Käufer in Europa und Afrika geliefert.
Auf dem Caravan-Salon in Düsseldorf lockt VWN mit dem California Edition: Mattschwarzes Dach, mattschwarzes Dekors, dazu als Kontrast das Mobiliar in Weiß, dies alles als California Comfortline und Beach.
Unmittelbar vor der IAA Nutzfahrzeuge wechselt VW überraschend schon wieder das Zugpferd: Wolfgang Schreiber wird Chef von Bentley und erneut von Bugatti. Neuer Sprecher des Markenvorstands von VWN ist Eckhard Scholz, bisher Entwicklungsvorstand Skoda und zuvor in unterschiedlichen leitenden Funktionen der VW-Pkw unterwegs. Bei Skoda hat sich Scholz

Auf dem Caravan-Salon präsentiert VW das Sondermodell California Edition.

2012

Auf VWN-Chef Eckhard Scholz wartet viel Arbeit.

Meriten erworben, weil er innerhalb von fünf Jahren ein hochattraktives Programm auf die Räder gestellt hat. Ähnlich soll es nun auch mit VWN vorangehen. Wie sein Vorgänger ist der promovierte Ingenieur in Personalunion verantwortlich für die technische Entwicklung von VWN. Dort steht viel Arbeit an: T5 und Caddy sind fast zehn Jahre alt. Man munkelt, dass sich VWN und Mercedes bei Crafter auseinanderleben werden - die Kooperation passt nicht zum Ehrgeiz des VW-Konzerns auf dem Weg zur Nummer eins der Welt und zu einem schlagkräftigen Nutzfahrzeugkonzern.

Der neue Chef findet neue Rahmenbedingungen vor: Inzwischen hat VW die Mehrheit an MAN erworben. MAN, Scania und Volkswagen Nutzfahrzeuge werden zu einem neuen Vorstandsressort vereinigt. VWN wird organisatorisch zu einer Business Unit im Vorstandsbereich Truck and Bus, nicht aber Bestandteil der Truck and Bus GmbH, da VWN rechtlich unverändert Bestandteil der AG ist.

Auf der IAA in Hannover präsentiert VWN bei seinem Heimspiel eine Vielzahl von Auf- und Ausbauten des T5. »Vielfalt für jeden Job« heißt das Motto. Die Spanne reicht von Werkstattausbauten für das Handwerk bis zum Müllwagen mit Kippaufbau. Es gibt nahezu nichts, was sich nicht auf der Basis des T5 verwirklichen lässt. So wichtig Auf- und Ausbauten in der Praxis auch sind: Bei Transporterherstellern stehen sie bei Großveranstaltungen meist dann im Mittelpunkt, wenn es aus eigener Kraft wenig zu zeigen gibt. VW hübscht den T5 Kastenwagen als Transporter Edition mit den inzwischen bekannten Zutaten wie mattschwarzen Komponenten vom Dach bis zur Schwellerbeklebung auf und packt noch einiges an Ausstattung hinein. Der Multivan Life fährt mit umfangreicher Ausstattung vor. Handfest ist das Spritsparpaket BMT nun auch für den stärksten TDI mit 132 kW (180 PS). Besonderheit: In Verbindung mit DSG-Getriebe ist hier ein Freilauf integriert. Nimmt der Fahrer den Fuß vom Gas werden Motor und Getriebe entkoppelt, der TDI segelt im Leerlauf dahin. Geht der Fahrer auf Gas oder Bremse, wird die Funktion unmerklich deaktiviert. Der Normverbrauch beträgt lediglich 7,0 Liter/100 km. Mit dem »et!« zeigt VWN nochmals ein bereits Ende vergangenen Jahres präsentiertes, hochspezifisches Forschungsfahrzeug mit Elektroantrieb für den städtischen Lieferverkehr. Seine Schöpfer hören es nicht gerne, aber das Konzept erinnert an eine moderne Ausgabe des Fridolin der sechziger Jahre.

Nummer eins von VWN ist in diesem Jahr wieder der T5 mit 160 300 Fahrzeugen.

Blick in die Klassiker-Sammlung der neuen Oldtimer-Halle. Die Bulli-Werkstatt übernimmt auch Restaurierungen.

Der Transporter T5

2013

Das Jahr beginnt mit Sondermodellen. Der Multivan Life lockt nach Art des Hauses mit viel Ausstattung. Neben den bekannten Farbtönen liefert VWN ihn auch im mutigen »Blackberry Metallic«.

Im Februar schiebt VWN einen flotten Transporter nach. Warum bitte sollen Handwerker immer schlichte Kastenwagen mit Einfach-Ausstattung fahren? Der Firmenchef fährt jetzt den T5 Generation. Der trägt schwarze Leichtmetallräder, schwarze Zierelemente und ein mattschwarzes Dach. Dazu gibt es elektrische Helfer für Spiegel und Fensterheber, ein Lederlenkrad und weitere Zutaten. Man sollte sich die Optik merken: Der optisch verbreiterte Lufteinlass im Stoßfänger wird zwei Jahre später eines der Merkmale des T6.

Auf der Jahrespressekonferenz Mitte März wird es offiziell: Der Nachfolger des Crafter wird ein eigenes Modell. VWN-Chef Eckhard Scholz: »Wir entwickeln derzeit mit Nachdruck einen Crafter-Nachfolger.« VWN steht damit vor einer Herkulesauf-

Lack in »Blackberry Metallic«: das extravagante Sondermodell Multivan Life.

gabe, denn gleichzeitig werden die tragenden Säulen T5 und Caddy jeweils zehn Jahre alt, es wird höchste Zeit für eine Nachfolgegeneration.

Auf dem Genfer Salon steht die Studie e-Co-Motion, ein elektrisch angetriebener Stadtlieferwagen. Wendekreis weniger als neun Meter, elektrisch angetriebene Schiebetür, Halterungen für Transportbehälter im Laderaum - der e-Co-Motion ist einerseits ein Nachfolger des Forschungsfahrzeugs eT!, andererseits hat er mit 4,55 Meter Länge bereits Caddy-Format. Breite und Länge liegen mit jeweils knapp zwei Metern nahe am T5. Es geht aber elektrisch auch etwas kleiner: VWN präsentiert zur IAA den »e-load up!«, einen unmittelbaren Abkömmling des Kleinwagens Up mit E-Antrieb. Bereits zwei Jahre zuvor hatten ausgerechnet die Pkw-Leute von VW den »Load Up« als ausgebeinten Abkömmling vorgestellt. VWN war damals nur mäßig begeistert, jetzt aber mogelt sich der Kleine sowohl mit Elektroantrieb als auch mit Benzinmotor ins Programm.
Im April feiert VW sowohl den 25sten Geburtstag des California als auch 100 000 Exemplare des Kompakt-Campingbusses.

VWN ist wieder da: Nutzfahrzeugchef Scholz kündigt neue Modelle an.

T5 Generation: Der verbreiterte Lufteinlass im Stoßfänger nimmt Elemente des T6 vorweg.

2013

Schicke Räder, markante Beplankung: VW macht den California als Sondermodell Generation fein.

VW hat's in diesem Jahr mit den Generationen: Passend zum Jubiläum präsentiert VW Ende August auf dem Caravan-Salon das Sondermodell California Generation. In gewohnter Weise glänzt es mit reichlich Ausstattung. Bereits im Mai übergibt VWN zwei Transporter an den Zoo Hannover, darunter ein T5 Kastenwagen mit Hochdach. Sie tragen eine Streifenlackierung und die passende Aufschrift »Arbeitstier« auf der Flanke.

Sportlich wird in diesem Monat Fußball »gearbeitet«: Beim Endspiel der Fußball Champion's League stehen sich in London erstmals zwei deutsche Mannschaften gegenüber. Nach dem unglücklich verlorenen »Finale dahoam« im Vorjahr besiegt Bayern München nun Borussia Dortmund mit 2:1.
Mitte August lohnt ein Blick nach Übersee: Volkswagen do Brazil legt die Sonderserie Kombi Last Edition auf. Anlass ist ein

California Generation: 25 Jahre nach seiner Geburt glänzt der Campingbus mit einer feinen Ausstattung.

Der fünfsitzige Startline wird weiter verfeinert. Er ist besser ausgestattet, hat lackierte Stoßfänger, einen vollständig verkleideten Innenraum sowie Seiten- und Kopfairbags für Fahrer und Beifahrer.

Abschied, zum Jahresende wird die Fertigung des Transporter in Brasilien eingestellt. Seit dem 2. September 1957 läuft er vom Band. Wenn VWN von dem am längsten produzierten Modell in der Automobilgeschichte spricht, ist es nicht ganz korrekt: seinerzeit begann die Ära des Transporter in Südamerika mit dem T1, jetzt schließt ein T2 die lange Geschichte ab. Aber auch dessen Karriere ist beeindruckend, begann sie doch bereits 1967 in Deutschland. Die Last Edition ist zweifarbig in Hellblau und Weiß lackiert, sie trägt nostalgische Weißwandreifen. Blau und Weiß sind auch die Farben des Innenraums, es gibt Vorhänge und vielerlei Ausstattungsdetails. Die Fahrzeuge der Auflage von 600 Exemplaren sind durchnummeriert und erhalten ein Zertifikat. Insgesamt fertigt VW in Brasilien knapp 1,6 Millionen Exemplare des dort »Kombi« getauften Transporter. Die Last Edition wird ausschließlich in Brasilien verkauft. Klare Sache: Das letzte Modell kommt nach Hannover in die Klassiker-Sammlung.

Mitte November ist in Hannover Feiertag: Nach 57 Jahren verlässt das neunmillionste Fahrzeug das Werk. Der schwarze Multivan Startline geht als Spende an einen Sportverein der Region. VW rechnet aus, dass eine Kette aller Fahrzeuge aus Hannover einmal um den Erdball reichen würde - sie wäre rund 40 000 Kilometer lang. VW feiert mit einem Familientag, rund 90 000 Besucher strömen in das Werk.

Serienmäßig verfügt jeder neue T5, nicht nur der Multivan, im Kombiinstrument über eine Schaltempfehlung. Das hilft beim Kraftstoff sparen.

 *Der Transporter T5*

2014

VWN soll schöner werden: 14 Jahre nach seiner Einweihung wird das Kunden- und Besucherzentrum vor den Werkstoren in Hannover komplett umgebaut und erweitert. VWN hat hier seit der Einweihung im Jahr 2000 rund 250 000 Transporter direkt an Kunden ausgeliefert. Außerdem ist das Zentrum Anlaufstelle für durchschnittlich 20 000 Besucher im Jahr. Im Sommer 2015 wird das neue Aushängeschild der Marke fertiggestellt.

Der Genfer Salon ist im März der passende Rahmen für die Studie Multivan Alltrack. Basis ist ein höhergelegter Multivan 4Motion. Drinnen finden sich feinste Zutaten wie lederbezogene Einzelsitze auf einem Echtholz-Schiffsboden, ein Küchenmodul mit Kühlbox, Gaskocher und Spüle mit Frischwassertank. Träumerisch mutet die Lackierung an: »Mondstein Perlmutteffekt«. Im Juli wird VWN-Chef Eckhard Scholz zum Vorsitzenden des Markenvorstands von VWN befördert, seine Vorgänger amtierten als Sprecher des Vorstands. Zweifellos ein Ritterschlag durch den Konzern.

Feiern kann auch die California-Fertigung in Hannover-Limmer: Seit dem Serienanlauf vor zehn Jahren haben die Mitarbeiter 50 000 T5 California hergestellt, 13 000 California Beach und 37 000 California Comfortline. Knapp 150 Mitarbeiter sind inzwischen hier beschäftigt, die Fertigung ist in zwei Schichten voll ausgelastet.

Multivan Alltrack: Lackierung in »Mondstein Perlmutteffekt«, Echtholz-Schiffsboden.

2014

Bild eines Erfolgs: VW feiert 50 000 California - und der Campingbus rennt und rennt.

Kurz vor Toresschluss des T5 legt VW einen weiteren Blue Motion auf. Er ist stark und sparsam zugleich.

Der Transporter T5

2014

VW legt nochmals nach und wirft einen weiteren Transporter T5 mit Beinamen »Blue Motion« ins Rennen, die letzte von jetzt 460 Modellausführungen des T5. Der zusätzliche Blue Motion verbindet hohe Leistung mit niedrigem Verbrauch. Mit 6,2 Liter/100 km nach Norm liegt der VW zwar einen halben Liter über den Wunderwerten seiner jüngsten Wettbewerber. Doch VW verspricht hoch und heilig, dass die Spitzenwerte von 7,6 Liter innerorts und 5,4 Liter außerorts auch tatsächlich erzielbar sind. Vorteil der neuen Ausführung: Im Unterschied zum ersten Blue Motion mit nur 5,8 Liter Verbrauch hat dieses Sparschwein richtig Dampf, kann fahren, nicht nur sparen. 103 kW (140 PS) Leistung, 340 Nm Drehmoment, sechs Gänge, 2,9 Tonnen zulässiges Gesamtgewicht statt 2,7 Tonnen. Dazu weniger Einschränkungen bei Sonderausstattungen und eine deftige Anhängelast. Das Ergebnis heißt: Sparen ohne Verzicht.

So funktioniert's: VW baut eine Start-Stopp-Anlage ein, lädt die Batterie vorwiegend im Schiebebetrieb, legt den Transporter etwas tiefer, gönnt ihm rollwiderstandsarme Reifen und hat die Motorsteuerung individuell angepasst. Feinschliff beweisen optimierte Radhausschalen und kleiner Spoiler vor den Vorderrädern. Obendrauf gibt es eine Reifendruck-Kontrollanlage und einen Tempomat.

Auf der IAA in Hannover nutzt VWN- Chef Eckhard Scholz das Heimspiel und kündigt den T6 an: »Wir erneuern 2015 unser wichtigstes Modell, die T-Baureihe.« Als Appetithappen präsentiert VWN auf der Messe die Studie Tristar. Damit wird ein alter Name und eine fast 30 Jahre alte Idee aus T3-Zeiten aufgegriffen: eine exquisite Variante der Doppelkabine. Hier ist's ein Pick-up mit mittellanger Kabine, Allradantrieb und Höherlegung. Das gehört ebenso zum Messe-Showcar wie ein Interieur als Kreuzung von Cockpit und Büro. Jedoch entspricht das Gesicht bereits jenem des künftigen T6, gleiches gilt für die Schalttafel. Auch dem Zweiliter-TDI mit 150 kW (204 PS) und 450 Nm Drehmoment wird man bald erneut begegnen. Dagegen verblasst die zusätzliche Karosserievariante Doka Plus, ein Kastenwagen mit Dreiersitzbank im Fond und Trennwand. Kasten, Kombi, Caravelle und Pritschenwagen legt VWN im Oktober als »Original-Transporter« auf, ein weiterer Fingerzeig für die anstehende Ablösung.

Mitte Dezember steht bei VWN ein süßer Klassiker: Das Unternehmen ersteigert einen T1 in Originalgröße - aber aus Lebkuchenteig. Die Konstruktion ist ungewöhnlich: Auf eine Holzkonstruktion klebte eine Bäckerei mit heißer Schokolade 280 Kilogramm Lebkuchenteig. Anschließend erhielt der Bus mit roter und weißer Schokolade eine Zweifarb-Lackierung. Und die Bilanz zum Jahresende? Die vielen Sondermodelle des T5 und das Wissen um den anstehenden Nachfolger lassen die Käufer zuschlagen: 168 600 Einheiten sind eine stolze Zahl, erreicht mit 36 Zusatzschichten in Hannover, im Schnitt liefen täglich 730 T-Modelle vom Band. Auch die Belegschaft in Hannover kann nach vorne schauen: Der Aufsichtsrat von VW bestätigt eine Standortvereinbarung: Künftig werden »zusätzlich hochwertige Sonderanwendungen für die nächsten Modellgenerationen von leichten Nutzfahrzeugen« in Hannover produziert. Was geheimnisvoll klingt bezieht sich auf Varianten des kommenden Crafter, für den VW zurzeit ein neues Werk in Polen errichtet.

In Europa kommt eine Flüchtlingswelle aus dem Bürgerkriegsland Syrien und nordafrikanischen Staaten an. Seit Jahrzehnten haben nicht mehr so viele Menschen ihre Heimat verlassen. Aber es gibt auch Anlass zur Freude: Deutschland wird nach 1954, 1974 und 1990 erneut Fußball-Weltmeister. Für Fußballfans unvergesslich ist dabei der 7:1-Sieg gegen Gastgeben Brasilien im Laufe des Turniers.

Blick in die Zukunft: Auf der IAA 2014 zeigt die Studie Tristar bereits das Cockpit des künftigen T6.

2015

VW krempelt unter Hochdruck sein Programm um. Im Februar präsentiert VWN den neuen Caddy. Er ist mehr Evolution als Revolution, die Karosserie bleibt weitgehend unverändert - eigentlich ein gründliches Facelift. Der Caddy glänzt mit einem neuen Cockpit, neuen Assistenzsystemen oder auch einem Dreizylinder-TSI. Wichtigster Motor aber ist der Zweiliter-TDI: Im Unterschied zum generellen Trend zu Downsizing deckt er im Caddy nun sämtliche Leistungsstufen ab. Im Vorgriff auf die verpflichtende Umstellung auf Euro 6 im Herbst nächsten Jahres bietet VW den Caddy mit einer Abgasreinigung mit SCR-Technik und Adblue-Einspritzung an. Nach wie vor im Angebot ist jedoch die deutlich günstigere Euro-5-Ausführung ohne Adblue. Ein Faktor, der im Jahresverlauf noch von Bedeutung sein wird.

Anlässlich der Jahrespressekonferenz gibt VW Mitte März im Rahmen der Jahrespressekonferenz einen ersten Ausblick auf Antrieb und Cockpit des künftigen T6. Gleichzeitig geht der Blick in die Vergangenheit: Fast auf den Tag genau 65 Jahre zuvor begann die Fertigung des T1. VWN zeigt deshalb »Sofie«, einen außergewöhnlichen Kastenwagen. Sofie war am 5. August 1950 mit der Fahrgestellnummer 1880 vom Band gelaufen. 23 Jahre hatte eine Hutfabrik im nahen Hildesheim den T1 eingesetzt, 1973 erwarb ein privater Sammler den Transporter. Fast 20 Jahre wurde Sofie dann nicht bewegt und 1992 an einen dänischen Sammler verkauft, der den T1 fachmännisch restaurierte und ihm seinen Namen gab. Jetzt hat Sofie wieder den Weg nach Hause gefunden, das Prachtexemplar krönt die Sammlung von Volkswagen Nutzfahrzeuge - Cheerio Miss Sophie, willkommen zuhause. - Cheerio Miss Sophie, willkommen zuhause.

Mit dem umfassend aufgefrischten Caddy startet VWN die Runderneuerung seines Programms.

Ein letzter Blick zum Abschied: Der T5 verabschiedet sich nach einem Dutzend Jahren.

Der Transporter T6

Die sechste Generation
Oder: Wie neu ist eigentlich neu?

Der Transporter T6

2015

Dieses Jahr wird kein Mitarbeiter von VW jemals vergessen, ebenso wenig die Besitzer von VW-Fahrzeugen oder die Aktionäre des Konzerns. Das liegt am wenigsten an Volkswagen Nutzfahrzeuge, und schon gar nicht am neuen VW T6. Schon im Frühjahr geht es rund: Der Aufsichtsratsvorsitzende Ferdinand Piëch und der Vorstandsvorsitzende Martin Winterkorn haben sich auseinandergelebt. In der Folge zieht sich Piëch aus dem Aufsichtsrat zurück. Doch auch der vermeintliche Gewinner der Auseinandersetzung wird nur noch wenige Monate im Amt sein. Der ehemalige Daimler-Vorstand Andreas Renschler übernimmt im Konzernvorstand den Geschäftsbereich Nutzfahrzeuge. Diesem Bereich ist organisatorisch auch Volkswagen Nutzfahrzeuge zugeordnet. Die Zielrichtung: VW will mit MAN, Scania, MAN Latin America (ehemals VW Trucks and Buses) und VWN die weltweite Nummer eins werden. Ende September kommt eine Beteiligung am US-Hersteller Navistar hinzu, damit gelingt der Einstieg ins wichtige US-Geschäft.

Und VWN? Scheibchenweise rückt VWN mit Informationen über den kommenden T6 heraus. Am Rande der Jahrespressekonferenz Mitte März zeigt die Marke erstmals die beiden Varianten des neuen Cockpits. Es ist klar gegliedert und überzeugt im typischen Stil des Hauses mit übersichtlichen Instrumenten und einer einfachen Bedienung. Vor allem die Ausführung für die Nutzfahrzeuge besticht mit einer Vielzahl von Ablagen. In diesem Cockpit kommt der komplette Hausrat eines Fahrers unter. Der Joystick-Schalthebel liegt nun noch günstiger zur Hand, nur den Lichtschalter haben Entwickler und Designer etwas versteckt. Dank der schlanken Mittelkonsole ist auch auf dem inneren Platz einer Doppelsitzbank genug Raum für die Beine. Das Cockpit für den Multivan ist im Grundaufbau identisch. Jedoch ist die Mittelkonsole breiter mit einer zusätzlichen geschlossenen Ablage, allerdings weniger wuchtig als bisher. Darüber hinaus setzt die Ausführung mit glänzenden Kunststoffen und schicken Blenden auf Wohnlichkeit und auch auf Imponiergehabe. Manch nützliche Ablage aus dem Transporter ist hier einfach zugedeckelt. Der Multivan ist der Schöne, der einfachere Transporter aber der Praktische.

Auch die neue Motorengeneration führt VWN bei dieser Gelegenheit vor. Verwendung findet erneut der Zweiliter-TDI, seit 2009 bestens bekannte Standardmotorisierung für sämtliche Diesel. Jedoch verwendet VWN nun eine konstruktiv umfassend verstärkte Variante, intern EA 288 Nutz genannt. Der T6 profitiert damit bereits deutlich vom künftigen Crafter, auf dessen deutliche höhere Belastungen die Maschine zugeschnitten ist. Ein- und Auslassventile sind jetzt hintereinander angeordnet, die beiden obenliegenden Nockenwellen steuern sowohl Ein- als auch Auslassventile. VW verspricht höheren Durchfluss, bessere Gemischaufbereitung und Verbrennung. Ob der Zylinderkopf und dessen Dichtung, ob Turbolader oder Kühler für die Abgasrückführung und anderes mehr – das Triebwerk unterscheidet sich deutlich von den Pkw-Ausführungen und soll auch im harten Nutzfahrzeugbetrieb die doppelte Laufleistung erreichen. Von 300 000 Kilometern ist die Rede.

Fortsetzung folgt: die beeindruckende Ahnengalerie vom T1 bis zum neuen T6.

Der VW Transporter schreibt Geschichte: jeweils drei Generationen mit Heckmotor und Frontmotor.

Der Tristar lässt grüßen: neues aufgeräumtes Cockpit des T6 mit einer Vielzahl von Ablagen.

Wieder TDI, wieder zwei Liter Hubraum, trotzdem eine neue Maschine.

Die neuen Leistungsstufen heißen 62 kW (84 PS) und 220 Nm Drehmoment, 75 kW (102 PS) und 250 Nm, 110 kW (150 PS) und 340 Nm sowie 150 kW (204 PS) mit dem bemerkenswerten maximalen Drehmoment von 450 Nm. Mit dieser Maschine rennt der erste VW Transporter TDI schneller als 200 Sachen. Der Top-Motor glänzt mit Doppelaufladung, die anderen Leistungsstufen erhalten jeweils einen VTG-Lader mit verstellbaren Turbinenschaufeln. Das sichert kräftige Muskulatur und Schnellkraft bereits bei niedrigen Drehzahlen. Dort legt die neue Motorengeneration trotz nominell ähnlicher Werte erheblich zu. Käufer der beiden unteren Motorisierungen müssen weiterhin mit einem Fünfganggetriebe vorliebnehmen, die kräftigeren Ausführungen erhalten Sechsgang-Schaltgetriebe oder wahlweise das bekannte DSG-Getriebe mit sieben Gängen. Die DSG-Variante verfügt über einen Freilauf: Nimmt der Fahrer den Fuß vom Gas, geht das Getriebe in Leerlaufstellung und nutzt die Schubwirkung seines Gewichts.

Nicht nur die neuen Motoren, auch das Drumherum wie die serienmäßige Start-Stopp-Technik senkt den Spritverbrauch um durchschnittlich einen Liter/100 km. Sparmeister ist erneut der Blue Motion, als Kombi erreicht er mit 75 kW (102 PS) lediglich 5,5 Liter/100 km laut Norm. Auch der stärkere Blue Motion mit 110 kW (150 PS) erreicht mit 6,0 Liter/100 km einen beachtlichen Wert. Prompt ist das Tankvolumen aller T6 TDI von 80 auf serienmäßig 70 Liter geschrumpft.

Mit Blick auf die anstehende Abgasstufe Euro 6 für Transporter im September 2016 setzt VWN bei den TDI-Motoren auf SCR-Technik mit Adblue-Einspritzung. Der 13 Liter fassende Zusatztank soll für etwa 7000 Kilometer Laufleistung genügen. Sparer können indes für alle Modelle mit Lkw-Zulassung unverändert Motoren nach Euro 5 ordern.

Zur Wahl steht ebenfalls erneut der bekannte Benziner mit zwei Liter Hubraum und einer Leistung von 110 kW (150 PS) mit 280 Nm sowie 150 kW (204 PS) und 350 Nm. Er verfügt jetzt für eine erhöhte Laufruhe über Ausgleichswellen. Sie werden, ebenso wie die obenliegenden Nockenwellen, über eine Kette angetrieben.

Benziner und Allradantrieb gehören zum Programm.

2015

VW kündigt außerdem ein ganzes Bündel neuer Assistenzsysteme an. Da wäre ACC, ein Abstandsregeltempomat, der selbständig den vorgewählten Sicherheitsabstand zum Vordermann hält. Es gibt ihn in zwei Ausführungen bis 160 und 210 km/h. Verwandt ist der Front Assist mit City-Notbremssystem. Er beobachtet ebenfalls die Relativgeschwindigkeit zum vorausfahrenden Fahrzeug und leitet bis zu einem Tempo von 30 km/h bei Gefahr eines Auffahrunfalls eine Vollbremsung ein. Die Multikollisionsbremse schaltet nach einem Unfall automatisch die Warnblinkanlage ein und betätigt die Bremse, damit der Transporter nicht unkontrolliert weiterrollt. Der neue Fernlichtassistent blendet automatisch auf und bei Bedarf ab. Bei der adaptiven Fahrwerksregelung DCC kann der Fahrer zwischen drei Einstellungen der Stoßdämpfer wählen, von sportlich straff bis komfortabel sanft. Ein Bergabfahr-Assistent hält die Geschwindigkeit im Gefälle konstant, ein Fall vor allem für den 4Motion abseits der Straße. Die Müdigkeitserkennung mahnt rechtzeitig zur Pause. Manche Wünsche kann VWN mit dem T6 nicht erfüllen, etwa nach Assistenten zum Einparken oder für den Anhängerbetrieb. Hierfür fehlt dem T6 die notwendige elektromechanische Lenkung. Aber es gibt auf Wunsch LED-Scheinwerfer und LED-Rückleuchten, eine Frontscheibenheizung, eine elektrisch betätigte Heckklappe und neue Multimediasysteme sowie Online-Dienste.

Einen Monat später zieht VW dann endgültig neue Saiten auf: Der T6 hat Mitte April seinen ersten offiziellen Auftritt. Zur Feier des Tages lässt VWN den Rockstar Mark Knopfler samt Band aufspielen. Die Botschaft ist klar: Hier trifft Weltklasse auf Weltklasse. Indes gibt es angesichts des neuen T6 auch enttäuschte Gesichter und in den Folgemonaten unter den VW-Fans heftige Diskussionen: Wie neu ist der T6? Handelt es sich nicht eher um einen T5.3? Denn VWN hat das Blechkleid der T-Baureihe weitgehend unverändert gelassen, damit auch die Struktur unter der Hülle. Frontscheibe und Seitenfenster, Radstände, Tür- und Laderaummaße – alles unverändert. Die Verantwortlichen halten gegen: Rund 75 Prozent aller Teile sind neu.

Blitzlichtgewitter: VWN-Chef Eckhard Scholz präsentiert den neuen T6.

Der Transporter T6

2015

VW hat den T5 mit viel Feinarbeit zum T6 befördert. Die Motorhaube trägt zwei markante V-förmige Falten, der Lufteinlass im Stoßfänger ist in die Breite gezogen, es gibt neue Scheinwerfer mit einem schmucken LED-Tagfahrlicht als Band, und einen neuen Grill. Neue Seitenblinker, tiefergesetzte Außenspiegel, eine Heckklappe mit weit größerer Scheiben und markanter Faltung (die Heckflügeltüren bleiben unverändert) – es sind viele Kleinigkeiten, die den T6 straffer und stämmiger aussehen lassen. Vor allem die Frontpartie tritt breit und selbstbewusst. Im Vergleich dazu wirkt der T5 wie ein rundlicher Senior, der sein Gebiss herausgenommen hat.

Feinheiten deuten an, dass der T6 etwas Besseres sein will: Bereits der Kastenwagen schmückt sich mit einem Chromstreifen. Und das Sondermodell Multivan Generation Six zur Einführung tritt mit extravaganter zweifarbiger Lackierung und einem ebenfalls munteren Cockpit sehr extrovertiert auf. VW komponiert hier Kirschrot mit Candyweiß, böse Zungen sprechen von Pommes rot weiß.
Dieser T6 ist ein klares Statement – und ebenso eine Brücke in die Vergangenheit bis zum T1, in der Zweifarbigkeit sehr gefragt war. VWN nutzt für den neuen Transporter geschickt die große Bulli-Historie von mehr als 60 Jahren und Millionen Autos..

Das Angebot ist enorm groß, Beispiele sind Hochdächer und der Kastenwagen Plus mit Doppelkabine.

Klassiker auf der VW-Bühne: Rockstar Mark Knopfler spielt vor den Stars VW T1 und VW T6 auf.

Klassik und Moderne, vereint durch eine Zweifarben-Lackierung.

Das Modellprogramm setzt sich aus Kastenwagen, Kastenwagen mit Doppelkabine, Kombi und Caravelle (jetzt auch als feiner Highline) sowie Multivan und California zusammen. Fahrgestell, Pritsche und Doppelkabine fahren ebenfalls mit. Die zulässigen Gesamtgewichte reichen erneut in 200-Kilo-Abständen von 2,6 bis 3,2 Tonnen, es gibt wieder bis zu drei Dachhöhen. Bei den Maßen ist sich VW nicht ganz einig: Die Presseunterlagen nennen unveränderte Längen, die Kataloge ein minimales Wachstum auf 4,904 Meter (kurzer Radstand) und 5,304 Meter (T6 lang). Die Ausstattung des Kastenwagens ist – höflich formuliert – funktionell. Höhenverstellbarer Fahrersitz, Multifunktionsanzeige, Zentralverriegelung und sogar die Trennwand sind Extras. Bei VW stehen anderen Dinge im Mittelpunkt: Der Beifahrer-Airbag ist ebenso Serie wie ein Reifenreparaturset und Start-Stopp. Beeindruckend wirkt die Fülle der Sonderausstattungen, der ganz persönliche T6 ist kein Problem, ob nüchterner Kastenwagen oder üppiger Multivan. Individualität ist unverändert Trumpf für den Transporter. Auch in seiner neuesten Auflage und in Zeiten rationeller Fertigung.

Weniger Ablagen, schickere Optik: Cockpit des neuen Multivan.

Der Transporter T6

Im Unterschied zu vielen Wettbewerbern fährt der T6 auch als Pritsche und Fahrgestell vor.

Typisch VW: Im Straßenverkehr fällt der Neue kaum auf. Der T6 wirkt wie andere weniger revolutionär als evolutionär. Ebenso typisch VW: Seine wahren Qualitäten treten beim Fahren zutage. Das neue Multifunktionslenkrad stammt aus dem Pkw-Regal, die Hand fällt wie von selbst auf den Schaltknauf gleich nebenan. Die Tasten sind übersichtlich gruppiert. Die neu ausgeformten Sitze ähneln eher Sesseln: Die obere Polsterschicht fängt den Fahrer weich auf, drunter stützt sie straff. Die rundlich geformte Rückenlehne vermittelt guten Seitenhalt. Das Layout von Sitzen und Tischen im Fond des Multivan bleibt unverändert. Die Abstimmung heißt jetzt erneut Trendline, Comfortline und Highline. Darüber platziert VWN wieder den Multivan Business als exklusives Konferenzfahrzeug mit viel Holz, Leder und opulenten, elektrisch verstellbaren Einzelsesseln.

Auch beim Fahrwerk hat VW Hand angelegt. Es gibt unterschiedliche Höhen für Transporter, Multivan (20 Millimeter tiefer), Blue Motion und Sportfahrwerk (minus 40 Millimeter). Hinzu kommt eine optionale Höherlegung um 30 Millimeter, interessant für den Allradantrieb 4Motion. Die Grundkonstruktion ist geblieben, die Ausprägung gänzlich anders. Die ersten Zentimeter der Federung sind sanft und verbindlich, dann verfestigt sich das geschmeidige Fahrwerk. Verschwunden ist das Eintauchen des Vorderwagens bei schnellen Kurven. Selbst rüde Unebenheiten filtert das Fahrwerk souverän. Und nun kann man auch hinten sitzen, ohne um Gesundheit von Magen oder Rücken fürchten zu müssen.

Beim adaptiven Fahrwerk ist die Softvariante die richtige Wahl für anspruchsvolle Fahrgäste in der Stadt oder auf der Autobahn. Beim flotten Kurvenkratzen auf der Landstraße kommt die Sportvariante gerade recht. Die mittlere Stufe und damit die Serienausführung passt immer. Dem Multivan Highline spendiert VW erneut die Servotronic mit variabler Unterstützung. Eine neue Lagerung domestiziert die durchweg deutlich kräfti-

Wenn's fein sein soll: VW T6 Business.

ger wirkenden Motoren ebenso wie eine verbesserte Geräuschdämmung. Die Windgeräusche sind niedriger, Poltergeräusche des Fahrwerks treten nicht auf. Insgesamt hinterlässt der T6 einen sehr reifen und gepflegten Eindruck.

Am 11. Mai erfolgt der Startschuss für die Serienfertigung des T6. Während die Produktion des T6 anläuft, wird gleichzeitig die Fertigung des T5 heruntergefahren. Aufgrund hoher Nachfrage baut VW ihn bis Anfang August. Zusammen werden zurzeit rund 750 Fahrzeuge der T-Baureihe täglich gebaut. Am 26. Juni schließlich beginnt der Verkauf.

Zum Sommer frischt VWN auch den California auf. Das beginnt bereits mit der Nomenklatur: Mit California Beach, Coast und Ocean handelt es sich jetzt um eine Familie von Seebären. Konzept und Einrichtung der Erfolgsbaureihe bleiben unverändert, der Fortschritt zeigt sich auch hier im Detail. Der Beach ist unverändert der 365-Tage-Bus mit Schlafgelegenheit. Er hat die einfachere Schalttafel, nicht so schick, aber mit vielen praktischen Ablagen. Wahlweise gibt es ihn im Fond mit klappbarer Zweier- oder Dreiersitzbank. Er bringt ebenfalls ein Aufstelldach mit Dachbett, Campingstühle in der Heckklappe, Tisch, Innenbeleuchtung, eine separate Bordbatterie sowie eine – etwas einfachere – Verdunkelung mit. Ein Multivan von altem Schrot und Korn also.

In der Liga darüber löst der California Ocean den bisherigen Comfortline ab. Komfort-Armaturentafel, elektrohydraulisch öffnendes Dach, Doppelverglasung, Standheizung, elektrische Zuziehhilfen für Schiebetür und Heckklappe – der Ocean ist ein feiner Urlaubsbegleiter. Mit reduzierter Ausstattung tritt der Coast an: Das Aufstelldach wird manuell betätigt, die Verglasung ist einfach, manche Details des Ocean kosten Aufpreis. Einst hätte man ihn als California Trend bezeichnet. Neu für Ocean/Coast ist das Holzdekor der Möbel, hell im Coast, etwas dunkler im Ocean. Es gibt Getränkehalter an der Schiene der Küchenzeile, überarbeitete Rollos zur Verdunkelung von Front- und Heckscheibe. Der Zugang zu den Campingstühlen im Heck ist einfacher, das Obergeschoss gefällt mit einer Steckdose und dimmbaren LED-Leselampen und einem schneller trocknenden Stoff für den Faltenbalg des Dachs. Mit diesen dezenten Verbesserungen steigt die Auflage im Jahr 2015 auf eine Rekordzahl von exakt 9708 California. Die separate California-Fabrik kommt kaum hinterher: Inzwischen sind hier 200 Mitarbeiter im Drei-Schicht-Betrieb tätig.

Das neue California-Trio macht auf Seebär: Beach, Coast und Ocean.

Der Grundriss de California bleibt, die Einrichtung jedoch wird weiter verfeinert.

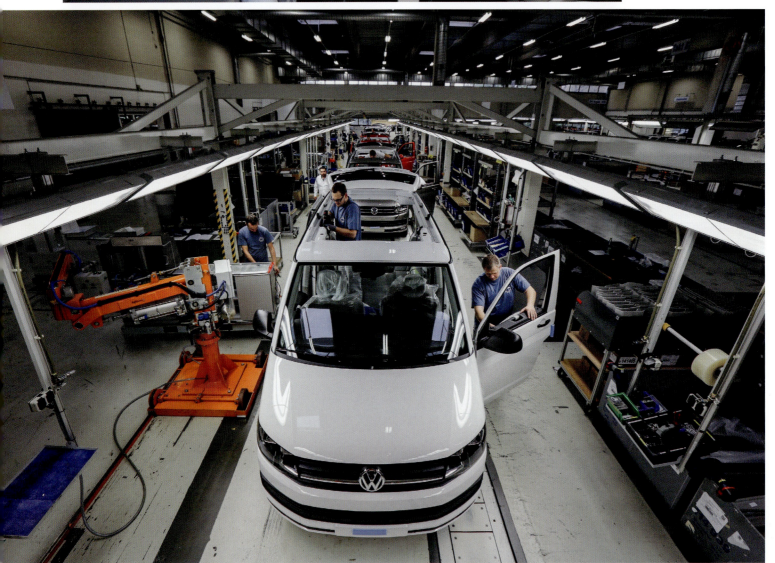

Trotz des fast unveränderten Interieurs setzt der California zu neuen Höhenflügen an.

2015

Auf der Pkw-IAA im September stimmt VW auf den T6 Panamericana ein, er wird auf der Messe als Studie deklariert. Der T6 aber gerät schnell in Vergessenheit, denn noch während der Messe durchschüttelt eine Schockwelle den VW-Konzern: Die US-amerikanische Umweltbehörde hat Unregelmäßigkeiten bei den Stickoxidemissionen an Dieselmotoren des VW-Konzerns festgestellt. In kurzer Zeit kommt ans Tageslicht, dass es weltweit bei mehreren Millionen Fahrzeugen der Baujahre 2009 bis 2015 zu signifikanten Abweichungen zwischen den Prüfstandswerten und dem Abgasausstoß im Realverkehr gibt, offensichtlich verursacht durch eine bewusst manipulierte Software. Ein Desaster für VW: Binnen kurzem ist viel Vertrauen der Käufer verspielt, es drohen Milliardenschäden durch Klagen von Behörden, Fahrzeugbesitzern und auch Aktionären, nachdem der Börsenkurs drastisch eingebrochen ist. Im Blickpunkt steht vor allem der überall im Konzern eingebaute TDI mit dem internen Kürzel EA 189, er deckt eine Spanne von 1,2 bis 2,0 Liter Hubraum ab.

Bei VWN sind wenige tausend Amarok der ersten Motorengeneration betroffen, sie werden umgerüstet. Entwarnung gibt es bei den Transportern: Weder T6 noch T5 und Crafter fahren mit der sogenannten Mogelsoftware. Anders der Caddy: Die Vorgängergeneration hat die Software, sie ist jedoch nicht aktiviert. Ausgerechnet den neuen Caddy aber erwischt das Thema voll. Die Pkw-Varianten müssen bereits EU 6 erfüllen, an ihnen geht der Kelch vorbei. Viele Nutzfahrzeugkäufer jedoch wählen die weiterhin angebotene EU-5-Variante mit dem Motor EA 189, also mit Mogelsoftware. Tausende Caddy sind geordert, stehen bei Auf- und Ausbauern, sind bereits unterwegs zu Kunden. Das Kraftfahrt-Bundesamt lässt eine Neuzulassung weiterhin zu, ein Begleitschreiben von VW weist auf die spätere Nachrüstung hin. Wegen des Diesel-Desasters muss der Vorstandsvorsitzende Martin Winterkorn zurücktreten. Nachfolger wird der bisherige Porsche-Chef Matthias Müller.

In bitteren Zeiten gibt es auch süße Nachrichten: Keksthersteller Bahlsen fertigt im Herbst Butterkekse mit elf verschiedenen Motiven vom T1 bis zum T6.

Manche haben den Transporter zum Fressen gern: Die süße Ausgabe des Nutzfahrzeugs.

Imponierendes Bauwerk mit mächtigen Maschinen: Die neue Pressenlinie im Transporterwerk Hannover.

Der Transporter T6

2015

In Hannover nimmt VWN eine mächtige Pressenstraße im Betrieb – das Werk fertigt im Unterschied zu den meisten Autowerken seine Bleche schließlich selbst. Die gewaltige Anlage steht in einer neuen, knapp 200 Meter langen, 42 Meter breiten und 30 Meter hohen Halle. Das Fundament reicht bis zu 35 Meter in die Tiefe. Das Gewicht der Anlage beträgt 3300 Tonnen. Am 19. November rollt in Hannover bereits der T6 mit der Nummer 66 666 vom Band. Trotz des Modellwechsels und einer unvermeidlichen Verunsicherung der Käufer durch den Dieselskandal steigen seine Zahlen.

Gleichzeitig legt VWN die Sonderserien Multivan Edition 30 und California Edition auf. Schwarze Räder und Anbauteile sowie ein glänzendes schwarzes Dach sichern einen exklusiven Auftritt.

Unter dem Strich endet das Jahr für die T-Baureihe ebenfalls glänzend: VWN fertigt fast 179 000 T5 und T6 und liefert 171 100 T-Modelle aus. Der Absatz der gesamten Modellpalette steigt, die Auslieferungen sinken jedoch um 16 000 auf 430 800 Fahrzeuge. Im Differenzbetrag stecken viele neue Caddy, die sich im Dieselskandal festgefahren haben. Positiv: Der Umsatz von VWN überspringt mit 10,3 Milliarden Euro erstmals die Marke von zehn Milliarden. Das Ergebnis ist im Plus, aber gesunken – neue Modelle und das kommende Werk für den Crafter kosten viel Geld.

Multivan Edition 30: dynamisch-elegante Sonderausführung zum Geburtstag des Klassikers.

2016

Der 8. März gibt es Anlass zum Feiern in Hannover: Das Werk wird 60 Jahre alt. Begonnen hat die Produktion mit 4000 Mitarbeitern, aktuell bauen hier rund 14 500 Beschäftigte den Transporter, den Pick-up Amarok sowie – noch – die Karosserie des Porsche Panamera. Die Luxuslimousine wird Hannover jedoch im Rahmen des anstehenden Modellwechsels verlassen. Dafür sind Sonderfahrzeuge auf Basis des künftigen Crafter in Sicht, man munkelt von Zugköpfen auf Basis der frontgetriebenen Ausführung.

Das Autojahr beginnt mit der Premiere des Multivan Panamericana, aus der Studie wird ein Serienmodell. Höherlegung, große 17-Zoll-Räder, robuste strukturlackierte Stoßfänger vorn und hinten, ein schmucker Unterfahrschutz, Aufsätze für die Seitenschweller – das sieht nach Abenteuer aus. Drinnen gibt es unter anderem optional ein Riffelblech als Boden. Da auch markige SUV nicht mehr unbedingt Allradantrieb haben müssen, kann auch der Panamericana jetzt darauf verzichten, es gibt ihn auch mit Frontantrieb.

Von Frühjahr bis Sommer wirft VWN jede Menge Sondermodelle und zusätzliche Modelle auf den Markt. VWN beginnt im April mit sogenannten Original-Paketen, darin stecken Sonderausstattungen zum Sparpreis. Im Mai erinnert VWN mit dem flexiblen Multivan Freestyle an frühe Multivan-Zeiten. Gute-Nacht-Paket, Bettverlängerung und Schlafauflage ermöglichen eine spontane Übernachtung. In der Heckklappe sind à la California zwei Campingstühle integriert – die Kreuzung aus Multivan und California klingt erfolgversprechend. Im Juni folgen attraktive Campingbus-Sondermodelle, die farbenfrohen California Ocean Red, Ocean Blue und Ocean Grey.

T6 Multivan Panamericana: SUV auf Bus-Basis, auch ohne Allradantrieb.

Interieur des Panamericana: Leder auf den Sitzen, Riffelblech auf dem Boden.

Herzlich willkommen: VW hat das Kundencenter in Hannover komplett neugestaltet.

2016

VW baut um: schrittweise wird die Fertigung erneuert, hier die Montage.

Rot gesehen: VW liefert den California Ocean Red mit zweifarbiger Lackierung und passendem Faltenbalg.

California Ocean Blue: die gedecktere Variante des Sondermodells.

Sie fallen auf Wunsch durch eine Zweifarb-Lackierung auf, die Modelle Ocean Red und Blue tragen serienmäßig zusätzlich einen farbigen Faltenbalg des Aufstelldachs. Neu ist ein Boden in Holzoptik, wahlweise hell oder dunkel. Gleichzeitig trommelt VW für den Kastenwagen Plus. Ihn gab es bereits zum Ende der Laufbahn des T5: Mit zwei Sitzreihen und einer Trennwand dahinter kombiniert er die Eigenschaften vom Kastenwagen und Kombi. Farbenfroh ist der »Goldene Bulli«. Mit ihm als Preis zeichnet VWN im Herbst einen Handwerksbetrieb aus, der sich durch besonderes soziales Engagement ausgezeichnet hat.

Preis für engagierte Handwerker: der goldene Bulli.

2016

Zwischendurch hat VWN nach mittlerweile sieben Jahren den Amarok runderneuert. Er hatte generell noch nicht den Schwung, den sich VWN einst von ihm versprochen hatte. Das hat mit Wirtschaftskrisen in Südamerika zu tun, aber auch mit hausgemachten Themen: In Deutschland und Europa fährt der Amarok, ganz ungewohnt für VWN, nicht voneweg. Die Neuauflage schaut draußen wie drinnen aus wie ein zeitgemäßer VW. Die größte Besonderheit steckt unter der Motorhaube: VWN liefert den Amarok als einzigen Pick-up seiner Klasse ausschließlich mit einem kraftvollen V6-Dieselmotor.

Zur IAA Nutzfahrzeuge in Hannover ergänzt VWN das Angebot des T6 um eine weitere Motorisierungsstufe: Es gibt den Zweiliter-TDI jetzt zusätzlich mit 84 kW (114 PS). Damit liegt der Motor noch exakt in einer günstigen Versicherungsklasse für leichte Lkw. Das maximale Drehmoment entspricht mit 250 Nm dem schwächeren Motor mit 75 kW (102 PS), der unverändert angeboten wird – die Belastbarkeit des Fünfgang-Schaltgetriebes verhindert einen Zuschlag.

Auch der T6 ist einer für alle, hier als Notarzt-Fahrzeug.

 **Der Transporter T6** — 2016

Auf der IAA steht ebenfalls der neue Crafter. Dieser nun wirklich rundum neue Transporter hat mit seinem Vorgänger, dem Sprinter-Zwilling, nichts mehr zu tun. VWN hat ihn in Windeseile entwickelt und gleichzeitig in Wrzesnia/Polen unweit der Caddy-Fertigung ein komplett neues Werk hochgezogen – der im Maximum fast 7,5 Meter lange und drei Meter hohe Transporter passt nicht auf herkömmliche Anlagen. Und Kapazität für jährlich 100 000 Transporter – bisher waren es etwa 50 000 Crafter – lässt sich ebenfalls nicht aus dem Ärmel schütteln. Der neue Crafter deckt eine Spanne von 3,5 bis 5,5 Tonnen zulässigem, Gesamtgewicht ab. Es gibt ihn mit Front- und Heck- sowie Allradantrieb, mit Schalt- und Automatikgetriebe sowie in zahlreichen Karosserie- und Ausstattungsvarianten. Der Crafter bietet eine Vielzahl von Assistenzsystemen – mehr als der T6, dessen Elektronikstruktur älter ist und der über keine elektromechanische Lenkung verfügt. Und es gibt ihn mit etwas Verzögerung auch baugleich als MAN TGE – dank Truck & Bus sitzt der Kooperationspartner jetzt im eigenen Konzern. Diesmal jedoch nimmt VWN die Führungsrolle ein.

Sie steht VWN gut, wie nicht nur neue Modelle, sondern auch die Zahlen belegen. Am Ende des ersten Halbjahres 2016 hat Volkswagen Nutzfahrzeuge 231 000 Transporter, Lieferwagen und Pick-ups ausgeliefert und liegt damit exakt auf Vorjahresniveau. Die weltweiten Absatzzahlen sind auf 239 000 Fahrzeugen gestiegen (Vorjahr 223 000), ein Plus von sieben Prozent. Im Einklang damit ist der Umsatz von 5,2 auf 5,4 Milliarden geklettert, das operative Ergebnis trotz hoher Investitionen in Werke und Modelle sogar von 268 auf 299 Millionen.

Die zweite Generation des Crafter ist wieder ein echter VW wie einst der LT.

Frontantrieb, Tiefrahmen, drei Achsen: T6 als Basis für fantasievolle Um- und Aufbauten.

Gleichzeitig fehlt es nicht an Hausaufgaben. VWN ist weit überwiegend europäisch aufgestellt und von einer weltweiten Marke weit entfernt. Sowohl Caddy als auch T6 sind Fahrzeuggenerationen des Übergangs. Sie basieren auf den Vorgängermodellen aus dem Jahr 2003, ihr Lebenszyklus wird begrenzt sein. Bis zum VW Transporter T7 wird es diesmal keine zwölf Jahre dauern.

Aber der T6 läuft und läuft und läuft: 199 700 an Kunden ausgelieferte Transporter sprechen für sich.

Cadyd, T6, Crafter, Amarok: Volkswagen Nutzfahrzeuge startet runderneuert ins Jahr 2017.

 *Der Transporter T6*

2017

Das Jahr 2017 beginnt mit einem Paukenschlag. Wohin der Weg des VW Transporter führen könnte, zeigt VW im Januar auf der Messe North American International Auto Show (NAIAS) in Detroit. Mit der Studie ID Buzz transportiert VW die Bulli-Nostalgie in die Zukunft. Optisch, aber nicht technisch: Der ID Buzz verbindet gestern und morgen – der Neue nimmt mit seinem rundlichen Bug ohne Kühlergrill und dem großen mittig angebrachtem Markenzeichen die Stilelemente seines Vorfahren auf. Verantwortlich für die Studie sind nicht die Nutzis, erneut haben deren Pkw-Kollegen vorwitzig hineingegrätscht. Das machen sie alle paar Jahre und bringen die eher nüchternen Transporterleute mit frechen Ideen und appetitlichen Studien ordentlich ins Schwitzen und in Zugzwang. Das begann im Jahr 2001 mit dem Microbus.

Er ist denn auch der wahre Vorläufer des ID Buzz, dessen Name ausgesprochen für eine nette Sprachspielerei steht. Nur haben die Designer und Entwickler es jetzt geschickter angestellt: Passte der Microbus in kein Raster, so erreicht der ID Buzz mit knapp fünf Meter Länge und jeweils knapp zwei Meter Breite und Höhe gängiges Transporterformat und liegt sehr nahe am T6. So nahe, dass man hier den ersten Schritt zum T7 vermuten könnte, denn der T6 ist schließlich ein Übergangsmodell auf Basis des T5 auf dem Weg in die Zukunft.

Nur der Radstand hat mit 3,3 Metern Übermaß. Ursache: Zwischen den Achsen benötigt VW bei der Studie viel Platz für Batterien, denn der ID Buzz läutet mit seinem E-Antrieb die Zukunft ein. Sowohl an der Vorder- als auch an der Hinterachse

Überraschender Start ins Jahr 2017: Studie VW ID Buzz mit vollelektrischem Antrieb und optischen Anleihen an den Ur-Bulli.

2017

Der Innenraum erinnert in seiner Aufteilung an den Multivan, ist aufgrund des neuen Antriebs jedoch ungleich geräumiger.

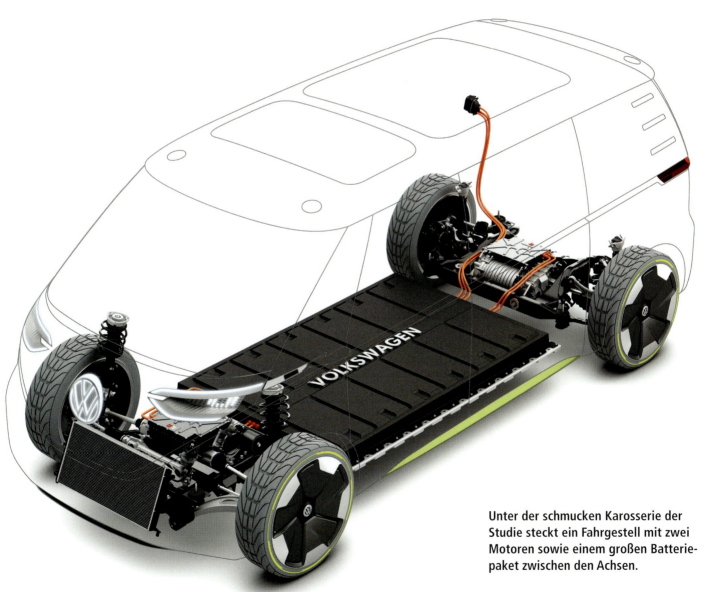

Unter der schmucken Karosserie der Studie steckt ein Fahrgestell mit zwei Motoren sowie einem großen Batteriepaket zwischen den Achsen.

Vorgestern und morgen vereint: Der ID Buzz erinnert optisch an den Urvater der T-Modelle.

sitzt jeweils ein Elektromotor mit 150 kW Leistung. VW addiert dies zu einer Systemleistung von 275 kW und hat mit der Bi-motorisierung gleichzeitig einen Allradantrieb realisiert. Damit schnellt der ID Buzz in etwa fünf Sekunden auf Tempo 100. Seine Höchstgeschwindigkeit ist indes auf 160 km/h begrenzt. VW verspricht bis zu 600 Kilometer Reichweite, die sich allerdings bei voller Ausnutzung der üppigen Leistung kaum realisieren lassen würde. Der überschießende Mumm des ID Buzz lässt sich auf Normalmaß reduzieren, wenn der Antriebsleistung auf nur eine E-Maschine an einer der Achsen reduziert wird. Hat der nächste Transporter also wie seine Urväter T1 bis T3 also einen Heckmotor und Hinterradantrieb?

Taxi von morgen? Konzernchef Matthias Müller schaut ein wenig skeptisch aus der Studie Sedric.

2017

Ein erster Schritt zur Elektrifizierung des T6: E-Antrieb von Abt, Fahrgestell mit Tiefrahmen von Alko, darüber ein KEP-Aufbau.

VWN gratuliert sich und seinen Kunden zum Geburtstag: Sondermodell 70 Jahre nach der legendären Zeichnung des Transporter-Erfinders Ben Pon.

 *Der Transporter T6* 2017

Der Elektroantrieb mit wenig Raumbedarf für Motoren und Nebenaggregate bietet die Chance für ein neues Layout: Unter der vorderen Haube ist ein Gepäckraum angesiedelt – Käfer & Co. lassen grüßen. Den Fahrgastraum siedeln die Innenarchitekten mit drehbaren Sitzen und einem verschiebbaren Klapptisch in Wagenmitte sehr nahe am aktuellen Multivan an. Das Cockpit dagegen ist mit einem Touchpad im Lenkradkranz, einem weiteren herausnehmbaren Display sowie drehbaren Sitzen als Vorgriff für autonomes Fahren futuristisch angelegt. Der ID Buzz gilt als wesentlicher Baustein der künftigen elektrifizierten ID-Familie von VW. Ihren Startpunkt hat VW auf das Jahr 2020 festgelegt. Gemeinsame Plattform wird der neue modulare E-Antriebs-Baukasten, kurz MEB. Gern erinnert der Konzern in diesem Zusammenhang an frühe Versuche mit Elektro- und Hybrid-Transportern Anfang der Siebziger.

Den Blick in eine fernere Zukunft ermöglicht ebenfalls in diesem Jahr die Studie Sedric (Self Driving Car), eine Kreuzung aus Minibus und Lieferwagen für vollautonomes Fahren. Der Sedric könnte, geführt von einer Kombination aus Kameras, Radar und Sensoren, durch den Verkehr von morgen gleiten. Auch der Sedric gehört zu den Konzernthemen. Zwischen Futurismus und Nostalgie ist viel Platz für die nüchterne Gegenwart. In sie schiebt sich Abt. Der Autoveredler und Tuner aus dem Allgäu hat den E-Antrieb für sich entdeckt. Ergebnis ist der Abt E-Cab: Elektroantrieb von Abt, Tiefrahmenchassis von Alko mit Tandemachse, 13-Zoll-Rädern und Platz für Batterien, dies alles in Kombination mit dem Zugkopf eines VW T6 und einem üppigen Kofferaufbau – fertig ist der flüsterleise und vor Ort emissionsfreie Paketverteiler. Der Beginn einer Zusammenarbeit, die Früchte tragen wird. Schneller geht es mit einer Eigenentwick-

Der T6 ist ein Alleskönner, hier als hochspezialisierter Blumentransporter mit Tiefrahmen-Fahrgestell von Alko und isoliertem Kofferaufbau.

Notarztwagen für Einsätze abseits der Straße: höhergelegter Transporter 4Motion mit Spezialausbau.

lung von VW voran, dem e-Crafter. VW verpflanzt die Technik des elektrisch angetriebenen Golf in den Großtransporter, passt sie an die Gewichte und Anforderungen dieser Liga an. Eine ebenso schnelle wie pragmatische Methode. Die ersten Fahrzeuge werden noch vor Ende des Jahres ausgeliefert.

Zuvor erinnert sich VW an seine Geschichte. 1947 hatte der niederländische VW-Importeur Ben Pon mit seiner legendären Skizze den Grundstock für den VW Transporter gelegt. Im März lässt VW dieses Datum mit dem Sondermodell „70 Jahre Bulli" aufleben. Die Basis bildet der Multivan Comfortline,

Reisemobil-Ausbauer können ihr Basisfahrzeug jetzt fix und fertig mit dem Aufstelldach des California erwerben.

Der Transporter T6

2017

angereichert mit einem Chrompaket, einem Boden in Holzoptik, dunkler Verglasung im Fond, Edelstahleinlagen für die Einstiege, schicken Rädern und weiteren Nettigkeiten. Als Verpackung gibt es auf Wunsch eine extrovertierte Zweifarblackierung in Weiß und Gelb-Metallic.

Anderswo steht unter dem weiten Himmel des T6 die Funktion im Vordergrund. Einige Beispiele: Mit dem absenkbaren 13-Zoll-Chassis von Alko, Auffahrrampe und isoliertem Kofferaufbau verwandelt er sich in einen Blumentransporter. Ein weiterer Aufbauer baut den Transporter mit Hilfe einer Höherlegung in einen geländegängigen Notarztwagen um. Campingbus-Ausbauer können den Transporter jetzt fix und fertig mit dem Aufstelldach des California erwerben, das erspart Dachausschnitte. VW selbst legt den Transporter Rockton wieder auf, einen T6 mit Arbeitsstiefeln. Allradantrieb 4Motion, höhergelegtes Fahrwerk und eine mechanische Hinterachse-Differenzialsperre sichern eine beachtliche Traktion, auf Wunsch ergänzt durch eine schützende Beplankung des Unterbodens und der empfindlichen Eingeweide. Zum Alleskönner mutiert der Rockton optional durch einen Boden mit eingelassenen Schienen, Basis für drei Einzelsitze oder eine verschiebbare Gittertrennwand. Zurück kehrt auch der Panamericana, einst eine aufregende Studie auf Basis des T4. Jetzt tritt er milder auf als Multivan-Variante mit Allradantrieb und Höherlegung, mit reichlich Verzierungen drinnen und außen. Er erinnert im Vergleich zum harten Hund namens Rockton eher an einen Pauschaltouristen. Parallel dazu gibt es beim ID Buzz Fortschritte. Mitte August geben Konzernchef Herbert Diess und VWN-Chef Eckhard Scholz in Pebble Beach/Kalifornien gemeinsam bekannt, dass aus der Studie Realität wird. Der Ort ist nicht zufällig gewählt, in den goldenen sechziger Jahren des Bulli-Exports in die USA fanden hunderttausende T1 und T2 ihre Käufer in Nordamerika. Im Jahr 2022 soll der ID Buzz auf die Straße kommen. Und er bekommt Begleitung. „Neben einer Bus-Variante", kündigt Nutzfahrzeug-Vorstandschef Dr. Eckhard Scholz an, „wird es auch den ID Buzz Cargo geben, der für einen emissionsfreien Lieferverkehr steht

Der Rockton ist wieder da: handfester T6 mit Allradantrieb für harte Einsätze jenseits des Asphalts.

und als Level-3-Fahrzeug hochautomatisiert fährt. Ein ideales elektrisches Transporter-Konzept, vor allem für Innenstädte." Nichts gegen den E-Bus von morgen, ihr Geld verdienen die Nutzis mit dem T6 von heute. Im Sommer arbeiten zahlreiche Mitarbeiter während der offiziellen Werksferien durch. Im Ein-Schicht-Betrieb fertigen sie täglich 300 Autos anstelle von 780 T6 und 130 Amarok im gewohnten Drei-Schicht-Rhythmus. Am Ende des Sommers steht traditionell der Caravan-Salon in Düsseldorf. Da der California bestens läuft – in diesem Jahr fertigt VW 15 555 Einheiten, neuer Rekord – legen die Entwickler nur sehr dezent Hand an. Zum Beispiel in Form einer dimmbaren LED-Beleuchtung für Hochdach und Heckklappe. Sie haben andere Prioritäten: Die Studie California XXL auf Basis des Crafter gibt einen Ausblick auf einen Komfort-Campingbus mit Bad als Ergänzung des klassischen kompakten California. Viele Jahre nach Ende des VW Florida auf LT wird es wieder einen großen Campingbus geben. Die Studie geht mit einer eigenwilligen Heckverlängerung, einem ausziehbaren Bad und Details bis hin zu einem bedarfsweise beheizten oder gekühlten Bett neue Wege. Ein Jahr später wird der California XXL dann in zwei Längen deutlich näher an die Realität heranrücken. So gern Volkswagen Nutzfahrzeuge nach vorne schaut, so leidenschaftlich blicken die Bulli-Fans in den Rückspiegel. Das können sie ab Herbst 2017 bei der „Bulli Klassik Tour". VW öffnet seine Schatzkammer, eine Halle in Hannover-Limmer, gefüllt mit mehr als 100 Transportern aller früherer Generationen. Experten erläutern den Besuchern während einer zweistündigen Führung die Geschichte der Autos und des Standorts, es ist eine Kombination aus Automobil- und Industriegeschichte. Filme, Interviews mit Zeitzeugen und Fotogalerien runden das Programm ab.

Der optionale Boden des Rockton mit integrierten Schienen bietet die Basis für Sitze oder eine verschiebbare Trennwand.

Abenteuer mit Gürtel und Hosenträgern: Neuauflage des T6-Sondermodells Panamericana mit Allradantrieb.

Der Transporter T6 — 2017

Zeitreise gefällig? Die Oldtimerhalle von Volkswagen Nutzfahrzeuge versammelt automobile Träume.

Das Jahr endet mit einer unangenehmen Überraschung, der Abgasskandal holt Volkswagen Nutzfahrzeuge im Dezember ein. Zur Erinnerung: Im Herbst 2015 musste VW zugeben, sich Abgasprüfungen mit unzulässigen Abschalteinrichtungen erschlichen zu haben. Seitdem ist der Konzern unter verschärfter Beobachtung. VW T5/T6 waren seinerzeit nicht betroffen. Doch im Dezember 2017 stoppt VW die Auslieferung der Pkw-Varianten des T6 mit Dieselmotor. Interne Überprüfungen hatten ergeben, dass durch die turnusmäßige Regeneration des Partikelfilters die vorgeschriebenen Abgaswerte nicht eingehalten werden. Die Emissionen in dieser Phase gehen mit einem definierten Faktor in die Berechnungen der Gesamtemissionen ein, er stimmte nicht. In Absprache mit dem Kraftfahrt-Bundesamt setzt VW daraufhin die Auslieferung von Multivan, Caravelle, Kombi und California aus. Unter Hochdruck arbeitet VW an einer Lösung. Noch im Dezember teilt VW mit: „Die jetzt noch notwendigen Test-, Bestätigungs- und Behördenverfahren erfordern einen Zeitraum von rund sechs bis acht Wochen, bevor die zur Auslieferung bereiten Fahrzeuge mit einer optimierten Software ausgerüstet werden können." Krise in Hannover. Erst im März 2018 wird wieder reine Luft sein.

Trotzdem meldet VWN-Chef Eckhard Scholz für das Jahr 2017 neue Rekorde: Die Marke hat 494 511 Transporter, Lieferwagen und Pick-ups gefertigt. Star ist mit 208 427 Einheiten der T6, längst ist die Erfolgsbaureihe auf Rekordjagd. Erstmals seit 1973 baut VW mehr als 200 000 Transporter der T-Baureihe in Europa. Ausgeliefert wurden insgesamt sogar 497 900 Fahrzeuge. Der Marke ging es zum Jahresende trotz der Auslieferungsprobleme prächtig: 11,9 Milliarden Euro Umsatz, 853 Millionen Euro Gewinn.

Drei von vier Transportern und Lieferwagen fanden 2017 ihre Abnehmer in Europa, hinzu kommt ein starkes Standbein in der Türkei und in Südamerika. Trotz aller Erfolge, Volkswagen Nutzfahrzeuge ist keine Weltmarke. Umso mehr Aufmerksamkeit widmet VWN daher den Verhandlungen des Konzerns mit dem chinesischen VW-Partner JAC über Mehrzweckfahrzeuge, Motoren und Alternativantriebe. Ein dickes Brett, das es geduldig zu bohren gilt.

Zuwachs für den California: Die Studie California XXL auf Basis des Crafter steckt voller Einfälle.

2018

Die klassischen Autohersteller stehen unter Druck: Bedingt durch den Abgasskandal ist viel Sympathie und Vertrauen verlorengegangen. Wegen der Emissionen von NOx und CO_2 gelten Verbrennungsmotoren in manchen Kreisen als gestrig. Scharfe Vorgaben des Gesetzgebers zwingen zu neuen Konzepten, Entwicklungskosten steigen rasant. Durch die Digitalisierung und neue Geschäftsmodellen von bärenstarken Internetkonzernen laufen die Industriegiganten in Gefahr, sich in Zulieferer zu verwandeln. Es reicht nicht mehr, bestehende Technik und Verfahren fortlaufend zu verbessern. Auch Volkswagen Nutzfahrzeuge muss sich zum Teil neu erfinden. Das betrifft zum Beispiel die Elektromobilität. Der Weg dorthin ist nicht unkompliziert: In Polen gefertigt, wird der Crafter in einem zweiten Schritt im Werk Hannover auf E-Antrieb umgebaut. Geschwister sind angekündigt: VWN wird jedes neue Modell künftig auch in einer E-Variante anbieten. Bis hin zum rundum neuen rein elektrisch angetriebenen ID Buzz im Transporterformat ab dem Jahr 2022, für den sich das Werk Hannover stark macht. Und E-T6 sowie E-Caddy?

Zu E wie Elektromobilität gesellt sich D, aber nicht wie Diesel, sondern D wie Digitalisierung. VWN hat in Berlin sein „Smart Mobility Team" gegründet. Es soll neue Geschäftsmodelle präsentieren, etwa ein Konzept zum Van Sharing oder eine Kommunikationsplattform für Handwerker. Ab Herbst geht in Hamburg der Shuttledienst Moia mit Ride-Pooling an den Start. Volkswagen Nutzfahrzeuge hält die Hand darüber

Volkswagen Nutzfahrzeuge ist mehr als ein Autohersteller: Moia bietet Ridesharing-Dienst als Ergänzung zu Bus und Straßenbahnen. Basis sind Ausbauten des Crafter.

30 Jahre California, drei Jahrzehnte Campingurlaub auf Rädern: faszinierende Flotte vom California T3 als Ableger des legendären Westfalia Joker bis zum California T6.

und liefert passende Fahrzeuge. Im November investiert die Marke in drei Start-ups, Siegern der eigens ins Leben gerufenen „Innovation Challenge". Es geht um mobile Ladestationen für E-Fahrzeuge, Ladelösungen für Flottenbetreiber sowie ein elektrisch angetriebenes Lastenrad. In Hannover entwickelt eine neue Abteilung mobile Onlinedienste.

In diese Gemengelage hinein freut sich VW bereits im Frühjahr 2018 über 30 Jahre California. Zunächst als günstige Variante des legendären Westfalia Joker in die Welt gesetzt, definiert der California erst als T3, dann als T4 und T5, jetzt als T6 die Szene der Kompakt-Campingbusse. VW feiert außerdem 100 000 California aus eigener Fertigung. Seit 2004 baut VW den Campingbus an einem separaten Standort in Hannover in Eigenregie. Inzwischen sind dort 300 Mitarbeiter im Drei-Schicht-Betrieb tätig. Nach Art des Hauses legt die Marke ein Sondermodell auf, den „California 30 Years" in einer Auflage von 999 Exemplaren. Er glänzt mit schicker Ausstattung vom Metalliclack über Aluminiumräder bis zum Möbeldekor. Weitere Jubiläen folgen: 500 000 T6 aus Hannover in Juni, im Herbst 25 Jahre Werk Posen/Poznan in Polen. Dieses Caddy-Werk liefert seit mehr als 20 Jahren ebenfalls jährlich eine fünfstellige Zahl von Nutzfahrzeugvarianten der T-Baureihe.

Den Verkauf regt VW in diesem Jahr gleich mehrfach mit Umtauschprogrammen an. Es gibt mehrere tausend Euro an Zuschüssen, wenn Neufahrzeugkäufer ihren alten Transporter verschrotten lassen. Ab Herbst bekommen Käufer Geld, wenn sie in definierten besonders umweltbelasteten Gebieten ein Neufahrzeug erwerben und das Vorgängermodell in Zahlung geben.

Im Hintergrund laufen Vorbereitungen auf die Verschärfung der Abgasstufen mit Einführung des neuen Prüfzyklus WLTP für die Pkw-Varianten. Der Umstellung fällt der Multivan TDI mit 62 kW (84 PS) zum Opfer, beim stärksten Multivan TDI mit DSG-Getriebe sinkt die Motorleistung leicht von 150 kW (204 PS) auf 146 kW (199 PS). Die langwierige Umstellung mit aufwendigen Messungen für alle Fahrzeugvarianten sowie für fortlaufende Messungen der Serienproduktion beeinträchtigt zeitweilig die Auslieferung. Es fehlt an Kapazität, ob für die

Aus Anlass des Geburtstags entwickelt VWN ein fein ausstaffiertes Sondermodell des California.

2018

Jubiläum im Stadtteil Hannover Limmer: Hier fertigt VWN den erfolgreichen California, inzwischen im Drei-Schicht-Betrieb rund um die Uhr.

Neue Abgasvorschriften verlangen nach zusätzlichen Anstrengungen: eigens eingerichtetes Abgaszentrum von VWN für komplexe Prüfungen.

Reisespezialisten unter sich: Der California erhält Verstärkung durch den Grand California auf Crafter-Basis, gefertigt im Werk Wrzesnia in Polen.

Abgasmessungen oder die folgende Zertifizierung der Unterlagen. In der Folge investiert VWN in Hannover in ein eigenes Abgas-Prüfzentrum mit einer eigens errichteten Halle und zwei Prüfständen. 15 Mitarbeiter ermitteln nun im Zwei-Schicht-Betrieb die Abgasemissionen nach präzise definierten Vorgaben. Der Caravan-Salon Ende August markiert eine Zäsur. Während das Publikum neugierig die beiden neuen Varianten des Grand California auf Basis des Crafter beäugt, folgt ein Wechsel an der Spitze von Volkswagen Nutzfahrzeuge: Nach sechs Jahren als Vorsitzender des Vorstands und nach fast 30 Jahren im VW-Konzern verlässt Eckhard Scholz überraschend das Unternehmen. Ebenso überraschend wird er ein Jahr später zur Wahl des Oberbürgermeisters von Hannover antreten.

Auf Scholz folgt am 1. September Thomas Sedran. Der promovierte Diplom-Ökonom ist der erste Nicht-Ingenieur an der Spitze von Volkswagen Nutzfahrzeuge. Er bringt umfangreiche Management-Erfahrung mit: Nach einer Laufbahn als Unternehmensberater wurde er Vorstand von Opel und dort Interims-CEO. 2015 berief ihn VW zum Leiter Konzernstrategie, zwei Jahre später übernahm er zusätzlich die Leitung des Generalsekretariats. Pikant: Als VW-Strategiechef hatte Sedran eine intensive Zusammenarbeit des Konzerns mit Ford in die Wege geleitet, der Schwerpunkt soll ausgerechnet auf leichten Nutzfahrzeugen liegen. Sedran begründet diesen Schritt mit dem steigenden Entwicklungsaufwand durch die zunehmende Vielfalt des Antriebs. Er sieht Vorteile, wenn die beiden Marktführer in Europa hier enger zusammenarbeiten. Das soll bis hin zu gemeinsamen Baureihen mit unterschiedlichen Karosserien gehen. Der neue VWN-Chef sagt offen: „Wir sprechen auch über die Kernbaureihen." Das kommt zu einem Zeitpunkt, an

2018

Überraschender Wechsel: Thomas Sedran soll Volkswagen Nutzfahrzeuge in eine elektrifiziere Zukunft führen.

Auftritt auf der IAA Nutzfahrzeuge: VWN-Chef Sedran fährt mit dem künftigen Cargo e-Bike auf die Bühne. Im Hintergrund parkt der kommende ID Buzz Cargo.

dem Veränderungen anstehen. Allein der VW Crafter ist jung, der Caddy dagegen im Ursprung 15 Jahre alt, der Amarok ein fast zehn Jahre altes Modell eher am Rande der Palette. Und der T6 geht auf den T5 des Jahres 2003 zurück. Allmählich kristallisiert sich heraus: Der Nachfolger des T6 wird mit unterschiedlichen Konzepten und Karosserien gleich drei Richtungen einschlagen.
Einen ersten Blick in diese Zukunft bietet die IAA 2018, der Messestand entpuppt sich als E-Werk. Als Studie präsentiert der neue VWN-Chef den ID Buzz Cargo, also die Transportervariante des ID Buzz. Vollelektrisch angetrieben, optisch mit Anklängen an den Ur-T1 – spannende Aussichten, so schön kann ein Transporter sein. Thomas Sedran rollt außerdem mit einem dreirädrigen Lasten-Pedelec auf die Bühne. Das Cargo e-Bike ist mit 200 Kilogramm Nutzlast für Fahrer und Fracht gedacht für Zusteller oder Handwerker. Auf der entgegengesetzten Seite des Programms schnurrt der Crafter HyMotion heran, eine Studie des Großtransporters mit Brennstoffzelle und Wasserstoffantrieb.

Stilelemente von gestern für einen elektrisch angetriebenen Transporter von morgen: Der ID Buzz Cargo macht aus jeder Perspektive eine gute Figur.

 *Der Transporter T6* 2018

Näher dran an der Gegenwart sind auf dem VWN-Stand zwei E-Varianten in Zusammenarbeit mit Abt. Zunächst soll der Caddy unter Strom gesetzt werden, denn der eigene Versuch von VW vor mehreren Jahren war nicht von Erfolg gekrönt. Die Allgäuer Fahrzeugveredler bauen sich mit E-Mobilität ein zweites Bein auf. Der Abt e-Caddy basiert auf dem Caddy Maxi, wird von einer E-Maschine mit 82 kW Leistung und 200 Nm Drehmoment angetrieben und durch eine Batterie mit 37,3 kWh Kapazität mit Energie versorgt. Auch bei der Elektrifizierung des T6 packt Abt als Geburtshelfer an. Elektromotor und Batterien des Abt e-Transporter entsprechen dem e-Caddy. Jedoch passen unter dem Boden des T6 auf Wunsch gleich zwei Batteriepakete, macht wahlweise 37,3 oder 74,6 kWh Kapazität. Als 3,2 Tonner beläuft sich die Nutzlast entsprechend auf 1050 oder 750 Kilo. Der e-Transporter läuft maximal 120 km/h Sachen und kommt, abhängig von der Batteriebestückung, rund 200 oder 400 Kilometer weit.
Auf dem VW-Stand parkt ein weiterer elektrifizierter T6, ein Mild-Hybrid mit 48-Volt-Technik. Dirks Fahrzeugbau verpasst

Beispiel für Ingenieurskunst: Die elektrisch angetriebene Hinterachse von Dirks Fahrzeugbau spart Kraftstoff und führt zum Allradantrieb.

Schritt in eine elektrifizierte Zukunft: Abt setzt den T6 unter Strom, daraus wird zusammen mit Alko bald mehr.

Die Plattform für ID Buzz und ID Buzz Cargo? ID-Chassis mit Heckmotor und reichlich Batterien zwischen den Achsen.

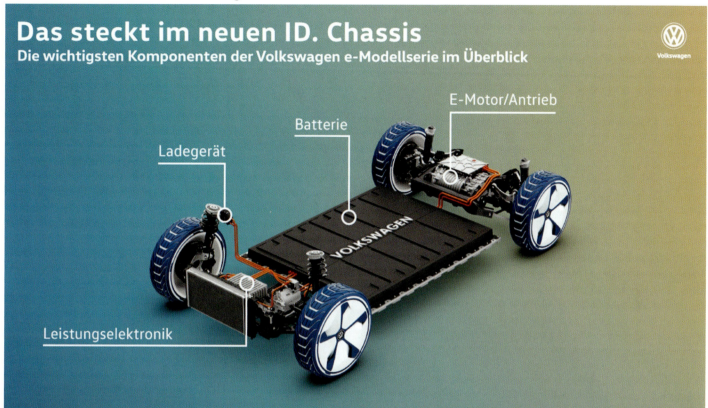

Kehrt der Bulli zurück nach Nordamerika? ID Buzz Cargo auf der Detroit Autoshow Ende 2018.

 *Der Transporter T6* 2018

dem T6 zusätzlich zum Frontantriebsmodul eine elektrisch angetriebene Hinterachse. Sie unterstützt den T6 beim Anfahren mit einer Leistung von 44 kW und 113 Nm Drehmoment. Das bedeutet mehr Dynamik bei gleichzeitiger Schonung des Verbrennungsmotors. Das Verfahren soll trotz des Mehrgewichts von etwa 120 Kilogramm den Spritverbrauch um bis zu 20 Prozent senken. Die Batterie ist mit 3 kWh sehr kompakt, sie wird durch Rekuperation und Aufladung während der Fahrt gespeist. Mit dem zusätzlichen Hinterradantrieb wird der T6 kurzfristig zum Allradler. Der Zusatzantrieb ist für alle T6 4x2 lieferbar und für T5/T6 nachrüstbar.

Passend zum diesem Bündel E-Mobilität präsentiert der Konzern im September das ID-Chassis. Der lange Radstand bietet Platz für reichlich Batteriekapazität in der Bodengruppe und schafft gleichzeitig viel Platz im Innenraum. Schnellladefähigkeit bis 125 kW sichert kurze Ladestopps. Der E-Motor ist in die Hinterachse integriert. Eine Plattform auch für künftige Transporter und den ID Buzz.

Ende November zeigt VWN den ID Buzz Cargo auf der Los Angeles Auto Show – kehrt der Bulli in die USA zurück? Kurz zuvor hatte Konzernchef Herbert Diess verkündet, dass Hannover schrittweise für die E-Mobilität umgerüstet wird. Das Werk soll sich auf die Familie des ID Buzz spezialisieren. Diess: „Ab 2022 werden dort mehrere moderne Varianten unserer Ikone vom Band laufen. Wir schreiben damit die jahrzehntelange Erfolgsgeschichte von VW Bus und Transporter für das E-Zeitalter an diesem Standort fort." Damit eröffnen sich gleichzeitig Perspektiven für die geplante Zusammenarbeit mit Ford. Diess: „So eröffnen sich Chancen für eine profitable Fortführung unserer Amarok Baureihe … Für die aktuell in Hannover gefertigten Modelle werden wir zeitnah eine Lösung in anderen Werken definieren." Der T6 steht vor einem Ortswechsel.

Leuchtende Zukunft? Ende Dezember heißt es zunächst leuchtende Gegenwart: Volkswagen Nutzfahrzeuge Oldtimer nimmt kurz vor Weihnachten mit zwei illuminierten historischen Bussen am „Twinkle Light Cruise" in Hannover teil. Insgesamt 15 leuchtende Bullis rollen durch die Stadt. Jedes Fahrzeug wird mit einer rund 280 Meter langen Lichterkette und 2800 LED geschmückt.

VWN beschließt das Jahr mit guten Zahlen, meldet 518 947 gefertigte Fahrzeuge, ein beachtliches Plus von 5,9 Prozent. Die Pkw-Ausführungen des T6 liegen mit 115.525 Fahrzeugen auf Vorjahr, der Transporter T6 hat mit 86 286 Einheiten 7,1 Prozent eingebüßt. Der Umsatz von VWN sank minimal um 0,3 Prozent auf 11,9 Milliarden, das Ergebnis ging deutlicher um 8,6 Prozent auf 780 Millionen zurück. „Das zweitbeste Jahr seiner Geschichte", merkt Sedran zu VWN an.

Erleuchtung durch den Bulli von gestern: Prächtige Festtags-Illumination in Hannover, unterstützt durch VWN.

2019

Woher erhielten die vielen tausend LED der 2018er Weihnachts-Bullis ihre Energie? Der künftige ID Buzz und seine Kollegen könnte von mobilen Ladesäulen aus Hannover profitieren. Im Januar 2019 verkündet der Konzern, dass die Produktion von flexiblen Schnellladesäulen als Powerbank für E-Fahrzeuge ab 2020 im Werk Hannover schrittweise die Fertigung des zum Geschäftsfeld Motor und Gießerei gehörenden Wärmetauschers ablösen soll. Einen gänzlich anderen Antrieb haben zwei Lego-Modellbauer. Sie haben aus rund 400 000 Bausteinen einen fünf Meter langen und 700 Kilogramm schweren T2 angefertigt, sogar einschließlich Schiebetür und Aufstelldach. Anderswo ändern sich die Aufgaben: Der neue VWN-Entwicklungschef Alexander Hitzinger übernimmt neben der Verantwortung für die Transporter von morgen auch den Aufbau und die Leitung des Zentrums autonomes Fahren sowie von „MaaS". Ein Begriff aus der neuen automobilen Welt: „Mobility-as-a-Service", übersetzt: Mobilität als Dienstleistung. Was das heißen könnte, präsentiert VW im Frühjahr auf der Hannover-Messe: Autonom fahrende und elektrisch angetriebene Transporter, sogenannte PODs, sollen eine Vielzahl von Aufgaben übernehmen, von der mobilen Arztpraxis über ein fahrendes Geschäft bis zum rollenden Restaurant. Anstelle des Transports von Menschen und Waren stehen Dienstleistungen im Mittelpunkt.

Eine Art Dienstleistung von gestern steht nun in der Oldtimersammlung von Volkswagen Nutzfahrzeuge in Hannover: Der erste mobile Radarblitzer Niedersachsens. Der T1 Jahrgang 1953 diente zehn Jahre später mit einer eingebauten Radaranlage als Schulungsfahrzeug der Polizei. Und erneut steht ein Jubiläum an: Am 8. März 2019, exakt 63 Jahre nach seiner Eröffnung, feiert das Transporterwerk Hannover das zehnmillionste Fahrzeug, einen T6 Caravelle. Nummer eins in der Sta-

Von wegen Spielkram: fünf Meter langer und 700 Kilogramm schwerer T2, in mühsamer Handarbeit gefertigt aus Legosteinen.

Autos als Dienstleister: Auf der Hannover-Messe zeigen autonom fahrende PODs die automobile Zukunft.

tistik ist mit 8,94 Millionen Exemplaren die T-Baureihe, gefolgt von 812 000 LT, vom Amarok, dem fast schon vergessenen Pick-up Taro sowie von 43 000 Käfern. Ja, auch den gab's hier Mitte des Siebziger.

Kurz darauf wirft VWN-Chef Thomas Sedran anlässlich der Bilanzpressekonferenz einen Blick nach morgen. Das unausgesprochene Motto heißt „aus eins mach drei". Deckt VWN heute mit dem T6 die komplette Palette vom schlichten Kastenwagen bis zum feinen Multivan und dem Campingbus California ab, so werden dafür künftig gleich drei voneinander unabhängige Modelle zuständig. Da wäre der T6, der sich in diesem Jahr zum T6.1 häutet. Für das Jahr 2021 kündigt Sedran dann den T7 an. Was er nicht sagt: Eigentlich sollte der T7 bereits im kommenden Jahr antreten, als schnittige Großraumlimousine, mehr Van als Bus, VWN-Designskizzen unterstreichen, was an Gerüchten wabert. Doch die Entwickler müssen die Pferde wechseln, das ist wörtlich gemeint: Geplant als Vollelektriker, wird der T7 nun mit Diesel- und Benzinmotoren sowie als Hybrid an den Start gehen. Dritter im Bunde wird ab 2022 der ID Buzz, gefolgt vom ID Buzz Cargo. Sedran definiert das Duo als „Bulli für das Elektro-Zeitalter." Da sich Antrieb und Batterien im Keller verbergen, wird der ID Buzz als Raumwunder Furore machen – außen etwa Abmessungen des T6 mit kurzem Radstand, drinnen aber viel mehr Platz. Sedran fasst plakativ zusammen: „Extrem sexy." Er kündigt bis zum Jahr 2025 eine Elektrifizierung von rund 80 Prozent der Fahrzeuge an, eingeschlossen Hybridvarianten. Sedran: „Wir brauchen für etwa 30 Prozent unseres Angebots alternative Antriebe." Eine Umkehrung der Verhältnisse: Perspektivisch gelten Verbrenner als Alternativantrieb.

Und die Zusammenarbeit mit Ford? Der Amarok wird ab 2022 in der Kooperation aufgehen, das ist beschlossen und verkündet. Der nächste Transporter als Nachfolger des T6.1 ebenfalls. Er wechselt mit diesem Schritt von Hannover in die Türkei. Das ist so gut wie beschlossen und verkündet. Beide laufen dann unter Federführung von Ford. Die hat VWN beim Nachfolger des Caddy sowie der entsprechenden Ford-Varianten inne. „Hannover bleibt die Heimat des Bulli", sagt Sedran und bezieht dies auf ID Buzz sowie T7. Das Werk Hannover wird parallel auf die Zukunft vorbereitet. In einer riesigen Anlage stapeln nun Roboter Blechpressteile, anderswo setzen sie vollautomatisch das komplette Cockpit ein. Für den T7 laufen erste Tests mit mächtigen Presswerkzeugen. VWN wird in Hannover künftig bis zu drei verschiedene Fahrzeugmodelle mit unterschiedlichen Antriebskonzepten bauen.

2019

Scheunenfund: Der erste Radarblitzer Niedersachsens basierte auf einem T1 Jahrgang 1953 und diente zehn Jahre später als Schulungsfahrzeug der Polizei.

VW vereinbart eine umfangreiche Zusammenarbeit mit Ford. Der Schwerpunkt liegt auf Lieferwagen, Transportern und Pick-ups – doch welcher Konzernchef übernimmt das Steuer?

VWN macht das Werk Hannover zukunftsfest. Unter anderem übernehmen Roboter den Einbau der kompletten Armaturentafel.

Der Transporter T6.1 — 2019

Aus dem VW T6 wird der T6.1, zu erkennen an einem neuen Gesicht mit neuen Scheinwerfern, mehr Chrom und Stoßfängern mit dicken Backen.

Der Bulli von heute absolviert derweil eine Fitnesskur. Bereits im Frühjahr hatte VWN kurz den Schleier gelüftet, erst vom überarbeiteten Multivan, kurz darauf vom Transporter. Stichwort: für beides: T6.1 – sprich eine gründliche Weiterentwicklung. Überarbeitete Motoren, ein neues Cockpit, eine erweiterte Serienausstattung und auf Wunsch jede Menge Assistenzsysteme – der Altmeister zeigt, was er draufhat. Als VW 1967 seine erste Generation nach 17 Jahren ablöste, war sie überaltert. Wenn die Generation T6.1 antritt, dann basiert sie auf dem T5 des Jahres 2003, macht inzwischen einen T5.X und 16 Jahre. Hier will ein fitter Senior dem Nachwuchs eine Nase drehen. Zu diesem Zweck hat VWN den T6.1 herausgeputzt. Die Designer haben ihm neue Scheinwerfer spendiert, eine zweite Chromspange schon bei den einfachen Modellen und einen üppigen Chromgrill à la Passat bei den Spitzenausführungen. Unmittelbar darunter ist ein weiterer großen Lufteinlass angesiedelt. Eine weitere Chromleiste veredelt den Stoßfänger der Topmodelle. Der T 6.1 zeigt außerdem dicke Backen. Seitlich tragen alle Varianten jetzt eine Plakette mit der Modellbezeichnung, vom Transporter bis zum Multivan. Wer mag, gönnt sich einen verchromten „Bulli"-Schriftzug. Bitte einsteigen und Türen schließen, denn die wahren Änderungen spielen sich drinnen ab. VW hat die unterschiedlichen Armaturentafeln von Transporter und Multivan zu einer Variante vereinigt. Damit entfällt beim Multivan die wuchtige Verkleidung rund um den Schalthebel, auch enthält ihm VW nicht mehr die offenen Ablagen auf halber Höhe vor, Stichwort „Zollstockfach" vor dem Beifahrer. Die Luftdüsen zeigen Kanten, machen in Cockpitmitte Platz für ein großes Farbdisplay. Neu sind weitere offene Ablagen, oben auf der Armaturentafel und rechts vom Schalthebel. Hinter den Verkleidungen verbirgt sich eine neue Elektro- und Elektronikstruktur. Das Lenkrad trägt, sofern der Käufer entsprechende Extras ordert, eine andere Tastatur, bekannt aus dem Passat. Und auch die Instrumente sind neu. Die feine Chronometer-Optik der Rundinstrumente ist verschwunden, jetzt geht es schlichter zu.

VWN vereinigt die beiden Cockpits von Multivan und Transporter. Auf Wunsch wird die Armaturenanlage digital.

Es sei denn, der Käufer ordert das neue digitale Cockpit. Dann kann der Fahrer auf Tastendruck zwischen drei unterschiedlichen Anzeigen wählen. Bei allen identisch sind die Säulengrafiken für Kühlwassertemperatur und Spritvorrat links und rechts. Sie klammern die Wechselanzeige ein. Da wäre eine Variante mit Rundinstrumenten – der Drehzahlmesser mit auffälligem Farbenspiel – zwischen denen anstelle des Bordcomputers nun ein zusätzliches Fenster frei konfigurierbar ist und wahlweise die Navigationskarte zeigt. Ein Tastendruck, der Drehzahlmesser verschwindet, der Tacho wechselt auf eine Digitalanzeige am unteren Rand und zwischen Bordcomputerdaten dehnt sich die Navigationskarte. Nächster Tastendruck: Nun macht sich die Karte breit und beherrscht das Bild, die Nebenanzeigen sind verborgen.

Serienmäßig für den einfachen Transporter sind nun elektrische Fensterheber, Zentralverriegelung, elektrisch verstell- und beheizbare Außenspiegel, H7-Scheinwerfer und eine LED-Innenbeleuchtung. Das Staufach unter dem Beifahrer-Doppelsitz ist auf Wunsch abschließbar, eine kleine aber praktische Durchla-

Digitale Armaturen mit Zusatzinfo: Auf Wunsch wird die Karte der Navigation eingespielt…

Der Transporter T6.1 — 2019

…nach einem Tastendruck dehnt sie sich aus, die Information der Rundinstrumente tritt in den Hintergrund…

…wer genau wissen will, wo es langgeht, bekommt die Navigation auch formatfüllend eingespielt.

Sagen was ist: Baureihenbezeichnung auf der Flanke des T6.1, auf Wunsch ein dezenter Hinweis auf den „Bulli".

2019

Mit dem Wechsel zum T6.1 spendiert VWN dem einfachen Transporter eine umfangreichere Ausstattung und eine zweite Chromleiste im Kühlergrill mit nun doppeltem Lufteinlass.

deöffnung unten in der Trennwand verlängert den Laderaum um 350 Millimeter. Für harte Kurzstreckeneinsätze bietet VW ein Kurierpaket an. Es setzt sich aus kräftiger Lichtmaschine, leistungsstärkerer Batterie und verstärkten Antriebswellen zusammen.

Nach dem Anlassen des Zweiliters ertönt das bekannt heisere und etwas unruhige Knurren des TDI, denn der kernige Motor muss im Transporter, ausgenommen mit DSG-Getriebe, die Spitzenmotorisierung und der kultivierte Multivan, auf Ausgleichswellen verzichten. Aber er kann's, auch und gerade die neue Basismotorisierung mit 66 kW (90 PS). Das maximale Drehmoment von 220 Nm mutet zwar eher spärlich an. Doch es steht extrem früh an und dank knackig-kurzer Übersetzung beißt der VW temperamentvoll zu. Er fordert flugs zum Hochschalten auf,

Der Transporter T6.1

Die neuen Instrumente erfüllen auch in Serienausführung ihren Zweck, aber ohne die bisherige feine Chronometer-Optik. Neue Lenkrad-Tastatur.

hält munter mit im Stadtverkehr, hängt gut am Gas. VW setzt hier weiterhin auf ein Fünfganggetriebe, dank kurzer Schaltwege und exakter Führung bereitet der Gangwechsel fast schon Freude. Schon bei 3000 Umdrehungen liegt die volle Leistung an. Bei Bedarf rennt dieser VW 152 Sachen, gar nicht schlecht. Fünf Gänge müssen auch in der nächsten neuen Leistungsstufe mit 81 kW (110 PS) genügen. Sie löst die dicht beieinanderliegenden Maschinen mit 75 kW (102 PS) und 84 kW (114 PS) ab. Auch hier gibt es mit 250 Nm nominell wenig Drehmoment, das VW mit Hilfe kurzer Übersetzungen überspielt. Die zusätzlichen Reserven stehen dem T6.1 gut, damit bildet er den Einstieg in die Welt des Multivan.

Der Transporter geht auf Wunsch in die Verlängerung: Auch der T6 bietet nun eine Durchlademöglichkeit für lange Gegenstände.

Seine wahre Leistungsfähigkeit zeigt der Transporter in der nächsten Variante mit 110 kW (150 PS) Leistung und 340 Nm Drehmoment. Reichlich Durchzugskraft, souveräne Leistungsentfaltung, Sechsgang-Schaltgetriebe. Auch öffnen sich mit dieser Maschine weitere Türen. Auf Wunsch lassen sich nun der Allradantrieb 4Motion und das DSG-Getriebe mit seinen sieben Gängen hinzuwählen, gerne auch beides kombiniert. Besonders leistungshungrige Käufer sind eher im Multivan-Segment anzutreffen, sie schauen auf die Spitzenmotorisierung mit 146 kW (199 PS) und einer mächtigen Zugkraft von 450 Nm. Alle Motorvarianten, auch der Transporter, entsprechen der neuen Abgasstufe Euro 6d-Temp. Aufmerksamkeit verdient die neue elektromechanische Lenkung. Sie arbeitet direkt, sehr zielgenau und vermittelt guten Fahrbahnkontakt. Eher ein Fall für hoch-

Der Transporter T6.1 — 2019

Auch der California profitiert von der Weiterentwicklung, Beobachter sehen es vor allem den gehobenen Ausführungen an.

wertige Multivan: Mit der Fahrwerksregelung DCC lässt sich die Stoßdämpfung jetzt nahezu stufenlos einstellen. Fahrwerk im mittleren Bereich, Lenkung auf Sport – das vermittelt Komfort und Fahrspaß zugleich.
Bei den Assistenzsystemen hat VW zugelegt, auch durch die elektromechanische Lenkung. Ein aktiver Spurassistent warnt vor unbeabsichtigtem Verlassen der Fahrspur, der Park-Assistent rangiert den Transporter auf den Stellplatz, der Trailer Assist erleichtert Rückwärtsfahren mit Anhänger. Ein Flankenschutz mit Ultraschallsensoren warnt vor Hindernissen im Umfeld, der Ausparkassistent überwacht den Querverkehr beim Rangieren aus Einfahrten und bremst bei Kollisionsgefahr. Falls dies alles bekannt vorkommt: Der Crafter hat damit angefangen. Dann wären da die neuen Infotainmentsysteme mit einer Vielzahl von

Kuscheln im California: neue Lounge-Funktion der Klappsitzbank für gemütliche Leserunden.

Das Kontrollbord ähnelt einer Smartphone-Oberfläche und offeriert zusätzlich Möglichkeiten, etwa um den Camper geradezurücken.

 *Der Transporter T6.1* — 2019

Diensten und Funktionen. Dank SIM-Karte ist der Transporter online. Über das mehrstufige Telematiksystem „We Connect" lässt er sich mit seiner Umwelt verbinden. Das führt bis zum Flottenmanagementsystem „We Connect Fleet", das Dienste vom digitalen Fahrtenbuch über eine Verbrauchsanalyse bis zum Wartungsmanagement anbietet.

VWN nutzt die Überarbeitung zur Straffung des Programms. Das wenig nachgefragte halbhohe Dach für den Kastenwagen ist verschwunden. Gleiches gilt für den Benziner, der feine Motor war mit seinen CO_2-Emissionen nicht mehr zeitgemäß und zuletzt nur noch in China gewünscht. Die Reduzierung der Dieselvarianten von fünf auf vier Ausführungen ist kein Verlust, denn die Leistungsspanne ist unverändert groß. VW spart sich mit diesem Schritt aber viel Geld für die inzwischen vorgeschriebenen, sehr aufwendigen Abgasprüfungen aller Modellvarianten. Die Spitzenmotorisierung mit 146 kW (199 PS) gibt es ausschließlich zusammen mit DSG-Getriebe, in dieser Liga gewiss kein Nachteil. Auch die Konzentration von zwei Cockpits auf eine gemeinsame Armaturenanlage für Nutzfahrzeuge und die feineren Pkw-Ausführungen ist Teil der Rationalisierung.

Beim California legt VW ebenfalls tüchtig Hand an. Das Konzept mit Grundriss und Möbeln in Aluwell-Bauweise bleibt unverändert. Schließlich hat der California mit 18 500 Einheiten im vergangenen Jahr erneut einen Rekord eingefahren. Aber Grifflleisten und Verschlüsse sind neu, Schiebetüren ersetzen die Jalousien des Kleiderschranks. Die Oberflächen tragen eine neue Maserung in Holzoptik. Punktelastische Federelemente erhöhen den Schlafkomfort im Oberdeck, der Faltenbalg

Aus einem California Beach werden nun zwei Modelle: unauffällig integrierte Klappküche im California Beach Camper.

Ein erster Blick in die Zukunft des VW Transporter: Aus einem Modell werden gleich drei auf unterschiedlichen Plattformen: der bekannte T6.1, der schnittige T7 und der elektrische ID Buzz.

Der künftige T7 geht im Jahr 2021 aus den Startlöchern. Er wird sich in Design und im Volumen deutlich von den bisherigen Generationen unterscheiden – vom Multivan zum Van?

ist dunkler ausgeführt. Die Klappsitzbank im Erdgeschoss bietet nun eine kuschelige Loungefunktion mit Rückenlehne auf halber Höhe. Reisende steuern die Bordtechnik über ein neues Bedienelement mit einem berührungsempfindlichen Bildschirm mit farbiger Darstellung in der Dachkonsole. Zusätzliche Einstellmöglichkeiten erweitern den Komfort, etwa eine „Sonnenaufgang"-Funktion. Sie fährt das Licht bis zur gewünschten Helligkeit zum Wecken der Besatzung hoch. Noch praktischer ist die integrierte Niveauanzeige in Längs- und Querrichtung zur Ausrichtung des Campingbusses.

VW hat das Programm des California Beach weiter aufgefächert. Das bekannte Vielzweckmodell firmiert jetzt als California Beach Tour und ist auf Wunsch mit einer zweiten Schiebetür lieferbar. Den Abstand zu den klassischen California-Reisemobilen verringert der neue California Beach Camper. Für ihn haben sich die Entwickler eine klappbare Miniküche links in der Seitenwand einfallen lassen. Sie enthält einen Gaskocher mit Spritzschutz sowie eine kleine Edelstahl-Arbeitsfläche. Darunter ist ein Staufach vorgesehen, in dem unter anderem eine kompakte Campingaz-Flasche unterkommt. Auf eine Wasseranlage verzichtet VW dagegen. Der Beach Camper kann im Unterschied zu seinem Pendant nicht nur als Pkw, sondern wahlweise als Reisemobil zugelassen werden.

Und wie geht es mit dem VW Transporter weiter? Im Jahrestakt fährt er in die Zukunft. Im Frühjahr 2020 soll zunächst der elektrifizierte Transporter T6 an den Start gehen, mit E-Antrieb von Abt, umgebaut bei Fahrgestellspezialist Alko – die Idee von

der IAA 2018 wird Wirklichkeit. In Hannover nähert sich der T7 als Nachfolger des Multivan seinem Stapellauf, im Jahr 2021 ist es soweit. Vermutlich mit gestraffter Karosserie und mehr Van als Bus auf einer vorhandenen Konzernplattform, das senkt die Kosten, den Verbrauch und damit die Emissionen. Ein Jahr nach dem T7 folgen ID Buzz und ID Buzz Cargo. Sie haben das Format das T6, doch mehr Platz dank perfekter Raumausnutzung, denn das Duo tritt ausschließlich elektrifiziert an. Ihre Basis bildet die MEB-Plattform von VW mit einer Kombination aus Hinterachse und Elektromotor – gut drei Jahrzehnte nach Ende des T3 feiert der Heckantrieb somit in modernisierter Form seine Wiederauferstehung. Der Vorläufer VW ID 3 im Golf-Format eröffnete bereits auf der IAA 2019 das angekündigte E-Feuerwerk.

Die Transporter-Ausführung des T6 wird VW noch einige Jahre ziehen, bis ein Nachfolger zusammen mit Ford auf den Rädern steht, so der Plan. Kooperationspartner Ford wiederum wird ab 2023 den Modularen E-Antriebsbaukasten (MEB) von VW nutzen. Noch beschnuppern sich die Fachleute der Konzerne, noch gibt es keine unterschriebenen Verträge für den Transporter-Nachfolger. Doch das Ziel ist ausgemacht: gemeinsame Entwicklung auf einheitlicher Plattform unter der Federführung von Ford, unterschiedliche Karosserien, vermutlich gemeinsame Fertigung mit Ford in der Türkei statt in Hannover. Die Geschichte des VW Transporter und seiner zahlreichen Varianten und Ableger wird fortgeschrieben. Sie wird spannender denn je.

Produktion VW Transporter in Europa

Jahr	Werk Wolfburg Transporter T1	Werk Hannover Transporter T1/T2	Werk Hannover Transporter T3	Werk Hannover Transporter T4/T5/T6	Werk Poznan/Posen Transporter T4/T5/T6
1949	8				
1950	8059				
1951	12.003				
1951	21.665				
1953	28.417				
1954	38.493				
1955	44.255				
1956	8.009	42.119			
1957		81.396			
1958		92.777			
1959		112.467			
1960		128.505			
1961		141.662			
1962		157.845			
1963		168.241			
1964		179.916			
1965		170.215			
1966		169.648			
1967		134.378			
1968		215.267			
1969		230.162			
1979		241.865			
1971		233.563			
1972		233.939			
1973		216.965			
1974		137.846			
1975		129.118			
1976		140.219			
1977		150.232			
1978		141.307			
1979		72.435	49.361		
1980			151.659		
1981			124.786		
1982			113.195		
1983			114.565		
1984			114.274		
1985			106.366		
1986			114.394		
1987			107.785		
1988			101.556		
1989			100.422		
1990			79.306	23.200	
1991				137.682	
1992				167.798	
1993				129.766	
1994				134.150	1.049
1995				135.138	6.571
1996				131.074	11.429
1997				136.073	19.044
1998				136.150	18.830
1999				129.820	19.063
2000				139.108	23.601
2001				129.308	22.662
2002				108.613	29.368
2003				105.324	40.132
2004				106.344	29.757
2005				125.901	38.231
2006				149.787	34.003
2007				162.056	24.811
2008				166.575	18.738
2009				96.421	10.902
2010				130.460	12.020
2011				143.800	19.025
2012				141.591	17.357
2013				128.043	22.014
2014				150.941	27.422
2015				158.232	20.447
2016				172.884	26.602
2017				175.290	33.137
2018				171.950	29.861

Produktion VW Transporter außerhalb Europas

Jahr	Südafrika Transporter T1/T2/T3	Brasilien Transporter T1/T2	Mexiko/ Transporter T2	Indonesien Transporter T4	Taiwan Transporter T4
1955	132				
1956	480				
1957	1.476	371			
1958	2.016	4.818			
1959	2.640	8.383			
1960	2.832	11.299			
1961	3.208	16.315			
1962	2.081	14.563			
1963	2.574	14.428			
1964	3.138	12.378			
1965	2.391	13.114			
1966	2.737	15.138			
1967	3.125	21.172			
1968	6.718	26.883			
1969	8.472	28.253			
1979	9.253	30.205			
1971	10.529	28.316			
1972	9.337	34.898			
1973	9.719	44.083			
1974	11.790	48.803			
1975	14.952	53.335			
1976	10.866	62.548			
1977	6.810	43.072			
1978	5.528	51.239			
1979	3.974	49.161			
1980	5.469	43.311			
1981	7.278	35.427			
1982	7.588	45.339			
1983	7.728	21.845			
1984	7.875	22.815			
1985	3.691	19.398	159.396*		
1986	4.861	22.081	10.818		
1987	5.551	18.911	5.069		
1988	9.544	26.549	6.298		
1989	8.984	22.862	9.051		
1990	7.490	22.444	10.304		
1991	8.905	18.843	11.823		
1992	5.554	24.522	13.458		
1993	5.482	35.164	11.888		
1994	4.406	45.650	12.928		523
1995	7.140	52.554	2.893		6.651
1996	5.560	55.746			9.222
1997	3.646	50.754		40	8.295
1998	3.455	26.294		188	6.525
1999	2.420	19.156		96	4.398
2000	2.618	20.166			4.541
2001	2.558	17.626			2.992
2002	1.555	16.904			3.550
2003		9.708			3.247
2004		12.506			1.762
2005		13.873			
2006		20.386			
2007		23.435			
2008		28.542			
2009		27.973			
2010		25.417			
2011		27.568			
2012		24.610			
2013		26.914			
2014		3			
2015					
2016					

*Gesamtzahl für die Jahre 1964-1985, keine Einzelzahlen verfügbar.

Export VW T1-T5 in die USA

Jahr	Zahl Exporte
1950	2
1951	50
1952	93
1953	75
1954	827
1955	3.189
1956	7.375
1957	19.118
1958	25.036
1959	32.133
1960	35.696
1961	22.754
1962	32.514
1963	39.383
1964	41.051
1965	34.054
1966	40.198
1967	29.049
1968	57.862
1969	54.985
1970	72.515
1971	68.561
1972	48.178
1973	43.533
1974	30.166
1975	17.679
1976	20,825
1977	26.209
1978	26.017
1979	11.762
1980	14.101
1981	11.479
1982	13.234
1983	14.695
1984	21.352
1985	12.303
1986	13.475
1987	9.401
1988	4.555
1989	4.446
1990	8.057
1991	k.A.
1992	2.679
1993	5.635
1994	4.675
1995	1.460
1996	995
1997	1.792
1998	1.742
1999	3.395
2000	2.714
2001	5.600
2002	6.673
2003	4.735
2004	209
2005	0
2006	0
2007	0
2008	2
2009	0
2010	1
2011	0
2012	0
2013	1
2014	0
2015	0

Belegschaft im Werk Hannover*

*jeweils Ende Dezember

Jahr	Zahl Mitarbeiter
1956	4.954
1957	6.044
1958	6.969
1959	13.370
1960	17.548
1961	17.928
1962	20.248
1963	22.348
1964	23.834
1965	23.376
1966	21.649
1967	22.306
1968	25.147
1969	26.817
1970	27.447
1971	28.728
1972	26.259
1973	26.504
1974	21.605
1975	16.867
1976	17.347
1977	17.997
1978	18.820
1979	20.512
1980	22.110
1981	21.383
1982	20.743
1983	19.514
1984	18.493
1985	18.379
1986	19.267
1987	19.235
1988	18.581
1989	18.845
1990	18.783
1991	17.958
1992	16.712
1993	15.490
1994	14.809
1995	15.312
1996	13.971
1997	14.538
1998	14.710
1999	14.708
2000	14.292
2001	15.195
2002	15.174
2003	15.032
2004	15.126
2005	14.916
2006	13.585
2007	13.065
2008	12.904
2009	12.749
2010	12.530
2011	12.604
2012	12.864
2013	13.147
2014	13.921
2015	14.025
2016	14.124
2017	14.768
2018	15.344

Technische Daten, Basis Transporter Kastenwagen

Modell	T1, 1950–1954	T1, 1954–1955	T1, 1955–1959	T1, 1959–1960
Motor, Kraftübertragung				
Bauart	Heckmotor, Boxer, Benziner mit Vergaser, luftgekühlt	Heckmotor, Boxer, Benziner mit Vergaser, luftgekühlt	Heckmotor, Boxer, Benziner mit Vergaser, luftgekühlt	Heckmotor, Boxer, Benziner mit Vergaser, luftgekühlt
Zylinder/Hubraum cm³	B4/1131	B4/1192	B4/1192	B4/1192
Leistung kW (PS)/min	18 (25)/3300	22 (30)/3400	22 (30)/3400	22 (30)/3400
Drehmoment Nm/min	66/1800	76/2000	76/2000	76/2000
Vorwärtsgänge	4	4	4	4
Fahrwerk				
Vorderachse	Kurbellenker, Drehstabfedern	Kurbellenker, Drehstabfedern	Kurbellenker, Drehstabfedern	Kurbellenker, Drehstabfedern
Hinterachse	Einzelradaufhängung, Pendelachse, Drehstabfedern	Einzelradaufhängung, Pendelachse, Drehstabfedern	Einzelradaufhängung, Pendelachse, Drehstabfedern	Einzelradaufhängung, Pendelachse, Drehstabfedern
Abmessungen				
Radstand mm	2400	2400	2400	2400
Länge/Breite/Höhe mm	4100/1700/1900	4100/1700/1900	4190/1725/1940	4280/1725/1940

Modell	T1, 1960–1964	T1, 1963–1965	T1, 1965–1967
Motor, Kraftübertragung			
Bauart	Heckmotor, Boxer, Benziner mit Vergaser, luftgekühlt	Heckmotor, Boxer, Benziner mit Vergaser, luftgekühlt	Heckmotor, Boxer, Benziner mit Vergaser, luftgekühlt
Zylinder/Hubraum cm³	B4/1192	B4/1493	B4/1493
Leistung kW (PS)/min	25 (30)/3600	31 (42)/3800	32 (44)/4000
Drehmoment Nm/min	82/2000	95/2200	102/2000
Vorwärtsgänge	4	4	4
Fahrwerk			
Vorderachse	Kurbellenker, Drehstabfedern	Kurbellenker, Drehstabfedern	Kurbellenker, Drehstabfedern
Hinterachse	Einzelradaufhängung, Pendelachse, Drehstabfedern	Einzelradaufhängung, Pendelachse, Drehstabfedern	Einzelradaufhängung, Pendelachse, Drehstabfedern
Abmessungen			
Radstand mm	2400	2400	2400
Länge/Breite/Höhe mm	4280/1725/1940	4280/1725/1940	4280/1725/1940

Benziner   Diesel   Turbodiesel

Technische Daten, Basis Transporter Kastenwagen

Modell	**T2, 1967–1970**	**T2, 1970–1972**	**T2, 1971–1972**	**T2, 1972–1979**
Motor, Kraftübertragung				
Bauart	Heckmotor, Boxer, Benziner mit Vergaser, luftgekühlt	Heckmotor, Boxer, Benziner mit Vergaser, luftgekühlt	Heckmotor, Boxer, Benziner mit Vergaser, luftgekühlt	Heckmotor, Boxer, Benziner mit Vergaser, luftgekühlt
Zylinder/Hubraum cm³	B4/1584	B4/1584	B4/1679	B4/1584
Leistung kW (PS)/min	35 (47)/4000	37 (50)/4000	49 (66)/4800	37 (50)/4000
Drehmoment Nm/min	104/2200	106/2800	114/3200	106/2800
Vorwärtsgänge	4	4	4	4
Fahrwerk				
Vorderachse	Kurbellenker, Drehstabfedern	Kurbellenker, Drehstabfedern	Kurbellenker, Drehstabfedern	Kurbellenker, Drehstabfedern
Hinterachse	Einzelradaufhängung, Doppelgelenk-Pendelachse, Drehstabfedern	Einzelradaufhängung, Doppelgelenk-Pendelachse, Drehstabfedern	Einzelradaufhängung, Doppelgelenk-Pendelachse, Drehstabfedern	Einzelradaufhängung, Schräglenker, Drehstabfedern
Abmessungen				
Radstand mm	2400	2400	2400	2400
Länge/Breite/Höhe mm	4420/1765/1955	4420/1765/1955	4420/1765/1955	4505/1720/1960

Modell	**T2, 1973–1975**	**T2, 1975–1979**
Motor, Kraftübertragung		
Bauart	Heckmotor, Boxer, Benziner mit Vergaser, luftgekühlt	Heckmotor, Boxer, Benziner mit Vergaser, luftgekühlt
Zylinder/Hubraum cm³	B4/1795	B4/1970
Leistung kW (PS)/min	50 (68)/4200	51 (70)/00
Drehmoment Nm/min	129/3000	140/2800
Vorwärtsgänge	4	4
Fahrwerk		
Vorderachse	Kurbellenker, Drehstabfedern	Kurbellenker, Drehstabfedern
Hinterachse	Einzelradaufhängung, Schräglenker, Drehstabfedern	Einzelradaufhängung, Schräglenker, Drehstabfedern
Abmessungen		
Radstand mm	2400	2400
Länge/Breite/Höhe mm	4505/1720/1960	4505/1720/1960

Modell	**T3, 1979–1982**	**T3, 1979–1982**	**T3, 1981–1987**	**T3, 1982–1991**
Motor, Kraftübertragung				
Bauart	Heckmotor, Boxer, Benziner mit Vergaser, luftgekühlt	Heckmotor, Boxer, Benziner mit Vergaser, luftgekühlt	Heckmotor, Diesel, Wirbelkammer-Einspritzung, wassergekühlt	Heckmotor, Boxer, Benziner mit Vergaser, wassergekühlt
Zylinder/Hubraum cm³	B4/1584	B4/1970	R4/1588	B4/1913
Leistung kW (PS)/min	37 (50)/3800	51 (70)/4200	37 (50)/4200	44 (60)/3700
Drehmoment Nm/min	104/2400	140/3000	103/2000	140/2200
Vorwärtsgänge	4	4	4	4
Fahrwerk				
Vorderachse	Doppelquerlenker, Schraubenfedern	Doppelquerlenker, Schraubenfedern	Doppelquerlenker, Schraubenfedern	Doppelquerlenker, Schraubenfedern
Hinterachse	Einzelradaufhängung, Schräglenker, Schraubenfedern	Einzelradaufhängung, Schräglenker, Schraubenfedern	Einzelradaufhängung, Schräglenker, Schraubenfedern	Einzelradaufhängung, Schräglenker, Schraubenfedern
Abmessungen				
Radstand mm	2460	2460	2460	2460
Länge/Breite/Höhe mm	4570/1845/1965	4570/1845/1965	4570/1845/1965	4570/1845/1965

Modell	T3, 1982–1991	T3, 1983–1984	T3, 1984–1991	T3, 1985–1991
Motor, Kraftübertragung				
Bauart	Heckmotor, Boxer, Benziner mit Vergaser, wassergekühlt	Heckmotor, Boxer, Benziner mit Einspritzung, wassergekühlt	Heckmotor, Boxer, Benziner mit Einspritzung, wassergekühlt	Heckmotor, Boxer, Benziner mit Einspritzung, wassergekühlt, Katalysator
Zylinder/Hubraum cm³	B4/1913	B4/1913	B4/2109	B4/2109
Leistung kW (PS)/min	57 (78)/4600	66 (90)/4600	82 (112)/4800	70 (95)/4800
Drehmoment Nm/min	141/2600	147/2800	174/2800	159/3200
Vorwärtsgänge	4	5	5	5
Fahrwerk				
Vorderachse	Doppelquerlenker, Schraubenfedern	Doppelquerlenker, Schraubenfedern	Doppelquerlenker, Schraubenfedern	Doppelquerlenker, Schraubenfedern
Hinterachse	Einzelradaufhängung, Schräglenker, Schraubenfedern	Einzelradaufhängung, Schräglenker, Schraubenfedern	Einzelradaufhängung, Schräglenker, Schraubenfedern	Einzelradaufhängung, Schräglenker, Schraubenfedern
Abmessungen				
Radstand mm	2460	2460	2460	2460
Länge/Breite/Höhe mm	4570/1845/1965	4570/1845/1965	4570/1845/1965	4570/1845/1965

Modell	T3, 1985–1991	T3, 1987–1991	T3, 1989–1991
Motor, Kraftübertragung			
Bauart	Heckmotor, Diesel, Wirbelkammer-Einspritzung, wassergekühlt, aufgeladen	Heckmotor, Diesel, Wirbelkammer-Einspritzung, wassergekühlt	Heckmotor, Boxer, Benziner mit Einspritzung, wassergekühlt, Katalysator
Zylinder/Hubraum cm³	R4/1588	R4/1715	B4/2109
Leistung kW (PS)/min	51 (70)/4500	42 (57)/4500	68 (92)/4500
Drehmoment Nm/min	138/2500	103/2800	154/2800
Vorwärtsgänge	4	4	5
Fahrwerk			
Vorderachse	Doppelquerlenker, Schraubenfedern	Doppelquerlenker, Schraubenfedern	Doppelquerlenker, Schraubenfedern
Hinterachse	Einzelradaufhängung, Schräglenker, Schraubenfedern	Einzelradaufhängung, Schräglenker, Schraubenfedern	Einzelradaufhängung, Schräglenker, Schraubenfedern
Abmessungen			
Radstand mm	2460	2460	2460
Länge/Breite/Höhe mm	4570/1845/1965	4570/1845/1965	4570/1845/1965

Modell	T4, 1990–1995	T4, 1990–1996	T4, 1990–1996	T4, 1990–1996
Motor, Kraftübertragung				
Bauart	Frontmotor, Diesel, Wirbelkammer-Einspritzung, wassergekühlt	Frontmotor, Diesel, Wirbelkammer-Einspritzung, wassergekühlt	Frontmotor, Benziner mit Einspritzung, wassergekühlt, Katalysator	Frontmotor, Benziner mit Einspritzung, wassergekühlt, Katalysator
Zylinder/Hubraum cm³	R4/1896	R5/2370	R4/1968	R4/2459
Leistung kW (PS)/min	45 (61)/3700	57 (78)/3700	62 (84)/4300	81 (110)/4500
Drehmoment Nm/min	127/1700	164/1800	159/2200	190/2200
Vorwärtsgänge	5	5	5	5
Fahrwerk				
Vorderachse	Doppelquerlenker, Drehstabfedern	Doppelquerlenker, Drehstabfedern	Doppelquerlenker, Drehstabfedern	Doppelquerlenker, Drehstabfedern
Hinterachse	Einzelradaufhängung, Schräglenker, Schraubenfedern	Einzelradaufhängung, Schräglenker, Schraubenfedern	Einzelradaufhängung, Schräglenker, Schraubenfedern	Einzelradaufhängung, Schräglenker, Schraubenfedern
Abmessungen				
Radstand mm	2920/3320	2920/3320	2920/3320	2920/3320
Länge/Breite/Höhe mm	4655/1840/1940 5055/1840/1940	4655/1840/1940 5055/1840/1940	4655/1840/1940 5055/1840/1940	4655/1840/1940 5055/1840/1940

Technische Daten, Basis Transporter Kastenwagen

Modell	T4, 1993–1996	T4, 1995–1996	T4, 1996–2003	T4, 1996
Motor, Kraftübertragung				
Bauart	Frontmotor, Diesel, Wirbelkammer-Einspritzung, wassergekühlt, aufgeladen	Frontmotor, Turbodiesel-Direkteinspritzer, Pumpe-Düse, wassergekühlt	Frontmotor, Benziner mit Einspritzung, wassergekühlt, Katalysator	Frontmotor, Benziner mit Einspritzung, wassergekühlt, Katalysator
Zylinder/Hubraum cm³	R4/1896	R5/2461	R4/1968	R4/2459
Leistung kW (PS)/min	50 (68)/3700	75 (102)/3500	62 (84)/4300	81 (110)/4500
Drehmoment Nm/min	140/2000	250/1900	159/2200	190/2200
Vorwärtsgänge	5	5	5	5
Fahrwerk				
Vorderachse	Doppelquerlenker, Drehstabfedern	Doppelquerlenker, Drehstabfedern	Doppelquerlenker, Drehstabfedern	Doppelquerlenker, Drehstabfedern
Hinterachse	Einzelradaufhängung, Schräglenker, Schraubenfedern	Einzelradaufhängung, Schräglenker, Schraubenfedern	Einzelradaufhängung, Schräglenker, Schraubenfedern	Einzelradaufhängung, Schräglenker, Drehstabfedern
Abmessungen				
Radstand mm	2920/3320	2920/3320	2920/3320	2920/3320
Länge/Breite/Höhe mm	4655/1840/1940 5055/1840/1940	4655/1840/1940 5055/1840/1940	4707/1840/1940 5107/1840/1940	4707/1840/1940 5107/1840/1940

Modell	T4, 1996–2003	T4, 1996–2000	T4, 2000–2003	T4, 1996–2003
Motor, Kraftübertragung				
Bauart	Frontmotor, Benziner mit Einspritzung, wassergekühlt, Katalysator	Frontmotor, Benziner mit Einspritzung, wassergekühlt, Katalysator	Frontmotor, Benziner mit Einspritzung, wassergekühlt, Katalysator	Frontmotor, Diesel, Wirbelkammer-Einspritzung, wassergekühlt, aufgeladen
Zylinder/Hubraum cm³	R4/2459	VR6/2792	VR6/2792	R4/1896
Leistung kW (PS)/min	85 (115)/4500	103 (140)/4500	150 (204)/6200	50 (68)/3700
Drehmoment Nm/min	200/2200	240/3000	245/2500	140/2000
Vorwärtsgänge	5	4 Automatik	4 Automatik	5
Fahrwerk				
Vorderachse	Doppelquerlenker, Drehstabfedern	Doppelquerlenker, Drehstabfedern	Doppelquerlenker, Drehstabfedern	Doppelquerlenker, Drehstabfedern
Hinterachse	Einzelradaufhängung, Schräglenker, Schraubenfedern	Einzelradaufhängung, Schräglenker, Schraubenfedern	Einzelradaufhängung, Schräglenker, Schraubenfedern	Einzelradaufhängung, Schräglenker, Schraubenfedern
Abmessungen				
Radstand mm	2920/3320	2920/3320	2920/3320	2920/3320
Länge/Breite/Höhe mm	4707/1840/1940 5107/1840/1940	4707/1840/1940 5107/1840/1940	4707/1840/1940 5107/1840/1940	4707/1840/1940 5107/1840/1940

Modell	T4, 1996–1997	T4, 1997–2003	T4, 1996–2003	T4, 1998–2003
Motor, Kraftübertragung				
Bauart	Frontmotor, Diesel, Wirbelkammer-Einspritzung, wassergekühlt	Frontmotor, Diesel, Wirbelkammer-Einspritzung, wassergekühlt	Frontmotor, Turbodiesel-Direkteinspritzer, Pumpe-Düse, wassergekühlt	Frontmotor, Turbodiesel-Direkteinspritzer, Pumpe-Düse, wassergekühlt
Zylinder/Hubraum cm³	R5/2370	R5/2370	R5/2461	R5/2461
Leistung kW (PS)/min	57 (78)/3700	55 (75)/3700	75 (102)/3500	65 (88)/3600
Drehmoment Nm/min	164/1800	160/1800	250/1900	195/1900
Vorwärtsgänge	5	5	5	5
Fahrwerk				
Vorderachse	Doppelquerlenker, Drehstabfedern	Doppelquerlenker, Drehstabfedern	Doppelquerlenker, Drehstabfedern	Doppelquerlenker, Drehstabfedern
Hinterachse	Einzelradaufhängung, Schräglenker, Schraubenfedern	Einzelradaufhängung, Schräglenker, Schraubenfedern	Einzelradaufhängung, Schräglenker, Schraubenfedern	Einzelradaufhängung, Schräglenker, Schraubenfedern
Abmessungen				
Radstand mm	2920/3320	2920/3320	2920/3320	2920/3320
Länge/Breite/Höhe mm	4707/1840/1940 5107/1840/1940	4707/1840/1940 5107/1840/1940	4707/1840/1940 5107/1840/1940	4707/1840/1940 5107/1840/1940

Modell	T4, 1998–2003
Motor, Kraftübertragung	
Bauart	Frontmotor, Turbodiesel-Direkteinspritzer, Pumpe-Düse, wassergekühlt
Zylinder/Hubraum cm³	R5/2461
Leistung kW (PS)/min	111 (150)/4000
Drehmoment Nm/min	295/1900
Vorwärtsgänge	5
Fahrwerk	
Vorderachse	Doppelquerlenker, Drehstabfedern
Hinterachse	Einzelradaufhängung, Schräglenker, Schraubenfedern
Abmessungen	
Radstand mm	2920/3320
Länge/Breite/Höhe mm	4707/1840/1940 5107/1840/1940

Modell	T5, 2003–2006	T5, 2003–2006	T5, 2003–2006	T5, 2003–2006
Motor, Kraftübertragung				
Bauart	Benziner mit Einspritzung, wassergekühlt, Katalysator	Benziner mit Einspritzung, wassergekühlt, Katalysator	TDI, Diesel-Direkteinspritzer, Pumpe-Düse, aufgeladen	TDI, Diesel-Direkteinspritzer, Pumpe-Düse, aufgeladen
Zylinder/Hubraum cm³	R4/1984	V6/3189	R4/1896	R4/1896
Leistung kW (PS)/min	85 (115)/5200	173 (235)/6200	63 (86)/3500	77 (105)/3500
Drehmoment Nm/min	170/2600	315/2900	200/2000	250/2000
Vorwärtsgänge	5	6 Automatik	5	5
Fahrwerk				
Vorderachse	McPherson-Federbeine	McPherson-Federbeine	McPherson-Federbeine	McPherson-Federbeine
Hinterachse	Einzelradaufhängung, Schräglenker, Schraubenfedern	Einzelradaufhängung, Schräglenker, Schraubenfedern	Einzelradaufhängung, Schräglenker, Schraubenfedern	Einzelradaufhängung, Schräglenker, Schraubenfedern
Abmessungen				
Radstand mm	3000/3400	3000/3400	3000/3400	3000/3400
Länge/Breite/Höhe mm	4890/1904/1964 5290/1904/1964	4890/1904/1964 5290/1904/1964	4890/1904/1964 5290/1904/1964	4890/1904/1964 5290/1904/1964

Modell	T5, 2003–2006	T5, 2003–2006	T5, 2006–2009	T5, 2006–2009
Motor, Kraftübertragung				
Bauart	TDI, Diesel-Direkteinspritzer, Pumpe-Düse, aufgeladen	TDI, Diesel-Direkteinspritzer, Pumpe-Düse, aufgeladen	Benziner mit Einspritzung, wassergekühlt, Katalysator	Benziner mit Einspritzung, wassergekühlt, Katalysator
Zylinder/Hubraum cm³	R5/2460	R5/2460	R4/1984	V6/3189
Leistung kW (PS)/min	96 (130)/3500	128 (174)/3500	85 (115)/5200	173 (235)/6200
Drehmoment Nm/min	340/2000	400/2000	170/2700-4700	315/2950
Vorwärtsgänge	6	6	5	6 Automatik
Fahrwerk				
Vorderachse	McPherson-Federbeine	McPherson-Federbeine	McPherson-Federbeine	McPherson-Federbeine
Hinterachse	Einzelradaufhängung, Schräglenker, Schraubenfedern	Einzelradaufhängung, Schräglenker, Schraubenfedern	Einzelradaufhängung, Schräglenker, Schraubenfedern	Einzelradaufhängung, Schräglenker, Schraubenfedern
Abmessungen, Gewichte				
Radstand mm	3000/3400	3000/3400	3000/3400	3000/3400
Länge/Breite/Höhe mm	4890/1904/1964 5290/1904/1964	4890/1904/1964 5290/1904/1964	4890/1904/1964 5290/1904/1964	4890/1904/1964 5290/1904/1964

Technische Daten, Basis Transporter Kastenwagen

Modell	T5, 2003–2006	T5, 2003–2006	T5, 2003–2006	T5, 2003–2006
Motor, Kraftübertragung				
Bauart	TDI, Diesel-Direkteinspritzer, Pumpe-Düse, aufgeladen	TDI, Diesel-Direkteinspritzer, Pumpe-Düse, aufgeladen	TDI, Diesel-Direkteinspritzer, Pumpe-Düse, aufgeladen	TDI, Diesel-Direkteinspritzer, Pumpe-Düse, aufgeladen
Zylinder/Hubraum cm³	R4/1896	R4/1896	R5/2460	R5/2460
Leistung kW (PS)/min	63 (86)/3500	77 (105)/3500	96 (130)/3500	128 (174)/3500
Drehmoment Nm/min	200/2000	250/2000	340/2000	400/2000
Vorwärtsgänge	5	5	6	6
Fahrwerk				
Vorderachse	McPherson-Federbeine	McPherson-Federbeine	McPherson-Federbeine	McPherson-Federbeine
Hinterachse	Einzelradaufhängung, Schräglenker, Schraubenfedern	Einzelradaufhängung, Schräglenker, Schraubenfedern	Einzelradaufhängung, Schräglenker, Schraubenfedern	Einzelradaufhängung, Schräglenker, Schraubenfedern
Abmessungen				
Radstand mm	3000/3400	3000/3400	3000/3400	3000/3400
Länge/Breite/Höhe mm	4890/1904/1964 5290/1904/1964	4890/1904/1964 5290/1904/1964	4890/1904/1964 5290/1904/1964	4890/1904/1964 5290/1904/1964

Modell	T5, 2006–2009	T5, 2006–2009	T5, 2006–2009	T5, 2006–2009
Motor, Kraftübertragung				
Bauart	Benzineinspritzer	Benzineinspritzer	TDI, Diesel-Direkteinspritzer, Pumpe-Düse, aufgeladen	TDI, Diesel-Direkteinspritzer, Pumpe-Düse, aufgeladen
Zylinder/Hubraum cm³	R4/1984	V6/3189	R4/1896	R4/1896
Leistung kW (PS)/min	85 (115)/5200	173 (235)/6200	62 (84)/3500	75 (102)/3500
Drehmoment Nm/min	170/2700-4700	315/2950	200/1600-2400	250/2000
Vorwärtsgänge	5	6 Automatik	5	5
Fahrwerk				
Vorderachse	McPherson-Federbeine	McPherson-Federbeine	McPherson-Federbeine	McPherson-Federbeine
Hinterachse	Einzelradaufhängung, Schräglenker, Schraubenfedern	Einzelradaufhängung, Schräglenker, Schraubenfedern	Einzelradaufhängung, Schräglenker, Schraubenfedern	Einzelradaufhängung, Schräglenker, Schraubenfedern
Abmessungen				
Radstand mm	3000/3400	3000/3400	3000/3400	3000/3400
Länge/Breite/Höhe mm	4890/1904/1964 5290/1904/1964	4890/1904/1964 5290/1904/1964	4890/1904/1964 5290/1904/1964	4890/1904/1964 5290/1904/1964

Modell	T5, 2006–2009	T5, 2006–2009	T5, 2009–2015	T5, 2011–2015
Motor, Kraftübertragung				
Bauart	TDI, Diesel-Direkteinspritzer, Pumpe-Düse, aufgeladen	TDI, Diesel-Direkteinspritzer, Pumpe-Düse, aufgeladen	Benzineinspritzer	TSI, Benzin-Direkteinspritzer, aufgeladen
Zylinder/Hubraum cm³	R5/2459	R5/2459	R4/1984	R4/1984
Leistung kW (PS)/min	96 (130)/3500	128 (174)/3500	85 (115)/5200	150 (204)/4200-6000
Drehmoment Nm/min	340/2000-2300	400/2000-2300	170/2700-4700	350/1500-4000
Vorwärtsgänge	6	6	5	6
Fahrwerk				
Vorderachse	McPherson-Federbeine	McPherson-Federbeine	McPherson-Federbeine	McPherson-Federbeine
Hinterachse	Einzelradaufhängung, Schräglenker, Schraubenfedern	Einzelradaufhängung, Schräglenker, Schraubenfedern	Einzelradaufhängung, Schräglenker, Schraubenfedern	Einzelradaufhängung, Schräglenker, Schraubenfedern
Abmessungen				
Radstand mm	3000/3400	3000/3400	3000/3400	3000/3400
Länge/Breite/Höhe mm	4890/1904/1964 5290/1904/1964	4890/1904/1964 5290/1904/1964	4890/1904/1959 5290/1904/1990	4890/1904/1959 5290/1904/1990

Modell	T5, 2012–2015	T5, 2009–2015	T5, 2009–2015	T5, 2009–2015
Motor, Kraftübertragung				
Bauart	TSI, Benzin-Direkteinspritzer, aufgeladen	TDI, Diesel-Direkteinspritzer, Common Rail, aufgeladen	TDI, Diesel-Direkteinspritzer, Common Rail, aufgeladen	TDI, Diesel-Direkteinspritzer, Common Rail aufgeladen
Zylinder/Hubraum cm³	R4/1984	R4/1968	R4/1968	R4/1968
Leistung kW (PS)/min	110 (150)/3750-6000	62 (84)/3500	75 (102)/3500	103 (140)/3500
Drehmoment Nm/min	280/1500-3750	220/1250-2500	250/1500-2500	340/1750-2500
Vorwärtsgänge	6	5	5	6
Fahrwerk				
Vorderachse	McPherson-Federbeine	McPherson-Federbeine	McPherson-Federbeine	McPherson-Federbeine
Hinterachse	Einzelradaufhängung, Schräglenker, Schraubenfedern	Einzelradaufhängung, Schräglenker, Schraubenfedern	Einzelradaufhängung, Schräglenker, Schraubenfedern	Einzelradaufhängung, Schräglenker, Schraubenfedern
Abmessungen				
Radstand mm	3000/3400	3000/3400	3000/3400	3000/3400
Länge/Breite/Höhe mm	4890/1904/1959 5290/1904/1990	4890/1904/1959 5290/1904/1990	4890/1904/1959 5290/1904/1990	4890/1904/1959 5290/1904/1990

Modell	T5, 2009–2015	T5, 2011–2015	T6 Euro 5+, 2015–2016	T6 Euro 5+, 2015–2016
Motor, Kraftübertragung				
Bauart	TDI, Diesel-Direkteinspritzer, Common Rail, aufgeladen	TDI, Diesel-Direkteinspritzer,, Common Rail, aufgeladen	TDI, Diesel-Direkteinspritzer, Common Rail, aufgeladen	TDI, Diesel-Direkteinspritzer, Common Rail, aufgeladen
Zylinder/Hubraum cm³	R4/1968	R4/1968	R4/1968	R4/1968
Leistung kW (PS)/min	132 (204)/4000	84 (114)/3500	62 (84)/3500	75 (102)/3000-3750
Drehmoment Nm/min	400/1500-2000	250/1500-2750	220/1250-2500	250/1500-2500
Vorwärtsgänge	6	5	5	5
Fahrwerk				
Vorderachse	McPherson-Federbeine	McPherson-Federbeine	McPherson-Federbeine	McPherson-Federbeine
Hinterachse	Einzelradaufhängung, Schräglenker, Schraubenfedern	Einzelradaufhängung, Schräglenker, Schraubenfedern	Einzelradaufhängung, Schräglenker, Schraubenfedern	Einzelradaufhängung, Schräglenker, Schraubenfedern
Abmessungen				
Radstand mm	3000/3400	3000/3400	3000/3400	3000/3400
Länge/Breite/Höhe mm	4890/1904/1959 5290/1904/1990	4890/1904/1959 5290/1904/1990	4904/1904/1990 5304/1904/1990	4904/1904/1990 5304/1904/1990

Modell	T6 Euro 5+, 2015–2016	T6 Euro 5+, 2015–2016	T6 Euro 6, 2015–2016	T6 Euro 6, 2015–2016
Motor, Kraftübertragung				
Bauart	TDI, Diesel-Direkteinspritzer, Common Rail, aufgeladen	TDI, Diesel-Direkteinspritzer, Common Rail, aufgeladen	TSI, Benzin-Direkteinspritzer, aufgeladen	TSI, Benzin-Direkteinspritzer, aufgeladen
Zylinder/Hubraum cm³	R4/1968	R4/1968	R4/1984	
Leistung kW (PS)/min	103 (140)/3500	132 (180)/4000	110 (150)/3750-6000	150 (204)/4200-6000
Drehmoment Nm/min	340/1750-2500	400/1500-2000	280/1500-3750	350/1500-4000
Vorwärtsgänge	6	6	6	7 DSG
Fahrwerk				
Vorderachse	McPherson-Federbeine	McPherson-Federbeine	McPherson-Federbeine	McPherson-Federbeine
Hinterachse	Einzelradaufhängung, Schräglenker, Schraubenfedern	Einzelradaufhängung, Schräglenker, Schraubenfedern	Einzelradaufhängung, Schräglenker, Schraubenfedern	Einzelradaufhängung, Schräglenker, Schraubenfedern
Abmessungen				
Radstand mm	3000/3400	3000/3400	3000/3400	3000/3400
Länge/Breite/Höhe mm	4904/1904/1990 5304/1904/1990	4904/1904/1990 5304/1904/1990	4904/1904/1990 5304/1904/1990	4904/1904/1990 5304/1904/1990

Technische Daten, Basis Transporter Kastenwagen

Modell	T6 Euro 6, 2015–2016	T6 Euro 6, 2015–2016	T6, 2016-2019	T6, 2016-2019
Motor, Kraftübertragung				
Bauart	TDI, Diesel-Direkteinspritzer, Common Rail, aufgeladen	TDI, Diesel-Direkteinspritzer, Common Rail, aufgeladen	TSI, Benzin-Direkteinspritzer, aufgeladen	TSI, Benzin-Direkteinspritzer, aufgeladen
Zylinder/Hubraum cm³	R4/1968	R4/1968	R4/1984	
Leistung kW (PS)/min	110 (150)/3250-3750	150 (204)/4000	110 (150)/3750-6000	150 (204)/4200-6000
Drehmoment Nm/min	340/1500-3000	450/1400-2400	280/1500-3750	350/1500-4000
Vorwärtsgänge	6	6	6	7 DSG
Fahrwerk				
Vorderachse	McPherson-Federbeine	McPherson-Federbeine	McPherson-Federbeine	McPherson-Federbeine
Hinterachse	Einzelradaufhängung, Schräglenker, Schraubenfedern	Einzelradaufhängung, Schräglenker, Schraubenfedern	Einzelradaufhängung, Schräglenker, Schraubenfedern	Einzelradaufhängung, Schräglenker, Schraubenfedern
Abmessungen				
Radstand mm	3000/3400	3000/3400	3000/3400	3000/3400
Länge/Breite/Höhe mm	4904/1904/1990 5304/1904/1990	4904/1904/1990 5304/1904/1990	4904/1904/1990 5304/1904/1990	4904/1904/1990 5304/1904/1990

Modell	T6, 2016-2019	T6, 2016-2019	T6, 2016-2019	T6, 2016-2019
Motor, Kraftübertragung				
Bauart	TDI, Diesel-Direkteinspritzer, Common Rail, aufgeladen	TDI, Diesel-Direkteinspritzer, Common Rail, aufgeladen	TDI, Diesel-Direkteinspritzer, Common Rail, aufgeladen	TDI, Diesel-Direkteinspritzer, Common Rail, aufgeladen
Zylinder/Hubraum cm³	R4/1968	R4/1968	R4/1968	R4/1968
Leistung kW (PS)/min	62 (84)/2750-3750	75 (102)/3000-3750	84 (114)/3200-4000	110 (150)/3250-3750
Drehmoment Nm/min	220/1250-2500	250/1500-2750	250/1400-3200	340/1500-3000
Vorwärtsgänge	5	5	5	6
Fahrwerk				
Vorderachse	McPherson-Federbeine	McPherson-Federbeine	McPherson-Federbeine	McPherson-Federbeine
Hinterachse	Einzelradaufhängung, Schräglenker, Schraubenfedern	Einzelradaufhängung, Schräglenker, Schraubenfedern	Einzelradaufhängung, Schräglenker, Schraubenfedern	Einzelradaufhängung, Schräglenker, Schraubenfedern
Abmessungen				
Radstand mm	3000/3400	3000/3400	3000/3400	3000/3400
Länge/Breite/Höhe mm	4904/1904/1990 5304/1904/1990	4904/1904/1990 5304/1904/1990	4904/1904/1990 5304/1904/1990	4904/1904/1990 5304/1904/1990

Modell	T6, 2016-2019
Motor, Kraftübertragung	
Bauart	TDI, Diesel-Direkteinspritzer, Common Rail, aufgeladen
Zylinder/Hubraum cm³	R4/1968
Leistung kW (PS)/min	150 (204)/4000
Drehmoment Nm/min	450/1400-2400
Vorwärtsgänge	6
Fahrwerk	
Vorderachse	McPherson-Federbeine
Hinterachse	Einzelradaufhängung, Schräglenker, Schraubenfedern
Abmessungen	
Radstand mm	3000/3400
Länge/Breite/Höhe mm	4904/1904/1990 5304/1904/1990

Modell	T6.1, ab 2019	T6.1, ab 2019	T6.1, ab 2019	T6.1, ab 2019
Motor, Kraftübertragung				
Bauart	TDI, Diesel-Direkteinspritzer, Common Rail, aufgeladen	TDI, Diesel-Direkteinspritzer, Common Rail, aufgeladen	TDI, Diesel-Direkteinspritzer, Common Rail, aufgeladen	TDI, Diesel-Direkteinspritzer, Common Rail, aufgeladen
Zylinder/Hubraum cm^3	R4/1968	R4/1968	R4/1968	R4/1968
Leistung kW (PS)/min	66 (90)/2750-4250	81 (110)/3200-4250	110 (150)/3250-3750	146 (199)/3800-4000
Drehmoment Nm/min	220/1250-2500	250/1250-3100	340/1500-3000	450/1400-2400
Vorwärtsgänge	5	5	6	6
Fahrwerk				
Vorderachse	McPherson-Federbeine	McPherson-Federbeine	McPherson-Federbeine	McPherson-Federbeine
Hinterachse	Einzelradaufhängung, Schräglenker, Schraubenfedern	Einzelradaufhängung, Schräglenker, Schraubenfedern	Einzelradaufhängung, Schräglenker, Schraubenfedern	Einzelradaufhängung, Schräglenker, Schraubenfedern
Abmessungen				
Radstand mm	3000/3400	3000/3400	3000/3400	3000/3400
Länge/Breite/Höhe mm	4904/1904/1990 5304/1904/1990	4904/1904/1990 5304/1904/1990	4904/1904/1990 5304/1904/1990	4904/1904/1990 5304/1904/1990

Jetzt 30% sparen!

lastauto omnibus
TEST · TECHNIK · TRENDS

Lernen Sie lastauto omnibus, das Nutzfahrzeug-Magazin kennen!

Testen Sie das Heftabo und Digitalpaket von lastauto omnibus 3 Monate lang ohne Risiko und portofrei und sichern Sie sich ein tolles Extra! Sie sparen 30%.

Kombi-Preis: 20,50 €.

lastauto omnibus ist das technisch orientierte Nutzfahrzeugmagazin, berichtet jeden Monat topaktuell über Tests, Technik und Trends rund ums Nutzfahrzeug.

! Im günstigen Kombiabo PLUS immer besser und günstiger informiert: jeden Monat die neue Ausgabe als Heft, dazu auch als E-Paper, digitales Heftarchiv mit allen Ausgaben seit 2014, freier Komplettzugang zu allen Onlineinhalten und persönliche Expertenberatung auf **eurotransport.de**

Ihre Abo-Vorteile:

! Preisvorteil
Sie sparen bares Geld gegenüber dem Einzelkauf

! Versandkostenfrei
Die Lieferung erfolgt bequem frei Haus

! Ohne Risiko
Jedes Abo nach dem ersten Bezugszeitraum ohne Fristen kündbar

! Premium-Vorteile
Vorzugsrabatte im Shop

! Digitalabo
Mehr Inhalt, mehr Service

Weitere Infos unter:
www.lastauto.de/kennenlernen